全国高等院校物流专业应用型人才培养"十三五"规划教材

国际货运与通关

主 编 白世贞 吴 绒 陈化飞

中国财富出版社

图书在版编目（CIP）数据

国际货运与通关/白世贞，吴绒，陈化飞主编. —北京：中国财富出版社，2017.11

（全国高等院校物流专业应用型人才培养"十三五"规划教材）

ISBN 978 - 7 - 5047 - 3994 - 0

Ⅰ.①国…　Ⅱ.①白…②吴…③陈…　Ⅲ.①国际货运—货运代理—高等学校—教材

Ⅳ.①F511.41

中国版本图书馆 CIP 数据核字（2017）第 289201 号

策划编辑	郑欣怡	责任编辑	邢有涛　王伟莹		
责任印制	石　雷	责任校对	杨小静	责任发行	敬　东

出版发行	中国财富出版社				
社　　址	北京市丰台区南四环西路 188 号 5 区 20 楼		邮政编码	100070	
电　　话	010 - 52227588 转 2048/2028（发行部）		010 - 52227588 转 307（总编室）		
	010 - 68589540（读者服务部）		010 - 52227588 转 305（质检部）		
网　　址	http://www.cfpress.com.cn				
经　　销	新华书店				
印　　刷	北京京都六环印刷厂				
书　　号	ISBN 978 - 7 - 5047 - 3994 - 0/F · 2837				
开　　本	787mm×1092mm　1/16		版　　次	2018 年 2 月第 1 版	
印　　张	20.75		印　　次	2018 年 2 月第 1 次印刷	
字　　数	518 千字		定　　价	58.00 元	

前　言

　　《国际货运与通关》教材以国际货运、国际货物通关为两大研究主线，融入国际货物运输、国际货运代理、报关管理、报检管理等基础理论以及进出境通关、报关单电子申报等通关技能，内容包括国际海上货物运输、国际航空货物运输、国际陆路货物运输、集装箱与国际多式联运、一般货物进出境通关、保税加工货物进出境通关、进出口货物报关单电子申报，在体例上体现理实一体化。

　　本教材具备三个特点：一是专业性，包含理论基础知识、理实学习、理实应用结合的完整知识体系。二是应用性，以货运代理企业的角色开展国际海运、国际空运、国际陆运、国际多式联运业务流程设计；以报关员的角色进行报关注册登记、报关单证填制、报关业务过程设计，与实际货代、报关工作岗位业务高度一致。此外，每个模块都设置基础练习、知识应用，以巩固学生所学理论与应用知识。三是前沿性，每个模块均设有最时新的补充阅读、知识链接、案例分析等，为教师与学生提供课外阅读参考。

　　本教材编写人员具备多年国际货运与通关课程教学经验与国际物流、报关等外贸实际工作经验，把企业实际货运与通关案例应用于理论教学。本教材由哈尔滨商业大学白世贞、吴绒、陈化飞任主编，编写任务具体分工如下：第一章第一节、第二章、第五章、第六章、第七章由陈化飞编写，第一章第二节、第三章、第四章、第八章、第九章由吴绒编写，全书由白世贞教授总审。硕士研究生吕爽、陶阳红、阮雨璐、张晨鑫、张雪莲进行了前期资料收集以及后期整理、校稿工作。此外，本教材编写过程中，大量参阅了国内外专家学者的观点，参考了相关著作、论文及网站的资料，在此向涉及的有关作者表示敬意。

　　本教材是"十二五"普通高等教育本科国家级规划教材《国际货物与通关（第3版）》的后续再版成果，既可作为应用型本科院校国际贸易、物流管理、通关管理等相关专业的教材，又可作为物流企业、报关企业或货代企业一线人员能力测试和企业业务培训用书。

编　者

2017 年 10 月

目　录

第一章　国际货运基础

学习目标

知识目标

1. 掌握国际货物运输概念及特点；
2. 明确国际货物运输对象范畴；
3. 熟悉国际货运代理的作用；
4. 熟悉国际货运代理业务范围。

技术目标

1. 能掌握国际货物运输合理化的常见方法；
2. 会区分不同国际货运代理人的类型。

应用能力目标

1. 培养良好的职业道德，树立国际货物运输合理化的理念；
2. 培养良好的国际货运代理职业道德，提高国际货运代理企业的运营效率。

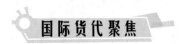
国际货代聚焦

"外贸新常态"下国际货运代理业的发展

国际货运代理行业的发展离不开全球经济一体化的发展，而国际货运业的发展直接依赖于国际贸易的发展。2008 年美国次贷危机导致的全球金融危机给我国的对外贸易及对外运输均带来较大的负面影响，而且由于国外进出口商因危机而做出的毁约撤单行为，远洋货运量指标先导于进出口总值指标，反应得更为敏感。2011 年以前，除受金融危机影响的 2009 年，我国进出口总值年增长率一直以 20％左右的速度递增，并于 2013 年超越美国，成为世界第一货物贸易大国。这些无疑成就了同期国际货运代理业的发展。然而，受世界经济持续低迷、国内生产资料价格上涨及劳动力成本攀升的影响，2014 年以来，我国对外贸易发展进入低迷期，全年增幅仅为 3.46％，大幅低于年初时提出的 7.5％的目标。事实上，从 2012 年起，我国对外贸易增速已经放缓，2014 年进出口总值增速仅为 3.46％，货物和服务净出口对国内生产总值增长贡献率自 2011 年起变为负数。各种数据表明，在国际经济萎缩的大环境下，我国对外贸易已经不再有以往的发展势头，也进入了"新常态"发展阶段。

进入 2015 年以来的一些数字似乎印证了"新常态"说。2015 年 1 月 13 日国务院新闻办公室新闻发布会上宣布：2014 年 12 月，中国外贸出口先导指数为 40.1，较 11 月下降 0.7％，连续第 3 个月下滑，为自 2013 年 12 月以来的最低点。海关总署发布数据显示，受国际市场需求疲软、传统竞争力下滑等多方面因素影响，2015 年 1 月我国进出口总值同比下降 10.8％。进口和出口增速均逊于预期。中国制造业采购经理指数（PMI）自 2014 年 6 月起也是一路向下，甚至 2015 年 1 月更是跌破临界点，达到 49.8％。

与对外贸易增速放缓形成对比的是，由于大型货轮制造周期长，对市场反应迟钝，国际航运市场船队规模增速稳定，大型船舶继续扩张。据克拉克森统计的订单情况，2015 年新船交付量约为 188.9 万 TEU（标准集装箱）。如果这些运力全部如期交付，截至 2015 年年底全球集装箱船队运力达 2009.9 万 TEU，比 2014 年年底增长 10.4％，增幅 4.0％，航运市场供过于求的局面进一步恶化。

我国国际货运代理行业面临的形势也不容乐观。尽管全球经济发展缓慢，但仍处于复苏阶段，外贸"新常态"意味着中低速发展与结构调整，形势尚不会像 2008 年金融危机时那么糟糕，但我们要学会防微杜渐，以中央经济工作会议精神为指导，像面临经济发展"新常态"那样采取积极措施，从增加数量、低价竞争等粗犷式外延发展向加强服务质量、精准式投入及推广 TPL（体系）等内延式发展转型，着力培养新的比较竞争优势，是货运代理公司的当务之急。货代企业要清醒地认识到，企业的发展也将进入"新常态"时期，外贸发展增速放缓带来的负面影响，将导致国际货运货代行业进入一段休整甚至停滞期。此外，我国逐步推行的无纸化及跨口岸通关等便利政策，也将使国际货运货代行业传统的优势及利润点逐步消失，我国国际货运货代业高增长的时代已经一去不复返，而将进入相对平稳期。

【思考】发展我国国际货物运输及货运代理面临的挑战。

第一节 国际货物运输

一、国际货物运输概念

国际货物运输是指货物在国家与国家、国家与地区之间的运输。在国际贸易中，货物运输是国际商品流通过程中的一个重要环节。

由于国际货物运输主要是贸易物资的运输，所以国际货物运输通常也被称为国际贸易运输，对一个国家来说，就是对外贸易运输，简称外贸运输。

从贸易的角度来说，国际货物运输就是一种无形的国际贸易。在国际贸易中，商品的价格中包含有商品的运价，并且商品的运价在商品的价格中占有较大的比重：一般来说，约占10%；在有的商品中，运价要占到商品价格的30%～40%。商品的运价也和商品的生产价格一样，随着国际市场供求关系的变化而围绕着价值上下波动。商品的运价随同商品的物质形态一起进入国际市场中交换，商品运价的变化会直接影响到国际贸易商品价格的变化。由于国际货物运输的主要对象是国际贸易商品，所以，可以说国际货物运输也就是一种国际贸易，只不过它用于交换的不是物质形态的商品，而是一种特殊的商品——运输服务。

二、国际货物运输特点

（一）国际贸易运输是中间环节很多的长途运输

国际贸易运输是国家与国家、国家与地区之间的运输，一般运输距离较长。在运输过程中，往往需要使用多种运输工具，通过多次装卸搬运，变换不同的运输方式，经由不同的国家和地区，导致有很多中间环节。

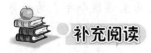 补充阅读

北太平洋航线

北太平洋航线由远东—北美太平洋沿岸航线和远东—北美大西洋沿岸航线组成。本航线除承担太平洋沿岸附近地区货物运输外，还连接北美大西洋沿岸、墨西哥湾沿岸各港及通往美国中西部的内陆联合运输，是目前世界上最繁忙的航线之一。所联系的港口有亚太

地区的东京、横滨、名古屋、神户、大阪、釜山、仁川、大连、天津、青岛、上海、中国香港、中国高雄、中国基隆、新加坡；北美太平洋沿岸的洛杉矶、长滩、奥克兰（旧金山）、西雅图、波特兰和温哥华；北美东岸（包括墨西哥湾沿岸）的休斯敦、新奥尔良、坦帕、杰克森维尔、诺福克、费城、纽约、波士顿、哈利法克斯、圣约翰等。

（二）国际贸易运输涉及面广、情况复杂多变

货物在国家间的运输过程中，货代公司需要与不同国家或地区的货主、交通部门、商检机构、保险公司、银行、海关以及各种中间代理人打交道。同时，由于各个国家、地区的政策法律规定不一，金融货币制度不同，贸易运输习惯和经营方式也有差别，加之各种政治、经济形势和自然条件的变化，都会对国际贸易运输产生较大的影响。

（三）国际贸易运输的时间性特别强

在国际市场竞争日趋激烈的环境下，商品价格瞬息万变，进出口货物若不能及时运到目的地，很可能会造成重大的经济损失。某些鲜活易腐商品和季节性商品如不能按时运到目的地出售，所造成的经济损失将会更加严重。为此，货物的装运期、交货期被列为贸易合同的重要条款，能否按时装运直接关系到"重合同、守信用"的问题，对贸易、运输的发展起着极为重要的影响。

（四）国际贸易运输的风险较大

国际贸易运输由于运距长、中间环节多、涉及面广、情况复杂多变，加之时间性很强，因而风险也就相对较大，为了转嫁运输过程中的损失，各种进出口货物和运输工具，都需要办理运输保险。

 补充阅读

索马里海盗威胁国际货物运输

索马里自1991年以来一直战乱不断，沿海地区海盗活动猖獗，被国际海事局列为世界上最危险的海域之一。2008年以来，索马里沿海累计发生80多起海盗袭击事件，平均每4天就有一艘船遭劫持，海盗已猖獗到无以复加的地步。劫案大多发生在亚丁湾，那里是从印度洋通过红海和苏伊士运河进入地中海及大西洋的海上咽喉要道。索马里海盗的作案方式主要是拿绳子，套在船上，然后快速登船。实际上，如果船员有防备，还是可以预防的。不过仍然有很多船被劫持，让我们看看下面的记录吧。

索马里海盗2008年获1亿多美元赎金、军舰蜂拥亚丁湾、索马里海盗今年成为世界关注的焦点。

在2009年新年来临之际索马里海盗手里现有17条船，两艘快艇，300名船员当人质。而且，尽管多国海军出征索马里，但似乎还是没有能制服索马里海盗的迹象。

俄罗斯《观点报》2008年12月30日报道，"新年怎么开始，以后就会怎么继续"，现在那些被索马里海盗劫持的人质应该最能体会这句话的含义了。自2007年索马里沿岸共有37起海盗劫持事件，而2008年将近125起，这造成45艘船只被劫持。劫持事件都是

发生在重要的世界海运枢纽——苏伊士运河，那里承担着世界海运10%的负荷量。每艘船的赎金平均为180万美元，平均会扣留60天。

海盗手里现有两艘被劫持的船受到世界关注，一般是2008年9月25日被劫的乌克兰军火船"费那"号，被海盗劫走了33辆T-72坦克；另一艘是2008年11月17日被劫的沙特超级油轮"天狼星"号，上有200万桶石油。被劫地点位于离海岸500公里处，一般被认为是安全地带区。

另外，现在索马里海盗手里还有土耳其货船"BosphorusProdigy"，2008年12月5日被劫，船上有8名乌克兰人和3名土耳其人。2008年11月28日，Biscaglia号货船被劫，该船雇有专业保镖。其中25名印度人、2名印尼人被劫。2008年11月18日，中国香港籍货船"DELIGHT"号被劫，船上有3.6万吨小麦。2008年11月15日，日本2万吨级的"ChemstarVenus"号货船被劫，船上共有23人，包括5名韩国人和18名菲律宾人。货船上装有化学制品。2008年10月29日满载77吨铁矿石由加拿大驶向中国的"雅沙尼斯利汗号（MVYasaNeslihan）"，途经亚丁湾遭劫持，另一艘装载化学原料的"卡拿高号（Karagol）"2008年10月12日航行至印度孟买港遭挟持，船上有4500吨化学物品。2008年11月10日劫持了日本化学货轮"StoltValor"号，2008年11月7日劫持了CEC-Future号货船，船上有11名俄罗斯公民，1名爱沙尼亚人和1名格鲁吉亚人，船上有金属物资，该船应运往印尼巴淡岛。

同时，海盗手里还有马来西亚的YasaNeslihan7拖船，非洲货船和拖船，一些打鱼船，而法国快艇被海盗用来作为"战舰"使用。2008年全世界给索马里海盗赎金共1.2亿美元，而由此产生的间接损失是海运保险费增加和航线路线变更。现在，在亚丁湾共聚集了来自欧盟、俄罗斯、美国、中国、印度和马来西亚等多国军舰，共计20艘战舰。俄罗斯曾派出"无畏号"驱逐舰攻打海盗。2009年由太平洋舰队所取代。

（五）国际贸易运输涉及国际关系问题

对于各种运输业务问题的处理，常常会涉及国际关系问题，是一项政策性很强的工作。因此，从事国际贸易运输的人不仅要有经济观念，而且要有国家政策观念。

三、国际货物运输对象

从国际货物运输的需要出发，可以从货物的形态、性质、重量、运量等几个不同的角度进行简单的分类。

（一）从货物形态的角度分类

1. 包装货物

为了保证有些货物在装卸运输中的安全和便利，必须使用一些材料对它们进行适当的包装，这种货物就叫作包装货物。

按照包装的形式和材料可以分为箱装货物、桶装货物、袋装货物、捆装货物和其他包装货物。

2. 裸装货物

不加包装而成件的货物称为裸装货物。例如各种钢材、生铁、木材、有色金属、车辆和一些设备等。

3. 散装货物

不加任何包装,采取散装方式,不能计数但能称重的货物。例如煤炭、铁矿石、粮谷、工业用盐、化肥、石油等。

(二) 从货物性质的角度分类

1. 普通货物

(1) 清洁货物:指货物本身清洁、干燥,如茶叶、棉纺织品、粮食、陶瓷品等。

(2) 液体货物:指盛装于桶、瓶、坛内的流质或半流质货物,如酒类、油类、药品和普通饮料。

(3) 粗劣货物:指具有油污、水湿、扬尘和散发异味等特性的货物,如包装外表有油腻的桶装油类、生皮、盐渍货物、水泥、烟叶、化肥、矿粉等。由于易造成其他货物污损,所以又称为污染性货物。

2. 特殊货物

(1) 危险货物:指易燃、爆炸、毒害、腐蚀和放射性危害的货物。根据危险货物运输规则,它又分为若干大类和小类。

(2) 易腐、冷藏货物:指常温条件下易腐变质或指定以某种低温条件运输的货物,如水果蔬菜类、鱼类、肉类等。

(3) 贵重货物:指价值高昂的货物。如金、银、贵重金属、货币、古玩、名画等。

(4) 活的动植物:指具有正常生命活动,在运输中需要特殊照料的动植物。

(三) 从货物重量的角度分类

1. 重量货物

凡 1 吨重量的货物,体积小于 40 立方英尺①或 1 立方米,称为重量货物。

2. 轻泡货物:又称为体积货物

凡 1 吨重量的货物,体积如果大于 40 立方英尺或 1 立方米,这种货物就是体积货物,也称为轻泡货物。

(四) 从货物运量大小的角度分类

1. 大宗货物

同批(票)货物的运量很大者,称为大宗货物。如化肥、粮谷、炭等。大宗货物约占世界海运总量的 75%～80%。

2. 件杂货物

大宗货物以外的货物称为件杂货物。它一般具有包装,可分件点数,约占世界海运总量的 25%,但其货价要占到 75%。

3. 长大笨重货物

在运输中,凡单件重量超过限定数量的货物称为重件货物或超重货物;凡单件某一尺度超过限定数量的货物称为长大货物或超长货物;一般情况下,超长的货物往往又是超重

---

① 1 英尺等于 30.48 厘米。

的，超重的货物中也有一些是属于超长的。货物的这种划分，对于货物的装载和计费，具有十分重要的意义。

四、国际货物运输合理化

（一）提高运输工具实载率

1. 实载率的含义

（1）单车实际载重与运距的乘积和标定载重与行驶里程的乘积的比率，这在安排单车、单船运输时，是作为判断装载合理与否的重要指标。

（2）车船的统计指标，即一定时期内车船实际完成的货物周转量（以吨/公里计算）占车船载重吨位与行驶公里的乘积的百分比。在计算时车船行驶的公里数，不但包括载货行驶，也包括空驶。

2. 提高实载率的意义

充分利用运输工具的额定能力，减少车船空驶和不满载行驶的时间，减少浪费，从而求得运输的合理化。

（二）采取减少动力投入，增加运输能力的有效措施实现合理化

国内在这方面的有效措施有：

1. "满载超轴"

"满载超轴"是在机车能力允许情况下，多加挂车皮。我国在客运紧张时，也采取加长列车、多挂车皮的办法，在不增加机车情况下增加运输量。

2. 水运拖排和拖带法

竹、木等物资的运输，利用竹、木本身浮力，不用运输工具载运，采取水运拖排和拖带法运输，可省去运输工具本身的动力消耗。

3. 顶推法

优点是航行阻力小，顶推量大，速度较快，运输成本较低。

4. 汽车挂车

汽车挂车的原理和船舶拖带、火车加挂基本相同，都是在充分利用动力能力的基础上，增加运输能力。

（三）发展社会化的运输体系

社会化运输体系的含义是发展运输的大生产优势，实现专业分工、打破一家一户自成运输体系的状况。

我国在利用联运这种社会化运输体系时，创造了"一条龙"货运方式。对产、销地及产、销量都较稳定的产品，事先通过与铁路、交通等社会运输部门签订协议，规定专门收到站，专门航线及运输路线，专门船舶和泊位等，有效保证了许多工业产品的稳定运输，取得了很大成绩。

（四）开展中短距离铁路公路分流，"以公代铁"的运输

这种运输合理化的表现主要有两点：一是对于比较紧张的铁路运输，用公路分流后，

可以得到一定程度的缓解，从而加大这一区段的运输通过能力；二是充分利用公路从"门到门"和在中途运输中速度快且灵活机动的优势，实现铁路运输服务难以达到的水平。

（五）直达运输

直达运输是追求运输合理化的重要形式，其对合理化的追求要点是通过减少中转站换载，从而提高运输速度，省去装卸费用，降低中转货损。

（六）配载运输

配载运输是充分利用运输工具载重量和容积，合理安排装载的货物及载运方法以求得合理化的一种运输方式。

配载运输往往是轻重商品的混合配载，在以重质货物运输为主的情况下，同时搭载一些轻泡货物，如海运矿石、黄沙等重质货物，在舱面捎运木材、毛竹等，铁路运矿石、钢材等重物上面搭运轻泡农副产品等，在基本不增加运力投入的情况下，以及在基本不减少重质货物运输的情况下，解决了轻泡货的搭运，因而效果显著。

（七）"四就"直拨运输

"四就"直拨是减少中转运输环节，力求以最少的中转次数完成运输任务的一种形式。"四就"直拨，首先是由管理机构预先筹划，然后就厂、就站（码头）、就库、就车（船）将货物分送给用户，而无须再入库了。

（八）发展特殊运输技术和运输工具

例如，专用散装及罐车，解决了粉状、液状物运输损耗大、安全性差等问题；袋鼠式车皮、大型半挂车解决了大型设备整体运输问题；"滚装船"解决了车载货的运输问题，集装箱船比一般船能容纳更多的箱体，集装箱高速直达车船加快了运输速度等，都是通过用先进的科学技术实现合理化。

（九）通过流通加工，使运输合理化

例如，将造纸材在产地预先加工成干纸浆，然后压缩体积运输，就能解决造纸材运输不满载的问题。轻泡产品预先捆紧包装成规定尺寸，装车就容易提高装载量；水产品及肉类预先冷冻，就可提高车辆装载率并降低运输损耗。

第二节　国际货运代理

一、国际货运代理概述

（一）国际货运代理的概念

国际货运代理（以下简称货运代理）来源于英文的"the freight forwarder"一词。起初，货运代理作为"佣金代理"，只代表货主安排货物的装卸、储存及货物在境内的运输，同时从事为客户报关、收取费用等日常业务。但随着国际贸易和多种运输形式的发展，货运代理的服务范围不断扩大，货运代理为客户所提供的服务也从传统的基础性业务，如订

舱和报关等，扩展至全方位的系统性服务，包括货物的全程运输和配送服务，在国际贸易和国际运输中所居地位也越来越重要。目前，国际上尚无一个被各国普遍接受的、统一的关于"国际货运代理"的定义，各国对之称谓不尽相同，例如："通关代理行""清关代理人""报关代理人""船货代理"等，而我国则称之为"国际货运代理"。

货运代理既扮演"代理"的角色，同时又扮演"当事人"（principal）的角色；在"当事人"角色中，大部分情况下为"承运人"的角色。

国际货运代理协会联合会（法文缩写 FIATA，英文全称：International Federation of Freight Forwarders Associations）于 2004 年 10 月，与欧洲的几家主要的交通运输、货运代理及物流行业的协会磋商之后，根据行业发展的最新特点，推出了"国际货运代理及物流服务"的最新定义："所谓的国际货运代理及物流服务，指的是所有和货物的运输（即采用单一的模式或多式联运模式所完成的运输）相关的服务，及货物的拼箱、储存、处理、包装或配送等相关的服务和与上述服务相关的辅助性及咨询服务，其中包括但不局限于海关和财政事务、货物的官方申报、安排货物的保险、代收或支付货物相关的款项及单证等服务。国际货运代理服务还包括物流服务，即将现代信息和通信技术应用于货物的运输、处理和储存及实质上的整体供应链管理之中。所有这些服务，都可以根据客户的要求及具体的服务内容而量身定做，灵活运用。"

我国政府主管部门对"国际货运代理"也曾出台过几个定义：1995 年外经贸部（即现在的商务部）报经国务院批准的《中华人民共和国国际货运代理管理规定》（以下简称货代管理规定）给"国际货运代理业"所下的定义是这样的："所谓的国际货运代理业，是指接受进出口货物收货人、发货人的委托，以委托人的名义或者以自己的名义，为委托人办理国际货物运输及相关业务，并收取服务报酬的行业。"

（二）国际货运代理的性质

"货运代理"一词具有两种含义：其一是指货运代理人，其二是指货运代理行业。与此相应，对于国际货运代理的性质，也可以从国际货物运输代理人和国际货物运输代理行业两个角度来理解。

国际货物运输代理人本质上属于货物运输关系人的代理人，是联系发货人、收货人和承运人的货物运输中介人。有时，代表发货人选择运输路线、运输方式、承运人，向承运人订舱，缮制贸易、运输单据，安排货物的短途运输、仓储、称重、检尺，办理货物的保险、报检、报验和通关手续，向承运人、仓储保管人及有关当局支付有关费用；有时，代表收货人接收、检查运输单据，办理货物的报检、报验和通关手续，提取货物，安排仓储和短途运输，支付运费及其他相关费用，协助收货人向责任方索赔；还有时，代表承运人揽货、配载、装箱、拼箱、拆箱，签发运输单据。虽然国际货物运输代理人有时也以独立经营人身份从事货物的仓储、短途运输，甚至以缔约承运人身份出具运单、提单，但这只不过是为了适应市场竞争需要，满足某些客户的特殊需求而拓展了服务范围的结果，并不影响其作为运输代理人的本质特征。

国际货物运输代理行业是随着国际经济贸易的发展，国际运输方式的变革，信息科学技术的进步发展起来的一个行业，在社会产业结构中属于第三产业，性质上属于服务行业。从马克思主义政治经济学的角度来看，它隶属于除了农业、采矿业、加工制造业以外的第四个物质生产部门——交通运输业，属于运输辅助行业。

（三）国际货运代理的作用

货运代理在促进本国和世界经济发展的过程中起着重要的作用。它们不仅可以简化国际贸易程序，降低运输的总成本，还通过给予国内承运人和保险人以支持，实现外汇节省，并帮助改善外汇收支平衡的状况。货运代理在与其有关的机构，如港口当局、船务代理、海运经营人、空运经营人、卡车经营人、铁路经营人、保险人、银行等贸易活动中发挥协调作用。不仅对客户，而且对海关和其他与进出口贸易运输有关的公共当局，都是十分有益的。其作用表现在：

1. 组织协调作用

货运代理使用最现代化的通信设备（包括资料处理），推动国际贸易程序的简化。货运代理是运输的"设计师"，是"门到门"运输的组织者和协调者。

2. 开拓控制作用

货运代理不仅组织和协调运输，而且影响到新运输方式的创造、新运输路线的开发、新运输费率的制订以及新产品的市场开拓。多年来，货运代理在世界各贸易中心建立了客户网，有的建立了分支机构，因此货运代理能够控制货物的全程运输。

3. 中间人作用

货运代理作为"货物中间人"，既是发货人或收货人的代理，可以代理的名义及时订舱，洽谈公平费率，于适当时候办理货物递交；也可以委托人的名义与承运人结清运费，并向承运人提供有效的服务。

4. 顾问作用

货运代理是企业的顾问，货运代理能就运费、包装、进出口业务必需的单证、金融、海关、领事要求等方面提供咨询，还能对国内市场和国外市场销售的可能性提出建议。

5. 提供专业化服务

货运代理的各种服务是专业化的。货运代理对复杂的进出口，海、陆、空运输，对结算、集运、仓储、集装箱运输、危险品运输、保险等，都具有专业的知识。特别是了解经常变化着的国内外海关手续、运费与运费回扣、港口与机场的业务做法、海空货物集装箱运输的组织以及出口货物的包装和装卸等。有时，货运代理还负责申请检验商品和代向国外客户收取款项。

6. 提供特殊服务

货运代理可以提供各种特殊项目的服务，例如，将小批量的货物集中成整组货物，这对从事出口贸易的人很有价值。所有客户都可以从这种特殊的服务中受益，尤其是对那些规模小，自己又没有出口及运输能力的企业更是如此。

7. 费用及服务具有竞争力

货运代理监督运费在货物售价中的比例，向客户建议采用最快最省的运输方式。可在几种运输方式和众多的承运人中间，就关键的运价问题进行选择，挑选最有竞争能力者进行承运，在这方面，货运代理比供货方和承运人做得更好。因为这不是一家海运公司所能做到的，承运人遵循的原则是利用货运代理的运输设备而谋取利润。

二、国际货运代理人

(一) 国际货运代理人的概念

"货运代理人"一词来源于英文"Freight Forwarder"和"Forwarding Agent"两个词组。由于英文"Freight"一词具有运费、装运的货物、普通货物运输等几层含义，"Forward"一词则具有转运、转递、转交等含义，"Forwarder"一词通常被称为转运人，对于"Freight Forwarder"这个英文词组，非英语国家和地区有不同的译法（法国译为"Transitaire"，德国译为"Spediteur"。在我国，有人译为"货运代理""货运代理人"，有人译为"运输代理人""货物运输行"，还有人译为"承揽运送人""运输承揽人""货运承揽人"），英语国家和地区也有不同的解释。到目前为止，尚未形成一个各国公认的、统一的货运代理人的定义。因而，不同的国家和地区对货运代理人有不同的称呼和不同的理解。

国际货运代理协会联合会（FIATA）的有关文件将货运代理人定义为"根据客户的指示，并为客户的利益而揽取货物运输的人，其本身不是承运人。"《国际货运代理示范法》在将货运代理服务定义为："各类与运输、拼装、积载、管理、包装或分拨相关的服务，以及相关的辅助和咨询服务，包括但不限于海关和财政业务、官方的货物申报、货物保险、取得有关货物的单证及支付相关费用等的同时，将货运代理人定义为'与客户达成货运代理协议的人'。"按照这种理解，国际货运代理人是指向客户提供各类与货物的国际运输、拼装、积载、管理、包装或分拨相关的服务，以及相关辅助和咨询服务的人。

由于世界绝大多数国家和地区都允许国际货物运输代理企业接受承运人的委托，代为办理国际货物运输及相关业务，我国有关公路、铁路、水上（国际海上运输除外）、航空运输和多式联运的法规和规章，也都允许货物运输代理企业代理承运人承揽货物，办理相关运输手续。事实上我国许多国际货物运输代理企业也都取得了经营国际铁路运输、国际航空运输销售代理业务的资格，参照世界各国和地区做法，结合我国实际情况，我国国际货物运输代理人的完整定义应当是指接受进出口货物收货人、发货人或承运人的委托，以委托人的名义或者以自己的名义，为委托人办理国际货物运输业务及相关业务，并收取服务报酬的企业。

尽管世界各国和地区因货运代理业的历史发展、管理体制和法律文化等的不同，对于货运代理人的称谓、定义有所不同。但是，基本上都认为货运代理人是受运输关系人的委托，为了运输关系人的利益，安排货物的运输，提供货物的交运、拼装、接卸、交付服务及其他相关服务，并收取相应报酬的人。其本身不是运输关系的实际当事人，而是运输关系实际当事人的代理人。

(二) 国际货运代理人的分类

国际货运代理人的业务范围有大有小，大的兼办多项业务，如海陆空及多式联运货运代理业务；小的则专办一项或两项业务，如某些空运货运代理和速递公司。较常见的货运代理主要有以下几类：

(1) 租船订舱代理。这类代理与国内外供货方有广泛的业务关系。

（2）货物报关代理。有些国家对这类代理应具备的条件规定较严，如美国规定必须向有关部门申请登记，必须是美国公民，并经过考试合格，发给执照才能营业。

（3）转运及理货代理。其办事机构一般设在中转站及港口。

（4）储存代理。包括货物保管、整理、包装以及保险等业务。

（5）集装箱代理。包括装箱、拆箱、转运、分拨以及集装箱租赁和维修等业务。

（6）多式联运代理。又称为多式联运经营人或无船承运人，是与货主签订多式联运合同的当事人。不管一票货物运输要经过多少种运输方式，要转运多少次，多式联运代理必须对全程运输（包括转运）负总的责任。无论是在国内还是国外，对多式联运代理的资格认定都比其他代理要严格一些。

三、国际货运代理业务范围

（一）按服务对象分类

根据货运代理的不同服务对象，可将其业务内容分类为：

1. 货运代理为发货人服务

货运代理代替发货人承担在各种不同阶段的货物运输中的任何一项业务。例如：以最快、最省的运输方式，安排合适的货物包装，选择货物的运输路线；向客户建议仓储与分拨；选择可靠、效率高的承运人，并负责缔结运输合同；安排货物的计重和计量（尺码）；办理货物的保险；拼装货物；装运前或在目的地分拨货物之前，将货物存仓（如果需要的话）；安排货物到装运港的运输，办理海关和有关单证手续，并将货物交给承运人；代表托运人/收货人承付运费、关税、税收等；办理有关运输的外汇交易；从承运人那里取得各种签发的提单，并将它们交给发货人，以及通过与承运人和货运代理在国外的代理联系，监督货物运输的进程，并使托运人知道货物的去向。

2. 货运代理为海关服务

当货运代理作为海关代理，办理有关进出口商品的海关手续时，不仅代表他的客户，也代表海关当局。事实上，在许多国家，货运代理已取得这些当局的许可，办理海关手续，并对海关负责，负责在法定的单证中申报货物确切的金额、数量和品名，以使政府在这些方面的收入不受损失。

3. 货运代理为承运人服务

货运代理向承运人及时地订好足够的舱位，认定对承运人和发货人都是公平合理的费率，安排在适当的时间里交货，以及以发货人的名义解决与承运人的运费结算等问题。

4. 货运代理为班轮公司服务

货运代理与班轮公司的关系随业务的不同而不同。在一些服务于欧洲国家的商业航线上，班轮公司已承认在提高利润方面货运代理的有益作用，并愿意付给货运代理一定的佣金。近几年来，由货运代理提供的拼箱服务，即拼箱货的集运服务，已使他们与班轮公司及其他承运人如铁路承运人之间建立起一种较为密切的联系。

5. 货运代理为航空公司服务

货运代理在空运业务上，充当航空公司的代理，并在国际航空运输协会以空运货物为目的而制定的规则上，被指定为国际航空运输协会的代理。在这种关系上，货运代理利用航空公司的服务手段为货主服务，并由航空公司支付其佣金。同时，作为货运代理，亦可将适于空运的方式，建议给发货人或收货人，继续为他们服务。

（二）按服务作用分类

根据货运代理在提供服务中所起的作用和所扮演的角色，亦可将其业务内容分类为：

1. 顾问

货运代理应当成为其客户的顾问，向客户提供有关服务的意见或建议，如：包装—选择包装形式，航线—选择路线和运输方式，保险—货物所需的险种，海关规定—进出口清关，运输单证—随附单证（承运人）及信用证规定—银行要求。

2. 组织者

货运代理是货物运输的组织者，负责有关货物的安排，如进出口和运输发货，合并运输—成组化运输，以及特殊和重型运输—成套设备、新鲜食品、服装悬挂等。

3. 进出口代理

货运代理为进出口商的代理，负责接运，包装和标记，向承运人订舱，向承运人交货，签发货运单证，监督离港，向客户发出速遣通知，从承运人的运输工具卸下货物，合并运输、货物拆解及清关。

4. 转运代理

货运代理为转运代理，从事选择样品，再包装，在海关监管下积载，二次货运代理。

5. 委托人—提供拼箱服务

上面谈到的货运代理业务范围是属于作为一个代理的传统作用范围。随着国际贸易中集装箱运输的发展，促进了集运和拼箱服务。在提供这种服务中，货运代理担负起一个委托人的作用。集运或拼箱的基本含义是把供货的若干发货人发往另一个目的地的若干收货人的小件货物集中起来，作为一个整件集运的货物发运给目的地的货运代理的代理人，并通过他们再把单票货物交给各个收货人。货运代理将签发的提单，即分提单或其他类似的收据交给每一票货的发货人。货运代理的代理人在目的地凭收货人出示的提单放货。单个的发货人或收货人不直接与承运人联系。对承运人来说，发货人是货运代理，而收货人是该货运代理在目的地的代理人。因此，承担集运货物的承运人给货运代理签发的是总提单（或货运单）。如果发货人或收货人有特殊要求的话，货运代理也可在供货地和目的地从事提货和交付的服务、提供门到门的服务。

拼箱服务使多方受益。承运人将不再遇到处理散件货物的麻烦，省去大量的文书工作和时间，并受益于承运人的运输能力更集中地使用。货运代理通过向发货人收取比发货人直接付给承运人要低的运费，并从中获得好处与发货人分享。对于散件发货人来说，如果直接与承运人联系，他将付出比给货运代理更高的费率；对于货运代理来说，承运人为他确定了一个特殊的拼箱费率，使他受益于他向客户收取的费用与他付给承运人的费用之间的差额，集运为货运代理提供了较大报酬的业务领域。

6. 经营人—提供无船承运人业务

货运代理作为代理人行事时，只是受客户的委托，替客户安排海上运输，货运代理既不能签发海运提单，也没有自己作为承运人的提单。而随着市场的需求和客户的要求，一旦货物交付货运代理，尤其是集装箱出现后，货运代理负责货物的装箱并收取运费，在安排运输时，客户要求货运代理以承运人的身份签发货运代理自己的提单并承担承运人的责任。为了满足客户的要求，后经 FIATA 的努力，制定出货运代理标准的多式联运提单，即 FBI（negotiable FIATA multimodal transport bill of lading），同时国际商会在信用证条款中也作了相应的修改，明确规定货运代理作为承运人可签发多式联运提单，甚至包括只有一种海上运输，而非多式联运时，亦可签发多式联运提单。对于货运代理签发的此种提单，各个国家的银行也普遍接受。货运代理可签发这种"无船承运人提单"（house bill of lading）后，便可从事无船承运人业务。从此客户可凭货运代理签发的自己的提单即无船承运人提单去银行结汇。这种业务的开展对客户和货运代理都有好处，故各国货运代理都在积极开展这种业务。

7. 经营人—提供多式联运服务

在货运代理作用上，集装箱化的一个更深远的影响是他介入了多式联运。这时，货运代理充当了总承运人，并且承担组织在一个单一合同下，通过多种运输方式，进行"门到门"的货物运输。他可以当事人的身份与其他承运人或其他服务的提供者分别谈判并签约。但是，这些分合同不会影响多式联运合同的执行，也就是说，不会影响他对发货人的义务和在多式联运过程中他对货物灭失及货损货差所承担的责任。货运代理作为多式联运经营人时，通常需要提供包括所有运输和分拨过程的一个全面的"一揽子"服务，并对其客户承担一个更高水平的责任。

8. 运输延伸—提供物流服务

提供物流服务是货运代理为满足客户的更高要求，提高其市场竞争能力，顺应国际发展的一种新趋势，货运代理必须具备提供物流服务的技能。物流服务是一项高层次、全方位、从生产到消费、全过程的综合性服务。与多式联运相比，他不仅提供一条龙的运输服务，而且延伸到运输前、运输中、运输后的各项服务。总之，凡与运输相关的、客户需要提供的服务，均为其服务的内容，而且要求高速度、高效率、低成本、少环节、及时、准确。这就需要货运代理熟悉客户的业务，了解客户生产乃至销售的各环节，主动为其设计，提供其所需。从而使货运代理在运输的延伸服务中获得附加值。

 **案例分析** ▶▶▶

阿里巴巴携手达飞再度进军航运

2017 年 2 月 14 日，达飞海运（CMA－CGM）与阿里巴巴在杭州签署了谅解备忘录，未来双方将在数字化领域展开合作，相关产品于 2017 年 3 月上旬上线。

通过"一达通 OneTouch"电商综合服务平台，出口商可直接在线预定船期

双方计划通过阿里巴巴"一达通 OneTouch"电商综合服务平台为客户提供相关数字化服务。通过该平台，出口商可以绕过货代，直接在线预定（CMA CGM）地中海 1 号线（MEX1）和（CMA CGMBEX）航线中国到地中海和亚得里亚海地区的船期。

2016 年 12 月阿里巴巴物贸就已"联姻"马士基航运，进军集装箱海运市场，强势推出"舱位宝"，为其客户提供了在线订舱、直达船东、保证舱位等服务。

2017 年 1 月，以色列以星航运以同样方式入驻"舱位宝"。这种尝试打破了传统订舱

规则，阿里巴巴向"为客户提供全面的数字化解决方案"目标迈进了一大步。

此外，2017 年 1 月 19 日，阿里巴巴物贸宣布与世界最大的物流网络联盟 WCA（World Cargo Alliance）达成战略合作，WCA 将为阿里巴巴物贸的全球跨境电商业务提供物流支持，而 WCA 将入驻阿里巴巴物贸物流平台成为会员，实现双方资源共享。

搅局者 or 革命者

数字化电子商务的不断发展，使本来跟电子商务毫无关联的传统行业国际货运代理涌起了战国风云，早在 2013—2014 年，货代界的电子商务平台就如雨后春笋般冒出，在这个本就充满竞争的行业，不料半路杀出个马云……

阿里近来一系列进军航运的举动，货代人看到了互联网的巨大杀伤力——当今的马云再也不是当初的搅局者，他现在是一个革命者，革谁的命？

（资料来源：http：//www. toutiao. com/i6387978338358526465/）

请结合本章知识，针对阿里携手达飞进军航运，分析传统货代受到的威胁及其持续创新。

 基础练习

一、判断题

1. 一般运输是只能孤立地采用同类运输工具而进行的运输。（　　）
2. 国际货物运输是平衡国家外汇收入的重要手段。（　　）

二、单选题

1. 多式联运经营人或称为（　　）

A. 储存代理　　　B. 无船承运人　　　C. 集装箱代理　　　D. 租船订舱代理

2. 重量货物是指凡 1 吨重量的货物，体积要求小于（　　）

A. 10 立方英尺　　B. 20 立方英尺　　C. 30 立方英尺　　D. 40 立方英尺

3. 下列不属于运输成本中直接成本的是（　　）

A. 环境污染成本　　B. 设施成本　　C. 经营成本　　D. 使用者成本

三、多选题

1. 物流合理化的方法有（　　）

A. 计划性　　B. 集中性　　C. 网络化　　D. 综合化　　E. 标准化

2. 国际民用航空组织由哪些机构组成（　　）

A. 组织协调　　B. 开拓控制　　C. 中间人　　D. 顾问　　E. 提供专业化服务

3. 属于非贸易物资国际货物运输的货物有（　　）

A. 展览品　　B. 个人行李　　C. 办公用品　　D. 援外物资　　E. 邮寄品

四、思考题

1. 简述国际货物运输的特点。
2. 简述国际货运代理的作用。

知识应用

　　上海国际航运中心将是集交易市场、航运信息中心和物流中心于一体的综合体系。有满足国际大型集装箱船舶全天候进出的深水航道，有相当规模集装箱吞吐量的深水港区；有密集的航线及频繁的航班，成为国际集装箱运输的枢纽港和东亚最大的物流中心之一；有符合国际惯例的港口管理和保税区制度；有亚太地区一流的航运交易市场和航运信息中心；有较完善的国际航运软环境，包括政策法律和船舶、金融、加工服务体系等；有畅通、便捷、齐全的集疏运系统；有港航货代、金融贸易、法律保险等各类机构和高级人才。

　　上海港经济腹地发达。其直接腹地是长江三角洲，间接腹地可覆盖整个长江流域。伴随着中国经济的高速发展以及由沿海向中西部的战略推进，长江流域将媲美世界著名的莱茵河、密西西比河、东京湾等规模庞大的内河产业带。长江流域内雄峙着上海宝钢、湖北武钢、安徽马钢、四川攀钢等大型钢铁基地，工业种类齐全，工业基础雄厚，在钢铁、汽车、电子、石油化工、机械等领域拥有一大批一流的大型骨干企业，还有新材料、生物工程、微电子、通信设备等新兴产业也正迅速崛起。

　　通过阅读以上案例，回答下列问题：

　　(1) 国际航运中心的模式有哪些？

　　(2) 国际航运中心的基本条件是什么？

　　(3) 试述上海建设国际航运中心的意义。

第二章　国际海上货物运输

学习目标

知识目标

1. 熟悉国际海上货物运输基本概念、特点；
2. 掌握班轮公会的主要业务范围；
3. 熟悉主要班轮提单的特点；
4. 掌握班轮运费计算方法；
5. 熟悉租船合同的种类及性质；
6. 掌握航次租船、定期租船的基本租船合同条款。

技术目标

1. 会根据实际情况选择不同经营方式的国际海运船舶；
2. 会规划班轮运输的组织管理，正确使用班轮提单，准确计算班轮运费；
3. 能看懂航次租船、定期租船合同；
4. 具有能对班轮运输、租船运输虚拟案例进行正确描述能力。

应用能力目标

1. 树立国际货运规则国际化观念，提高国际海上运输操作与管理规范化水平；
2. 树立运输准时、安全观念，提高国际海上货物运输的运营效率。

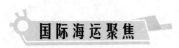

国际海运聚焦

国际海上货物运输法律统一化

1924 年的《海牙规则》是对国际海上货物运输法律统一化的首次尝试。该规则的条款虽不多,但对于海运方式法律统一化的作用却是巨大的。我国并未加入该规则,但《中华人民共和国海商法》(以下简称为《海商法》)条文的规定明显借鉴和吸收了《海牙规则》的一些内容,因此我国实际上部分采纳了该公约的精神。除此之外,加入该规则的成员国根据该规则而修改国内法,尚未加入该公约的国家事实上采纳公约规定或受公约影响而修改国内法,这些表现在一定程度上大大推动了国际海上货物运输法律的统一化进程。1968 年的《海牙—维斯比规则》是对《海牙规则》的修改,其对于国际海上货物运输法律的统一化也同样做出了重要的贡献。

1978 年的《汉堡规则》是一项完整的国际海上货物运输公约,是规范国际海上货物运输合同的法规。该公约试图为国际海上货物运输法律的统一化做出质的贡献,然而由于成员国的数量较少,其作用的发挥受到极大限制。前两个公约主要是对提单法律制度做出统一的规定,而《汉堡规则》全面规定了海上货物运输下的法律关系,从而形成了三个海运公约并存的局面。

随着国际贸易与海运事业的蓬勃发展,在全球经济一体化的驱动下,为了最大限度地实现国际海上货物运输法律的统一,2008 年《鹿特丹规则》诞生。笔者认为,《鹿特丹规则》的诞生对于当今世界国际海上货物运输法律的统一化进程起到了巨大的推动作用。其内容更加完备,结构也更为合理,从国际海运的方方面面做出了明确的规定。在司法实践中长期存在的问题,例如交付货物的形式、货物在目的港产生费用后托运人的责任、记名提单下的无单放货等一系列问题,《鹿特丹规则》均做了系统而明确的规定。并且,《鹿特丹规则》第一次明确系统地规定了承运人义务与责任的关系。综观规则全文,该规则的立法宗旨便是建立统一的国际海上货物运输法律规则,将几乎所有的理论与实践中产生的问题囊括其中,对国际航运立法产生了深远的影响。并且,对于我国《海商法》的修订,我们也应当吸收借鉴公约中的一些规定,从而使《海商法》能够适应当今世界变化发展了的海运实践。虽然公约尚未生效,但是我们也可以预测到国际海上货物运输法律统一化的大趋势,只不过这一过程是漫长而曲折的,需要我们为之不断努力。

【思考】了解国际海上运输的主要国际性法律有哪些?

国际海运组织

1. 国际海事组织（International Maritime Organization，IMO）

1958 年 2 月 9 日联合国在日内瓦召开海事大会，同年 3 月 6 日通过成立了"政府间海事协商组织"的公约，即《政府间海事协商组织公约》。公约于 1958 年 3 月 17 日生效。1959 年 1 月在伦敦召开第一次大会，政府间海事协商组织正式成立。1982 年 5 月 22 日更名为"国际海事组织"。IMO 是联合国在海事方面的一个技术咨询和海运立法机构，是政府间的国际组织，所有联合国成员国均可成为会员。1973 年 3 月 1 日我国正式参加 IMO，1975 年当选为理事国。5 个委员会：海上安全委员会，海上环境保护委员会，法律委员会，便利委员会，技术合作委员会。9 个分委会：协助海上安全委员会和海上环境保护委员会的散装液体和气体委员会，危险品、固体货物和集装箱运输分委会，消防分委会，无线电和搜寻与救助分委会，航行安全分委会，船舶设计和设备分委会，隐形、载重线和渔船安全分委会，培训和值班标准分委会，船舶国履约分委会。宗旨："在与从事国际贸易的各种航运技术事宜的政府规定和惯例方面，为各国政府提供合作机会；并在与海上安全、航行效率和防止及控制船舶造成海洋污染有关的问题，鼓励和便利各国普遍采用最高可行的标准。"

2. 波罗的海国际海事协会（Baltic and International Maritime Council，BIMCO）

成立于 1905 年，总部在哥本哈根，是非政府间组织。成员有航运公司、经纪人公司、保赔协会等团体或俱乐部组织。宗旨：保护会员的利益，为会员提供情报咨询服务；防止运价投机和不合理的收费与索赔；拟定和修改标准租船合同和其他货运服务单证；出版航运业务情报资料等。

3. 国际海事委员会（Committee Maritime International，CMI）

1897 年成立于布鲁塞尔。宗旨：促进海商法、海运关税和各种海运惯例的统一。主要工作：草拟各种有关海上运输的公约。国际上第一个海上货物运输公约——著名的《海牙规则》就是由该委员会 1921 年起草，并在 1924 年布鲁塞尔会议上讨论通过的，1968 年进行了修订，制定了《海牙—维斯比规则》，即《1968 年布鲁塞尔议定书》。

第一节 国际海上运输概述

一、国际海上货物运输的基市概念

（一）船舶构造

船舶是海上运输的工具。各类船舶结构大同小异，其主要部分包括：

1. 船壳（Shell）

船壳，即船的外壳，是将多块钢板铆钉或电焊结合而成的，包括龙骨翼板、弯曲外板及上舷外板三部分。

2. 船架（Frame）

船架，支撑船壳所用各种材料的总称，分为纵材和横材两部分。纵材包括龙骨、底骨和边骨；横材包括肋骨、船梁和舱壁。

龙骨是用来支撑造型、固定结构的一种建筑材料。龙骨是装修的骨架和基材，使用非常普遍。

3. 甲板（Deck）

甲板，铺在船梁上的钢板，将船体分隔成上、中、下三层。大型船甲板数可多至六七层，其作用是加固船体结构和便于分层配载及装货。

4. 船舱（Holds and Tanks）

船舱，甲板以下的各种用途空间，包括船首舱、船尾舱、货舱、机器舱和锅炉舱等。

5. 船面建筑（Super Structure）

船面建筑，主甲板上面的建筑，供船员工作起居及存放船具，它包括船首房、船尾房及船桥。

（二）船舶种类

1. 干货船（Dry Cargo Ship）

根据所装货物及船舶结构、设备不同，可分为：

（1）杂货船（General Cargo Ship）

杂货船，定期航行于货运繁忙的航线，以装运零星杂货为主的船舶。这种船航行速度较快，船上配有足够的起吊设备，船舶构造中有多层甲板把船舱分隔成多层货柜，以适应装载不同货物的需要。

（2）干散货船（Bulk Cargo Ship）

干散货船，用以装载无包装的大宗货物的船舶。这种船大都为单甲板，舱内不设支柱，但设有隔板，用以防止在风浪中运行的舱内货物错位。

依所装货物的种类不同，又可分为粮谷船（Grain ship）、煤船（collier）和矿砂船（Ore Ship）。

（3）冷藏船（Refrigerated Ship）

冷藏船，专门用于装载冷冻易腐货物的船舶。船上设有冷藏系统，能调节多种温度以适应各舱货物对不同温度的需要。

（4）木材船（Timber Ship）

木材船，专门用于装载木材或原木的船舶。这种船舱口大，舱内无梁柱及其他妨碍装卸的设备。船舱及甲板上均可装载木材。为防甲板上的木材被海浪冲出舷外，在船舷两侧一般设置不低于1米的舷墙。

（5）集装箱船（Container Ship）

集装箱船航速较快，大多数船舶本身没有起吊设备，需要依靠码头上的起吊设备进行装卸。这种集装箱船也称为吊上吊下船。

①部分集装箱船（Partial Container Ship）

部分集装箱船仅以船的中央部位作为集装箱的专用舱位，其他舱位仍装普通杂货。

②全集装箱船（Full Container Ship）

全集装箱船专门用于装运集装箱的船舶。它与一般杂货船不同，其货舱内有格栅式货架，装有垂直导轨，便于集装箱沿导轨放下，四角有格栅制约，可防倾倒。集装箱船的舱内可堆放 3～9 层集装箱，甲板上还可堆放 3～4 层。

③可变换集装箱船（Convertible Container Ship）

可变换集装箱船其货舱内装载集装箱的结构为可拆装式的。因此，它既可装运集装箱，必要时也可装运普通杂货。

（6）滚装船，又称滚上滚下船（Roll on/Roll off Ship）

滚装船主要用来运送汽车和集装箱。这种船本身无须装卸设备，一般在船侧或船的首、尾有开口斜坡连接码头，装卸货物时，或者是汽车，或者是集装箱（装在拖车上的）直接开进或开出船舱。这种船的优点是不依赖码头上的装卸设备，装卸速度快，可加速船舶周转。

（7）载驳船，又称子母船（Barge Carrier）

载驳船在大船上搭载驳船，驳船内装载货物的船舶。载驳船的主要优点是不受港口水深限制，不需要占用码头泊位，装卸货物均在锚地进行，装卸效率高。目前较常用的载驳船主要有"拉希"型（Lighter Aboard Ship，LASH）和"西比"型（Seabee）两种。

2. 油槽船（Tanker）

油槽船主要用来装运液体货物的船舶。

（1）油轮（Oil Tanker）

油轮，主要装运液态石油类货物。它的特点是机舱都设在船尾，船壳本身被分隔成数个贮油舱，有油管贯通各油舱。油舱大多采用纵向式结构，并设有纵向舱壁，在未装满货时也能保持船舶的平稳性。第二次世界大战后，油轮的载重吨位不断增加，目前世界最大的油轮载重吨位已达到 60 多万吨。

（2）液化天然气船（Liquefied Natural Gas Carrier）

液化天然气船专门用来装运经过液化的天然气。

（三）船舶的规范与吨位

1. 专业术语（船型主要尺寸）

船长是沿夏季载重水线，自首柱前缘量至尾柱后缘的水平距离，又称两柱长。船长和全长不同，全长是最大尺度中的指标，即最大长度，是指船舶最前端与最后端之间（包括外板和两端永久性固定突出物在内）水平距离。船长和登记长度不同，登记长度是指在上甲板的上表面上，自首柱前缘到尾柱后缘的水平距离；无尾柱时，则量至舵杆中心。

船宽是船体最宽处两舷肋骨外缘之间的水平距离。型宽和全宽不同，全宽即最大宽度是最大尺度中的指标，是指包括船舶外板和永久性固定突出物在内的垂直于纵中线面的最大水平距离。型宽和登记宽度不同，登记宽度是指在船舶最大宽度处，两舷外板外表面之间的水平距离。

型深是在船长中点处，自平板龙骨上缘量至于舷甲板横梁舷端上缘的垂直距离。型深和最大高度不同，最大高度是指自龙骨下边致船舶最高点之间的垂直距离。它减去吃水，即可得水面以上的船舶高度。型深和登记深度不同，登记深度是指在船舶纵中剖面的登记长度中点处，从上甲板下表面往下量至内底板上表面的垂直距离。

2. 船舶吨位（Ship's Tonnage）

船舶吨位是船舶大小的计量单位。

（1）船舶的重量吨位（Weight Tonnage）

船舶的重量吨位是表示船舶重量的一种计量单位。

①计重单位

$$1 公吨＝1000 公斤＝1.102 短吨＝0.984 长吨$$

$$1 短吨＝2000 磅 \qquad 1 长吨＝2240 磅$$

目前国际上多采用公制作为计量单位。

②排水量吨位（Displacement Tonnage）

船舶在水中所排开水的吨数，也是船舶自身重量的吨数，主要分为：

轻排水量（Light Displacement）：又称空船排水量。船舶本身加上船员和必要的给养物品三者重量的总和，是船舶最小限度的重量。

重排水量（Full Load Displacement）：又称满载排水量。船舶载客、载货后吃水达到最高载重线时的重量，即船舶最大限度的重量。

实际排水量（Actual Displacement）：船舶每个航次载货后实际的排水量。

$$排水量（长吨）＝\frac{长 \times 宽 \times 吃水 \times 方模系数（立方英尺）}{35（海水）或 36（淡水）（立方英尺）}$$

$$排水量（公吨）＝\frac{长 \times 宽 \times 吃水 \times 方模系数（立方米）}{0.9756（海水）或 1（淡水）（立方米）}$$

排水量吨位可以用来计算船舶的载重吨；在造船时，依据排水量吨位可知该船的重量；在统计军舰的大小和舰队时，一般以轻排水量为准；军舰通过巴拿马运河，以实际排水量作为征税的依据。

③载重吨位（Dead Weight Tonnage，DWT）

载重吨位表示船舶在营运中能够使用的载重能力，可分为以下两种：

总载重吨（Gross Dead Weight Tonnage，GWT）：船舶根据载重线标记规定所能装载的最大限度的重量，它包括船舶所载运的货物、船上所需的燃料、淡水和其他储备物料重量的总和。

$$总载重吨＝满载排水量－空船排水量$$

净载重吨（Dead Weight Cargo Tonnage，DWCT）：船舶所能装运货物的最大限度重量，又称载货重吨。

净载重吨＝船舶的总载重量－（船舶航行期间需要储备的燃料、淡水及其他储备物品的重量）

船舶载重吨位可用于对货物的统计；作为期租船月租金计算的依据；表示船舶的载运能力；也可用作新船造价及旧船售价的计算单位。

（2）船舶的容积吨位（Registered Tonnage）

船舶的容积吨位是表示船舶容积的单位，又称注册吨，是各海运国家为船舶注册而规定的一种以吨为计算和丈量的单位。

1 注册吨＝100 立方英尺＝2.83 立方米

①容积总吨（Gross Registered Tonnage，GRT），又称注册总吨

船舱内及甲板上所有关闭的场所的内部空间（或体积）的总和，是以 100 立方英尺或 2.83 立方米为 1 吨折合所得的商数。

用途：用于国家对商船队的统计；表明船舶的大小；用于船舶登记；用于政府确定对航运业的补贴或造船津贴；用于计算保险费用、造船费用以及船舶的赔偿等。

②容积净吨（Net Registered Tonnage，NRT），又称注册净吨

从容积总吨中扣除那些不供营业用的空间后所剩余的吨位，也就是船舶可以用来装载货物的容积折合成的吨数。

用途：用于船舶的报关、结关；作为船舶向港口缴纳的各种税收和费用的依据；作为船舶通过运河时缴纳运河费的依据。

（四）船舶载重线（Ship's Load Line）

1. 定义

船舶载重线是指船舶满载时的最大吃水线。它是绘制在船舷左右两侧船舶中央的标志，指明船舶入水部分的限度。

船级社或船舶检验局根据船舶的用材结构、船型、适航性和抗沉性等因素，以及船舶航行的区域及季节变化等制定船舶载重线标志。

2. 重要性

①确保重量和容积完全满载；②保证货物质量安全；③确保船舶航行安全；④方便船舶装卸。

3. 载重线标志

甲板线、载重线圆盘和与圆盘有关的各条载重线如下图所示。

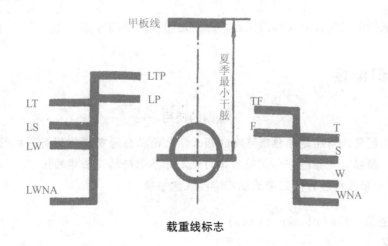

载重线标志

各条载重线含义如下：

TF（Tropical Fresh Water Load Line）：表示热带淡水载重线，即船舶航行于热带地区淡水中总载重量不得超过此线。

F（Fresh Water Load Line）：表示淡水载重线，即船舶在淡水中行驶时，总载重量不得超过此线。

T（Tropical Load Line）：表示热带海水载重线，即船舶在热带地区航行时，总载重量不得超过此线。

S（Summer Load Line）：表示夏季海水载重线，即船舶在夏季航行时，总载重量不得超过此线。

W（Water Load Line）：表示冬季海水载重线，即船舶在冬季航行时，总载重量不得超过此线。

WNA（Winter North Atlantic Load Line）：表示北大西洋冬季载重线，指船长为100.5米以下的船舶，在冬季月份航行经过北大西洋（北纬360以北）时，总载重量不得超过此线。

标有 L：木材载重线。

我国船舶检验局的规定：分别以汉语拼音首字母为符号。即以"RQ""Q""R""X""D"和"BDD"代替"TF""F""T""S""W"和"WNA"。

在租船业务中，期租船的租金习惯上按船舶的夏季载重线时的载重吨来计算。

（五）船籍和船旗（Slip's Nationality and Flag）

1. 船籍

船舶的国籍。商船的所有人向本国或外国有关管理船舶的行政部门办理所有权登记，取得本国或登记国国籍证书后才能取得船舶的国籍。

船籍国：船舶登记国。

船舶证书：证明船舶国籍、所有权、技术状态、航行性能及船舶营运必备条件的各种文件的总数。

2. 船旗

商船在航行中悬挂其所属国的国旗。船旗是船舶国籍的标志。

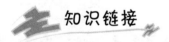 知识链接

船期的使用

按国际法规定，商船是船旗国浮动的领土，无论在公海或在他国海域航行，均需悬挂船籍国国旗。船舶有义务遵守船籍国法律的规定并享受船籍国法律的保护。

【思考】船舶在行驶时使用船旗还有哪些注意事项？

3. 方便面旗（Flag of convenience）

（1）定义

在外国登记、悬挂外国国旗并在国际市场上进行营运的船舶。亦称"特设收容旗"，在中国台湾等地又被称为"权宜船"。

知识链接

方便旗的使用

方便旗船在第二次世界大战后迅速增加，挂方便旗的船舶主要属于一些海运较发达的国家和地区，如美国、希腊、日本、中国香港和韩国的船东。这些国家或地区将船舶转移到外国进行登记，以图逃避国家重税和军事征用，自由制订运价不受政府管制，自由处理船舶与运用外汇，自由雇佣外国船员以支付较低工资，降低船舶标准以节省修理费用，降低营运成本以增强竞争力等。

（2）开放登记

公开允许外国船舶在本国登记，其主要是：利比里亚、巴拿马、塞浦路斯、新加坡、巴哈马及百慕大等国家和地区。通过这种登记可为登记国增加外汇收入。

（3）特点

准予外国或外国船东拥有或管理的船舶在该国登记入籍，即船旗国可以没有对船舶的任何所有权。

可以随时在该国登记或撤销已登记的船舶国籍。

船舶登记费低，年吨税低。

船籍国政府不能随意征用在该国登记入籍的外国船舶或吨位。

可以配置外国籍船员。这也为船东提供了使用廉价劳动力的方便。

登记国政府不能控制外国航运公司的立法或政府措施。

登记国政府和公司与在该国登记入籍的外国商船无实质性联系。

④弊端

以上这些宽松的开放登记条件，决定了方便旗船必然会给国际航运业带来许多的问题，而且这些问题都是无法解决的。

船舶技术状况差，安全没有保障。

补充阅读

船舶的技术安全威胁

许多开放登记的船舶大都是老旧船舶，航行设备不能满足航运发展的要求，致使船舶发生海损事故的数量明显偏高。劳氏船级社曾经对海损事故所作的统计表明：在统计的船舶中有1/3为方便旗船，但它们却占有事故总数的1/2以上。

船员的工作条件和福利待遇差。

船东与船旗国仅有表面上的联系，船东身份和责任不易明确。为进行海上欺诈活动提供了方便，也使海损事故的处理增加了难度。

 **补充阅读**

托尼·卡尼翁（Torry CANYON）号事件

著名的托尼·卡尼翁（Torry CANYON）号油轮在英吉利海峡锡利群岛东北部的七石礁搁浅，造成 10 万吨原油污染海域的事故就涉及船东的身份问题。由于事故造成的损失达数亿英镑，便利船东无法承受这个损失，而企图利用这个不明确的身份来逃税。

大量的方便旗船舶的使用，使得部分船东通过不正当途径取得竞争优势，扰乱了正常航运秩序。

（六）船级（Ship's Classification）

1. 定义

船级是表示船舶技术状态的一种指标。

2. 评定过程

在国际航运界，凡注册总吨在 100 吨以上的海运船舶，必须在某船级社或船舶检验机构监督之下进行制造。

在船舶开始建造之前，船舶各部分的规格须经船级社或船舶检验机构批准。

每艘船建造完毕，由船级社或船舶检验局对船体、船上机器设备、吃水标志等项目和性能进行鉴定，发给船级证书。

证书有效期一般为 4 年，期满后需重新予以鉴定。

3. 作用

船舶入级可保证船舶航行安全；有利于国家对船舶进行技术监督，便于租船人和托运人选择适当的船只，以满足进出口货物运输的需要；便于保险公司决定船、货的保险费用。

4. 船级证书

除了记载船舶的主要技术性能外，还绘制出相应的船级符号，各国船级社对船级符号的规定不同。如，中国船级社的船级符号为＊ZC，英国劳埃德船级社的船级符号为 LR；标志 100AI，100A 表示该船的船体和机器设备是根据劳氏规范和规定建造的。I 表示船舶的装备如船锚、锚链和绳索等处于良好和有效的状态。

 **补充阅读**

世界著名的船级社

英国劳埃德船级社（Lloyd's Register of Shipping）。它创建于 1760 年，是世界上历史最悠久、规模最大的船级社。该船级社由船东、海运保险业承保人、造船业、钢铁制造业和发动机制造业等各方面委员会组成并管理，其主要职责是为商船分类定级。

德国劳埃德船级社（Germsnischer Lloyd），挪威船级社（Norske Veritas），法国船级局（Bureau Veritas），日本海事协会（Nippon Kaiji Kyokai），美国航运局（American Bureau of Shipping）。

中国船级社：中华人民共和国交通运输部所属的船舶检验局。1996 年中国船级社第一次被选任国际船级社协会理事会主席，任期一年（1996 年 7 月 1 日—1997 年 6 月 30 日），这标志着中国验船技术的权威性得到国际认可。

（七）航速（Ship's Speed）

航速以"节"（涅/小时）表示。

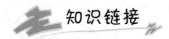 知识链接

船舶的航速依船型不同

干散货船和油轮的航速较慢，一般为 13～17 节；集装箱船的航速较快，目前最快的集装箱船航速可达 24.5 节；客船的航速也较快。

（八）船舶的主要文件（Ship's Documents）

船舶文件是证明船舶所有权、性能、技术状况和营运必备条件的各种文件的总称。船舶必须通过法律登记和技术鉴定并获得这类有关正式证书后，才能参加营运。

国际航行船舶的船舶文件主要有：①船舶国籍证书（Certificate of Nationality）；②船舶所有权证书（certificate of Ownership）；③船舶船级证书（Certificate of Classification）；④船舶吨位证书（Tonnage Certificate）；⑤船舶载重线证书（Certificate of Load Line）；⑥船员名册（Crew List）；⑦航行日志（Log Book）；⑧轮机日志、卫生日志和无线电日志等。

二、国际海上货物运输的特点

海上运输与其他各种运输方式相比，具有以下特点：

（一）货运量大

目前的超巨型油轮已达 60 万吨。第五代集装箱船的载箱能力已超过 5000TEU。而航空及公路运输都会受到运量的限制。

（二）投资少，运费低

海上运输利用天然航道投资少，而铁路、公路和航空运输则需大量投资修建铁路、公路和航道。而且海运运载量大，航程远，单位运输成本低，因而运费低。

（三）具有灵活性

海上运输的航道四通八达，不像公路运输、铁路运输和航空运输要受道路、轨道和航线的限制。在遇到政治、经济及自然条件发生变化的时候，可随时改选最有利的航线来完成运输任务。

（四）对货物的适应性强

海上货物运输船舶种类繁多，可适应多种货物运输的需要。

（五）运输速度慢

海上运输由于船舶体积大，水流阻力大，因此速度较慢，无法与航空运输的速度相比。

（六）风险系数高

海上运输会受到气候和自然条件的影响，遇险的可能性较大，船舶航行日期也不易准确预计。

三、国际海运船舶运营方式

按照船舶的经营方式，国际贸易海上运输主要有班轮运输和租船运输两种。

（一）班轮运输

1. 班轮运输的定义（Liner Transport）

船舶在固定的航线上和港口之间按事先公布的船期表航行，从事客、货运输业务并按事先公布的费率收取运费。

2. 我国使用的班轮

一是自营班轮，即中国远洋运输公司和中国对外贸易运输总公司等国内大航运公司经营的班轮；二是合营班轮，即我国与外国合资经营的班轮；三是外国班轮。

3. 班轮运输的特点

（1）四固定

即航线固定、港口固定、船期固定和费率的相对固定。这是班轮运输最基本的特点。

（2）不规定货物的装卸时间

由于班轮需按船期表规定的时间到港和离港，运价内已包括装卸费用，货物由货运人负责配载、装卸，承运人和托运人双方不存在滞期费和速遣费的问题。

（3）班轮提单是运输合同的证明

在班轮运输业务中，承托双方的权利、义务、责任和豁免均以船公司按照国际公约和有关国内法规签发的提单条款为依据。货物装船后，提单由承运人（或其代理人）或船长签发给托运人。

4. 班轮运输的作用

（1）班轮运输能提供较高的服务质量

班轮运输的管理制度较为完善，船舶的技术性能较好，设备较全，船员的技能也较高。而且在班轮停靠的港口，班轮公司一般都有自己的专用码头、仓库和装卸设备，所以货运质量较有保证，能适应定期运行的航线和货源的特点（如备有冷藏货舱、鲜活货舱以及贵重物品和重件货装载的特需装备)。

(2) 特别适合一般杂货和小额贸易货物的运输需要

在国际贸易中，除大宗商品利用租船运输外，零星成交、批次多、到港分散的货物，只要班轮有航班和舱位，不论数量多少，也不论直达或转船，班轮公司一般均愿意安排承运。

(3) 有利于贸易双方核算运输成本，促进了国际贸易的发展

运输的"四固定"特点，为买卖双方洽谈运输条件提供了必要依据，使买卖双方有可能事先根据班轮船期表，商定交货期、装运期以及装运港口，并且根据班轮费率表事先核算运费和附加费用，从而比较准确地进行比价和核算货物价格。

(4) 手续简便，有利于收、发货的合理安排

班轮运输一般采取码头仓库交接货物的做法，并负责办理货物的装卸作业和全部费用。通常班轮承运人还负责安排货物的转运，定期公布船期表，为货方提供了诸多方便。

(二) 租船运输 (Shipping by Chartering)

1. 定义

租船运输又称不定期船 (Tramp) 运输。船舶没有预定的船期表、航线和港口。船期、航线及港口均按租船人和船东双方签订的租船合同规定的条款行事。

2. 租船运输的特点和作用

(1) 租船运输的特点

租船运输没有固定的航线、固定的装卸港口和固定的船期。

没有固定的运价。

租船运输一般是整船洽租并以装运货值较低、成交数量较多的大宗货物为主。

(2) 租船运输的作用

租船一般是通过租船市场，由船、租双方根据自己的需要选择适当的船舶。

国际间的大宗货物主要是以租船运输，由于运量大，单位运输成本较低。

租船运价是竞争价格，所以租船运价一般比班轮运价低，有利于低值大宗货物的运输。

只要是船舶能安全出入的港口，租船都可以进行直达运输。

一旦贸易增加、船位不足，而造船、买船又难以应急时，租船运输可起到弥补需要的作用。

3. 租船方式

国际上使用较广泛的租船方式主要有定程租船、定期租船和光船租船三种。

(1) 定程租船 (Voyage Charter)

①定义

定程租船又称航次租船，是以航程为基础的租船方式。在这种租船方式下，船方必须按租船合同规定的条件，按时抵达装货港口，装上一定数量指名的货物，再驶抵卸货港卸下货物，完成整个航程的运输任务，并负责船舶的经营管理。在程租条件下，除了少数几项费用，如货物装卸费、隔离费、平舱费、船舶滞期费等通常由租船人负担外，其他运输费用，如船员工资、港口使用费、港口代理费、船用燃料、隔垫物料等费用都由船东承

担，租船人按约定支付运费。

②定程租船特点

船舶的经营管理由船方负责。规定一定的航线和装运的货物种类、名称、数量以及装卸港口。船方除对船舶航行、驾驶、管理负责外，还应对货物运输负责。在多数情况下，运费按所运货物数量计算，即按每重量吨或每尺码吨计算运费。有时也采用整船包干运费。规定一定的装卸期限或装卸率，并计算滞期费、速遣费。船、租双方的责任、义务，以定程租船合同为准。

③定程租船的形式

单程租船：也称单航次租船。即所租船舶只装运一个航次，航程结束时租船合同即告终止。

来回程租船：这是租船合同规定在完成一个航次任务后接着再装运一个回程货载的运输形式。

连续单程租船：要求在同一去向的航线上连续完成几个单航次运输。它的特点是完成若干个连续的航次，不能中断；船舶必须是一程运货，一程空放，船东不能利用空船揽载其他货物，一般航程较近。

包运合同租船：也称大合同。船东在约定的期限内，派若干条船，将规定的一批货物，按照同样的租船条件，由甲地包运到乙地，至于航程次数则不作具体规定。

④定程租船运费

影响定程租船运费的因素：租船市场运费水平；承运货物的价格和装卸货物所需设备和劳动；运费的交付时间；装卸费的负担方法；港口费用高低；经济人佣金。

装卸费术语：

Liner terms：船方负担装卸

Free out/FO：船方管装不管卸

Free in/FI：船方管卸不管装

Free in&out/FIO：船方什么也不管，适用散货

(2) 定期租船（Time Charter）

定期租船简称期租船。它由船舶出租人将船舶租给租船人使用一定期限，并在规定的期限内由租船人自行调度和经营管理。租金按月（30 天）、按日（一般每半月预付一次）或按每载重吨若干金额计算。

期租的时间可长可短，从几个月到若干年，有的甚至用到船报废为止。

期租船的特点：

第一，租赁期间，船舶的经营管理由租船人负责。在期租条件下，由船东负担的船舶营运费用，只有船员工资、给养、船舶维修保养、船壳机器保险；其他日常开支，如船用燃料、港口使用费、港口代理费、捐税以及装货、理舱、平舱、卸货等费用都由租船人承担。

第二，不规定船舶航线和装卸港口，只规定船舶航行区域。

第三，除特别规定外，可以装运各种合法货物。

第四，不规定装卸期限或装卸率，不计算滞期费、速遣费。

第五，租金按租期每月每吨若干金额计算。

第六，船、租双方的权利与义务，以期租船合同为准。

（3）光船租船（Bare Boat Charter）

光船租船也称船壳租船。船东只负责提供空船，不负责提供船员，由租方自行配备船员，提供工资、给养，负责船舶的经营管理和航行各项事宜。在租期内，租船人实际上对船舶有着支配权和占有权。

光船租船在租船市场上很少采用。有的船东为了卖船，在买方无力一次付清货款时而采用光船出租方式，用租船人所付租金偿付船价款项，直到租船人分期付完船价，船东再交出船舶所有权，租期也即告止。

（4）定程租船和定期租船的区别

①合同不同

定程租船：按航程租船，船租双方签订程租船合同。

定期租船：按期限租船，船租双方签订期租船合同。

②责任不同

定程租船：船方负责船的营运，不仅负责船的航行、驾驶和管理，还对货物运输负责。

定期租船：船方仅对船的维护、维修、船员的薪酬、给养负责；而船舶调度、货运、船舶的营运等由租船人负责。

③租金、费用支付不同

租金：

定程租船：按装运货的数量计费，也有按航次的。规定装卸期限，以计算滞期费和速遣费。

定期租船：按每月每吨计算，无须计算滞期费和速遣费。

成本比较如下表所示。

定程租船、定期租船成本比较

船舶建造成本	营运成本或按日成本	航程成本
船价 船价的利息 税项	船员工资 船舶保险费/保赔协会保费 维修及保养费 润滑油 舱面及机房的备件及补给 船舶管理费	装卸费 燃油 港口费、拖船、领港费 运河费 运费税
光船租船		
定期租船		
定程租船		

④管理内容不同

定程租船：选择货物类型，航线及装卸港口。

定期租船：不指定货物类型，航线及装卸港口，只要求航线区域。

（5）租船的注意事项

①与我国政治、外交上有矛盾，贸易上无来往的船不能租。

②不宜租二船东或只有一条船的小船东。

③不宜租赁船龄≥15年的船，及耗油量大、无自动舱盖、无电动绞手的船。

4. 租船市场

租船市场是进行租船交易的场所，在那里船东、租船人、租船经纪人聚集在一起，互通情报，提供船舶和货源，进行租船活动。

通常船舶所有人和货主并不需要亲自到租船市场上去进行交易，而是通过在场的租船经纪人直接磋商，或者场外的经纪人以电报或电传形式磋商，并且签订租船合同。

补充阅读

主要的租船市场

1. 纽约海运市场

在第二次世界大战之前，纽约海运市场仅仅是一个地方性市场，第二次世界大战后随着美国经济地位的提升而一跃成为世界重要的海运市场之一。在纽约航运市场上汇集了美国、加拿大、阿根廷的大谷物出口商，美国煤炭出口商和世界各地的铁矿石出口商。此外，纽约发达的金融保险业也为航运市场中心的形成和确立提供了有利条件。由于纽约市场和伦敦市场存在时差，在一个市场未来得及成交的订单可以转到另一个市场，纽约市场得以进一步确立其地位。纽约市场和伦敦市场不同之处在于没有伦敦那样的专门交易市场，交易活动几乎全是通过电话电传方式进行的。

2. 伦敦海运市场

伦敦是世界上历史最悠久，情报和询价最多的租船市场，居于世界租船市场的中心地位，是当今世界最大的租船市场。伦敦海运市场中心地位的取得有多种原因：首先，地处大西洋海上运输的要冲，而英国也曾是世界资本主义和航海业最发达的国家。其次，位于伦敦的波罗的海海运交易所是世界最早成立的，英国海上保险业发达等。波罗的海航运交易所前身是一家叫作"弗吉尼亚和波罗海"的咖啡馆，贸易商人和船舶所有人经常在这里聚会，1810年改为现名。1869年苏伊士运河通航后取得了现有的地位。波罗的海的海运交易所的交易每天上午九点半到十点进行。等级为会员的经纪人在交易所地层大厅进行自由洽谈，原则是"言而有信"，即洽谈的内容是合同的依据。双方洽谈时备忘的记载就是真正的口头合同，事后签订书面合同。在交易所里的交易活动是完全公开的，而且交易规模是世界最大的，因此交易大厅的洽谈情况能够反映世界各地的供求状况，洽谈结果能够反映世界航运市场状况。所以世界主要航运媒体都对该交易所的行情进行报道。

3. 中国香港海运市场和东京海运市场

中国香港海运市场是一个区域性的国际航运市场，以服务东南亚和日本的货主和船东（二船东）为主，与东京海运市场保持着密切的联系。东京市场也是一个地方性的市场，是日本船舶所有人和货主汇集的地方，随着日本海运业的发展已经成为对日本和东南亚具有重要影响的市场。

4. 鹿特丹、奥斯陆、汉堡海运市场

这三个市场也都是地方性市场，是主要船舶所有人汇集的地方。其特点是船东把注意力放在第三国货载而不是本国货载上面，因此与伦敦和纽约航运市场保持着密切的联系。

第二节　班轮运输

一、班轮运输概述

（一）班轮运输产生背景

班轮运输方式的形成，是有一定的历史背景的。18 世纪末和 19 世纪初，英国及其他一些国家相继发生工业革命，蒸汽机的广泛应用，促进了生产规模的不断扩大，生产力的飞速发展造成了产品的不断增加和对原料需求的猛增，原来的国内市场已经不能满足新产品推介和原材料供应的需要。因此，国际间贸易急剧增长，从而形成海上经常的固定货源，为海上运输，特别是班轮运输的发展准备了货源条件。同时，先进的无线移动通信技术的运用，使船舶公司能随时掌握船舶的配载情况和航行动态，为充分发挥班轮运输的优越性创造了必要的条件。此外，苏伊士运河的通航，大大缩短了船舶运输周期，降低了运输成本，所有这些都为班轮运输的产生与发展创造了条件。基于以上条件，到 19 世纪后期，班轮运输这一海上运输船舶营运方式逐渐形成，并随着国际贸易的发展而迅速成长起来。

（二）班轮公会（Freight Conference）

1. 定义

班轮公会又称航运公会，俗称水脚公会。它是由两个或两个以上在同一条航线上经营班轮运输的船公司，为避免相互间的竞争，维护共同利益，通过在运价和其他经营活动方面签订协议而组成的国际航运垄断组织。

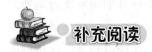

补充阅读

班轮公会的产生

海运业和其他行业相比更富竞争性。当某一条航线同时存在几家、几十家甚至更多的船公司经营班轮运输时，激烈的竞争尤易发生。在这种情况下，各船公司（代指班轮公司，也称为航运公司）往往以降低运价来争揽货载。但是，运费又是船公司最主要的收入来源，如果无节制地降低运价，则会危及船公司的生存。

正由于此，作为维护船公司自身利益的手段，在班轮公司之间产生了班轮公会的组织。1875 年，经营英国至印度港口之间从事货运的英国七家公司成立的加尔各答班轮公会，创世界班轮公会之先。目前在国际间的主要航线上，几乎无不存在班轮公会这类航运垄断组织。有些船公司同时经营数条班轮航线，也同时成为数家班轮公会的会员。这一情形强化了班轮公司之间的联系。资本雄厚的班轮公司甚至在几个班轮公会中占据垄断地位，左右公会事务。有时几个班轮公会联手，组成联合公会，增强公会竞争力。例如，墨西哥湾联合水脚公会，就是由9个班轮公会联合组成，控制着墨西哥至欧洲北部、地中海、南非和东非的货运。

2. 班轮公会的主要业务

目的：限制和调节班轮公会内部的相互竞争，同时防止或对付来自公会外部的竞争，从而达到垄断航线货载。

在限制和调节班轮公会内部的相互竞争时，班轮公会主要采取以下措施：

（1）制定费率（协定费率）

所有参加公会的会员公司，协定共同遵守的费率。

固定费率："会员公司"之间协议为某一航线制定的一个固定运价，所有"会员公司"都必须遵守并按统一的运价计收运费，不得有任何增减。

最低费率："会员公司"为某一航线制定的一个最低费率，所有的"会员公司"只能按高于或等于所规定的费率计收运费，而不得按低于所规定的费率收费。

（2）统一安排营运

限制航次及挂靠港口。规定"会员公司"在一定时期内船舶艘次数和每一航次的靠港数，并制定船期表。对此各"会员公司"都必须遵守。

限制货载。为各"会员公司"划定装货区域，规定各"会员公司"在一定时期内货载的分配数额，但允许有一定百分比的伸缩。

（3）统筹分配收入

将"会员公司"的运费收入的全部或部分集中起来，按预先规定的比例进行分配。对那些为公会利益作出牺牲的会员公司而言，此为一种补偿性安排。

（4）规定延期回扣制（Deferred Rebate System）

班轮公会争揽货载时通常采用的回扣制度。

货主必须同公会签订所谓"忠诚信约"，即在一定时期内，货主将自己的货物全部交由经营某一班轮航线的班轮公司运输，在计算期届满时，可按整个计算期间所支付运费总额的一定百分比从班轮公会取得回扣。

在连续两段期间内，货主将其货物全部交给该班轮公会运输，才能得到自己应得的回扣。否则将被剥夺回扣享受权。

（5）合同费率制（双重费率制）

货主与班轮公会签订全部交运合同，享受特别低廉的公会运价或运价不变的待遇。那些没有与班轮公司签订全部交运合同的货主则不能享受合同费率，而必须按非合同费率计收运费。

（6）安排战斗船（Fighting Ship）

当班轮公会垄断的航线上出现非会员船舶营运时，班轮公会即按照非会员船舶航行的相同船期和停靠港口，派出战斗船，以低于非会员的费率揽货承运，直到对方被挤出该航线为止。至于战斗船的一切损失，则由公会成员共同承担。

3.《1974年联合国班轮公会行动守则公约》

 **补充阅读**

《1974年联合国班轮公会行动守则公约》产生背景

进入20世纪60年代以后，多数的发展中国家为了发展民族经济，维护国家利益，强烈要求改变旧的经济体系，建立新的世界经济秩序。在国际航运领域，它们强烈反对受发达国家控制的班轮公会的各种垄断性做法，认为班轮公会把运价定在发达国家和工业国家而不利于发展中国家和原料出口国的水平上，是不合理的、不公平的。

为了改变这一现象，1972年4—5月，在智利首都圣地亚哥举行的第三届联合国贸易和发展会议上，"七十七国集团"拟定了《班轮公会行动守则公约草案》，以限制班轮公会的活动。联合国大会于同年12月19日作出决议，并提交给秘书长，此后联合国贸易和发展会议主持召开的全权代表会议审议并通过了此案，1974年4月6日在日内瓦通过了《联合国班轮公会行动守则公约》，该公约于1983年10月6日正式生效。中国政府曾派代表团参加拟定和审议公约的工作，并于1980年9月23日加入公约。

由于我国的远洋运输企业不参加任何班轮公会，因此我国不履行该公约的任何具体义务。

（1）公约的宗旨

维护世界海洋货运有秩序的发展，促进班轮运输更有效地为国际贸易服务，保证班轮运输的提供者和使用者之间的利益均衡，不对任何国家的船主、托运人或对外贸易实行任何歧视。

（2）4：4：2货载分配原则

在班轮公会服务的航线上，对于班轮公会揽运的货载，由航线两端国家的会员班轮公司各占40％，其余20％由第三国"会员公司"承运。

（3）公会协议

一项公会协议所包含的作出决定的程序，应以全体正式"会员公司"一律平等的原则为基础。未经两国中的一国航运公司的同意，不能对公会协议中规定的有关该两国间贸易方面的问题作出决定。

意义：在班轮公会内部，包括发展中国家的航运公司在内的所有参加公会的"会员公司"享有平等权利，从而动摇了航运大国垄断并操纵班轮公会的基础。

（4）费率

运费率应视商业上可行的范围，尽量确定在最低水平，同时应当使船东获得合理的赢利。

公约规定如果班轮公会要求全面提高运费率，应将其提高的幅度、实施的日期、提高的理由等，至少于150天前通知托运人或托运人组织，并规定两次提高费率的间隔时间不得少于10个月。

（5）战斗船

禁止使用战斗船。

二、班轮运输流程

（1）船公司以船期表将船舶行使航线、挂港、船名、装港、船期、结载日期通过装货经纪人即指定的货运代理人或者船舶代理人传达给出口商，或者直接刊登在公报上，以招揽货源满足满舱满载的需要。

（2）货运代理人（以下简称货代）或出口商向船舶代理人（以下简称船代）或船公司托运，递交装货单（以下简称 S/O），提出货物装运申请。

（3）船代或船公司接受承运，指定船名签发 S/O，将留底联留下后退还给托运人。

（4）货代将货物送到装货码头，办理商检及海关申报手续，海关放行时在装货单上加盖海关放行章。托运人将放行的 S/O 交港口货运部门。

（5）船代编制货物装货清单（L/L）送船上、理货公司和港口装卸公司。

（6）船方按照货物装货清单（L/L）编制积载图，交船代分发理货公司和港口装卸公司安排装船。

（7）货物装船后，理货公司将 S/O 交给大副，大副核对无误签发收货单（大副收据，M/R），记录货物的装货日期、识别标记、包装、重量、件数以及收到货物时的状态有无任何缺陷。大副签发了大副收据即承认船东收到收据所列货物。

（8）船代将装货单转船公司或者由船代公司签发提单。

（9）货运代理或者出口商付清运费，领取已装船清洁提单。出口人将提单连同其他单证送至议付银行结汇。议付银行将提单寄回国外开证银行。

（10）船代根据提单副本编制出口载货清单（M/F），送方签字后向海关办理船舶出口手续。

（11）船舶载货从发货港运至收货港，途中船方对货物负责照管。

（12）卸货港代理接到船舶抵港电信后，通知收货人做好提货准备。

（13）国外收货人到开证行付清货款取回提单。

（14）卸货港代理根据装货港代理寄来的货运单证，编制进口载货清单或其他卸货单证，联系泊位做好卸货准备。船舶抵港后办理船舶进口报关手续。船靠泊后开始卸货。货物在收货港储存保管。

（15）收货人或者委托货运代理向海关办理货物进口手续，缴纳关税。向卸货港船付清有关港口费用后以正本提单换取码头提货单（D/O），凭 D/O 到码头仓库换取提货卡片提取货物。

三、班轮提单

（一）提单（Bill of Lading）的概述

1. 定义

我国《海商法》将提单定义为："提单，是指用以证明海上货物运输合同和货物已经由承运人接收或者装船，以及承运人保证据以交付货物的单证"。

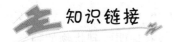知识链接

提　单

《海牙规则》《海牙—维斯比规则》都没有给提单下定义，而《汉堡规则》首次规定了提单的定义。我国《海商法》的以上规定就是借鉴了《汉堡规则》的定义。

2. 提单所涉及的主要关系方

承运人、托运人、收货人及提单持有人等。

提单持有人是提单的合法持有者，他可以是托运人，也可以是提单流通转让过程中的提单受让人。

3. 对提单的理解

（1）提单是运输单据。在海上运输中最具有特色的运输单据。

（2）提单是有价证券。提单起到了贸易单证的作用。

（3）提单是物权凭证，又是债权证券。代表了物权、债权。

（4）提单是要式证券。提单上的记载必须依据法律规定而定。

（5）提单是文义证券。它所代表的权力以提单上记载的内容为准。

（6）提单是准流通证券。它可以通过交付或背书加以交付转让。

（7）提单是设权证券。通过签发提单可以创设原本不存在的权利。

（8）提单是缴还证券。提单上权利的实现必须移交还提单位要件。

（二）提单的性质、作用

1. 性质

①提单证明海上运输合同成立；②提单证明承运人已经接管货物或者已经将货物装船；③提单构成承运人在货物运输目的地交付货物的保证。

2. 作用

（1）提单是海上货物运输合同的证明

提单不是运输合同。提单不具有经济合同应具备的基本条件，构成运输合同的主要项目诸如船名、开航日期、航线、靠港及其他有关货运条件都是事先公布；至于运价和运输条件也是承运人预先规定的，提单条款仅是承运人单方面制定的，在提单上只有承运人单方的签字。合同履行在前，提单只是在履行运输合同的过程中出现的一种证据，承运人或其代理人在托运人填制的托运单上盖章时，承运人、托运人之间的合同就已成立。所以，将提单称为"海上货物运输合同已存在的证明"更为合理。

规定：如果在签发提单之前，承运人、托运人双方另有约定，且该约定又不同于提单条款规定的内容，则以该约定为准，如果在签发提单之前，承运人、托运人双方并无约定，且托运人在接受提单时又未提出任何异议，这时才可将提单条款推定为合同条款的内容，从而约束承运人、托运人双方提单才能从运输合同成立的证明转化为运输合同本身；当提单转让给善意的第三人以后，承运人与第三人之间的权利、义务等就按提单条款的规定处理，即此时提单就是第三人与承运人之间的运输合同。

（2）提单是证明货物已由承运人接管或已装船的货物收据

货物的原始收据不是提单，而是大副收据或者是场站收据。"已装船提单"是在货物装船后，根据货物的原始收据—大副收据等签发的，提单上记载有证明收到货物的种类、数量、标志、外表状况的内容。由于国际贸易中经常使用 FOB（船上交货价）、CFR（成本加运费）和 CIF（成本加保险费加运费）三个传统的价格术语，在这三个传统的"装运合同"价格术语下，货物装船时间也就意味着卖方的交货时间，因此，提单上还记载有货物装船的时间。如果卖方未将货物按时装船，银行就不会接受该提单。提单作为货物收据的法律效力在不同的当事人之间是不同的。托运人：提单只是承运人依据托运人所列提单内容收到货物的初步证据。对善意接受提单的收货人：提单是承运人已按托运人所列内容收到货物的绝对证据。

（3）提单是承运人保证凭以交付货物的物权凭证

承运人或其代理人在目的港交付货物时，必须向提单持有人交货。即使是真正的收货人，不能递交正本提单，承运人也可以拒绝对其放行货物。

提单是物权凭证。提单的转移就意味着提单上所记载货物的转移，提单的合法受让人或提单持有人就有权要求承运人交付提单上所记载的货物。

除提单中有规定外，提单的转让是不需要经承运人同意的。提单的转让是受时间上的制约的。在办理提货手续前，提单是可以转让的。但是，一旦办理了了手续后，该提单就不能再转让了。

（三）提单的分类

1. 按照货物是否已经装船划分

（1）已装船提单（On Board B/L）

整票货物已经全部装进货舱或装在甲板（如集装箱）后，船长或承运人或其授权的代理人凭大副收据所签发的提单。

已装船提单上一般有"货物已装具名船只"字样或注明装运的船舶和装船日期以及大副签字。

航运实践中，除集装箱运输外大多数采用已装船提单，在以跟单信用证付款方式的国际贸易中，一般都要求提供已装船提单，以确认卖方已按买卖合同的要求如期出运货物。

（2）备运提单（Received for Shipment B/L），又称收妥待运提单

承运人在接管托运人送交的货物后，装船之前，应托运人的要求签发的提单。这种提单，由于货物尚未装船，所以不填船名和装船日期，等到货物实际装船后，承运人再将船名和货物装船日期加注到提单上去，或者托运人将备运提单退回承运人以换取已装船提单。

买方一般不愿意接受该种提单，银行结汇一般也不接受备运提单。

在集装箱运输中，签发备运提单的做法比较常见。

2. 按照提单运输方式不同划分

（1）直达提单（Direct B/L）

由同一船舶将货物从起运港直接运抵目的港卸货所签发的提单，装直达船可节省费

用、减少风险并及早到货。

凡信用证规定不得转船的，结汇时必须使用直达提单。

（2）转船提单（Transshipment B/L）

在起运港装载的货物不能直接运往目的港，需要在中途换装其他船舶转运至目的港时承运人签发的提单。

转船提单多为挂靠港船只较少或航次间隔时间长，通过转船可加快货物到港时间时采用。

一般信用证规定不得转船，银行也不接受转船提单。

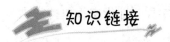 知识链接

转船提单使用

在通常情况下，转船提单由负责一程船（由起运港至第一个转运港）的承运人签发并且在提单上加转船批注。签发转船提单的承运人应对全程运输负责，收取全程运费，安排二程船运输。一程船与二程船负连带赔偿责任。具体来说，如果货物的损失发生在二程船运输期间，收货人既可以向一程船索赔，也可以向二程船索赔。一程船与二程船之间是承运人与实际承运人之间的关系。

（3）联运提单（Through B/L）

承运人对经由海/海、海/陆、陆/海运输的货物所出具的覆盖全程的提单。与联运提单相比，转船提单只不过是在海/海运输形式下所签发的提单，是联运提单中的一种特例。主要用于集装箱运输。

3. 按照提单的不同抬头划分

（1）记名提单（Named B/L）

在提单的收货人一栏内具体填写某一特定人或公司名称的提单。只能由提单上写明的特定收货人提取，承运人也只能将货物交给提单上所记名的收货人。

记名提单可以避免转让过程中可能给货方带来的风险，但由于该提单原则上不能转让，银行不愿接受这种提单，所以在国际贸易当中使用并不多，一般只在运输展览品或贵重物品时使用。

（2）指示提单（Order B/L）

收货人一栏内填写"凭指示"（To order）或"凭××指示"（To order of××）字样的提单。

指示提单是一种可转让的商业票据，无论是指示提单或不记名提单转让时都无须经过原提单签发人，即承运人的同意。

指示提单转让方便，提单持有人可以用背书的方式把它转让给第三者，所以它是国际贸易中使用最为广泛的一种提单。

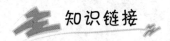知识链接

指示提单的背书转让

提单转让以背书的方式进行。背书可以分为记名背书和空白背书。经空白背书后的指示提单又被称为"空白抬头，空白背书的提单"，其功用类似于不记名提单，交付即可转让。记名背书则是指背书人（指示人）在提单背面写上被背书人的名称，并由背书人签名。

（3）不记名提单（Bearer B/L）

提单上收货人一栏未写明具体收货人，只填写"持有人"字样，即货交提单持有人，或收货人一栏为空白。

不记名提单仅凭交付转让，谁持有提单，谁就可以提货或转让，这种提单转让的手续非常简便，流通性极强。

容易造成货物丢失或引起纠纷，因此不记名提单的风险很大，目前极少使用。

4. 按照提单有无批注划分

（1）清洁提单（Clean B/L）

在装船时货物的外表状况良好，承运人对提单上的货物说明无疑议，对所记载的"外表状况良好"，未做相反批注（货损、包装小良等）的提单。

一般认为，如果提单上只是笼统地批注货物的外包装是旧箱，或者指出货物是易腐烂货物，或者载有"小知条款"，不构成不清洁提单。

银行结汇、提单转让一般都要求是清洁提单。

（2）不清洁提单（unclean or Foul B/L）

承运人明确地对有关货物包装状况不良或存在缺陷等情况加以批注的提单。一般批注都比较具体，如"8件破损""被雨淋湿"等。承运人签发不清洁提单，目的是为了对抗收货人可能提出的索赔。

承运人在装船时一旦发现货物表面残损或者承运人对有关货物说明存在疑惑，保护自己的较好办法就是在提单上加以注明诸如"包装箱破损""货物表面污渍""渗漏"等以免除自身责任，这就形成不清洁提单。

银行一般不接受不清洁提单。有时托运人会向承运人出具保函以将不清洁提单换取清洁提单。接受保函签发清洁提单对承运人来说风险很大。从法律上讲，保函不能约束收货人，承运人不能凭保函对收货人拒赔。由于以保函换取清洁提单的做法有时确实能起到变通的作用，所以在实践中难以完全拒绝。比如，在某些场合，货物只是外表存在一些轻微的缺陷，如果不接受保函，坚持让托运人换货，或者重新理货，将影响船期或影响托运人对外履行买卖合同。为了解决问题，承运人接受保函，应视为承运人、托运人双方的一项保证赔偿协议。这种保函，是在善意的条件下接受的，虽然对收货人没有约束力，但对承运人、托运人双方有效，可以得到我国法律的认可。

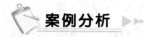 **案例分析** ▶▶

向承运人出具保函将不清洁提单换取清洁提单案例

原告上海某运输公司在厦门装载被告厦门某公司托运的 5000 吨（共 10 万袋）白糖时，因发现有 10% 的脏包，就在收货单上作了批注。按规定应在提单上作同样批注。但被告为能迅速出口货物与及时结汇，请求原告接受其保函并签发清洁提单。因考虑到被告一时难以换货，在被告许诺承担由此而产生的责任的情况下，原告给予被告适当的通融，签发了清洁提单。当抵达科伦坡港卸完货后，收货人以脏包造成其损失为理由，向斯里兰卡高等法院申请扣船并提起诉讼，船被扣达 13 天。经与收货人多次交涉，终于达成由我公司赔付 162366.67 美元而收货人撤回起诉的协议。后原告以被告出具的保函为依据，起诉被告。问题：①该保函是否具有法律效力？②该保函能否对抗收货人，为什么？

案例分析：①我国法律认为：具有法律效力。②不能对抗收货人。因为保函视为承、托双方的一项保证赔偿协议，只要承运人在善意的条件下接受，对收货人没有约束力。

5. 按照提单的格式不同划分

（1）全式提单（Long Form B/L）

全式提单既有正面记载的事项，背面又详细列有承运人、托运人权利、义务的条款。全式提单具体明确了承运人和托运人的权利和义务，在国际贸易业务中应用广泛。

（2）简式提单（Short Form B/L）

只有正面必要的记载项目而没有背面条款的提单。与全式提单具有相同的法律效力，按惯例银行可以接受这种提单。

一般提单副本均使用简式提单。

6. 按照签发提单时间不同划分

（1）预借提单（Advanced B/L）

货物在装船前或装船完毕前，托运人为及时结汇向承运人预先借用的提单。

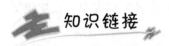 **知识链接**

预借提单风险性大

由于种种原因，在信用证或买卖合同规定的装运期或信用证有效期到来之时，托运人未能及时备妥货物或者因为船期延误货物未能装船完毕，为及时结汇的需要，向承运人预先借用提单。

风险性大，因为货物尚未装船或未装船完毕，货物能否安全装船、是否能全部装船，将在什么时间装船、货物装船时的状况都不得而知。如果此时提单业已签出，对提单善意持有人的交付义务已经存在，承运人处于被动地位的可能性就会更大。总之，预借提单也是既违约又违法，通常被视为欺诈，因而可能给承运人带来许多不必要的麻烦，甚至是损失，处理起来十分棘手。

（2）倒签提单（Anti‐dated B/L）

货物装船完毕后，承运人应托运人的要求，在货物的实际装船日期迟于信用证或合同规定的装运期限时，倒签日期以符合装运期限的一种提单。

现实中，有时由于种种原因货物未能在合同或信用证规定的装船期内装运，修改信用证来不及或是不方便，为结汇的需要，托运人可能会要求承运人签发倒签提单，以使装船日期符合装运期限。但是这种倒签提单，当市场上货价下跌时，收货人可以以"伪造提单"或"假提单"为借口，拒绝收货或要求补偿保证金等，所以承运人签发倒签提单所承担的风险很大。虽然有时候，托运人要求承运人签发倒签提单会出具保函，声明倒签提单出于托运人的请求，所造成的一切后果均由托运人承担，与船方无关。但承运人签发倒签提单，隐瞒装船时间是出于托运人个人利益的考虑，很难说是善意行为，而且保函的法律地位在很多情况下是不确定的，因此法院一般对保函不会承认，承运人也很难根据保函免除自身的赔偿责任。所以倒签提单是一种既违约又违法的行为，在许多国家都被视为卖方和船方的共同欺诈，一经发现，承运人将不得不与托运人共同赔偿收货人因此遭受的损失。

（3）顺签提单（Post‐date B/L）

在货物装船完毕后，承运人或其代理人应托运人的要求而签发的提单，但是该提单上记载的签发日期晚于货物实际装船完毕的日期。

如果货物实际装船日期签发提单将影响合同的履行，托运人可能要求承运人按合同装船期限的规定签发顺签提单。承运人的这种做法也掩盖了真实的情况，也要承担由此产生的风险。

7. 其他种类的提单

（1）过期提单（Stale B/L）

从总体上说，有两种情形都构成过期提单：

①由于航线较短或银行单据流转速度太慢，以至于货物到达目的港时，收货人尚未收到提单，造成提货受阻。

目前的解决办法是采用非转让的海运单或应用电子提单来替代目前的提单，以加快货物的流转。但由于海运单无法流通，影响了货物的再出售。

②由于出口商在取得提单后未能及时到银行议付形成过期提单。

根据《跟单信用证统一惯例》第43条的规定："除规定一个交单到期日外，凡要求提交运输单据的信用证，还须规定一个在装运日后按信用证规定必须交单的特定期限。如未规定该期限，银行将不予接受迟于装运日期后21天提交的单据。但无论如何，提交单据不得迟于信用证的到期日。"

（2）甲板货提单（On Deck B/L）

甲板货提单又称舱面提单。承运人签发的货物装在甲板上的提单。此类提单必须注有"货装甲板"字样。

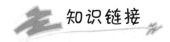知识链接

甲板货提单承运人责任

货物装在甲板上，除易受日晒雨淋影响外，还可能因海上风浪过大被冲入海中，因其他原因导致货物灭失或损坏的可能性也更大。因此，《海牙规则》将甲板货排除在承运人负责的"货物"范畴之外。《汉堡规则》和我国《海商法》则认为只要与托运人有协议或符合航运惯例或符合法律规定，承运人可以将货物装在甲板，并承担运输责任。

对现实情况是，除集装箱等航运界习惯装于甲板上的货物外，船方很少将货装在甲板上，贸易中甲板货提单也并不多见。

（3）运输代理行提单（House B/L）

由运输代理人签发的提单。只是运输代理人收到货物的收据，不可转让，也不能作为向承运人提货的凭证，所以除非信用证另有规定，银行通常不接受这种提单。

《跟单信用证统一惯例》第30条的新规定是："除非信用证另有授权，银行仅接受运输行出具的表面注明下列内容的运输单据：①注明作为承运人或多式联运经营人的运输行的名称并由充当承运人或多式联运经营人的运输行签字或以其他方式证实；②注明承运人或多式联运经营人的名称并由作为承运人或多式联运经营人的具名代理或代表的运输行签字或以其他方式证实。"

（4）租船合同项下的提单（Charter Party B/L）

承运人根据租船合同签发的提单。租船提单注明"一切条款、条件和免责事项按照×年×月的租船合同"。

以前认为该种提单受租船合同的约束，不是独立的文件，所以除非信用证另有规定，银行不接受注明并入租船合同的提单。《跟单信用证统一惯例》第25条对此规定："如果信用证要求或允许提交租船合同项下的提单，除非信用证另有规定，银行将接受含有受租船合同约束的任何批注"。同时规定，"即使信用证要求提交与租船合同项下提单有关的租船合同，银行对该租船合同不予审核，但将予以照转而不承担责任。"

（5）并提单（Omnibus B/L）

应托运人要求，承运人将同一船舶装运的相同港口、相同货主的两票或两票以上货物合并而签发的一套提单。

目的：托运人为节省运费，会要求承运人将属于最低运费提单的货物与其他提单的货物合在一起只签发一套提单。

（6）分提单（Separate B/L）

应托运人要求，承运人将属于同一装货单号下的货物分开，并分别签发的提单（多套提单）。

（7）交换提单（Switch B/L）

在直达运输的条件下，应托运人要求，承运人同意在约定的中途港凭起运港签发的提单换发以该中途港为起运港的提单，并记载有"在中途港收回本提单，另换发以中途港为起运港的提单"的字样。

（8）交接提单（Memo B/L）

由于货物转船或联运或其他原因，在不同承运人之间签发的不可转让、不是"物权凭证"的单证，只是具有货物收据和备忘录的作用。

（四）提单的签发和流转

提单的签发和流转是涉及提单多方当事人的重要业务活动，理解这些活动的法律效力，对减少提单纠纷，加快提单流转意义重大，理应受到各方的重视。

1. 提单的签发人

（1）船长

几乎所有国家的法律都认为船长是承运人的法定代理人，因此船长的签单权是不需要承运人的特别授权的，这与"承运人的代理人"不同。

（2）承运人

承运人作为与托运人签订运输合同并提供运输服务的一方当然具有提单的签署权。不仅如此，对承运人来讲签署提单不仅是权力，也是一项义务。

（3）承运人的代理人

承运人的代理人必须得到承运人的授权，未经授权，代理人无权签发提单。

2. 签发提单的时间

在正常情况下，提单的签发人在提单的装船日期一栏填写货物装船的日期，然后签名盖章。所谓倒签提单、预借提单，都与这个日期有关，因此，提单签发人应根据货物装船日期签发提单。

3. 提单的份数

提单除根据其不同特征划分为许多种外，还有正本和副本的区别。通常我们在提到提单时所指的都是正本提单。一般正本提单为一式三份，各份提单效力相同，可独立使用。以其中一份提货后，其他各份失效。副本提单则数量不限，但提单上提单签发人的签章，只能用于承运人日常业务，不具有法律效力。

如果承运人在提单载明的目的港之外的其他港口交货，应当收回全套正本提单，以避免可能发生的在目的港有人凭一份正本提单向承运人要求提货的情况。

为防止因提单流失在外引起纠纷，损害提单善意持有人的利益，实际业务中许多银行在开立信用证时都规定贸易商在办理结汇或其他事项时全套三份正本必须同时使用。

4. 提单的流转

货物由发货人托运开始至收货人提取货物为止，提单的流转程序如下：

（1）装船单证（由托运人办理）

托运人填制托运联单（包括托运单、装货单、收货单等）后，向承运人的代理人办理托运，代理人接受承运后，将承运的船名填入联单内，留存托运单，其他联退还托运人，托运人凭以到海关办理出口报关手续；海关同意放行后，即在装货单上盖放行章，托运人凭以向港口仓库发货或直接装船；然后将装、收货单送交理货公司，船舶抵港后，凭此理货装船，每票货物都装上船后，大副留存装货单，签署收货单；理货公司将收货单退还托运人，托运人凭收货单向代理人换取提单，托运人凭提单等到银行办理结汇，并将提单寄交收货人。

承运人办理的装船单证：

承运人的代理人依据托运单填制装货清单和载货清单，根据承运人的要求，依据装货清单编制货物积载图，船舶抵港后，送大副审核签字后，船方留存一份，提供给代理人若干份，转寄承运人的卸货港代理人；编制分舱单；代理人根据装船实际情况，修编载货清单，经大副签字后，向海关办理船舶离境手续；依据载货清单填制运费清单，寄往承运人的卸货港代理人和船公司。

（2）卸船单证（由收货人办理）

收货人收到正本提单后，向承运人的代理人换取提货单；代理人签发提货单后，须保持正本提单、舱单和提货单内容相一致；收货人凭提货单向海关办理放行手续后，再到港口仓库或船边提取货物；货物提清后，提货单留存港口仓库备查；收货人实收货物少于提单或发生残损时，须索取货物溢短单或货物残损单，并凭以通过代理人向承运人索赔。

承运人办理的卸船单证：

承运人的代理收到舱单、货物积载图、分舱单后向海关办理船舶载货入境手续，并向收货人发出到货通知书，同时将上述单证分送港口、理货等单位；船舶抵港后，理货公司凭舱单理货，凭货物积载图指导卸货，当货物发生溢短或原残时，编制货物溢短单或货物残损单，经大副签认后，提供有关单位。

（3）装、卸船货运单证的流转程序

托运人向代理公司办理货物托运手续：

代理公司同意承运后，签发装货单（S/O），并要求托运人将货物送至指定的装船地点。

托运人持代理公司签发的装货单和二联（收货单）送海关办理出口报关手续。然后，装货单和收货单送交理货公司。

代理公司根据 S/O 留底编制装货清单（L/L）送船舶。

船上大副根据 L/L 编制货物配载图（C/P）交代理公司分送理货、装卸公司等按计划装船。

托运人将货物送码头仓库，期间商检和海关到港口检验、验关。

货物装船后，理货组长将 S/O 和收货单（M/R 交大副核对无误后），留下 S/O，签发收货单。

理货组长将大副签发的 M/R 交托运人。

托运人持 M/R 到代理公司处支付运费（在预付运费情况下）提取提单（B/L）。

代理公司审核无误后，留下 M/R，签发 B/L 给托运人。

托运人持 B/L 到议付银行结汇，议付银行将 B/L 邮寄开证银行。

代理公司编制出口载货清单（M/F），向海关办理船舶出口手续，并将 M/F 交船随带。

代理公司根据 B/L 副本编制出口载货运费清单（F/M），连同 B/L 副本送交船公司，并邮寄或交船带交卸货港的代理公司。

卸货港的代理公司接到船舶抵港电报后，通知收货人船舶到港日期。

收货人到银行付清货款，取回 B/L。

卸货港代理公司根据装货港代理公司寄来的货运单证，编制进口载货清单等卸货单据，约定装卸公司，联系泊位，做好卸货准备工作。

卸货港代理公司办理船舶进口报关手续。

收货人向卸货港代理公司付清应付费用后，以正本提单换取提货单（D/O）。

收货人持 D/O 送海关办理进口报关手续。

收货人持 D/O 到码头仓库提取货物。

5. 提单的转让

（1）定义

提单是货物所有权的证明，提单的转让就意味着货物所有权由原提单持有人转移到提单的受让人手中，这一过程通常通过背书实现。而提单的可转让性也让它成为国际贸易实务中最重要的单据之一。

注意：记名提单，不得转让；不记名提单，无须背书，即可转让；指示提单，经过记名背书或空白背书转让。所以，背书与转让是不相同的。通常所说的"背书"是指指示提单在转让时所需要进行的背书。

（2）背书

①定义

所谓背书是指提单所有人在提单背面指定由某人提取货物或者凭某人的指示提取货物，并签字盖章的书面声明。

作出背书行为的原提单持有人称为背书人；提单受让人称为被背书人。

②与汇票转让的比较

与汇票相同，提单的背书转让不必经过提单签发人，即承运人的同意；

与汇票不同的是，提单转让后，后手的权利不优于前手，所以提单只能称为"准流通票据"。

③形式

记名背书，也称完全背书：背书人在提单背面写明被背书人的名称，并有背书人签名的背书形式。经记名背书的指示提单成为记名提单性质的指示提单。

指示背书：背书人在提单背面写明"凭×××指示"的字样，同时有背书人签名的背书形式。经指示背书的指示提单还可以继续进行背书，但背书必须连续。

不记名背书，也称空白背书：背书人在提单背面有自己签名，但不记载任何受让人的背书形式。经不记名背书的指示提单将成为不记名提单性质的指示提单。

注意：在国际贸易中，银行为防范风险一般只接受记名背书。

（五）提单内容及主要条款

为切实保护自身利益，各大航运公司都定有自己的提单格式，但这些提单格式大体相似，都分为正面条款和背面条款两部分，大致内容如下：

1. 提单正面条款

提单的正面条款主要是记载与货物和货物运输有关的事项，既有法定必须记载的，也有承运人出于自身业务需要而记载的。

提单的正面主要记载四部分内容：

（1）托运人提供并填写的部分

包括托运人、收货人、通知方的名称，货物名称、标志和号码、件数、毛重、尺码等。

如填写错误，则托运人要赔偿因此给承运人造成的一切损失和增加的费用。

（2）承运人需填写的部分

主要是船名、装卸港、签单时间、地点等。

承运人同样要对所填写内容的正确性负责；如承运人需要对货物表面状况加批注或船、货双方协议扩大，或者是缩小承运人责任或有其他特别约定也要在提单上注明，否则这些约定可能对提单的善意受让人无效。

（3）提单印就的文字条款

①外表状况良好条款

说明外表状况良好的货物已装在上述船上，并应在上列卸货港或该船所能安全到达并保持浮泊的附近地点卸货。

②内容不知条款

说明货物重量、尺码、标志、号数、品质、内容和价值是托运人提供的，承运人在装船时并未核对。

③承认接受条款

说明托运人、收货人和本提单的持有人接受并同意本提单和提单背面所记载的一切印刷、书写或打印的规定、免责事项和条件。

（4）1993年7月1日颁布实施的《中华人民共和国海商法》第73条

对提单正面法定应记载的事项规定有以下几项：①货物的品名、标志、包数或者件数、重量或者体积，以及运输危险货物时对危险性质的说明；②承运人的名称和主营业所；③船舶名称；④托运人的名称；⑤收货人的名称；⑥装货港和在装货港接收货物的日期；⑦卸货港；⑧多式联运提单增列接收货物地点和交付货物地点；⑨提单的签发日期、地点和份数；⑩运费的支付；⑪承运人或者其代表的签字。

该条并且规定："提单缺少本款规定一项或者几项的，不影响提单的性质。"

2. 提单背面条款

提单背面都是印就的条款，主要规定了承运人和货方之间的权利、义务和责任豁免。这些规定在双方出现争议时将成为重要的法律依据。多数航运公司提单的背面条款都包括：

（1）名词定义条款

①对提单中所使用的关键词语如"承运人""托运人"的含义加以定义；②对相关的"船舶所有人""租船人""提货人""收货人""提单持有人""货物所有人"等名词加以限定。

（2）首要条款

首要条款是承运人按照自己意志，规定提单所适用的法律，即规定该提单以什么法律为准据法，发生纠纷时根据哪一国的法律解决争议，以避免面对自己所不熟悉的异国法律，保护自身切身利益。

（3）管辖权条款

规定一旦发生纠纷，哪个法院有审理和解决案件的权力。

（4）承运人的责任和豁免

规定了承运人所承担的责任及所享受的免责事项。一般都以所依据的法律或公约而概括规定。根据该规则，承运人基本责任主要有两条：

承运人有义务在开航前和开航时恪尽职责使船舶适航；妥善配备船员，装备船舶，配备供应物资；使货舱、冷藏舱、冷气舱和该船其他载货处所适于并能安全收受、载运和保管货物。

①适航的含义

《海牙规则》对船舶适航的基本要求：需要船舶有狭义的适航能力（船体坚固、水密，船舶的结构、性能、船上的机器、部件能适应特定航线和特定时间所能遇到的一般风险的要求，使船舶处于安全行驶状态）。船舶具有以下几种性能：一是船舶浮性：在水面上具有浮起的性能；二是船舶稳性：船舶因受到外力影响而倾斜，但在外力消失后，具有恢复原状的能力；三是船舶抗沉性：在破舱入水后，仍保持一定的浮性和稳性的性能；四是船舶操作性：船舶按驾驶员的意图保持或改变航向和航速的能力；五是船舶快速性：船舶在已定主机功率下以较快速度航行的性能。同时，货物的积载也不能影响船舶的稳定、安全，否则同样可能导致船舶不适航。

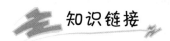

船舶适航的理解

船舶适于航行，并不是说要求船舶能抵御属于不可抗力的海难。因此，必须区分通常危险和海难。例如，在冬季北大西洋上八九级的大风是很普遍的，因而只能认为是通常危险。但在日本海峡，就被认为是海难，因为八九级大风在日本海峡是比较罕见的。

需要船舶具有航行能力（船员人数配备、船舶配备和船舶供应适当）：船员人数配备适当：船舶必须配备足够的合格船员。合格船员的含义是：这些船员必须持有相应的合格证书，如船长持有船长合格证书、大副持有大副合格证书等；船员必须具有相应的知识技能和工作经验，也就是要能够胜任工作；具有这些知识技能和工作经验的船员还必须能够且愿意去运用这些知识技能和工作经验进行工作；另外也必须足数。

船舶配备适当：船舶要适当地备有航海所需要的各种仪器设备及必要的文件，如海图等。尽管科学技术的发展使船舶使用的各种仪器日臻完善，但法律并不要求船舶必须装有最新、最好的仪器设备。因此，即使船东没有使用最新、最好的设备，船舶仍然可以适航。

船舶配备适当

在20世纪60年代，船舶未装雷达，还不能说是船舶装备不适当，因为当时船舶使用雷达还处于过渡时期，但在"国际海事组织"提出的《1974年国际海上人命安全公约》修正案中有一项1984年9月1日生效的条款，从该日起，一切远洋商船都必须安装雷达。船舶在初次下水、试航阶段，邀请船检部门就船舶结构、性能、系统、装置、设备和材料等在安全质量方面做技术鉴定，并据以办理船舶入级，以后还要进行定期或临时检查，以保持船舶的良好性能。

船舶供应适当：船舶在航行中要备有适当的燃料、淡水、粮食、药品及其他供应品。在考虑燃油等供给时，短途可计算全程，长途可以中途加油港为界分成几段计算所需的油量。在满足正常油耗的基础上还要根据本航次中的季节、风浪、燃油的质量等情况增加一个安全系数。对海上事故少的区段、季节，采用的安全系数可以小一些，相反就可以大一些。

船舶一定要适货：适货要求船舱适于接收、保管货物。首先遇到的是货物装载问题。货物配载不当以至一种货物沾污另一种货物，或者因船舱不洁使所载货物受损等，也可以视为不适货。船舶不适货，还往往涉及载货处所的冷藏或通风问题。

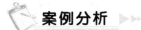 **案例分析** ▶▶

牛舌受损案

"The Muncaster Castle"（曼克斯特城堡号）轮船于1953年2月进船坞进行特别检验和载重线年度检验。检验时，31个防浪阀全部打开，由劳氏检验人员进行检验。检验完毕后，由该船坞钳工将防浪阀重新盖好，但有一名很有经验的钳工没有把其中两个防浪阀的螺丝拧紧，致使该船从澳大利亚回航时，在海上遇到恶劣气候，海水通过防浪阀涌入第5舱，使该舱113箱牛舌受损。

案例分析：谨慎处理使船舶适航是承运人承担的一项不能由他人代替的义务，承运人雇请他人代替履行这一义务，应对他人履行这一义务时的过失行为负责。

②保证适航的时间（在开航前和开航时）

开航前适航是从开始装货到开航这一段时间，船舶应适于在港区安全浮泊、等待或进行装卸；开航时的适航指船舶应具有抵御该航线一般可预见的风险的要求。开航前和开航时对承运人的要求不同，一方面是因为在不同时间船、货所承受的风险不同，另一方面也符合航运中的现实需要。

承运人在开航前和开航时这一期间内如未恪尽职责使船舶适航而造成货损，就必须承担责任。

 **补充阅读**

船舶的开航如何确定

1959年美国法院审理"密西西比航运公司诉赞顿"一案中，船舶在拖船带动下离开码头时，碰撞了混凝土码头，以致船壳出现裂缝。碰撞后对该船未予检验。在航行途中，海水经由裂缝渗入船舱，损及货物。显然，碰撞造成了船舶不适航。但该船在发生碰撞时，是否已经开航了呢？法庭的意见是，船舶离开码头即为航程开始。碰撞发生后未对船舶进行检修是船舶管理上的疏忽，而非承运人在开航前和开航时未恪尽职责使船舶适航。

单程提单航次负责：如果船舶在同一航次中挂靠几个港口，承运人不是在每个阶段的开始，对整船货物承担船舶适航责任，仅对该阶段所装货物承担船舶适航责任。

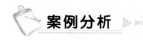 **案例分析** ▶▶▶

单程提单航次负责

一条船在 A、B、C 三港分别装货，在 A、B 两港开航时都具有适航性，而从 C 港开航时，船舶不适航，开离 C 港后沉没，则承运人仅对 C 港所装货物负责，而对 A、B 两港装船的货物不负责任。

③恪尽职责

第一，普通法对承运人的要求是使船舶绝对适航，也就是说区别是否适航是以客观情况为标准，根本不去理睬船东是否有过失或者船东是否可以事前预见，这是苛刻的，也在一定程度上促使承运人纷纷在提单中加入免责条款以保护自己，造成航运界的混乱局面。

如果承运人做到恪尽职责，即使货物受损，他也没有责任；反之，他就应对他的疏忽行为负责。恪尽职责这一要求不仅适用于承运人的行为，而且还适用于承运人的代理人或雇用人的某些行为。

第二，承运人应当适当而谨慎地装载、搬运、积载、运送、保管、照料和卸载所运货物。根据《海牙规则》的上述规定，将这一问题分述如下：

装载：承运人要对货物的装船工作负责。至于这种适当和谨慎应达到何种程度，则取决于装货港的习惯做法和货物的具体特性。当承运人将货物装船的工作交由第三者，即装卸公司进行时，装卸公司如未能适当和谨慎地装货，则承运人应对之负责。

搬运、积载：承运人对货物在船上的放置要加以合理的注意。承运人对船长及装卸工人的疏忽应该负责。

运送：在货物装船到卸船的整个运输过程中，承运人都需承担适当和谨慎地运送货物的责任。承运人签发的提单上注明的卸货港一旦发生意外情况，以致在航行途中的船舶无法开往卸货港卸货，则承运人应负起适当和谨慎地运送之责，如将货物卸在靠近提单指定的卸货港的另一港口或便于收货人收货的港口等。

保管、照料：承运人在货物运输途中，负有适当和谨慎地保管及照料货物的责任。

 **案例分析** ▶▶▶

适当和谨慎地保管及照料货物的责任

某船在航行途中遇到暴雨，船员将舱盖关闭，以免雨水流进舱内损及货物。不久雨过天晴，船员忘记打开舱盖，结果因舱内通风不善造成货损。法院在该案的判决中认定：货损是承运人未能适当和谨慎地保管和照料货物所致。

卸货：承运人只有适当和谨慎地把货物卸在码头上，便是履行了卸货责任。承运人的卸货责任："钩到钩"。

（5）承运人责任期间

大多数提单根据《海牙规则》规定责任期间：从货物装上船舶时起到货物卸离船舶时为止，集装箱货物除外。

（6）诉讼期限

有些提单注明诉讼期限为应交货之日起一年内有效。

（7）包装和标志

货物应妥善包装，标志应正确、清晰。

（8）绕航和变更航线

具体规定哪些属于正常绕航和变更航线范围，哪些属于不合理绕航和变更航线范围。

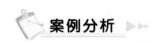 **案例分析** ▶▶▶

绕航案例

在英国法院审理的 1951 年 The Ardennes（阿登高地）案中，承运人与托运人口头约定将柑橘直接运到伦敦，但提单上却有可以绕航的条款。实际上承运人确实先到别的港口。托运人起诉，承运人以提单上的绕航条款抗辩。承运人在此时需要赔偿吗？

需要。因为提单是合同的证明，不是合同，口头协议是合同的补充条件。

（9）自由转船条款

虽然提单为直达提单，但如有需要，承运人可以采取一切合理措施，包括将货物交由属于承运人自己的船舶或属于他人的船舶，或经铁路或以其他运输工具直接或间接地驶往目的港、转船、驳运、卸岸、在岸上或水面上储存以及重新装船起运，上述费用由承运人负担，但风险由货方承担。承运人的责任仅限于其本身经营的船舶所完成的那部分运输。

（10）托运人错误申报条款

由于托运人错误申报或有意谎报致使船舶或货物遭受灭失或损坏，托运人应负责赔偿并承担由此产生的一切费用。

同时赋予承运人在装船港或目的港核查托运人申报项目的权力。如果承运人发现所申报内容与事实不符，有权收取罚款。

（11）危险品、违禁品条款

托运人在运送危险品时必须事前通知承运人，并按有关法律、法规的要求在货物、集装箱或包装外加以注明。

承运人对于事先不知其货物性质而装载危险品、违禁品时，可在卸货前的任何时候将其卸在任何地点，或将其销毁，而不予赔偿。由此产生的直接或间接损失及费用由托运人负责。

（12）舱面货、活动物和植物条款

有些提单规定舱面货、活动物和植物的装、运、卸均由货方承担风险，承运人对其灭失或损坏不负赔偿的责任。

（13）冷藏货条款

在冷藏货装舱前，承运人除船级证书合格外，还应取得船舶验证机构的验船师资格证或其他合格人员证书，以表明冷藏舱位的冷藏机器适合于安全收受、载运和保管冷藏货物。

（14）共同海损

规定发生共同海损时将在什么地点、按照什么规则理算共同海损。国际上通常采用的是《约克—安特卫普理算规则》。中国的航运公司一般规定按"1975年北京理算规则"办理。

（15）留置权条款

规定承运人对应收而未收的运费、空舱费、滞期费以及其他费用可对货物或任何单证行使留置权，并有权出售或处理货物以抵偿应收款项。

如果出售货物的所得不足以抵偿应收款项和由此产生的费用，承运人还有权向货方收取差额。

（16）美国条款

该条款主要针对来往美国的货物。因为美国没有参加世界性的有关航运方面的国际公约，特别是没有参加专门针对提单的《海牙规则》，所以来往美国港口的货物运输只能运用美国《1936年海上货物运输法》，运费也要按照联邦海事委员会登记的费率执行。

如果提单背面条款的规定与美国海上货物运输法有抵触，则以美国法为准。来往美国港口运输货物的航运公司大多在提单中列有此条规定。

（17）运费和其他费用

该条款主要规定运费支付方式、时间、币种和计算方法。运费支付主要有预付运费和到付运费两种。

无论是预付运费还是到付运费，如果船舶和货物或其中之一遭受任何灭失或损坏，运费均不予退还，也不得扣减。

（18）承运人赔偿责任限额条款

本条款以一定的金额将承运人产生的货物的灭失或损坏所负的赔偿责任限制在一定范围之内。

责任赔偿限额：以每一件或每计算单位若干货币表示，不同国家的法律，不同的国际公约，甚至不同的航运公司都有自己的标准。

如承运人接受货物前托运人已书面申报的货价高于此限额，而已经填入提单并按规定支付额外运费的则除外。

（19）其他条款

提单背面一般还有装货、卸货和交货条款，驳船费条款，索赔通知和诉讼时效条款，战争、冰冻、检疫、罢工、港口拥挤条款等。

（六）海运单

海运单（Sea Way Bill，SWB）：证明海上货物运输合同和货物已经由承运人接管或装船，以及承运人保证将货物交给指定收货人的一种不可转让的单证。

1. 海运单的发展

一般来说，较为简易的贸易程序，会使得更多的客户愿意来做生意，所以简便的运输程序是决定世界贸易发展速度的重要因素之一。另外，世界上的货物运输不但已从传统的单一运输方式发展到了国际多式联运"门到门"的先进运输组织方式，还融入了现代物流的理念。国际海上货物运输中是否一定还要使用提单？在某些情况下，能否用其他单证来代替提单以满足实际需要？人们早已熟悉和习惯的航空货物运输、公路货物运输和铁路货物运输中均是在没有"物权凭证"的情况下，凭运单进行的，多年的实践证明这是可行的。因此，在货主不需要转让运输途中货物的情况下，就可以选择使用海运单。

由于采用海运单提货比提单更及时、更安全、更简便，①20世纪70年代后期，使用海运单的国家越来越多；②目前，在欧洲采用海运单的国家较为普遍，主要有：英国、比利时、丹麦、法国、德国、爱尔兰、意大利、荷兰、西班牙、瑞典和俄罗斯等；③北美洲的加拿大将海运单主要用于集装箱货物运输；④北美洲的美国则采用记名提单，也相当于海运单（根据美国提单法的规定，采用记名提单交付货物时，不必要求收货人提供提单，只需收货人证明自己是提单上所载明的收货人即可）；⑤南美洲的巴西亦采用了海运单；⑥亚洲的日本已采用海运单；⑦大洋洲的澳大利亚正准备采用；⑧非洲的尼日利亚，正在收集资料，了解情况，并在考虑如何修改有关的法律条文，以使海运单的采用能得到法律上的认可和保护；⑨我国的船公司也在20世纪90年代中期开始使用海运单。

2. 海运单的作用

海运单是发货人和承运人之间订立海上货物运输合同的证明，又是承运人接管货物或货物已经装船的货物收据。但是，海运单不是一张转让流通的单据，不是货物的"物权凭证"。所以，海运单具有以下两个重要作用：

（1）它是承运人收到货物，或者货物已经装船后，签发给托运人的一份货物收据。

（2）它是承运人与托运人之间订立海上货物运输合同的证明。

3. 运单与提单的区别

（1）海运单不具有提单"物权凭证"的作用

由于海运单不是物权凭证，收货人在卸货港提取货物时并不需要持有和出具正本的海运单，只需要确认自己的收货人身份后就可以取得提货单提货。海运单的这种特征使其能够适应海上货物运输时间缩短后对单证的要求，发货人可以为其客户提供更简易迅速的服务，并使承运人和收货人都能从中获得方便。而使用提单时，如果提单不能及时到达收货人手里，则会使收货人无法及时提货，或者会使承运人冒险接受保函交付货物。

提单具有"物权凭证"的性质，通过提单的转让，能够实现货物的买卖；而海运单却不具"物权凭证"的性质。所以，海运单还无法替代提单。

（2）在作为运输合同证明方面的区别

海运单通常采用简单形式，其正面或者背面如果没有适当的条款或者没有并入有关国际组织或者民间团体为海运单制定的规则，则它只能作为托运人与承运人之间订立货物运输合同的证明，收货人是不能依据海运单上记载的条款向承运人提出索赔的，承运人也不能依据海运单上记载的条款进行抗辩。

提单：当提单经过转让到了收货人手里时，收货人就享有提单赋予的权利，同时也要承担相应的责任。

为了解决海运单的上述缺陷，就会在海运单的条款中并入有关海运单规则，或者在海运单中列入"对抗合同当事人原则"条款（规定托运人不但自己接受海运单中的条款，同时也代表收货人接受这些条款。托运人还要保证其有权代表收货人接受这些条款（条件）。

（3）在作为货物收据证据效力方面的区别

提单运输涉及的贸易是单证贸易，为了保护合法受让提单的第三人，即通过购买提单来购买货物的第三人，就有必要强调提单作为货物收据所记载内容是最终证据。

海运单运输涉及的贸易不是单证贸易，海运单不涉及转让问题，海运单中记载的收货人也并不仅仅是依赖海运单对货物的描写（说明）来决定是否购买这批货物，所以，没有必要强调海运单作为货物收据所记载内容是最终证据。

为了使海运单的使用得以推广，并在有关当事人之间比较合理地进行权利、义务的分配，就要求海运单在这一方面也与提单的规定一样。NIN，海事委员会在其《海运单统一规则》中有关"货物说明"一条中规定："如承运人未作保留，海运单或类似的文件中有关货物数量或状态的任何记载：①在承运人与托运人之间，应是收到如此记载的货物的初步证据；②在承运人与收货人之间，应是收到如此记载的货物的绝对证据，并且，不得提出相反的证据，但以收货人始终善意行事为条件。"因此，如果海运单并入了国际海事委员会《海运单统一规则》，则海运单在收货人与承运人之间就是绝对证据。

4. 海运单的优点

（1）对发货人方面

①海运单不一定会寄给收货人；②节省邮费；③免除了业务员对提单的检查，同时也免除了对其他配套的物权单证的检查；④发货人可向客户（收货人）提供更简易、更迅速的服务；⑤整个单据程序得到了改进，从而提高了市场的竞争力；⑥当货物尚未放行时，可视需要将海运单交货改为提单交货，海运单可由发货人改签提单发给新的收货人（例如：原市场丧失，另找到了新买主），因为此时货物仍在船公司的控制之下。

（2）对承运人方面

在交货方面减少风险。海运单的交货条件不取决于海运单的呈递，也无须遵守单据手续，承运人只要将货物交给海运单上所列明的收货人或其授权的代理人，就视为已经做到了谨慎处理，相信已将货物交给了合适的有关部门。

（3）对收货人方面

①可免除因等海运提单而招致的延迟提货；②可免除为防止交错货物而向承运人出具银行担保。如果使用提单，收货人必须凭正本提单提货，正本提单晚到或丢失时，则不得不求助于银行提供保证金或担保函，同时还必须承担保费或偿付保证金利息；③免除业务员对延误的提单及转运中丢失的提单的检查；④不再产生滞期费、仓租费。

（4）在单证本身的风险方面

由于海运单的不可转让性，使得它成为一种安全的凭证，从而减少欺诈，即使第三者得到丢失的运单，也不能提取货物，因此对收货人不存在风险。

而使用提单时，由于提单是物权凭证，如果丢失被第三者得到，他便有权提取货物，故提单的使用具有一定的风险。

（5）在单证的流转程序方面

由于采用海运单不必递交给收货人，因此有关单据如保险单和商业发票，可以在装完货后立即发送给有关当事人。

而使用提单时，则必须向收货人递交正本提单，因此上述有关单据，只有在提单签发后才能发送给有关当事人。

5. 海运单的使用

海运单使用时应注意以下问题：

（1）签发运单的要求

海运单仍是根据双方一致同意的条件（如运费预付或到付、待运或已装船等）来签发的。

（2）签发运单份数

通常只签发一份正本海运单。但是，如经请求，也可签发两份或两份以上的正本海运单。

如托运人要求更改收货人，承运人应要求托运人交回原来已经签发的海运单，然后再按托运人的要求签发更改收货人的海运单。

（3）海运单流转程序

①承运人签发海运单给托运人。

②承运人在船舶抵达卸货港前向海运单上记名的收货人发出到货通知书。到货通知书表明这批货物的运输是根据海运单进行的。

③收货人在目的地出示有效身份证件证明他确系海运单上记载的收货人，并将其签署完的到货通知书交给承运人的办事机构或当地代理人，同时出示海运提单副本。

④承运人或其托运人签发提货单给收货人。

⑤一旦这批货物的运费和其他费用结清，同时办好海关等所有按规定应办理的手续，收货人就可以提货。

（七）电子提单

1. 电子提单的定义

电子提单是一种利用 EDI（电子数据交换）系统对海运途中的货物支配权进行转让的程序。

一般情况下，谁持有密码，谁就具有货物的支配权。但密码与支配权是完全不同的概念，货物的支配权不是根据密码的转移而转移的。

2. 电子提单的特点

（1）卖方、发货人、银行、买方和收货人均以承运人（或船舶）为中心，通过专有计算机密码通告运输途中货物支配权的转移时间和对象。

（2）在完成货物的运输过程中，通常情况下不出现任何书面文件。

（3）收货人提货，只要出示有效证件证明身份，由船舶代理验明身份即可。

3. 电子提单的优点

电子提单具有许多传统提单无法比拟的优点：

（1）可快速、高效、准确地实现货物支配权的转移

国际海事组织第 34 届大会通过了《电子提单规则》。通过电子数据交换系统，按照标准化的格式就可以将信息由网络快速、高效地传递到所要接收的地方。

（2）方便收货人提货

当海上运输航程较短时，因为邮寄或其他原因往往会出现货到但提单尚未寄到的现象，从而耽误收货人提货。

（3）安全系数高

由于承运人可以通过对电子提单设置密码，并且可以监控电子提单，所以可在很大程度上防止别有用心的人利用涂改提单欺骗收货人和银行；托运人、银行甚至收货人均可以监视承运人行踪，避免船舶失踪；而且只有当收货人付款之后，承运人才允许银行予以结算，通告货物支配权的转移，承运人可准确地将货交给付款人，真正做到货银两讫，避免发生货款收不到、货物被冒领、被误交情况的发生。可见，整个操作过程具有高度的保密性，能大大减少提单欺诈案件的发生。

4. 电子提单的程序规则

电子提单有一套自身特定的程序规则，共有六款，分别为：

（1）在不与本规则冲突的情况下，1987 年《电子传输贸易数据交换行动统一规则》将指导本规则当事方的行为。

（2）本规则下的电子数据交换应符合联合国行政、商业、运输电子数据交换规则的有关标准。但是，当事方所使用为所有用户接受的任何其他商业数据交换方法不在此列。

（3）除另有协议外，运输合同的文件格式应符合联合国编排的图例、图表或与此相仿的国内提单标准。

（4）除另有协议外，一项运输的接收人除非在其接收后发回确认，否则无权根据该传输内容行事。

（5）因当事方之间发生由于实际传送数据所引起的争议时，可利用电子监督系统证实接收的数据。有关争议数据以外的、涉及其他交易的数据应视为贸易机密。

（6）任何货物所有权的转让都应视为私有情报，不应向与该货物运输和结关无关的任何其他地方披露。

5. 电子提单的操作过程

假设卖方与买方签订了一个 CIF（成本＋保险费＋运费）买卖合同。买方通过开证行开给卖方信用证。买方根据银行通知按合同规定付款。在目的港，买方向承运人请求交货，承运人履行交货义务。根据 EDI 系统，上述合同的履行过程为：

（1）卖方向承运人订舱，承运人确认。确认时应包括双方都同意的条款。

（2）卖方提供货物的详细说明，承运人确认是否承运该批货物。卖方同时向承运人指明结算银行。

（3）卖方将货物交给承运人，承运人向卖方发送一个收到该批货物，但同时做某些保留的电讯。此时，在法律上仍由卖方控制着这批货物。在电讯上，承运人给卖方一个密

码，卖方在此后与承运人的电讯往来中可用此密码，以保证电讯的鉴定和完整。

（4）承运人将货物装船后通知卖方，同时通知银行。

（5）卖方凭信用证即可取款，货物支配权由卖方转移到银行；卖方通知承运人货物权利的转移，承运人即销毁与卖方之间通信的密码，并向银行确认；银行则从承运人那里得到一个新的密码。此时，卖方的责任在法律上并未终止，因为他提供的有关货物数据的正确性在整个运输过程中对所有有关方都必须负责。

（6）卖方告诉银行，谁是买主。

（7）买方支付货款并获得货物支配权后，银行则通知承运人货物权利的转移。承运人即销毁与银行之间的密码，向买方确认其控制着货物，并给买方一个新的密码。

（8）船舶抵目的港后，承运人通知买方。买方有义务指定一个收货人，否则在法律上买方即被视为收货人。

（9）收货人实际接收货物后通知承运人，买方对货物的支配权终止（买方有时自己就是收货人）。此时，承运人销毁与买方之间的密码。

6.《国际海事委员会海运单统一规则》

《国际海事委员会海运单统一规则》（以下简称《规则》）是 1990 年 6 月 29 日在国际海事委员会第 34 次大会上通过的。该规则能约束 EDI 系统的操作过程，共有 11 条 35 款。如在操作过程中出现过失、故障和纠纷，可依据《规则》进行判别、排除和调解。参加操作各方应按《规则》规定的程序和责任行事，对执行电子提单业务起到了良好的规范法律和保护执行人的作用。

《国际海事委员会海运单统一规则》有以下几个基本原则：

（1）本规则基于完全自愿的原则，供当事方协议采用。

使用电子提单的前提是建立在贸易双方自愿协商州意的基础上的，如果有一方认为条件尚未成熟，一般而言就很难使用电子提单替代货物运输合同。但毕竟电子提单有着传统提单无可比拟的优越性，代表着先进生产力，所以条件比较成熟的另一方应该帮助条件尚未成熟的一方学习和掌握使用电子提单这一先进方式，从而加快电子提单的普及。

电子提单中使用的词汇有其特定的含义，在使用时应明确。例如，对诸如"传输""确认""密码""持有人""电子监督系统""电子储藏"等过去传统提单中没有的概念，在电子提单规则中，都做出了精确界定。要正确使用电子提单作为海上运输货物的协议，就必须深刻领会电子提单中专有名词的特定定义，正确使用电子提单所特有的操作手段，这是使用电子提单的基础。

（2）本规则仅对由于采用电子数据交换系统转让货物支配权而直接引起的问题做出规定和解释。

（3）本规则不改变现行法律适用，因此不须专门立法，由本规则产生的法律问题暂由各国国内解决。

（4）本规则旨在设计一种技术性、程序性的通过电子计算机转让权利的方法，而且尽量模仿传统书面提单。

四、班轮运价与运费

(一) 班轮运价定义

承运人为承运货物收取的报酬，而计算运费的单价（或费率）则称班轮运价。

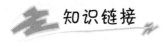 知识链接

实际使用中的班轮运价

班轮运价具有相对稳定性，即在一定时期（如半年、一年或更长时期）内保持不变。贸易合同如运输条款规定为"班轮条件"，含义是货物以班轮方式承运，船方负担装卸费用和不计滞期费和速遣费，并签发班轮提单。

【思考】班轮运价为什么比租船运费相对稳定？

(二) 班轮运价的特点

班轮运价的收取包括货物从起运港到目的港的运输费用以及货物在起运港和目的港的装、卸费用。

班轮运价一般是以运价表的形式公布的，是比较固定的。

班轮运价是垄断性的价格。

班轮运价由基本费率和各种附加费所构成。

(三) 班轮运价表 (Liner Freight Tariff)

班轮运价表也称班轮费率表，是班轮公司收取运费、货方支付运费的计算依据。运价表一般由船方制定，往往偏袒船方利益，置货方于被动地位。但目前这种情况有了改善。

1. 运价表的分类

(1) 从运价表的制定来划分

班轮公会运价表：由班轮公司制定，为参加工会的班轮公司所使用。运价水平比较高，承运条件也明显有利于船方，是一种垄断性的运价表。远东水脚公会运价表即属此种。

班轮公司运价表：由班轮公司自己制定，并有权调整和变更的运价表。货方可以提出意见，但解释权、决定权在船方。

货方运价表：由货方制定，船方接受使用的运价表。能制定运价表的货方，一般是较大的货方，掌握较大量的货载，并能保证常年有稳定的货源供应。

双边运价表：由船、货双方共同制定，共同遵守实行的运价表，其调整和变更，须经船、货双方共同协商决定。

(2) 从运价表的形式来划分

等级运价表：根据商品的不同种类和性质，以及装载和保管的难易、货值的高低将全部商品分成若干等级，每一个等级有一个基本费率，商品被规定为哪级就按相应等级的费率计算运费。

单项费率运价表：每种商品都有各自的费率。

2. 运价表的基本内容

说明及有关规定。这部分内容主要是规定该运价表的适用范围、运费计算方法、支付办法、计价货币、计价单位以及船货双方责任、权利、义务和各类货物运输的特殊规定及各种运输形式（如直航、转船、回运、选择或变更卸货港等）的办法和有关规定。

港口规定及条款。将一些国家或地区的港口的规定和习惯做法列入运价表内。

货物分级表。列明各种货物的名称、运费计算标准、货物所属的运价等级。

航线费率表。列明不同的航线及不同等级货物的基本运费率。

附加费率表。列明各种附加费及其计收的标准，用以针对客观情况的变化补充基本费率的不足。

冷藏货费率表及活牲畜费率表。列明各种冷藏货物和活牲畜的计费标准及费率。

(四) 班轮运价的计算标准

(1) 按货物的毛重计收，也称重量吨（W）。一般以1公吨为计算单位，吨以下取二位小数。但也有按长吨或短吨计算的。

(2) 按货物的体积计收，也称尺码吨（M）。一般以1立方米为计算单位或40立方英尺为1尺码吨计算的。

(3) 按货物的毛重或体积计收运费，计收时取其数量较高者（W/M）。按惯例凡1重量吨货物的体积超过1立方米或40立方英尺者即按体积收费；1重量吨货物其体积不足1立方米或40立方英尺者，按毛重计收。

(4) 按货物的价格计收运费，又称从价运费（adval或ad valorem）。一般按商品FOB货价的百分之几计算运费。按从价计算运费的，一般都属高值货物。

(5) 按货物重量或体积或价值三者中最高的一种计收（W/M or ad val）或按货物重量或体积计收，然后加收一定百分比的从价运费（W/M plus ad val）。

(6) 按货物的件数计收，如汽车、火车头按辆；活牲畜如牛、羊等按头计费。

(7) 大宗低值货物按议价计收运费（Open Rate）。如粮食、豆类、煤炭、矿砂等。上述大宗货物一般在班轮费率表内未被规定具体费率。在订舱时，由托运人和船公司临时洽商议订。议价运费比按等级运价计算的运费低。

(8) 起码费率（Minimum Rate）。按每一提单上所列的重量或体积所计算出的运费，尚未达到运价表中规定的最低运费额时，则按最低运费计收。

应当注意：如果不同商品混装在同一包装内，则全部运费按其中较高者计收。同一票商品如包装不同，其计费标准及等级也不同。托运人应按不同包装分列毛重及体积，才能分别计收运费，否则全部货物均按较高者收取运费。同一提单内如有两种或两种以上不同货名，托运人应分别列出不同货名的毛重或体积，否则全部将按较高者收取运费。

(五) 班轮运价的构成

$$班轮运价 = 基本运费 + \sum 附加费 = F_b + \sum S$$

1. 基本费率

班轮航线内基本港之间对每种货物规定的必须收取的费率，包括各航线等级费率、从价费率、冷藏费率、活牲畜费率及议价费率等。

2. 附加费

对一些需要特殊处理的货物或由于客观情况的变化使运输费用大幅度增加，班轮公司为弥补损失而额外加收的费用。

以下为几种常见的附加费：

超重附加费：一件货物的重量（毛重）达到或超过一定重量时，该货物即为超重货物。各船公司对一件货物重量规定的限量不一致。超重货物在装卸、配载等方面会增加额外劳动和费用，故船公司要加收超重附加费。

超长附加费：一件货物的长度达到或超过规定的长度，该货物即为超长货物。对超长货物的长度限制各船公司也不一样。超长货物同超重货物一样，在装卸、配载时会增加额外劳动和费用，因此船公司要加收超长附加费。

燃油附加费：因燃油价格上涨而加收的费用。

港口附加费：由于一些港口设备差，装卸效率低，费用高，因经营成本增加而加收的附加费。

港口拥挤附加费：由于港口拥挤，船舶需长时间等泊，为弥补船期损失而收取的附加费。该项附加费随港口拥挤程度的变化而调整。如港口恢复正常，该项附加费即可取消，所以变动性很大。

货币贬值附加费：为弥补因收取运费的货币贬值造成的经济损失而收取的费用。一般随着货币贬值的幅度按基本费率的百分之几收取。

绕航附加费：由于货方的某种原因，船舶不能按正常航线而必须绕道航行，从而增加航运开支，为此加收的附加费称绕航附加费。这是一种临时性的附加费，一般来说，如正常航道恢复通行，该项附加费即被取消。

转船附加费：对运往非基本港的货物，需在中途港转运至目的港，为此而加收的附加费称转船附加费。

直航附加费：对运往非基本港的货物，一次货量达到一定数量时，船方可以安排直航卸货，为此需加收直航附加费。直航附加费一般比转船附加费低。

选卸港附加费：由于贸易上的原因，在办理货物托运时尚不能确定具体卸货港，需要在预先选定的两个或两个以上的卸货港中进行选择，为此而加收的费用称选卸港附加费。

在这种情况下，货方必须在该航次中船舶抵达第一卸货港 48 小时前向船方宣布。选择卸货港只限于船舶航次规定的挂港或航区内，并按所列供选择的港口中计费高的费率计算。如实际选择了费率低的港口卸货，多收部分运费不予退回。

其他：变更卸货港附加费、洗舱费、熏蒸费、冰冻附加费等。各种附加费的计算方法主要有两种，一种是以百分比表示，即在基本费率的基础上增加一个百分比；另一种是用绝对数表示，即每运费吨增加若干金额，可以与基本费率直接相加计算。

（六）班轮运费的计算方法

1. 计算公式

$$班轮运费 = 基本运费 + \sum 附加费 = F_b + \sum S = fQ + \sum S$$

式中，F_b：基本运费；S：某一项附加费；f：基本费率；Q：货运量（运费吨）

附加费按基本运费的一定百分比计算：

$$\sum S = (S_1 + S_2 + \cdots + S_n) \cdot F_b = (S_1 + S_2 + \cdots + S_n)fQ$$

$$F = F_b + \sum S = fQ + (S_1 + S_2 + \cdots + S_n)fQ = (1 + S_1 + S_2 + \cdots + S_n)fQ$$

附加费以绝对数表示：

$$\sum S = (S_1 + S_2 + \cdots + S_n)Q$$

$$F = F_b + \sum S = fQ + (S_1 + S_2 + \cdots + S_n)Q$$

2. 计算步骤

第一，审查托运人提供的货物名称、重量、尺码（是否超重、超长）、装卸港口、是否需要转船以及卸货港的选择等；

第二，根据货物名称，从有关运价表中查出该货物的计费标准及运价等级；

第三，查找所属航线的等级费率表，找出该等级货物的基本费率；

第四，查出各附加费的费率及计算方法；

第五，根据上述各种内容，将各项数据代入班轮运费计算公式予以计算。

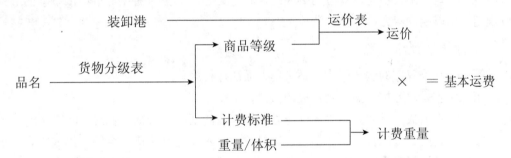

例：以 CER 价格出口加拿大温哥华罐头水果汁一批，重量为 8 公吨，尺码为 10 立方米，求该货物总运价。

解：

（1）先确定水果汁的英文为"Fruit Juice"。

（2）从有关运价本的"货物分级表"中查找相应的货名。再从相应运价本中查到该货运价等级为 8 级，计算标准为 M。

（3）再查中国—加拿大航线等级费率表得 8 级货物相应基本费率为每吨 219.00 元。

（4）另查得燃油附加费 20%。

（5）计算：

$$F = F_b + \sum S = (219.00 + 219.00 \times 20\%) \times 10 = 2628.00 \text{（元）}$$

第三节　租船运输

一、租船合同概述

（一）租船合同定义

租船合同英文为（Charterparty，Charter‐parly，C/P）是由中世纪拉丁文沿革而来。当时是在一张纸上左右两边分别书写有同样的文字内容的文件，然后从中间裁开，双方各执一半，作为运输文件。直至 1830 年，Charter party 一词才开始出现，是订约双方就船舶的出租和承租以从事货物运输而规定相互间权利、义务和责任豁免条款的一种海上运输契约。

根据我国《海商法》的定义：租船合同是船舶出租人（Owner or Disponent Owner）与承租人（Charterer）按照契约自由的原则达成的协议，依照此协议，船舶出租人将船舶全部或部分提供给承租人使用，承租人向船舶出租人支付一定的运费（Freight）或租金（Hire）；并且，协议中还就双方当事人的权利与义务，责任与豁免等事项以条款的形式加以规定，用以明确双方的经济、法律关系。

（二）租船合同特征

第一，它是双方的法律行为，不是单方面法律行为；

第二，它是双方按自愿原则达成的协议；

第三，它的成立是双方当事人的意思表示一致的证明，否则，合同不能成立；

第四，它是合法的行为，而不是违法的行为。除非违反法律，合同一经成立，当事人必须按照约定履行各自的义务；非经共同同意，任何一方不得擅自变更或解除。

（三）租船合同的种类及性质

一般而言，依据船舶出租的方式租船合同可分为三种基本类型，即航次租船合同（Voyage Charter Party）、定期租船合同（Time Charter Party）和光船租赁合同（Bareboat Charter Party or Charter Party by Demise）。

1. 航次租船合同（又称程租合同）

属于海上货物运输合同的一种，一般用于大宗货物的国际海上运输。

（1）定义

我国《海商法》在第四章海上货物运输合同中，单设一节对其作出了规范，其中第 92 条规定："航次租船合同，是指船舶出租人向承租人提供船舶或者船舶的部分舱位，装运约定的货物，从一港运至另一港，由承租人支付约定运费的合同。"

从这个定义可以看出，航次租船合同的承租人并不占有和控制船舶，而只是在装运港交付货物，由船舶出租人负责运往目的港。

（2）分类

按照运输形式的不同，航次租船合同可分为单航次租船合同、往复航次租船合同、连续单航次租船合同和包运租船合同。

（3）航次租船合同与班轮运输合同的比较

共同点：都属于海上货物运输合同。合同中都规定由承运人或船东全面负责船舶的营运组织，负责完成运输任务。合同中都规定由托运人或承租人支付约定的运费。

不同点：

第一，合同双方当事人的地位（议价实力）不同。

班轮运输合同：一方是班轮公司，即所谓的公共承运人，它们一般都是班轮公会的成员，具有垄断地位，普通的件杂货托运人是很难与之抗衡的。

航次租船合同：一方是船东，即所谓的私营承运人或专门承运人，由于租船市场较为广阔，船东不具有垄断地位，而另一方租方一般也具有较强的经济实力，因而双方可以相互讨价还价，谈判地位基本上是平等的。

第二，合同的法律性质不同。

班轮运输合同：附合合同，即托运人只能就班轮公司（即承运人）事先拟就的合同表示接受或不接受，而不能要求班轮公司修改合同内容以适应自己的需要；

航次租船合同：自由合同，即合同的内容可由双方当事人逐条、逐款议定，任何一方不能将自己的意志强加于对方。

第三，法律对合同的管制不同。

班轮运输合同：班轮运输市场是垄断市场，所以为了防止班轮公司将过多的不公平条款加诸于托运人，许多航运国家都通过参加国际公约或以国内立法的形式对班轮运输合同的内容加以强制性的规范。

补充阅读

实施我国《海商法》第 44 条规定

"海上货物运输合同和作为合同凭证的提单或者其他运输单证中的条款，违反本章规定的无效。此类条款的无效，不影响该合同和提单或者其他运输单证中其他条款的效力。将货物的保险利益转让给承运人的条款或者类似条款无效。"

航次租船合同：租船市场属于竞争性市场，船东与租方的任何一方都不具有垄断力量，双方的议价实力相当，谈判地位平等。所以，西方航运国家，尤其是英美法系的国家，本着"契约自由"的精神，都没有制定限制租船合同内容的成文法。大陆法系国家海商法中制定的有关租船合同的条款，一般也都属于任意性条款或弹性条款。

第四，合同中有关费用的基本规定不同。

运费：

班轮运输合同：运费由班轮公司垄断定价，分为基本运费和附加运费。

航次租船合同：随行就市，根据市场情况由船东与租方协议确定。

装卸费用：

班轮运输合同：一般都规定装卸费用由承运人负担；

航次租船合同：装卸费用的负担则由船东与租方洽定，即可采用 Liner Terms、F. I.、F. O.、F. I. O.、F. I. O. S. T. 等方式。

滞期费和速遣费：

班轮运输合同：大都没有关于装卸时间及滞期费、速遣费的条款，一般只规定托运人或收货人要按港口的惯常装卸速度提供货物或接受货物，如遇港口拥挤，承运人则可能向托运人收取港口拥挤附加费。

航次租船合同：有相应的规定。

2. 定期租船合同（又称期租合同）

（1）定义

我国《海商法》第129条将其定义为："船舶出租人向承租人提供约定的由出租人配备船员的船舶，由承租人在约定的期间内按照约定的用途使用，并支付租金的合同。"

内涵：①定期租船合同向承租人提供的是整个船舶，而不仅仅是舱位；②规定了一个期限，通常按年、半年、几个月计算；③承租人只能在约定用途范围内使用；④承租人支付的报酬形式是租金，而不是完成某一运输服务的运费。

（2）性质

属于运输合同还是属于财产租赁合同，颇有争论。依据我国的民法理论，合同标的物的占有和使用权的转移是财产租赁合同的重要法律特征。在定期租船合同的情况下，在船舶的租期内，船舶的使用权由船东转向承租人，但船东通过其雇用的船长、船员行使着对船舶的占有权。因此，定期租船合同不是财产租赁合同。

（3）定期租船合同的特点

在船舶管理方面，船东负责配备船长和船员，负责船舶航行和内部管理事务，并负担有关费用，承租人负责船舶调度和营运管理，并负担船舶营运费用。

租金按租用船舶时间长短计算，由承租人定期向船东支付，在租赁期内，船舶的营运时间损失原则上由承租人承担，合同内不规定滞期费和速遣费。

合同内不指定载运货物，除特别规定外，可以装运各种合法货物；合同内也不规定船舶航线和装卸港，而只规定船舶航行区域。

航次租船合同的承租人一般是货主或托运人，而定期租船合同的承租人不一定是货主（大石油公司期租油轮时，承运人是货主），可能是班轮运输公司租入船舶以抵补现有班轮的不足，也可能由船舶经营人定期租入船舶后又以航次出租；也可能将船舶用于游乐、水上饭店等非运输业务。

3. 光船租赁合同

（1）定义

我国《海商法》第144条对光船租赁合同的定义为："指船舶出租人向承租人提供不配备船员的船舶，在约定的期间内由承租人占有、使用和营运，并向出租人支付租金的合同"。

（2）性质

属于财产租赁合同。

（3）特点

①船舶在租赁期内，由承租人雇用和配备的船员占有，并由承租人使用和经营，即船

舶的占有权和使用权发生转移，但船舶的处分权仍属于船东。

②合同双方当事人的关系属于债权、债务关系，但具有某些物权的特征。即承租人在租赁期内对船舶的租赁权受到保护，即使船东将船舶出售或让予第三方，原光船租赁合同仍继续有效，新船东必须尊重承租人的租赁权。

③在光船租赁合同中，承租人是二船东，必须对履行合同负责，由该船发生的海事请求可以扣押该船或承租人拥有的其他船舶。但由于船东不承担运输责任，不能扣押船东拥有的其他船舶。

④承租人无权任意转让合同的权益。由于承租人以二船东的身份经营租赁的船舶，在光船租赁合同订有租购条款时，承租人还处于在最终付清全部费用后取得船舶所有权的地位，因此，他的权益的转让或者再以光船形式转租必须征得出租人的同意。

（四）租船合同的成立

1. 洽租过程

（1）方式

绝大多数是通过电话、电传、电报或传真等现代通信手段洽谈的。

在国际租船市场上，租船交易通常都不是由船舶所有人和承租人亲自到场直接洽谈，而是通过租船经纪人代为办理并签约的。

（2）过程

①询盘

询价主要以电报或电传等书面形式提出。

承租人询盘的内容：需要承运的货物种类、数量、装货港和卸货港、装运期限、租船方式或期限、期望的运价（租金）水平以及所需用船舶的详细说明等内容。

询价也可以由船舶所有人为承揽货载而通过租船经纪人向租船市场发出，内容包括：出租船舶的船名、国籍、船型、船舶的散装和包装容积、可供租用的时间、希望承揽的货物种类等。

②发盘

报价有"硬性报价"和"条件报价"之分。"硬性报价"是报价条件不可改变的报价。询价人必须在有效期内对报价人的报价作出是否接受订租的答复，超过有效期，这一报价即告失效。"条件报价"是可以改变报价条件的报价。

③还盘

在条件报价的情况下，承租人与船舶所有人之间对报价条件中不能接受的条件提出修改或增删的内容，或提出自己的条件，称为还价。

④受盘

受盘指一方当事人对实盘所列条件在有效期内明确表示承诺。至此，租船合同即告成立。

2. 租船确认书（Fixture Note）

接受订租是租船程序的最后阶段，一项租船业务即告成交。通常的做法是，当事人之间还要签署一份"订租确认书"（Fixture Note）。"订租确认书"无统一格式，但其内容应详细列出船舶所有人和承租人在洽租过程中双方承诺的主要条款。订租确认书经当事人双方签署后，各保存一份备查。

（1）作用

①为进一步明确已经双方磋商同意的所有主要条款；②作为制定租船合同条款的主要依据。

（2）没有保留条件和无保留条件的租船确认书

没有保留条件的租船确认书对合同双方是具有法律约束力的，它是租船合同的组成部分。

在有保留条件的情况下，如详情待定、凭再次确认等，租船确认书对双方是否具有法律约束力却是有争议的。

有保留条件的租船确认书各国法规规定

英国法认为，在有保留条件的情况下，租船合同尚未成立，因而租船确认书不具有法律效力；美国法则认为，即便有保留条件，只要双方就租船合同的主要条款达成一致，租船合同即告成市，租船确认书就具有了法律约束力。对这一点，实践中须加以留意。

3．租船合同

正式的租船合同实际是合同已经成立后才开始编制的。双方签认的订租确认书实质就是一份供双方履行的简式的租船合同。

在英美法下，认为租船合同是非要式合同，即口头合同也是有效的，只要一方有足够的证据证明租船合同的成立。

为了减少纠纷，方便执行，我国《海商法》对租船合同作了形式要求，即必须书面订立。

（五）租船合同条款种类

在英美法体系中，租船合同条款可以分为下列几种：

1．条件条款

条件条款是合同的基础，如果合同一方违反此类条款则无论是否对合同另一方当事人造成实质性损害，也无论这种损害是如何轻微，另一方均有权取消合同，如有损失，还可要求损害赔偿。

航次租船合同中有关船名、船籍、船级、船舶吨位的条款就属于此类条款。

2．保证条款

保证条款是合同中相对较为次要的条款，租船合同中的大多数条款属于此类。如一方违反此类条款，并给另一方造成损害，另一方只能向对方提出损害赔偿，而不能取消合同。

例如：航次租船合同中的安全港口和泊位，定期租船合同中的船速及燃油消耗、船舶的维修保养以及剩余燃油的数量的规定。

3. 中间条款

中间条款是介于条件条款和保证条款之间的一类条款。合同当事人一方违反这种条款时，受害方究竟是按违背条件条款处理，还是按违背了保证条款处理，要视违约程度和后果而定。

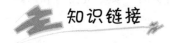

知识链接

中间条款的理解

船舶适航保证的条款一般规定船舶在到达装货港时要适航，如果船舶有严重的"适航缺陷"，承租人有权解除合同并要求赔偿，但是，如果船舶进存在着轻微的"适航缺陷"，承租人就只能要求赔偿，而无须解除合同。

条件条款、保证条款、中间条款是英国、美国、法国中的概念，目前为止还没有一个国家的法律对它们的含义作详细的规定，大都是通过一些判例或仲裁加以判断。

4. 默示条款

有些事项虽在合同中没有载明，但根据法律和惯例已成自然。比如船舶必须具备适航性这一条款。

5. 明示条款

明示条款是与默示条款相对而言，在合同中明文规定的条款。

6. 判定条款的法律效力

（1）更正条款和附加条款的法律效力高于印刷条款。

（2）手写条款高于缮制条款和印刷条款。

（3）补遗条款的效力高于追加条款。

（4）删除条款的效力需结合合同其他有关条款而定。

（5）在合同所有条款中以首要条款效力最高。

（六）租船合同的解释原则

友好协商→调节→仲裁→诉讼

由于英国是老牌航运国家，航运历史悠久，该国在几百年的航运司法实践中，在总结众多案例的基础上形成了一套比较完备的关于租船合同解释方法的规则，对国际航运界产生重大影响，英国法律体系中在处理因租船合同产生的纠纷时，常采用以下准则：

1. 依租船合同条文本身进行解释

在采用这种方法时，除非订立租船合同时有胁迫、误述以及错误等法律规定的可能导致合同无效的情况出现，法官或仲裁员在解释租船合同时，凡与合同条文不符的条款、证据均不接纳。

2. 对租船合同中所用术语的释义

一般均根据商业和航运惯例加以解释，对于这种解释，法官拥有自由裁量权。

3. 以争执事件的近因为主要依据

近因是指引起一系列事件发生，由此出观某种后果的能动的、起决定作用的因素；在这一因素作用的过程中，没有来自新的独立渠道的能动量的介入。

4. 如果条文可以有两种或多种解释

根据当事人的行为来判定其意图。

5. 解释应尽量支持租船合同的每个条款

租船合同的每个条款都表达了双方当事人的意愿，所以在解释时，要尽赞支持和照顾合同的每个条款，参考前后条文，结合合同的目的考虑。

（七）租船合同的解除

合同自然解除和双方协议解除合同外，我国《海商法》对合同解除有如下规定：

1. 船舶开航前的任意解除

我国《海商法》第 89 条规定："船舶在装货港开航前，托运人可以要求解除合同。但是，除合同另有约定外，托运人应当向承运人支付约定运费的一半，货物已经装船的，并应当负担装货、卸货和其他与此有关的费用。"

2. 开航前因不可抗力等原因的解除

我国《海商法》第 90 条规定："船舶在装货港开航前，因不可抗力或者其他不能归责于承运人和托运人的原因致使合同不能履行的，双方均可以解除合同，并互相不负赔偿责任。除合同另有约定外，运费已经支付的，承运人应当将运费退还托运人；货物已经装船的，托运人应当承担装卸费用。已经签发提单的，托运人应当将提单退还承运人。"

实践中常见的船舶在开航前法定解除事由主要有：①船舶或货物全损；②装货港或卸货港被宣布封锁；③船舶被政府征用或扣押；④货物被禁止从装货港输出或向卸货港输入；⑤船舶或货物因军事行动有遭劫夺的危险；⑥其他不能归责于双方的原因。

3. 船舶开航后因不可抗力等原因解除

我国《海商法》第 91 条规定："因不可抗力或者其他不能归责于承运人和托运人的原因致使船舶不能在合同约定的目的港卸货的，除合同另有约定外，船长有权将货物在目的港邻近的安全港口或者地点卸载，视为已经履行合同。船长决定将货物卸载的，应当及时通知托运人或者收货人，并考虑托运人或者收货人的利益。"

4. 其他

主要有以下两种情况：

（1）一方不履行合同致使另一方无法继续履行合同或严重影响订立合同所期望的利益，另一方可以单方解除合同而不承担责任。

（2）单方自行解除合同，应承担解除合同或不履行合同而引起对方损失的责任。

二、航次租船合同

（一）合同范本

航次租船合同是指船舶出租人向承租人提供船舶或船舶的部分舱位，装运约定的货物，从一港运至另一港，由承运人支付预定的运费的货物运输合同。为了便利租船合同的谈判工作，洽谈租船合同的当事人通常以某一合同的标准格式为基础，根据各自需要，对标准格式的某些条款进行修改、删减或补充，最后达成协议。

比较常用的有以下几种：

（1）统一杂货租船合同，简称金康合同（GENCON），适用于不分航线的杂货运输。

（2）1973 年北美谷物租船合同（NORGRAIN），适用于北美至世界各地的谷物运输。

（3）1971 年煤炭租船合同（POL COAL VOY）适用于波兰煤炭出口运输。

（4）1973 年波罗的海木材租船合同（NUBALT WOOD）。

（5）油轮租船合同（EXXON VOY）等。

（二）航次租船合同下双方当事人的默示义务

在航次租船合同下，根据英国的普通法，船东及租船人都有一定的默示义务，除非双方在合同中以极为明确字眼加以排除。船东的默示义务包括：

1. 提供绝对适航的船舶

船舶适航是相对的，世界上根本不存在在任何时刻及航线上都绝对适航的船舶。对船东承担的提供适航船舶的义务有：

（1）普通法（最严格）

规定的绝对适航，或航次租船合同内写明船舶必须"密水、坚实、牢固"并且在各个方面适于航行。

（2）海牙规则等国际公约

规定的恪尽职责的适航义务。

（3）GENCON 合同（最为宽松）

规定的只要非船东过失及参与就无须对不适航负责。

（4）我国的《海商法》

航次租船合同下船东应承担恪尽职责的适航义务，排除了双方当事人在这一问题上进行选择的可能性。

2. 合理速遣

在装货港和卸货港以及在装、卸两港间的航行途中，都应合理地在最短时间内履行合同。在连续航次的情况下，船东的合理速遣义务适用于每个航次。倘若船东违反此项义务，则可能招致租船人索赔甚至终止合同。

3. 不得不合理绕航

即船舶应按照约定的或者习惯的或者地理上的航线驶往卸货港。所谓合理绕航，是指为了船舶和货物的安全，或者在海上救助或企图救助生命和财产所发生的绕航。除此而外，均属不合理绕航。

由于历史的原因，本项默示义务构成航次租船合同中比条件条款更为严格的一项条款。一旦发生不合理绕航，会使整个航次租船合同失效，船东不仅面临索赔，而且无法依靠原合同中的免责条款及赔偿责任限制。因此，船东对此项默示义务决不能掉以轻心。

（三）航次租船合同的主要条款

下面就以 1994 年 GENCON 合同格式为例介绍航次租船合同的主要内容。

1. 合同当事人

（1）租船合同当事人是对租船合同的履行承担责任的人。在合同中须列明船舶所有人和租船人的名称、住址和主要营业所地址。

（2）在租船市场上，租船经纪人常受船舶所有人或承租人的委托，代表他们在合同上签字，但并不意味着经纪人就是合同的当事人，经纪人在委托人授权范围内行事，并在签字时表明自己的代理人身份。

（3）根据合同法的规定，在签订租船合同时当事人必须具有订约能力。我国公司法规定法人的办事处和驻外营业部门不具有法人资格，他们必须取得具有主体资格的上级公司的授权。

2. 船舶说明

（1）船名（Vessel's Name）

关于船舶的指定通常有如下几种方式：

①指定船舶。这种船舶一旦指定，船舶所有人无权以其他船舶替代，否则以违约论处。

如果原来指定的船舶由于意外事故沉没或不能履行合同，则合同受阻，合同自行解除，双方均不承担责任。

②"替代船条款"。指明××船或其替代船由船舶所有人选择（M/V××or substitute at shipowner's option）。船东指定的船舶必须在船级、船型、位置等方面与原定船舶相符。替代船一经选定，船东应及时通知承租人，不能再次更改。

③船舶待指定。因某些原因致使无法在航次租船合同中确定船舶时，经双方当事人约定在开始履行航次租船合同前的适当时间内，由船舶所有人制定具体船舶，并将船名通知承租人。

但在合同中一般明确约定"待指定船舶"的具体技术条件、性能及规范。

（2）船籍或船旗

船籍是指船舶所属的国籍，它是通过船期表现的。是合同的重要条件，因为这涉及租船国别政策。特别是在战争期间，它关系到中立国的问题，如果是交战双方，可能面临着被扣押、征用、没收和充公等风险。

①承租人经常指定船籍，或声明不得悬挂某国国旗。

②在合同履行期间，船东不得擅自变更船舶国籍或船旗，否则视为违约。

③船舶在海上航行时不得同时悬挂两个国家的国旗，也不能不悬挂任何国旗，否则会被视为海盗船处理。

④根据《中华人民共和国香港特别行政区基本法》及有关法律规定，在香港登记注册的船舶，同时悬挂中国国旗和香港特别行政区区旗，以区别于在内地登记的船舶。

（3）船级

船级是双方在订立合同时船舶应实际达到的技术状况。

合同中写明的船级是指船舶在合同订立时的船级，除非合同中另有约定，否则船东没有义务在整个合同期间保持这一船级。

（4）船舶吨位

①船舶吨位包括注册吨和载重吨。注册吨位与港口费用、运河通行费和关税的征收有密切关系。载重吨位用来表明船舶的实际载重能力。

②"宣载"。租船所有人对航次所需的燃料、物料、淡水、备用品等消耗难以估计准确，所以对本航次实际可装载货物的数量难以定出确切的数字，因此只规定一个装载货物的大概数字和可增减的百分比，记为"大约×××吨货物，×％的增减数量"。在具体装货之前，船长根据本船的实际装货能力及港口吃水限制等，在该百分比范围内选择船舶能够装载货物的实际数量，并以书面的形式向承租人进行"宣载"。

"宣载书"的内容：船舶名称、船舶的载重吨、货物载重量、燃料重量、淡水重量、船舶常数、船长签字、宣载日期等。

如船长在船舶正式开始装货前未"宣载"，被认为自动放弃了合同中"数量增减条款"所赋予船舶所有人的货物数量选择权。

（5）船舶位置

订立合同时船舶所在的位置或状态。此项内容有助于承租人合理判断船舶能否如期抵达装货以及明确本航次、本合同开始履行的时间。实践中船东为了避免麻烦，往往不具体订明船舶的准确位置，而是以"now loading""now under repair""expected ready to open at××port"进行说明。

（6）受载期、解约日

①定义

受载期：船舶在租船合同规定的日期内到达约定的装运港，并做好装货准备的期限。

解约日：船舶到达合同规定的装运港，并做好装货准备的最后一天。

②"质询条款"

如船东或船长将船舶延误情况和预期抵达装货港的日期通知承租人，承租人应在一定时间内作出是否解除合同的答复；如承租人保持沉默，则视为放弃解除合同的权利。

3. 预备航次

（1）定义

合同签订时到船舶抵达装货港这段期间内，船舶所处的航次。

（2）规定

①合同中船东所承担明示及默示义务，同样适用于预备航次。

②原则上：实践中船舶不能如期抵达装货港受载，往往是因为前一合同的延误造成的。船东不能以此为理由，对抗本航次的承租人。

③而"金康94"的规定对于船东来说，有很强的保护作用。即使船舶延迟抵达装货港是由于前一合同延误造成的，只要履行本次预备航次过程中没有任何延误，仍不能视船东违约。

4. 货物

货物条款是航次租船合同的条件条款。

（1）货物的品名种类

①重要性。货物的种类与运费率、舱容或吨位的利用以及船舶的适航能力等密切相关。

②"契约货物""非契约货物"。"契约货物"：除了列明某一种或几种特定外，承租人常常不在合同中列明特定货物，而是规定"××货物或其他替代货物"，甚至有的只规定

为"合法货物"。"非契约货物"：其他任何货物。

③规定。

承租人只能提供"契约货物"。

如果承租人选定的货物由于其可免责的原因不能装船，除合同中另有规定外，只要在规定的货物种类中还有其他的货物可以装船，则承租人仍有提供货物的义务，但允许其任合理的时间内做出安排。

（2）货物的数量

①满舱满载货物

满舱：承租人提供的货物应装满舱容。货物是轻泡货，应达到满舱；

满载：承租人提供的货物数量应达到船舶的货物载重能力。货物是重货，应达到满载。

②货物数量的规定方法

第一种：满舱满载货物××吨，出租人选择伸缩的百分比。此时船舶具体装货的数量，由船长在装货之前"宣载"。

"宣载"范围：承租人拒装。宣载小于实际装货量：船东必须负担退货短装损失。

第二种：满载满舱货物，不超过××吨，不少于××吨。

船东：保证船舶能装运的货物数量不少于下限。由于船东原因造成货物短装，则船东应负责给承租人造成的如退关费、仓储费等损失的赔偿。

承租人：有义务提供的货物数量为规定的上限与船舶满舱满载货物数量两者中较小的一个。如果由于承租人的原因造成亏舱，则亏舱费由承租人负责。

（3）甲板货

依照航运习惯或法律规定装在甲板上的货物。货物能否装在舱面上，须经双方同意，其风险责任也是由租船人承担，船东不负责。

（4）垫舱和隔舱物料

由租船人负责提供所有必需的垫舱和隔舱物料，如有需要，船东允许使用船上现有的垫舱和隔舱物料。

5. 装卸港口

（1）条款的订法

①具体列明装货港或卸货港的名称。但没有确定该港的具体泊位，具体泊位按该港的习惯决定。单航次租船往往采用。

②规定某个特定的装卸泊位或地点。

③规定两个或两个以上的港口，或者是规定一个范围由承租人选择。承租人在选定港口后，应及时通知船东，一经确定就几乎不可能更改了。范围必须在一条连续的海岸线上。

（2）"适航平衡条款"

当卸货港是两个或两个以上时，承租人应将准备在第一卸货港卸下的货物情况准确告知船长，否则，出租人为保持船舶在适航平衡状态下驶往第二卸货港而支付的捣舱、起卸和重装货物的费用由承租人偿付，以及为使船舶处于适航平衡而花费的时间均计入卸货时间。

（3）"安全港"

所谓"安全港"就是指特定船舶在有关时间内能在正常的航行条件下进出并能保持漂泊状态而不致发生危险的港口或泊位。

主要表现为：

①自然条件方面的安全：该港口应具有能够使船舶避免恶劣气候等自然现象的危险的必要设施。

②港口设施方面的安全：港口应能提供夜间照明、拖轮、引航员和必要的锚地和调头区域等。

③航海方面的安全：港口应设置能使船舶安全进出港口所需要的导航灯标等，港口的航道水深及桥梁的高度等都应符合安全航行的要求。

④装卸货物方面的安全：能保证船舶在港装卸作业期间，使船舶始终处于安全浮泊状态。

⑤政治局势方面的安全：港口没有战争或战争危险，或暴动或骚乱等危及船舶安全的政治因素。

"安全港"规定：

①如果装卸港或泊位已在合同中明确规定，除非合同另有约定，否则承租人不保证港口的安全性，安全风险和责任在船舶所有人。

②如果装卸港口或泊位由承租人选择或指定，则一般由承租人承担保证港口安全的义务。但只要承租人在选港时已恪尽职责，确定其所选港口可预见是安全的，即使后来该港变得不安全，承租人也无须负责。

临近条款：

①当原定港口变得不安全时，承租人应当指定或重新指定邻近的港口。

②若承租人不指定或不重新指定时，船东有权且只能将货物卸于这个临近地点。必须符合以下条件：第一，船舶在无法前往指定港口的情况下，必须等候一段合理时间，如仍无改善，才可据此条款前往附近港口；第二，船东指定的变更港口必须与原来港口处于同一系列之内。

6. 装卸费用

常见的条款如下：

班轮条件（Liner Terms or Gross Terms）：由船东负担货物的装卸费用。

Free in，F. I.：船东不负担装货费用，但负担卸货费用。

Free out，F. O.：船东不负担卸货费用，但负担装货费用。

Free in and out，F. I. O.：承租人要负责绑扎货物和如经请求，须提供全部垫舱物料的规定。

Free in and out，stowed and trimmed，F. I. O. S. T.：船东不负责装卸费、理舱费、平舱费。

注意：

（1）如果是在避难港产生的或因为过运河需要驳船产生的装卸费以及其他非原定装卸

港产生的费用，则仍由船东负担。

（2）装卸费用的承担与装卸风险责任的承担可能不尽一致，即有可能承租人负责部分装卸作业的费用，但其风险和责任由船东负担。

7. 装卸时间

（1）定义

根据 1993 年 10 月的《航次租船合同装卸时间解释通则》，所谓装卸时间就是合同双方当事人协议的，船东应使船舶并保证船舶适于装卸，承租人在运费之外不支付任何费用的一段时间。

（2）装卸时间的规定方法

第一种：日数或小时数，或者规定船舶装卸定额。①规定装货若干日（小时）和卸货若干日（小时）；②规定装货和卸货共若干日（小时）；③规定每天装货和卸货若干吨；④规定每舱口每天装货和卸货若干吨。

第二种：规定按港口习惯尽快装卸。

第三种：以船舶能够收货或交货的最快速度装卸。

（3）对"日"的规定

日历日：从 24 时到下一个 24 时。

连续日：从开始装卸时计算，连续 24 小时算一日，不作任何扣除。

工作日：按港口习惯工作时间来计算工作时间，非工作日进行的装卸不计入装卸时间。工作时间依各港的具体情况不同而不同。

良好天气工作日：在工作日或部分工作日中，不受天气影响，可以进行装卸的时间。一般不包括星期日和节假日。

累计 8 小时工作日：不管港口习惯工作时间如何，累计进行装卸时间 8 小时为 1 个工作日。

累计 24 小时工作日：不管港口习惯工作时间如何，累计进行装卸时间 24 小时为 1 个工作日。

24 小时良好天气工作日：昼夜连续作业 24 小时算作 1 日，其间因天气原因不能进行装卸作业的时间除外。

（4）装卸时间的起算

①定义

装卸时间：起算一般是在船长向承租人或其代理人或交货人递交了"准备就绪通知书"后的某一个时刻 1 开始计算。递交装卸准备就绪通知书需在承租人办公时间内递交。

通知时间：递交装卸准备就绪通知书之后 12 个小时或 24 小时起算装卸时间。

②规定

第一，递交装卸准备就绪通知书在受载期之前。

装卸时间要等到受载期开始时才起算；如果间隔时间不足通知时间还需等到通知时间届满。

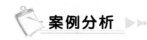 **案例分析** ▶▶

受载期

受载期 5 月 1 日至 15 日，通知时间 24 小时，工作时间 8：00—20：00，船舶 4 月 28 日到，中午 12：00 递交装卸准备就绪通知书，则 5 月 1 日 8：00 开始起算装卸时间；船舶 4 月 30 日到，中午 12：00 递交装卸准备就绪通知书，则 5 月 1 日 12：00 起算装卸时间。

第二，递交装卸准备就绪通知书在受载期。

如果准备就绪通知在正午 12 时（含 12 时）以前递交，则装卸时间从 13 时开始计算；

如果准备就绪通知书在正午 12 时以后递交，则装卸时间从下一个工作日上午 6 时开始计算。

第三，准备就绪通知书生效的条件。

船舶必须到达合同规定的港口或泊位。如果合同规定应到达的港口，那么船舶已经到达该指定港口，不论是否靠泊，都应认为船舶已经到达合同指定的地点；如果合同规定了应到达的泊位，那么只有当船舶到达该泊位时，才可以认为船舶已经到达合同指定的地点。

船舶在各个方面均已经做好了装卸准备。比如已经在技术上使船舶的吊杆或吊车及其他装卸工具处于随时可供使用的正常状态；同时在法律上也已经取得相应的海关证书和检验证书，货舱已经打扫清洁、适于装载货物等。

递交装卸准备就绪通知书需在承租人办公时间内递交。

8. 滞期费和速遣费

（1）滞期费

①含义

由于船东原因，承租人未能在租船合同中约定的装卸时间内将货物全部装完或卸完，对因此而产生的船期延误，向船东支付的费用。

②计算方法

滞期费＝滞期时间×滞期费率

滞期时间：实际装卸时间与合同规定装卸时间的差。

滞期时间具体计算方法：一是"一旦滞期，永远滞期"（当超过合同规定的期限后，即使遇上星期六、日、节假日、天气不良等也不作扣除，按日历日计算）；二是"按同样的日"，是指滞期时间与装卸时间同样计算，作同样的扣除。

（2）速遣费

①含义

当承租人在合同约定的时间之前将货物全部装卸完毕，对于提前的时间应由船东向承租人支付的约定金额，是对承租人能够缩短船舶在港时间的奖励。

速遣费率一般是滞期费率的一半。

②计算方法

$$速遣费＝速遣时间×速遣费率$$

速遣时间的计算：一是按"节省全部时间"（从装货或卸货完毕时起至合同规定的时间为止在内的所有时间，包括星期六、日、节假日、天气不良的时间等）；二是按"节省全部工作时间"（合同规定的装卸时间内含有的星期六、日、节假日和天气不良时间全部扣除，不作为速遣时间）。

（3）注意

装卸港口的滞期时间和速遣时间是合并计算还是单独计算对滞期费和速遣费的数额有重大影响。

一般来说，合并计算对承租人有利，而单独计算对船东有利。但如果合同中没有约定，一般应单独计算。

9. 运费支付条款

（1）运费的计算方式

①规定一个运费费率

比如每公吨××美元，然后乘以货物数量。

货物数量的计算标准：一是按装入量计算；二是按卸出量计算。

②按整船包价运费

合同规定一个整额运费，不管实际装货多少，承租人都按此支付。

（2）运费的支付方式

①预付运费

在这种情况下，如果运费按照规定方式在装船时支付，则不论船舶和（或）货物是否灭失，运费均应支付并永不退还。

常见的运费预付方法有以下几种：第一种：签发提单时全部预付；第二种：签发提单时付90%，10%于目的地支付；第三种：签发提单7日内预付。

②到付运费

在这种情况下，航程中船、货灭失，以及收不到运费的风险完全由船东承担，因此在实践中，船东常常为到付运费投保。

10. 其他条款

（1）绕航条款

船舶可以以任何理由任意的顺序挂靠任何港口，船舶可以在没有引航员的情况下行驶，在任何情况下拖带和（或）帮助其他船，亦可以为拯救人命和（或）财产而绕航。

各国常常对此作限制性解释，认为船舶只能挂靠合同规定的或惯常路线通常挂靠的港口，除合理绕航外，不允许擅自偏离航线，而且船舶根据本条款所做的绕航不能与合同目的相抵触。

合理绕航的事情：救助海上人命（包括船员旅客）；为避开海上危险；为躲避天灾；发生火灾；政府或当局的命令；因承租人的过错（如擅装危险货）等而产生的必要绕航。

（2）留置权条款

船东有权因运费、共同海损分摊、滞期费等费用对货物享有的留置权。同时，船东也可以订立类似的条款，约定对延滞损失、亏舱费等其他事项享有留置权。但前提是船东必须合法占有和控制货物。

（3）提单条款

在航次租船合同中，提单的作用仅相当于承租人收到货物的收据。

①无论提单有无背面条款及背面条款怎么规定，船东和承租人之间的权利、义务以租船合同的规定为准。

②如果提单持有人是善意的第三方，那么船东和提单持有人之间的权利、义务以提单为准。

③如果并入提单的租船合同条款违背约束提单的国内法律或国际公约的规定，对善意的提单持有人来说，这些条款失效，船东对提单持有人的最低责任仍以《海牙规则》为准。

④如果船东因此受损失，可依据租船合同向承租人索赔。

（4）共同海损和新杰森条款

此条款的主要内容是关于发生共同海损时应该选用什么样的规则进行理算，在什么地点进行理算等。即货物所有人须偿付货物所应分摊的共同海损费用，即使这项损失是由船东的雇员的疏忽或过失造成的。

（5）代理和佣金条款

代理条款：主要约定由船舶出租人委托船舶代理人，还是由承租人委托代理人。在任何情况下无论是在装货港还是卸货港都由船东来指定代理人。

佣金条款：付给经纪人的酬劳费用，一般为运费、亏舱费和滞期费总额的 1%～5%，如果租船合同未能履行，船东最少也要向经纪人支付在合同履行情况下应付佣金的三分之一。

（6）罢工条款

此条款是船东为了在港口爆发罢工或停工时，免于对此造成的后果承担责任而列明的条款。主要是关于罢工期间装卸时间和滞期费的计算，解除合同的选择权和货物的处理等问题。

①当船舶准备向装货港起航或已经在途中时，如果发现在目的港出现罢工或停工会影响到实际装货的情况下，船东可以请求承租人宣布将按没有发生罢工或停工时一样计算装卸时间。如果承租人没有在 24 小时内做出宣布，船东有权选择销约。

②如果船舶已经部分装货，船东必须载运但有权在途中补充其他货物。

③如果在卸货港发生罢工或停工，影响到船舶的停靠或卸货，而且 48 小时内未能得到解决，那么承租人有权选择让船舶等待直到罢工结束，但必须按半数支付滞期费，待卸货完毕后，全额支付滞期费；或者到另一个安全港口卸货。此项决定应于船长或船东向承租人提出罢工或停工影响卸货的通知书后 48 小时内作出。

④除上述约定外，不论船东或承租人对于罢工或停工而阻碍或影响货物实际装卸作业均不承担责任。

（7）战争条款

①"战争风险"

包括：任何实际存在或威胁产生的战争行为、内战、敌对行为、革命爆发、军事行动、布雷、海盗行为、恐怖行为、恶意损害、封锁以及船长合理削减会危及船舶及任何船舶所载物、人等类似的行为。

②规定

在船舶开始装货前的任何时候，在船长或船东的合理判断下，发现如果继续履行运输合同，将会遭遇战争风险，此时船长或船东可向承租人发出通知，解除或拒绝履行合同。

如果全部或部分货物已经装船，船长可以将货物卸下或载货驶往任何港口，此时，船东首先应要求承租人在一系列装货港或卸货港中指定其他任何安全港。只有在承租人没有在接到通知后 48 小时内对这些安全港进行指定时，船东才有权将货物卸于任何安全港并视为已履行合同。

在航行中，如果船长发现或合理预见合同约定的惯常航线中存在战争风险，则船东应通知承租人其将要行驶的其他的较长航线，此时，如果总的额外距离超过 100 海里，船东有权根据合同约定的费率比例，收取额外的运费。

船舶有权服从任何处于内战、敌对行为或类似战争行动的政府、交战方或组织等发出的强制执行有关船舶离开、到达、行驶某航线、挂靠港口、停航、护航、卸货交货等指令或建议，而不视为违反合同。

（8）冰冻条款

①装货港

当船舶准备从前一个港口驶往装货港或已在航程中或已到达时，船长为避免船舶被冰封可以决定不装货而离港，租船合同也因此失效。

在装货过程中，为避免船舶被冰封船长认为离港更为有利时，可以载运已装船货物离港，并为船东利益揽货并将船舶驶往包括卸货港在内的任何港口。根据租船合同已装船的任何部分货物，在不增加承租人额外费用的前提下，由船长转运至卸货港并承担运费，运费按交货数量比例计收。

如果装货港不止一个，其中一个或数个因冰冻而关闭时，船长或船东可以往小冻港装载部分货物，并为自身利益在其他地点揽货；当承租人不同意在不冻港装满货物时，可宣布本租船合同无效。

②卸货港

如果因冰冻船舶不能驶入卸货港时，承租人可以选择支付滞期费并使船舶等待以恢复航行，或指示船舶驶往邻近的没有因冰冻而存在延滞风险的安全港口，但此项指示必须在船长或船东向承租人发出关于船舶不能进入目的港通知后 48 小时内作出。

如果卸货期间船长因担心船舶被冰封而认为离开该港更为有利时，他可以自由决定载运船上货物离港，并驶往最近的、能够安全卸货的港口。

在上述港口卸货时，提单所有条件均适用，而船舶可以收到与在原来卸货港卸货相旧的运费，除非实际卸货港离约定卸货港的距离超过 100 英里，此时，运费应按比例增加。

（9）法律与仲裁

此条款规定的是一旦船东和承租人之间因租船合同发生争议，应该采取何种法律手段、使用何种法律、通过什么途径来解决。其主要内容如下：

①航次租船合同需要根据英国法订立并受其管辖，一旦产生争议，应在伦敦提交仲

裁。除非双方同意由指定的仲裁员进行仲裁。

②如果总的争议标的额不超过第 25 栏的数额，那么争议的解决应遵照伦敦海事仲裁委员会制定的小额仲裁程序进行。

三、定期租船合同

（一）定期租船合同概念

根据我国《海商法》第 129 条的规定，定期租船合同，是指船东向承租人提供约定的由出租人配备船员的船舶，由承租人在约定的期间内按照约定的用途使用，并支付租金的合同。

（二）定期租船合同范本

国际上常用的定期租船合同范本：

1. 纽约土产交易所期租合同

该合同简称"土产格式"，由美国纽约土产交易所于 1913 年制定，由于纽约土产交易所的简称是 NYPE，所以租约代号为"NYPE"。到目前为止，该格式历经 1921 年、1931 年、1946 年、1981 年和 1993 年先后五次修订。现在普遍使用的是 1946 年修订的版本，据业内人士估计，大约有 90% 的定期租船合同是以 NYPE46 为蓝本的。

2. 统一定期租船合同

租约代号为 BALTIME。此格式由波罗的海国际航运公会（BALTIME）于 1909 年制定，历经 1911 年、1912 年、1920 年、1939 年、1950 年和 1974 年数次修改，现在普遍使用的是 1974 年修订的版本。

3. 中国定期租船合同标准格式

租约代号为 SINOTIME1980，由中国租船公司制定，此格式较多维护承租人的利益。

（三）定期租船合同的主要条款

1. 船舶说明条款

（1）有关船名、船籍、船舶吨位、船舶所处位置等事项

与航次租船合同中船舶说明类似。

（2）船速与燃料消耗

船舶的时间损失由承租人负担，而且承租人必须负责提供船舶燃料并支付费用。

这两项直接影响到承租人的运营成本和经济收益，所以船东有义务提供符合合同规定的船速与燃料消耗的船舶，否则承租人有权向船舶所有人提出索赔。

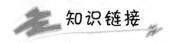 知识链接

关于"大约"

船舶在满载、良好天气情况下，能够达到船速××节，消耗大约××吨优质威尔士煤或××吨燃油。在船速和燃料消耗量前面都有一个"大约"的字样，这样允许一个浮动范

围，在实务中通常把这个浮动范围理解为±5%。

2. 租期

租期：合同规定承租人租用船舶的时间。

规定方法：

（1）默示伸缩期规定

如"约一年"或"约××月"等，有时即使双方没有在租期前加上"大约"一类的字眼，法院在解释上通常会认为有一个默示的合理的宽限期。

（2）明示伸缩期规定

即在合同中明确规定有伸缩期。例如："1年，30天伸缩，由承租人选择"。

（3）订明租期的最长、最短期限

如"最少六个月，最多九个月"，如有超出，视为违约。

3. 交船

交船是指船东按合同规定，将合同项下的船舶交付承租人使用，这也是期租合同履行的开端。

（1）交船日期

规定方法：特定日期；从××日至××日；不早于××日或不晚于××日；销约日。

销约日：为交船期限的最后一天。

（2）"扩展性条款"或称"质询条款"

即当船东预计不能在销约日前交船的情况下，并且船东能够确定船舶预计准备就绪的时间，那么船东可在预计船舶开始驶往交船地点之前的7天询问承租人是否将取消合同。如果承租人选择不撤销合同或在船东发出通知后两天内未作答复，则船东通知的预计船舶准备就绪时间之后的第7天将成为新的销约日。

（3）租期的起算时间

为书面的船舶就绪通知书送达承租人之后紧接的工作日。

（4）交船地点

双方可以在合同中约定。交船地点是在承租人控制之下并由其指定的能使船舶在任何潮汐下安全停泊并永远处于漂浮状态的某一码头、泊位或地点。

（5）交船时船舶需满足的条件

①装货已准备就绪；

②要求各个货舱都已经准备就绪，打扫干净，适于装载约定的货物。

③船舶设备符合租约规定，船上有适当的存油量；

④船舶文件必须齐全有效；

⑤船舶必须适航。

4. 合法货物

（1）租船人所装载的货物必须是"合法商品"。

所谓"合法货物"，只要不属于船舶预定航线上的装卸港口、船籍国和合同管辖国的法律所禁运的物资就是合法货物。

（2）租船人不能装载合同规定不允许装载的货物。

5. 航行区域条款

NYPE46 在前言部分列明了承租人运营该船舶的航行范围及禁止行驶区域，如战区、冰冻区及 ITF 地区（对方便旗船进行刁难的地区）等。如果承租人指示船舶驶往上述区域，除非事先征得船东同意并承担相关费用，否则船长有权拒绝。

6. 租金

（1）租金率的计算方法

每天若干美元；

按船舶的载重吨（包括燃油）每吨每 30 天若干美元；

按夏季载重线来计算。

（2）出租日

租金从交船之日起开始计算，至还船之日为止，均以格林威治时间计算。

（3）支付方式

租金应在纽约以美元现金的方式每半月支付，对于最后半个月或不足半个月的部分时间及可能延长的时间，如经承租人请求，租金可以每日支付。

（4）承租人的义务

承租人必须按时、足额支付租金，这项义务是绝对的，如果承租人对此规定有任何违约，船东有权在合理时间内撤船，从而终止合同。

承运人义务的减缩

承运人义务在近年来有所减弱，原因主要有三条：一是航运市场的不景气，导致出承租人势力减弱；二是造成租金晚付有时并非承租人的过错，而是银行、通信等其他方面造成的；三是在有些情况下租金的晚付并没有给船东造成重大损失。

（5）"宽限期"条款

当承租人没有按时、足额支付租金是由于疏忽或过失时，船东应该书面通知承租人在合理时间内修正过失，如果承租人能够在规定时间内支付租金，则支付仍然有效。

7. 停租

（1）定义

在租期内，由于合同约定的原因，导致承租人不能按合同规定正常使用船舶，在这段暂停使用的期间内，承租人可以中断继续支付租金的行为。

（2）停租事项

停租不以船东或其雇员的疏忽或过失为前提。

NYPE93 规定的停租事项主要包括：①船员不足、缺席或罢工；②船舶供应不足；③火灾；④船体、机器或设备的故障或损坏；⑤搁浅；⑥船舶因船底或油漆检查入船坞；⑦阻止船舶处于充分工作状态的任何其他原因。

（3）重新支付租金

实践中有两种不同的惯例，一是"净时间损失原则"，二是"期间停租原则"，前者对船东有利，后者对承租人有利。

 **案例分析** ▶▶▶

期租船舶入坞修理停租事件

一般期租船舶入坞修理属于停租事件。承租人本来安排船舶自甲港去乙港装货，该轮在去乙港途中航行至丙港时，船舶机器发生故障，船东指令船舶折驶去丁港入坞修理。

按"净时间"计算，停租的起算点为丙港，从丙港至丁港以及船舶入坞修理时间均属停租时间。

如按"期间"计算，虽然停租的起算点仍为丙港，但停租终止时间一直要计算到该轮修毕驶往与丙港相等的距离之处才开始起租。

（4）其他

对于停租时间是否应该从租船合同的租期中扣除的问题目前尚无一致的结论。合同双方可以对这种情况在合同中做出明确规定。

8. 转租

期租合同中一般规定承租人有权转租船舶，但转租合同对原合同的船东不发生任何合同效力。承租人应在转租时及时通知原船东有关转租的事宜，但转租不须得到船东的同意。

9. 还船

期租合同中的还船条款一般对还船的时间、地点和条件加以规定。

（1）由于天气、港口等原因，船舶的航行时间很难严格控制，所以实践中很少出现船舶的最后航次的结束日恰好就是租期期满的时间，常常出现延迟还船或提前还船。

对于延迟还船，有必要区分最后航次的合法性。根据英国法律，如果承租人在指定最后一个航次时，能够合理预计到船舶可在租期届满之前完成的航次，即使事实上构成延迟还船，仍为合法的航次，租船合同将延续至航次终了。对于延迟时间的租金率，承租人应支付合同价与市价两者中较高者。

（2）规定承租人应按交船时相同良好状态还船，正常磨损除外。当船舶遭到严重损害以至于不能达到适航状态时，船东可拒绝收取。

10. 其他条款

（1）船东责任与免责条款

船东义务：一是提供一艘适航的船舶；二是不得进行不合理绕航和尽快速遣；三是提供合同项下应提供的事项。

船东的免责："因天灾、敌对行为、火灾、政府限制或规定、与水域、机器和航行中错误有关的海难产生的灭失或损害，双方相互免责……"

（2）佣金和仲裁条款

佣金条款：规定了经纪人应得的费用。"根据本合同以及本合同的后续或延长时间所获得并支付的租金，船东应向××支付 2.5％作为佣金。"

仲裁条款：①对于船东与承租人之间发生的争议，NYPE46 规定应提交纽约三名仲裁员仲裁，当事双方各指定一人，被指定的两名仲裁员再确定第三名仲裁员，他们所作的裁决具有终局效力。②NYPE93 在此基础上又提出争议可以在伦敦进行仲裁，但两地的仲裁程序与效力几乎相同。

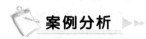 **案例分析** ▶▶▶

期租船纠纷案例

原告：广州海晖运贸公司。被告：香港展宏船务有限公司。

2015 年 12 月 1 日，原被告双方签订《定期租船合同》，约定：被告租用原告所属"东运 705"轮，租期 6 个月，从船舶交付之日起计算；租方负责劳务费、燃油费、船舶港口使用费等；租金每月港币 185000 元，不足一天按比例计算；租方应在船抵起运港时预付 15 天租金港币 92500 元，15 天后付清 1 个月租金；合同签订后 2 天内租方先付港币 20000 元作为定金，在第一期租金中扣回；如租期未满还船，租方须按租金约定的 75％，支付从还船之日起至租约期满之日止实际天数的租金。同日，双方签订补充协议，被告同意原告在办妥"东运 705"轮的有关证书之前，调派同类型的"东运 706"轮替代，租金不变。合同签订后，被告向原告交付了定金港币 20000 元，并于 2015 年 12 月 4 日通知原告指派"东运 706"轮开往香港装货。2015 年 12 月 5 日，"东运 706"轮抵香港待装，但被告无备货。2015 年 12 月 11 日，被告电话通知原告货源落空。"东运 706"轮遂于 12 日返回广州待命。2016 年 1 月 11 日，被告书面通知原告解除租船合同。随后，原告多次去函向被告催付租金及有关费用，但被告没有支付。原告向海事法院提起诉讼，请求法院判令被告赔付租金港币 222000 元、耗油费港币 5000 元、代理费港币 1600 元、劳务费港币 1500 元、违约金港币 138750 元，共港币 368850 元。

被告答辩认为，《定期租船合同》约定原告提供刚出厂的新船"东运 705"轮给被告使用，被告在签订合同后支付了定金港币 20000 元。但随后原告谎称"东运 705"轮的证书未办齐，无法交付使用，并调派了另一条"东运 706"轮顶替。该轮抵香港后，被告发现与原告提供的"东运 705"轮的资料记载相差太远，运输安全没有保障，决定不予使用，并于 2016 年 1 月 11 日传真通知原告中止租船合同。合同未履行是由于原告的违约所造成的，被告不承担责任。应驳回原告的诉讼请求。

分析：《定期租船合同》及《补充协议》是原、被告双方在平等、自愿、公平的原则下签订的，合法有效，对双方具有拘束力，双方均应严格履行。《定期租船合同》虽然约定被告租用原告的"东运 705"轮，但被告在《补充协议》中同意原告用"东运 706"轮顶替，并于 2015 年 12 月 4 日通知"东运 706"轮开往香港装货。因此，原告交付"东运 706"轮给被告并不违约。被告已接受并实际使用了"东运 706"轮，应当支付租金。被告因货源落空造成"东运 706"轮无货装运，与原告无关，不能免除被告支付租金的义务。

"东运 706"轮的实际使用期应自 2015 年 12 月 5 日该轮抵香港待货时起，①至 2016 年 1 月 11 日被告解除合同时止共 37 天，依合同的约定按月租港币 185000 元计算租金为港币 228166.67 元，原告请求港币 222000 元，未超过被告应付租金，予以支持。②租船合同又约定租期为 6 个月，如租期未满还船，租方须按租金约定的 75％，支付从还船之日起至租约期满之日止实际天数的租金。被告租用"东运 706"轮后，因货源落空在租期未满时提前解除合同还船给原告，被告应按合同的约定支付从 1996 年 1 月 12 日还船之日起至 2016 年 6 月 3 日租约期满时止共 143 天的租金。按月租港币 185000 元的 75％ 计算共为港币 661375 元，原告请求港币 138750 元，亦未超过被告应付数额，亦予支持。③被告还应按合同的约定支付租船期间的船舶燃油费，原告请求燃油费港币 5000 元基本合理，予以支持。④原告请求代理费港币 1600 元、劳务费港币 1500 元，因证据不足，不予认定。

据此，海事法院依照《中华人民共和国民法通则》第 112 条的规定，于 2017 年 3 月 10 日判决：被告香港展宏船务有限公司支付原告广州海晖运贸公司船舶租金港币 222000 元、违约金港币 138750 元、耗油费港币 5000 元，共计港币 365750 元。判决后，双方当事人均没有上诉。

关键概念

程租船　租船合同　赔偿

一、判断题

1. 货主与班轮公会签订全部交运合同，享受特别低廉的公会运价或运价不变的待遇，这种班轮公会的措施叫作规定延期回扣制。（　　）

2. 在航次租船合同下，"宣载通知书"中的宣载量小于货实载货量时，应由租船人负责。（　　）

二、单选题

1.《1974 年联合国班轮公会行动守则公约》中规定：班轮公会两次提高费率的时间间隔不得少于（　　）。

A. 10 个月　　　　　B. 11 个月　　　　　C. 12 个月　　　　　D. 13 个月

2. 我国《海商法》承认的租船合同成立的形式是（　　）。

A. 录音　　　　　B. 行为表示　　　　　C. 口头同意　　　　　D. 书面订立

3. 90％定期租船合同的范本是（　　）。

A. NYPE46　　　　　B. BALTIME　　　　　C. SINOTIME1980　　D. GENCON76

4. 租船滞期费产生是由（　　）造成的。

A. 船东　　　　　B. 租船人　　　　　C. 中介人　　　　　D. 突发情况

三、多选题

1. 班轮公会的主要业务包括（　　）。

A. 制定费率　　　　　B. 统一安排营运　　　　　C. 统筹分配收入

D. 规定延期回扣制　　　　E. 安排战斗船

2. 按签发提单时间为标准班轮运输的提单分为（　　）。

A. 交接提单　　　B. 预借提单　　　C. 交换提单　　　D. 倒签提单　　　E. 顺签提单

3. 国际租船合同的基本类型包括（　　　　）。

A. 客船租船合同　　　　B. 货船租船合同　　　　C. 航次租船合同

D. 定期租船合同　　　　E. 光船租船合同

4. 以下费用属于定期租船船东应负担的成本的是（　　　　）。

A. 船价　　B. 船员工资　　C. 船舶管理费　　D. 运河费　　E. 维修及保养费用

四、思考题

1. 简述班轮运输方式运费计算的过程。

2. 简述提单的内涵。

 知识应用

2012 年 7 月，原告秦皇岛金海粮油工业有限公司与被告秦皇岛市裕东行船务有限公司签订运输协议，货物运至上海港后，第一被告安排第二被告临海市涌泉航运公司所属"涌泉 2 号"轮进行转船运输。同年 9 月 6 日，"涌泉 2 号"轮在驶往秦皇岛途中因货舱进水，船体倾斜，被救助于山东石岛港。经青岛双诚船舶技术咨询有限公司对船舶进行检验，"涌泉 2 号"轮船体开裂进水的原因是由于船舶结构缺陷或船舶材质问题所致。"涌泉 2 号"轮虽然于 2011 年 12 月 12 日进行了年检，取得适航证书，但青岛双诚船舶技术咨询有限公司验船师在验船时拍摄的照片中显示，该轮货舱锈蚀特别严重，船底上有一条长度约为 400 毫米纵向裂口，痕迹较旧并用木塞塞住。另外被核定抗风能力 8 级的该轮，在遭遇 6 级风浪时即造成船体损坏、货舱进水，均证明该轮在开航时，实际上已不适航。

通过阅读以上案例，回答下列问题：

（1）通过案例分析，此事故的主要责任人是哪方？应该作出什么样的赔偿？

（2）以上的情况应该属于航次租船合同中船方的什么责任？

（3）试述航次租船合同下双方当事人的义务。

第三章　国际航空货物运输

知识目标

1. 熟悉不同航权的适用情况；
2. 熟悉航空货运进出口业务流程；
3. 熟悉国际航协运价的种类。

技术目标

1. 会区分不同航权的使用情况；
2. 会完成航空货运出口业务流程步骤；
3. 会计算普通货物运价和指定商品运价。

应用能力目标

1. 培养良好的航空货运职业道德，树立服务质量高于效率的理念；
2. 树立航空货运服务理念，提高航空公司和航空货代企业的运营效率。

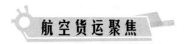

国际航空货运的产生和发展

1783 年 6 月 5 日的一天，巴黎凡尔赛宫前面的大广场上人山人海，法国猛戈尔、费埃兄弟俩（Montgolfier brothers）当众演示用热空气充入球形气囊，当气球缓缓升空的时候，挂在气球下面吊篮中的一头羊、一只鸭子和一只公鸡也腾空而起，这时广场上仰头观望的法国人无不为此奇景发出惊叫声。可是他们当时不一定知道，这是人类历史上有正式记载的世界航空货运的开始。

美国莱特兄弟制造的以内燃机为动力的飞机于 1903 年 12 月 17 日试飞成功，这是人类历史上第一架能够载人和货物的飞机，从此以后，世界航空货运也随之飞速发展。

战争常常会以超常的驱动力促使航空业发展。第一次世界大战在 1914 年爆发后，仅仅在 1918 年，全世界就制造了总共 3500 架飞机和 52000 套飞机发动机，尽管这些飞机的结构简单粗糙，但仅在 4 年之内飞机产量就增加 5000 倍的速度还是令人叹为观止。更重要的是，在这 4 年内，飞机的性能不断改进，航空技术持续快速革新。到 1918 年，单座战斗机的功率已经达到 150～200 马力，飞机上配备两挺机关枪，作战高度可以超过 15000 英尺（1 英尺等于 30.48 厘米）。

第一次世界大战结束后，不再用于战争破坏的飞机很快被用于快速递送邮件，并且迅速发展为经营收入可观的航空货运业。1919—1939 年，世界各地的航空邮件快递公司的收入超过邮电总额的一半。

随着航空邮件的递送，航空供应链亦迅速产生。当时的航空邮电公司老板和飞机制造商不约而同地想到让横空出世的飞机，带着邮件、货物，当然还有乘客来往飞行于波涛汹涌的大西洋上空，在北美和欧洲大陆之间架起空中运输通道。1919 年 6 月 14 日，约翰·阿尔科克和约瑟·布朗随身带着装满邮件的一个小包裹，驾驶飞机从加拿大纽芬兰岛起飞，于第二天在欧洲冰岛落地，据记载这是人类社会第一次国际航空邮件递送。20 世纪 20 年代，欧美等国家悬赏鼓励飞行员驾驶飞机飞越大西洋和太平洋，后来又增加飞越地球北极。1927—1930 年曾经先后有 31 次飞越大西洋的壮举，其中只有 10 次成功，由此可见当时航空飞行的艰难。但是航空货运的发展却一天也没有停止过。第一次世界大战以后，随着航空业的不断发展，美国铁路快件公司干脆成立航空货运公司，把铁路运输和航空货运结合起来。

第二次世界大战中，进一步在提高效率方面重新设计航空邮件和货物的递送，航空运输逐步成为物流，尤其是军事运输的重要手段。

第二次世界大战结束后，在战争中发展起来的航空技术转入民用，定期航线网在全世界逐步展开，航空运输开始作为一种国际贸易的货物运输方式出现。

20世纪60年代，航空运输进入现代化的国际航空运输时代。

目前，国际航空运输已发展成为一个规模庞大的行业。以世界各国主要城市为起讫点的世界航线网已遍及各大洲。

【思考】中国航空货运发展面对的机遇与挑战是什么？

第一节　国际航空货物运输概述

一、国际航空货运的概念与特点

（一）概念

航空运输是指使用航空器运送人员、行李、货物和邮件的一种运输方式。采用商业飞机运输货物的商业活动称为航空货物运输。国际航空货物运输是超越国界的现代化的航空货物运输。它是目前国际上安全迅速地一种运输方式。

（二）特点

1. 较高的运输速度

航空运输在各种运输方式中运输速度最快，常见的喷气式飞机的经济巡航速度大都在每小时850～900千米，比汽车、火车快5～10倍，比轮船快20～30倍，而且运输距离越长，航空运输所能节约的时间越多，快速的特点也越显著。

2. 安全、准确

相对于其他运输方式而言，国际航空运输事故发生率和风险率都很小，加之航空运输制度管理比较完善，货物的破损率相对也较低，若采用空运集装箱的方式运送货物，则更为安全。

根据《2016年航空运输安全报告》统计，2016年全球范围内航空运输业总事故率为1.61（按照每百万架次航班发生事故数量计算），与2015年的1.79相比有所改善。

3. 节省包装、保险、利息等费用

国际航空运输在空运过程中震荡性小，所以包装简单、包装成本较低，而且货物缺损率较低，因而保险费用也相对较低。又由于国际航空运输节约了大量的时间，因此货物占用的资金能较快回收，由此带来的利息费用也会减少。

另外，尽管国际航空运费一般较高，但由于空运比海运计算运费的起点低，因此在运送一些小件急需品和贵重物品上采用航空运输更有利。

4. 不受地面条件限制

航空运输可以深入铁路、公路、海洋、河流所不及的地区，受航线条件限制的程度要比火车、汽车、轮船小得多，对于地面条件恶劣、交通不便的内陆地区非常合适。它可以将地面上任何距离的两个地方连接起来，尤其在国际紧急援助方面发挥着至关重要的作用。

5. 适于鲜活、季节性、贵重物品的运输

鲜活易腐商品对时间要求高，如果运输时间过长，则会使商品丧失原有的使用价值；对于季节性商品，要求在销售季节之前运到市场，否则，过期无法销售，滞存仓库，积压资金；运输速度快，运输时间短，使得货物在途风险降低，因此，许多贵重物品、精密仪器也往往采用航空运输方式。

当然，与其他运输方式相比，国际航空运输也有局限性。受天气变化影响较大；机舱容量相对较小；运输成本高，不适于体积大、价值低的货物的运输，等等。

但总的来讲，随着新兴技术得到更广泛的应用，产品寿命周期日益缩短，产品更趋向薄、轻、短、小、高价值，管理者更重视运输的及时性、可靠性。因此，今后适用于航空运输的商品将会越来越多，航空运输的作用也会日益重要。

二、国际航空货运当事人

国际航空货物运输当事人主要有发货人、收货人、承运人（航空公司）、代理人（航空货运公司）以及地面运输公司。承运人一般指航空公司，代理人一般指航空货运公司，航空货运公司可以是货主代理，也可以是航空公司的代理，也可身兼二职。

（一）航空公司（承运人）

航空公司又称承运人，自身拥有飞机从事航空运输活动，它的主要业务是把货物和旅客从某地机场用飞机运到另一地机场。多数航空公司有定期航班，有些则无定期航班，只供包机运输。

（二）航空货运公司（空运代理）

航空货运公司又称空运代理，它是随着航空运输的发展及航空公司运输业务的集中化而发展起来的服务性行业。

1. 作用

（1）从航空公司的角度来看，空运代理的存在，使航空公司能更好致力于自身主业，无须负责处理航运前和航运后繁杂的服务项目。

（2）从货主的角度来看，可使货主不必花费大量的精力去熟悉繁复的空运操作流程。

（3）空运代理在办理航空托运方面具有无可比拟的优势，如将零散货物集中拼装托运，简便手续，降低成本。

 补充阅读

中国国内最大的航空货运公司

中国货运航空有限公司（China Cargo Airlines LTD.）成立于 1998 年 7 月 30 日，是中国民航总局批准成立的首家专营航空货邮的专业货运航空公司。2010 年 12 月 20 日，东航旗下中国货运航空有限公司、上海国际货运航空有限公司、长城航空有限公司三家货运航空公司的四方股东东航股份、中远集团、长荣航空和新加坡货航正式签署成立新中货航增资协议，这标志着三家货航的重组取得实质性进展。

2. 空运代理的业务范围

空运代理除了提供订舱、租机、制单、代理包装、代刷标记、报关报验、业务咨询等传统代理业务之外，还提供以下服务：

（1）集中托运业务。

（2）地面运输。

（3）多式联运服务。

3. 空运代理的种类

（1）国际航空货运代理

这类代理仅作为进出口发货人、收货人的代理人，严禁从航空公司处收取佣金。

（2）国际航空运输销售代理

这类代理作为航空公司的代理人，代为处理国际航空客货运输销售及其相关业务。

根据我国《民用航空运输销售代理业管理规定》，空运销售代理分为：

（1）一类销售代理：经营国际航线或者中国香港、澳门、台湾地区航线的民用航空销售代理业务。

（2）二类销售代理：经营国内航线的民用航空运输销售代理业务。

注意点：在我国，申请设立国际航空货物销售代理的前提之一是必须首先成为国际航空货运代理。

这表明，这类代理人一方面可以为货主提供代理服务，从中收取代理费；另一方面也可以为承运方（航空公司）服务，收取佣金。

（三）国际航空货运当事人责任划分

责任划分界限如图 3-1 所示。

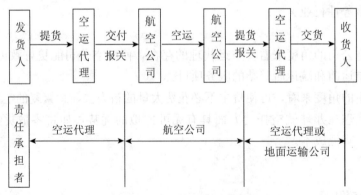

图 3-1　国际航空货运当事人责任划分

第二节　航空货物运输基础知识

一、航空站

航空站，又称航空港或机场，是供飞机起飞、降落和停放，以及组织、保障飞行活动的场所。

一般包括以下设施及建筑：跑滑道、停机坪、指挥塔、助航系统、输油系统、维修和检修基地、消防设施、货站、航站大厦。

二、航空器

航空器主要指飞机。

（一）飞机

1. 飞机的舱位结构

飞机主要分为两种舱位：主舱（Main deck）和下舱（Lower deck），但有些飞机机型，如波音 747 分为三种舱位：上舱（Upper deck）、主舱和下舱。

除全货机外，主舱基本上是客舱，下舱主要用于装载货物，可以散装货物，或装在集装板上，也可装在集装箱或集装棚里。

货舱一般位于飞机的下腹部，分前货舱和后货舱，普通飞机下舱的前后货舱通常又可以进一步被分为若干个分货舱（compartment）。货物是通过前后货舱门被装入货舱的，并且通过一个货舱门可以进入几个分货舱。分货舱一般是用永久性的固体舱壁或可移动的软网隔离而成。如用可移动的软网隔开的货舱可以装载超过分货舱容积的货物，但用固定舱壁的不可以。

2. 飞机的分类

（1）按用途分类

①全货机（Freighter aircraft）

全货机主舱及下舱全部载货。

②全客机（Passenger aircraft）

全客机只在下舱载货。

③客货混用机（Mixed passenger/freighter aircraft）

客货混用机在主舱前部设有旅客座椅，后部可装载货物，下舱内也可装载货物。

（2）按机身宽度分类

①窄体飞机（Narrow‐body aircraft）

窄体飞机的机身宽约 3 米，旅客座位之间有一个走廊，这类飞机往往只在其下货舱装运散货。

②宽体飞机（Wide‐body aircraft）

宽体飞机的机身宽一般在 4.72 米以上，客舱内有两条走廊，三排座椅，这类飞机可以装运集装货物和散货。

（3）**按载货的类型分类**

①散货型飞机（Bulk cargo aircraft）

窄体飞机的下货舱属非集装货舱，因此该类机型绝大部分属散货型飞机。

②集装型飞机（ULD cargo aircraft）

全货机及宽体客机均属集装型飞机，可装载集装设备。

此外，还可按发动机分类：螺旋桨式飞机、喷气式飞机；按最大飞行速度分类：亚音速飞机、高亚音速飞机、超音速飞机。

（二）集装器

1. 定义

在民用航空运输中，将一定数量的单位货物按流向装入集装箱或装在带有网套的板上作为运输单位进行运输即为民航集装运输。

集装器被视为飞机中可以拆卸的一部分。

2. 集装器的种类

（1）集装板（Pallet）和网套

是根据机型要求制造的一块平面台板，但货物放上去后，用网罩或拱形盖板固定，然后锁定入货舱内。

（2）集装箱（Container）

①空陆联运集装箱

空陆联运集装箱分为 20ft（英尺）或 40ft，高和宽为 8ft。这种集装箱只能装于全货机或客机的主货舱。

②主货舱集装箱

主货舱集装箱只能装于全货机或客机的主货舱，这种集装箱的高度约为 5.35ft 以上。

③下货舱集装箱

下货舱集装箱只能装于宽体飞机的下货舱。

三、航线与航班

（一）航线

航线即航空交通线，确定了航行的具体方向、起讫与经停地点，还根据空中交通管理的需要，规定了航路的宽度和飞行的高度，以维护空中交通秩序，保证飞行安全。

航线分为国内航线（起讫点、经停点均在一国国境内的航线）、国际航线（起讫点、经停点跨越一国国境，连接其他国家航线）和地区航线（内地、港澳之间的航线）。

（二）航班

飞机由始发站起飞，按规定的航线经过经停站至终点站做经常性运输生产飞行，称为航班，航班有定期航班、不定期航班之分。

为便于组织运输生产，每个航班都按照一定的规律编有不同的号码以便于区别和管理，这种号码称为航班号，航班号设置一般规律如下。

1. 国内航班号的编排

由各个航空公司的两字代码加 4 位数字组成，航空公司代码由民航局规定公布，如表 3-1 所示。

表 3-1　　　　　　　　　　　　国内航空公司二字代码

航空公司	二字代码	航空公司	二字代码
山东航空	SC	云南祥鹏航空	8L
深圳航空	ZH	奥凯航空	BK
厦门航空	MF	四川航空	3U
上海航空	FM	海南航空	HU
东方航空	MU	东星航空	8C
南方航空	CZ	大新华航空	CN
重庆航空	OQ	昆明航空	KY
联合航空	KN	首都航空	JD
天津航空	GS	河南航空	VD
西部航空	PN	华夏航空	G5
中国国际航空	CA	成都航空	EU
河北航空	NS	西藏航空	TV
吉祥航空	HO	幸福航空	JR

第一位数字代表的是承运人总部所在地区的代码，1 表示华北，2 表示西北，3 表示中南，4 表示西南，5 表示华东，6 表示东北，7 表示海南，8 表示福建，9 表示新疆。

第二位数字代表的是目的地所在地区的代码。

第三位数字代表序号，没有具体含义。

第四位数字单数表示去程航班，双数表示回程航班。

例如：

（1）以 CA1420 为例

这个航班号的承运人二字代码是 CA，代表这个航班是由中国国际航空公司（以下简称国航）承运的，第一位数字是 1，国航的总部位于北京，北京属于华北地区，华北地区的地区代码是 1；第二位数字是 4，代表这趟航班的目的地是西南地区；第三位数字是 2，是一个序列号，没有实际意义；第四位数字是 0，是一个双数，代表这是一个回程航班。

所以，这个航班号可以翻译为：由国航承运的从重庆飞往北京的回程航班。

（2）以 MU5451 为例

这个航班号的承运人二字代码是 MU，代表这个航班是由东方航空公司（以下简称东航）承运的，第一位数字是 5，东航的总部位于上海，上海属于华东地区，华东地区的地区代码是5；第二位数字是4，代表这趟航班的目的地是西南地区；第三位数字是5，是一个序列号，没有实际意义；第四位数字是1，是一个单数，代表这是一个去程航班。

所以，这个航班号可以翻译为：由东航承运的从上海飞往重庆的去程航班。

根据航班号可以很快地了解到航班的执行公司、飞往地点及方向，这对管理货物和乘客都非常方便。

2. 国际航班号的编排

由航空公司代码加3位数字组成，第一位数字表示航空公司，后两位是航班序号，单数为去程，双数为回程。

如：CA982，由纽约飞往北京的航班，是由中国国际航空公司承运的回程航班。

四、航权

航空权是指国际航空运输中的过境权利和运输业务权利，也称国际航空运输业务或空中自由权。它是国家重要的航空权利，必须加以维护，在国际航空运输中交换这些权益时，一般采取对等原则，有时候某一方也会提出较高的交换条件或收取补偿费以适当保护本国航空企业的权益。

（一）第一航权：领空飞越权

飞出国界的第一个问题就是要飞入或飞越其他国家的领空，允许不允许，就形成了第一种权利。在不着陆的情况下，本国航机可以在协议国领空上飞过，前往其他国家目的地。

例如：北京—旧金山，中途飞越日本领空，就要和日本签订领空飞越权，获取第一航权，否则只能绕道飞行。

（二）第二航权：技术经停权

航空公司飞远程航线，由于距离太远无法从始发地直接飞到目的地，需要选择一个地方中途加油或者清洁客舱等技术工作，那么在这个地方的起降就叫作技术经停。技术经停权，仅允许用于做非商业的技术处理，也就是不允许在当地上下客货。比如中国飞美国的航班，曾经在美国安克雷奇作技术经停。本国航机可以因技术需要（如添加燃料、飞机故障或气象原因备降）在协议国降落、经停，但不得作任何业务性工作，如上下客、货、邮。

例如：北京—纽约，如果由于某飞机机型的原因，不能直接飞抵，中间需要在日本降落并加油，但不允许在该机场上下旅客和货物，要和日本签订技术经停权。

（三）第三航权：目的地下客权

A国籍航空公司有权在B国卸载来自A国的乘客。

例如：北京—东京，如获得第三航权，中国民航飞机承运的旅客、货物可在东京进港，但只能空机返回。

（四）第四航权：目的地上客权

国籍航空公司有权在B国装载乘客返回A国。

例如：北京—东京，如获得第四航权，中国民航飞机能载运旅客、邮件或货物搭乘原机返回北京。

第三、第四种航权，这是一对孪生兄弟。航空公司要飞国际航线，就是要进行国际客货运输，将本国的客货运到其他国家，将其他国家的客货运到本国，这种最基本的商业活动权利就是第三、第四航权。

（五）第五航权：中间点权或延远权

A 国籍航空公司有权在 B 国载客飞往 C 国，只要该飞行的起点或终点均为 A 国。

可以先在第三国的地作为中转站上下客货，第五航权要和两个或两个以上的国家进行谈判。

例如：新加坡—厦门—芝加哥，新加坡获得第五航权，可以在新加坡—芝加哥航线上在厦门经停上、下客货。

（1）承运人本国（第一国始发地）——中途经停第三国——目的地国（第二国）

承运人从本国运输客货到另一国家时中途经过第三国（也就是始发地国家和目的地国家以外的其他国家），并被允许将途经第三国拉的客货卸到目的地国。这种权利是第五航权的一种。

（2）承运人本国（第一国始发地）——目的地国（第二国）——以远点第三国

第五航权的第二种是以远点国家的运输，承运人将自己国家始发的客货运到目的地国家，同时又被允许从目的地国家上客货，并被允许运到另一国家。

可以看出只有在同时具有这两种第五航权时，承运人就可以完整的使用这些权利了，否则，即便获得了其中之一，也很难进行操作。

（六）第六航权：桥梁权

A 国籍航空公司有权在他国装载乘客通过 A 国关口，再飞至第三国，A 国在此航程中既非起点亦非终点。

例如：伦敦—北京—汉城，国航将源自英国的旅客运经北京后再运到韩国。

（七）第七航权：完全第三国运输权

A 国籍航空公司有权经营 A 国以外之其他两国间的旅客运送。

例如：伦敦—巴黎，由德国汉莎航空公司承运

（八）第八航权：（连续的）国内运输权

A 国籍或地区的航空公司在 B 国或地区领域内两地间载运客货的权利（境内经营权）。

例如：北京—成都，由日本航空公司承运。

（九）第九航权：（非连续的）国内运输权

A 国籍航机可以到协议国作国内航线运营。

所谓第九航权是指上述第八航权分为连续的和非连续的两种，如果是"非连续的国内载运权"即为第九航权。虽然两者都是关于在另外一个国家内运输客货，但是，第八航权即所谓的"cabotage"，只能是从自己国家的一条航线在别国的延长。但是第九航权，即所谓的"full cabotage"，可以是完全在另外一个国家开设的航线。

五、国际航空运输组织

（一）国际民用航空组织

国际民用航空组织（International Civil Aviation Organization，ICAO），简称国际民航组织，成立于 1947 年 4 月 4 日，是联合国下属的专门机构之一，也是政府间的国际航空机构。其总部设在加拿大的蒙特利尔。现有成员国 150 多个，成员国大会是最高权力机构。

宗旨：

（1）制定国际空中航行原则，发展国际空中航行技术，促进国际航行运输的发展，以保证国际民航的安全和增长。

（2）促进和平用途的航行器的设计和操作艺术。

（3）鼓励用于国际民航的航路、航站和航行设备的发展。

（4）保证缔约各国的权利受到尊重和拥有国际航线的均等机会等。

（二）国际航空运输协会

国际航空运输协会（International Air Transport Association，IATA），简称国际航协，是一个由世界各国航空公司所组成的大型国际组织，总部设在加拿大的蒙特利尔，执行机构设在日内瓦。其最高权力机构是年会。

宗旨：

（1）为了世界人民的利益，促进安全、正常和经济的航空运输，扶植航空交通，并研究与此有关的问题。

（2）对于直接或间接从事国际航空运输工作的各空运企业提供合作的途径。

（3）与国际民航组织及其他组织协力合作。

（三）国际货运代理协会

国际货运代理协会（International Federation of Freight Forwarders Association，FIATA），简称"菲亚塔"，是一个非营利性的国际货运代理行业组织。1926 年 5 月 31 日在奥地利维也纳成立，总部设在瑞士苏黎世，并分别在欧洲、美洲和太平洋、非洲、中东四个区域设立了地区办事处，任命有地区主席。其中亚洲和太平洋地区秘书处设在印度孟买。其会员不仅包括货运代理企业，还包括海关、船务代理和空运代理、仓库、卡车集中托运部门。

第三节　航空货物运输方式

一、班机运输

（一）含义

具有固定开航时间、航线和停靠航站的飞机。通常为客货混合型飞机，货舱容量较小，运价较贵，但由于航期固定，有利于客户安排鲜活商品或急需商品的运送。

（二）特点

（1）由于是固定航线、固定停靠港和定期开飞航，因此，国际间的空运货物多使用班机运输方式，以便安全、迅速地到达世界上各通航地点。

（2）便利收货人、发货人，可确切掌握货物起运和到达的时间，这对市场上急需的商品、鲜活易腐货物以及贵重商品的运送是非常有利的。

（3）班机运输一般是客货混载，因此舱位有限，不能使大批量的货物及时出运，往往需要分期分批运输。这是班机运输的不足之处。

（三）分类

按照业务的对象不同班机运输可分为客运航班和货运航班。顾名思义，后者只承揽货物运输，大多使用全货机。

由于到国际贸易中经由航空运输所承运的货量有限，所以货运航班只是由某些规模较大的专门的航空货运公司或一些业务范围较广的综合性航空公司在货运量较为集中的航线开辟。对于前者，一般航空公司通常采用客货混合型飞机，在搭乘旅客的同时也承揽小批量货物的运输。

 补充阅读

包舱/箱/板运输

包舱/箱/板运输（Cabin/Pallet/Container Chartering）是班机运输下的一种销售方式。它指托运人（代理人）根据所运输的货物在一定时间内需要单独占用飞机部分或全部货舱、集装箱、集装板，而承运人需要采取专门措施予以保证。根据具体的双方协议和业务操作，可分为两种：

（1）固定包舱：托运人在承运人的航线上通过包舱/板/箱的方式运输时，托运人无论向承运人是否交付货物，都必须支付协议上规定的运费。

（2）非固定包舱：托运人在承运人的航线上通过包舱/板/箱的方式运输时，托运人在航班起飞前72小时如果没有确定舱位，承运人则可以自由销售舱位，但承运人对代理人的包板（舱）的总量有一个控制。

【思考】采用包舱包板运输对承托双方而言，各有什么好处？

二、包机运输

当货物批量较大，而班机又不能满足需要时，一般就采取包机运输方式。包机运输可分为整架包机和部分包机两种。

（一）整架包机

1. 概念

整架包机指航空公司或包机代理公司，按照与租机人双方事先约定的条件和运价，将整架飞机租给租机人，从一个或几个航空站装运货物至指定目的地的运输方式。

（1）适合于运输大批量货物。

（2）运费一次一议，随国际航空运输市场的供需情况而定。

（3）大批量货物使用包机来回程都有货载，运费较低，比使用单程载货的运费更低。

（4）这种租机要在货物装运前一个月与航空公司联系，以便航空公司安排飞机运载。

2. 整架包机的优点

（1）解决班机舱位不足的矛盾。

（2）货物全部由包机运出，节省时间和多次发货的手续。

（3）弥补没有直达航班的不足，且不用中转。

（4）减少货损、货差或丢失的现象。

（5）在空运旺季缓解航班紧张状况。

（6）解决海鲜、活动物的运输问题。

（二）部分包机

部分包机指由几家航空货运代理公司（或发货人）联合包租一架飞机，或者由包机公司把一架飞机的舱位分别出租给几家航空货运代理公司。

（1）适合于一吨以上但不足整机的货物。

（2）运费较班机低。

（3）但运送时间比班机要长。

（三）包机运输与班机运输的区别

（1）包机运输可满足大批量货物进出口。

（2）包机运输运费比班机运输低，且随国际市场供需情况的变化而变化。

（3）包机运输可以由承租双方议定航程的起止点和中途停靠点，更具灵活性。

（4）包机运输按往返路程计收运费，存在回程空放风险。

（5）包机时间比班机时间长。

（6）各国政府为保护本国航空公司利益常对从事包机业务的外国航空公司实行各种限制。

三、集中托运

（一）含义

集中托运指航空货运代理公司将若干批单独发运的货物集中成一批，向航空公司办理托运，填写一份航空总运单集中送至同一目的地，然后由其委托当地的代理人收货，并根据集中托运人签发的航空分运单分拨给各实际收货人的运输方式。

（二）集中托运的优点

（1）能够争取到更为低廉的费率。航空公司有按不同重量标准公布的多种运费费率，而且采用递减原则，托运的每批货物越多或越重，单位费率就越低。这使得航空货运代理公司可以把从不同发货人那里收集的小件货物集中起来后，使用较低的运价，从而赚取运价的差额。

（2）集中托运人的专业性服务也会使托运人受益，这包括完善的地面服务网络，拓宽了的服务项目，以及更高的服务质量。

（3）集中托运形式下托运人结汇的时间提前，资金的周转加快。发货人将货物交与航空货运代理后，即可取得集中托运人签发的分运单，并持分运单到银行尽早办理结汇。

（三）集中托运的限制

（1）集中托运只适合办理普通货物，如贵重物品、危险品、活动物、文物以及对时间要求高的货物等，不能办理集中托运。

（2）目的地相同或临近的可以办理，如某一国家或地区，其他则不宜办理。

四、航空快递

（一）含义

航空快递业务又称快件、快运或速递业务，不同于航空邮寄和航空货运。是指由专门从事航空快递业务的公司和航空公司合作，以最快的速度在货主、机场、用户之间运送急件的业务。特别适用于急需的药品、医疗器械、贵重物品、图纸资料、货样及单证等的传送，被称为"桌到桌运输"。收件范围：毛重不超过 32kg（公斤），单边长不超过 102cm，三边相加不超过 175cm。

（二）业务形式

1. 门/桌到门/桌 (Door/Desk to Door/Desk)

门/桌到门/桌的服务形式也是航空快递公司最常用的一种服务形式。

首先由发件人在需要时电话通知快递公司，快递公司接到通知后派人上门取件，然后将所有收到的快件集中到一起，根据其目的地分拣、整理、制单、报关、发往世界各地，到达目的地后，再由当地的分公司办理清关、提货手续，并送至收件人手中。

2. 门/桌到机场 (Door/Desk to Airport)

与前一种服务方式相比，门/桌到机场的服务指快件到达目的地机场后不是由快递公司去办理清关、提货手续并送达收件人的手中，而是由快递公司通知收件人自己去办理相关手续。采用这种方式的多是海关当局有特殊规定的货物或物品。

3. 派专人运送 (Courier on Board)

派专人运送是指由快递公司指派专人携带快件在最短时间内将快件直接送到收件人手中。

这是一种特殊服务，一般很少采用。

以上三种服务形式相比，门/桌到机场形式对客户来讲比较麻烦，专人派送最可靠、最安全，同时费用也最高。而门/桌到门/桌的服务介于上述两者之间，适合绝大多数快件的运送。

（三）航空快递业务与航空货运业务、邮政运送业务的区别

1. 收件的范围不同

航空货运业务以贸易货物为主；邮政业务以私人信函、小包裹为主要业务；航空快件

的收件范围主要有商业文件和包裹两大类。

2. 经营者不同

航空货运主要采用集中托运的形式，直接由发货人委托航空货运代理人进行；国际邮政业务是由两个以上国家（地区）邮政部门之间的连续作业完成的；办理国际航空快运业务是由国际货运或快运公司与航空公司配合完成的。

3. 使用的单据不同

邮政使用的是包裹单；航空货运使用的是航空运单；航空快件使用特殊单据 POD，"交付凭证" POD（Proof of Delivery）由多联组成，一般有发货人联、随货同行联、财务结算联、收货人签收联等，其上印有编号及条码。类似于航空货运中的分运单。

4. 航空快递业务提供的是"桌到桌"的服务，上桌取件，送件到桌，整个过程由计算机控制，可随时查询

邮政业务由邮政部门办理，因此，在运送过程中，受到不同国家邮政业务效率的影响，并且一旦丢失，难以查询。挂号信函是被动查询的，一个部门一个部门地顺序查找，速度慢。

5. 服务质量更高

速度更快；更加安全、可靠；更方便。

五、联合运输方式

（一）定义

联合运输简称联运，是指使用两种或两种以上的运输方式，完成一项进出口货物运输任务的综合运输方式。陆空联运是指以包括空运在内的两种以上的运输方式结合的运输。

（二）分类

1. 陆空联运

陆空联运是火车、飞机和卡车的联合运输方式，分为三种：一是 TAT，即 Train—Air—Truck（火车—飞机—卡车）的联运；二是 TA，即 Truck—Air（卡车—飞机）的联运；三是 TA，即 Train—Air（火车—飞机）的联运。

 补充阅读

中国首条"陆空联运"跨境电商货运直飞航线开通

中国首条陆空联运跨境电商货运航线于 2016 年 3 月 28 日由阿姆斯特丹直飞抵达西安，100 余吨来自欧洲的货物顺利进入西安国际港务区，标志着西安港"海陆空"国际综合联运枢纽基本成型。据计算，此次"海外仓＋陆空联运"的国际货运模式将原来的 96 小时抵达西安的国际物流周期降到 30 小时，物流成本降低了 1/4，进口商品品类增加了 3 倍。通过国际港务区"洋货码头""Ulife"等电商平台及时分送到消费者手中，使西安市民拥有了更方便快捷、物美价廉的购物体验。

2. 海空联运

海空联运又被称为空桥运输（Air—bridge Service）。在运输组织方式上，空桥运输与陆桥运输有所不同，陆桥运输在整个货运过程中使用的是同一个集装箱，不用换装，而空桥运输的货物通常要在航空港换入航空集装箱。

这种联运组织形式是以海运为主，只是最终交货运输区段由空运承担。目前，国际海空联运线主要有：

（1）远东—欧洲：远东与欧洲间的航线有以温哥华、西雅图、洛杉矶为中转地，也有以中国香港、曼谷、海参崴为中转地。还有以旧金山、新加坡为中转地。

（2）远东—中南美：近年来，远东至中南美的海空联运发展较快，因为此处港口和内陆运输不稳定，所以对海空运输的需求很大。该联运线以迈阿密、洛杉矶、温哥华为中转地。

（3）远东—中近东、非洲、澳洲：这是以中国香港、曼谷为中转地至中近东、非洲的运输服务。在特殊情况下，还有经马赛至非洲、经曼谷至印度、经中国香港至澳洲等联运线，但这些线路货运量较小。

第四节　航空货运进出口业务

一、航空货运出口业务流程

航空货运出口业务流程是指空运代理从发货人手中接货到将货物交给航空公司承运这一过程所需通过的环节、所需办理的手续以及必备的单证，如图 3-2 所示。

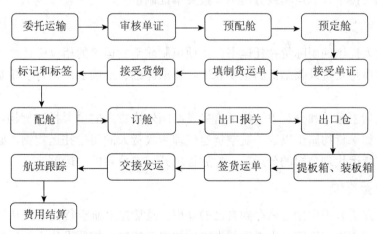

图 3-2　航空货运出口业务流程

（一）委托运输

发货时，首先需填写托运书，并加盖公章，作为货主委托代理人承办航空货运出口货物的依据。空运代理根据委托书要求办理出口手续，并据以结算费用。在接受托运人委托后，单证操作前，空运代理的指定人员重点审核托运书的价格和航班日期。

（二）审核单证

1. 发票、装箱单

发票上要加盖公司公章，标明价格术语和货价。

2. 托运书

注明目的港名称或目的港所在城市名称，明确运费预付或到付、货物毛重、收发货人、电话/电传/传真号码，并有托运人签名。

3. 报关单

注明经营单位注册号、贸易性质、收汇方式并要求申报单位加盖公章。

（三）预配舱

将委托和客户预报的信息输入电脑，计算出各航线的件数、重量、体积，按客户要求和货物情况制订预配舱方案，并对每票货配上运单号。

（四）预定舱

根据预配舱方案，按航班、日期打印出总运单号、件数、重量、体积，向航空公司预定舱，此时货物可能还没有进入仓库。

（五）接受单证

（1）接受托运人或其代理人送交的已经审核确认的托运书及报关单证和收货凭证。将电脑中的收货记录与收货凭证核对。

（2）制作操作交接单，填上所收取的各种报关单证份数，给每份交接单配一份总运单或分运单。

（3）根据交接单、总运单或分运单、报关单证制单。

（六）填制货运单

依据发货人提供的国际货物托运书，逐项填制航空货运单的相应栏目。

航空货运单是发货人收结汇的主要凭证，要求详细、准确、严格符合单货一致、单单一致。

货运单包括主运单和分运单。如果直接发给国外收货人的单票托运货物，填开航空公司运单即可。如果货物属于以国外航空货运代理为收货人的集中托运货物，必须先为每票货物填开航空货运代理公司的分运单，然后再填开航空公司的主运单。

（七）接受货物

将货物从发货人手中接过来存到自己的仓库。通常先由航空货代公司从发货人处接受货物。对于通过空运或铁路从内地运往出境地的出口货物，按照发货人提供的运单号、航班号及接货地点和接货日期，代其提取货物，如货物已经在始发地办理出口海关手续，发货人应同时提供始发地海关的关封。

接货时应对货物进行过磅和丈量，并根据发票、装箱单或送货单清点货物，核对货物的情况是否与货运单上所列一致。同时检查货物的外包装是否符合运输要求。

基本要求：托运人的货物包装要求坚固、完好、轻便；不得用带有碎布、草末等材料做包装；包装上详细写明收货人、通知人和托运人的姓名和地址；包装出现轻微破损的情况下，在货运单的"Handing Information"中应详细标注。

（八）标记和标签

标记是在货物外包装上由托运人书写的有关事项和记号，其主要内容主要是托运人、收货人的姓名、地址、联系电话、传真、合同号。

标签主要有识别标签、特种货物标签、操作标签、航空公司标签、分标签。

（九）配舱

配舱时，需运出的货物都已入库（对应相关人的仓库）。这时需要核对货物的实际件数、重量、体积与托运书上预报数量的差别，按照各航班机型、板箱型号、高度、数量进行合理配载。

对于晚到、未到货物以及未能顺利通关放行的货物做出调整处理，为制作仓单做准备，配舱过程将延续到单、货交接给航空公司后才真正完毕。

（十）订舱

将所接受空运货物向航空公司申请舱位。订舱需根据发货人的要求和货物标识的特点而定。一般大宗货物、紧急物资、鲜货易腐物品、危险品、贵重物品等必须预订舱位，非紧急的零散货物可以不预订。

航空公司根据实际情况安排航班和舱位，一般舱位销售原则是：保证有固定舱位配额的货物；保证邮件、快件舱位；优先预订运价较高的货物舱位；保留一定的零散货物舱位；未订舱的货物按交运时间的先后顺序安排。

（十一）出口报关

发货人或其代理人在货物发运前向出境地海关办理货物出口手续的过程。

报关代理公司的报关程序：首先将发货人提供的出口货物报关单内容录入电脑，并在报关单上加盖报关单位的报关专用章，然后将报关单与有关发票、装箱单、货运单，并根据需要随附有关的证明文件等备齐后，由持有报关证的报关员正式向海关申报。在海关审核无误后海关官员即在用于发运的运单正本上加盖放行章，同时在出口收汇核销单和出口报关单上加盖放行单，在发货人用于产品出口退税的单证上加盖验讫章。

（十二）出仓单

配舱方案制订后就可着手编制出仓单。

出仓单的主要内容有：制单日期、承运航班的日期、装载板箱形式及数量、货物进仓顺序编号、总运单号、件数、重量、体积、目的地三字代码和备注等。

出口仓库将出仓单用于出库计划，出库时点数并向装板箱交接。货物的交接环节将出仓单用于制作收货凭证和《国际货物交接清单》的依据。

（十三）提板箱、装板箱

订妥舱位后，航空公司吨控部门将根据货量出具发放"航空集装箱、板"凭证，用箱板人凭此向航空公司箱板管理部门领取与订舱货量相应的集装板、集装箱并办理相应的手续。

通常航空货运代理公司将体积为 2 立方米以下的货物作为小货交与航空公司拼装，大于 2 立方米的大宗货物或集中托运拼装货由自己装板、装箱。

(十四) 签货运单

货运单在盖好海关放行章后还需要到航空公司签单。航空公司审核运价使用情况以及货物性质，危险品等是否已办理相应证明和手续。航空公司的地面代理人规定，只有签单确认后才能允许将单、货交接航空公司。

(十五) 交接发运

交接是向航空公司交单交货，由航空公司安排航空运输。

交单是将随机单据和由承运人留存的单据交给航空公司。随机单据包括第二联航空运单正本、发票、装箱单、产地证明等。

交货是将与单据相符的货物交给航空公司。交货之前必须粘贴或挂全货物标签，清点和核对货物，填制货物交接清单。大宗货、集中托运货，以整板、整箱称重交接。零散小货按票称重、计件交接。航空公司审核验货后，在交接单上验收，将货物存入出库仓，单据交给吨控部门。

(十六) 航班跟踪

单、货交接给航空公司后，航空公司会因航班取消、延误、溢载、故障、改机型、错运、装板不符等，而使货物不能按预定时间运出。所以货主或航空代理人要跟踪。在整个过程中。航空公司和航空货代应将订舱信息、审单及报关信息、仓库收货信息、交运称重信息、集中托运信息及时传递给货主。

(十七) 费用结算

在出口货运中，发/收货人、承运人和货运代理公司之间要进行费用结算。

货代和发/收货人结算费用主要是预付运费、地面运输费和各种服务费、手续费；与承运人结算主要是航空运费、代理费及代理佣金；与国外代理人结算主要涉及付运费和利润分成。

到付运费是发货方的航空货运代理人为收货人垫付，因此航空货代公司的国外代理人在将货物移交收货人时，应收回到付运费和有关款项。

二、航空货运进口业务流程

航空货物进口业务流程是指航空货物从入境到提取或转运的整个过程中所需通过的环节、所需办理的手续以及必备的单证，如图 3-3 所示。

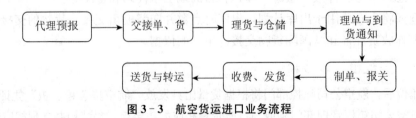

图 3-3　航空货运进口业务流程

（一）代理预报

在出口国发货之前，由始发地代理公司将运单、航班、件数、重量、品名、实际收货人及其地址、联系电话等内容通过传真或电子邮件发给目的地代理公司，这一过程称为预报。

进口国代理人收到预报后应及时做好接货前的准备工作。

中转航班：中转点航班的延误会使实际到达时间和预报时间出现差异。

分批货物：从国外一次性运来的货物在国内中转时，由于国内航班飞机载量的限制，往往采用分批的方式运输。

（二）交接单、货

航空货物入境时，与货物相关的单据（运单、发票、装箱单等）也随机到达，运输工具及货物处于海关监管下。

货物卸下后存入航空公司或机场的监管仓库。进口舱单上总运单号、收货人、始发站、目的站、件数、重量、货物品名、航班号等信息录入电脑后传输给海关留存，供报关用。同时根据运单上的收货人及地址寄发取单、提货通知。若运单上收货人或通知人为某航空公司货代公司，则把运输单据及与之相关的货物交给该航空货代公司。

航空公司的地面代理人向收货人或货代公司交接单证和货物。单证包括国际货物交接清单、总运单、随机文件。要核对交接清单与总运单。

航空货代公司在与航空公司办理交接手续时，应根据运单及交接清单核对实际货物。若存在有单无货或有货无单的情况，均在交接清单上注明。对于分批货物，做好空运进口分批货物登记表。

（三）理货与仓储

逐一核对每票件数并检查货物情况，遇有确属接货时未发现的异常问题应及时向航空公司提出交涉。

区分大货/小货、重货/轻货、单票货/混载货、危险品/贵重品、冷冻、冷藏等不同情况分别进仓、堆存。堆存时候要注意货物标志箭头朝向，总运单、分运单标志朝向。

登记每票货储存区号，并输入计算机系统。

（四）理单与到货通知

理单：集中托运，总运单项下拆单；分类理单、编号；编配各类单证。

到货通知：到货通知的及时性要求；到货通知的内容。

（五）制单、报关

（1）制单、报关运输的形式。

（2）进口制单。

（3）进口报关。

（4）报关期限与滞报金。

（5）航空货代对开验工作的实施。

（六）收费、发货

仓库在发放货物前，一般要确认费用收妥，有关费用有：到付运费及垫衬佣金；单证、报关费、仓储费；装卸费；航空公司到港仓储费；海关预录入、检查检疫等代收代付费用；关税等。

办完报关、报检等进口手续后，货主须凭盖有海关放行章、报检/验章的进口提货单到所属监管仓库付费提货。

（七）送货与转运

（1）送货上门业务。

（2）转运业务。

转运业务指将进口货物清关后转运至内地的货代，可以采用任何运输方式。办理转运业务，需要由内地货代公司协助收回相关费用。

第五节　航空运单

一、航空运单的定义

航空运单（Airway Bill，AWB）是航空运输公司及代理人签发给发货人表示已收妥货物并接受托运的货物收据。

航空运单不是物权凭证，不能通过背书转移货物所有权。航空运单不能转让，持有航空运单也并不能说明可以对货物要求所有权，因而是一种不可议付的单据。

航空运单与海运提单有很大不同，却与国际铁路运单相似。它是由承运人或其代理人签发的重要的货物运输单据，是承托双方的运输合同，其内容对双方均具有约束力。

二、航空运单的作用

（1）航空运单是托运人与航空承运人之间的运输合同。

（2）航空运单是承运人签发的已接收货物的证明。

（3）航空运单是承运人据以核收运费的账单。

（4）航空运单是报关单证之一。

（5）航空运单同时可作为保险证书。

（6）航空运单是承运人内部业务的依据。

航空运单随货通行，证明了货物的身份。运单上载有货物的发运、转运、交付的事项，承运人会据此对货物的运输做出相应安排。

三、航空运单的分类

1. 航空主运单（Master Airway Bill，MAWB）

凡由航空运输公司签发的航空运单就称为主运单，它是航空运输公司据以办理货物运输和交付的依据，是航空公司和托运人订立的运输合同。

2. 航空分运单（House Air Waybill，HAWB）

集中托运人在办理集中托运业务时签发的航空运单被称作航空分运单。

在集中托运的情况下，除了航空运输公司签发主运单外，集中托运人还要签发航空分运单。

在这中间，航空分运单作为集中托运人与托运人之间的货物运输合同，合同双方分别为货 A、B 和集中托运人；而航空主运单作为航空运输公司与集中托运人之间的货物运输合同，当事人则为集中托运人和航空运输公司。货主与航空运输公司没有直接的契约关系。不仅如此，由于在起运地货物由集中托运人将货物交付航空运输公司，在目的地由集中托运人或其代理从航空运输公司处提取货物，再转交给收货人，因而货主与航空运输公司也没有直接的货物交接关系。

四、航空运单的构成及用途

目前，经营国际货物运输的航空公司及其航空货运代理公司使用的都是统一的一式 12 份的空运单。

其中，3 份正本（Original），正本的背面印有运输条款，6 份副本（Copy）和 3 份额外副本（Extra Copy）。

航空运单及用途和流转如表 3 - 2 所示。

表 3 - 2　　　　　　　　　　　航空运单及其用途和流转

顺序	名称	颜色	用途
1	正本 3	蓝	交托运人。作为承运人收到货物的证明，以及作为承托双方运输合同成立的证明
2	正本 1	绿	交承运人财务部门。除了作为承运人财务部门之运费账单和发票外，还作为承托双方运输合同成立的证明
3	副本 9	白	交代理人，供代理人留存
4	正本 2	粉红	随货物交收货人
5	副本 4	黄	交付联。收货人提货后应签字并交承运人留存，证明已交妥货物
6	副本 5	白	交目的港机场
7	副本 6	白	交第三承运人
8	副本 7	白	交第二承运人
9	副本 8	白	交第一承运人
10	额外副本	白	—
11	额外副本	白	—
12	额外副本	白	—

第六节　航空运价

一、基本概念

1. 航空运费

货物的航空运费是指将一票货物自始发地机场运输到目的地机场所应收取的航空运输费用，不包括其他费用。货物的航空运费主要由两个因素组成，即货物适用的运价与货物的计费重量。

2. 运价

运价又称费率，是指承运人对所运输的每一重量单位货物（千克或磅）所收取的自始发地机场至目的地机场的航空费用。货物的航空运价一般以运输始发地的本国货币公布。

3. 计费重量

货物的计费重量或者是货物的实际毛重，或者是货物的体积重量，或者是较高重量分界点的重量。包括：

（1）实际毛重：指包括货物包装在内的货物重量。因为飞机最大起飞重量和可用来装货的舱位的限制，一般情况下，对于高密度货物，应考虑货物的实际毛重可能会成为计费重量。

（2）体积重量：根据国际航协规则，将货物的体积按运单的比例折合成的重量，就是体积重量。鉴于货舱体积的限制，对于低密度的货物，即轻泡货物，其体积重量会成为其计费重量。

不管货物的体积是长方形还是正方形，计算其货物体积时，都是用最长、最宽、最高的厘米长度来计算，其中小数部分按四舍五入取整。体积重量的折算公式是：

$$体积重量（kg）= \frac{货物体积}{6000cm^3/kg}$$

由计算公式可看出，体积重量的换算标准是按每 $6000cm^3$ 折合成 1kg。

（3）计费重量：采用货物的实际毛重与货物的体积重量两者比较取高者；但当货物较高重量分界点的较低运价计算的航空运费较低时，则此较高重量分界点的货物起始重量作为货物的计费重量。

国际航协规定，国际货物的计费重量以 0.5kg 为最小单位，重量尾数不足 0.5kg 的，按 0.5kg 计算；0.5kg 以上不足 1kg 的，按 1kg 计算。

4. 最低运费

货物按其适用的航空运价与其计费重量计算所得的航空运费，应与货物最低运费相比，取高者。

二、国际航空运价的种类

目前国际航空货物运价按制定的途径划分，主要分为协议运价和国际航协运价。

（一）协议运价

协议运价是航空公司鼓励客户使用航空运输的一种运价。航空公司与客户签订协议，客户保证在协议期内向航空公司交运一定数量的货物，航空公司依照协议向客户提供一定数量的运价折扣。这种运价使得双方都有收益，对在一定时期内有相对稳定货源的客户比较有利。

航空公司使用的运价大多是协议运价，但在协议运价中又根据不同的协议方式进行细分，如图 3-4 所示。

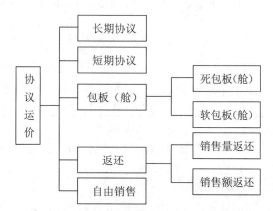

图 3-4 协议运价按不同的协议方式分类

（1）长期协议是指航空公司与托运人或代理人签订的一年期限的协议。

（2）短期协议是指航空公司与托运人或代理人签订的半年或半年以下期限的协议。

（3）包板（舱）是指托运人在一定航线上包用承运人的全部或部分的舱位或集装器来运送货物。

包板（舱）又分为死包板（舱）和软包板（舱）。死包板（舱）是指托运人在承运人的航线上通过包板（舱）的方式运输时，托运人无论向承运人是否交付货物，都必须付协议规定的运费。

软包板（舱）是指托运人在承运人的航线上通过包板（舱）的方式运输时，托运人在航班起飞前 72 小时内如果没有确定舱位，承运人则可以自由销售舱位，但承运人对代理人的包板（舱）的总量有一个控制。

（4）销售量返还是指如果代理人在规定期限内完成了一定的货量，航空公司则可以按一定的比例返还运费。

销售额返还是指如果代理人在规定期限内完成了一定的销售额，航空公司则可以按一定的比例返还运费。

（5）自由销售也称议价货物或一票一价，是指除订过协议的货物外，都是一票货物一个价。

（二）国际航协运价

国际航空运输协（以下简称 IATA）运价是指 IATA 在 TACT（空运货物运价表）运

价资料上公布的运价。国际货物运价使用 IATA 的运价手册（TACT RATES BOOK），结合并遵守国际货物运输规则共同使用。按照 IATA 货物运价公布的形式划分，国际货物运价可分为公布直达运价和非公布直达运价。如表 3-3 所示。

表 3-3　　　　　　　　　　　　　　　IATA 货物运价的形式

		普通货物运价（General Cargo Rate）
国际航协 (International Air Transport Association, IATA) 运价	公布直达运价 （Published through rates）	指定商品运价（Specific Commodity Rate）
		等级货物运价（Commodity Classification Rate）
		集装箱货物运价（Unit Load Device Rate）
	非公布直达运价 （UN-Published through rates）	比例运价（Construction Rate）
		分段相加运价（Combination of Rates and Charges）

运价使用顺序为：协议运价→公布直达运价→非公布直达运价。

三、国内航空货物运价的种类

1. 普通货物运价

（1）基础运价（代号 N）

民航总局统一规定各航段货物基础运价为 45kg 以下普通货物运价。

（2）重量分界点运价（代号 Q）

国内航空货物运输建立 45kg 以上、100kg 以上、300kg 以上 3 级重量分界点及运价。

2. 等级货物运价（代号 S）

急件、生物制品、珍贵植物和植物制品、活体动物、骨灰、灵柩、鲜活易腐物品、贵重物品、枪械、弹药、押运货物等特种货物实行等级货物运价，按照基础运价的 150% 计收。

3. 指定商品运价（代号 C）

对于一些批量大、季节性强、单位价值低的货物，航空公司可申请建立指定商品运价。

4. 最低运费（代号 M）

每票国内航空货物最低运费为人民币 30 元。

5. 集装货物运价

以集装箱、集装板作为一个运输单元运输货物可申请建立集装货物运价。

四、国内航空货物运价计算

（一）普通货物运价计算步骤

第一步：计算出航空货物的体积（Volume）及体积重量（Volume Weight）。

体积重量的折算，换算标准为每 6000cm³ 折合 1kg。即：

$$体积重量（kg）= \frac{货物体积}{6000cm³/kg}$$

第二步：计算货物的总重量（Gross Weight）。

$$总重量＝单个商品重量×商品总数$$

第三步：比较体积重量与总重量，取大者为计费重量（Chargeable Weight）。根据国际航协规定，国际货物的计费重量以 0.5kg 为最小单位，重量尾数不足 0.5kg 的，按 0.5kg 计算；0.5kg 以上不足 1kg 的，按 1kg 计算。

第四步：根据公布运价，找出适合计费重量的适用运价（Applicable Rate）。

（1）计费重量小于 45kg 时，适用运价为 GCR N 的运价（GCR 为普通货物运价，N 运价表示重量在 45kg 以下的运价）。

（2）计费重量大于 45kg 时，适用运价为 GCR Q45、GCR Ql00、GCR Q300 等与不同重量等级分界点相对应的运价（航空货运对于 45kg 以上的不同重量分界点的普通货物运价均用"Q"表示）。

第五步：计算航空运费（Weight Charge）。

$$航空运费＝计费重量×适用运价$$

第六步：若采用较高重量分界点的较低运价计算出的运费比第五步计算出的航空运费较低时，取低者。

第七步：比较第六步计算出的航空运费与最低运费 M，取高者。

第八步：航空货运单运费计算栏的填制。

（1）No. of Pieces RCP：填写货物的数量。

（2）Gross Weight：货物的总重量。

（3）kg lb：以千克为单位用代号"k"，以磅为单位用代号"l"。

（4）Rate Class：若计费重量小于 45kg，填写 N；若计费重量大于 45kg，填写 Q；若航空运费为最低运费，则填写 M。

（5）Commodity Item No.：普通货物此栏不填。

（6）Chargeable Weight：填写计费重量。

（7）Rate/Charge：填写适用运价。

（8）Total：填写航空运费。

（9）Nature and Quantity of Goods（Incl dimensions or Volume）：填写商品品名及商品的尺寸。

（二）指定商品运价计算步骤

1. 使用指定商品运价的条件

①运输始发地至目的地之间有公布的指定商品运价；②托运人所交运的货物，其品名与有关指定商品运价的货物品名相吻合；③货物的计费重量满足指定商品运价使用时的最低重量要求。

2. 计算步骤

第一步：先查询运价表，如运输始发地至目的地之间有公布的指定商品运价，则考虑使用指定商品运价。

第二步：查找 TACT RATES BOOK 的品名表，找出与运输货物品名相对应的指定商品代号。

第三步：计算计费重量。此步骤与普通货物的计算步骤相同。

第四步：找出适用运价，然后计算出航空运价。此时需要比较计费重量与指定商品运价的最低重量：

（1）如果货物的计费重量超过指定商品运价的最低重量，则优先使用指定商品运价作为商品的适用运价，此时航空运价=计费重量×适用运价。

（2）如果货物的计费重量没有达到指定商品运价的最低重量，则需要比较计算：

①按普通货物计算，适用运价为 GCR N 或 GCR Q 的运价，航空运价=计费重量×适用运价；

②按指定商品运价计算，适用运价为 SCR 的运价，航空运价=计费重量×适用运价；

③比较①和②计算出的航空运价，取低者。

第五步：比较第四步计算出的航空运费与最低运费 M，取高者。

3. 航空货运单运费计算栏的填制

Commodity Item No.：填写指定商品代号。

其余与普通货物的航空货运单运费计算栏的填制相同。

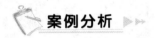 **案例分析** ▶▶

京东与东航达成战略合作：搭建国际国内航空货运网络

2017 年 6 月 26 日，京东集团宣布与中国东方航空集团公司（以下简称"东航"）签署战略合作协议。双方将充分发挥各自的核心优势，以客户服务为中心，在航空物流、航空客运业务、品牌宣传、企业采购、会员体系、信息化建设等领域展开创新性合作，打造竞争优势，在产业链、价值链、服务链上谋求更高水平的共赢发展。

1. 共建跨境物流网络

根据协议，东航将为京东提供货物的提货、运输、派送及相关增值服务，双方将通过共享场站资源，实现流程和系统对接，开通安检和交货的绿色通道，搭建国际和国内航空货运运输网络，提升航空物流的履约时效。此前，双方已在国内航线展开合作，京东物流在北京、上海的 10 余条航线交由东航承运，2017 年"6·18 购物节"，这些航线为京东保持高效稳定的履约服务发挥了重要作用。预计 2017 年下半年，京东与东航的国内合作航线将增加至 20 余条，货站速提等业务合作也将逐步实施完成。根据京东和东航的业务布局，未来，东航将协助京东建设航空转运中心、临空仓储业务，共建跨境物流网络，打造国际国内仓运一体化服务。

2. 联合优化电商系统

目前，东航已在京东商城开设了官方旗舰店，并将京东机票业务部纳入核心合作伙伴，为京东提供国际机票、国内机票以及相关产品的优质资源，双方将共同开拓细分用户市场，针对不同用户群体推出定制化的产品和服务，以确保用户享受到极致购票服务体验。此外，京东还将与东航打通会员体系，优化东航的电子商城系统，实现与京东会员积分互通。

3. 共建智慧供应链价值网络

2017 年 4 月，京东物流独立运营，目的就是与众多合作伙伴携手共同建设一个涵盖物流、电商、金融、保险、数据、技术在内的智慧供应链价值网络，帮助产业链上下游的合作伙伴降低供应链成本、提升流通效率。而东航作为全球十大航空公司之一，拥有完整的航空物流产业链条以及强大的运输保障能力。目前东航正在全力打造快速供应链平台，以更好地整合社会资源，为客户提供从空中到地面的一体化物流航空运输服务。京东和东航在战略定位、互联互促等方面存在诸多优势互补性，此次双方的合作必将实现共利、共赢、共享的发展新格局，推动整个物流行业的发展。

4. 大数据管理互联网化与云应用合作

京东与东航就物资采购和管理互联网化方面也达成了合作，京东将满足东航包括办公类、信息类、劳保类商品以及航空专用生鲜、服饰等多个品类商品的集中采购需求。京东将与东航内部 ERP 采购系统进行对接，东航采购人员登录公司内部系统即可访问京东专区进行采购。未来，京东还将为东航定制一系列包括商品、管理流程、账号体系、对账过程、供应链的专属化平台，并且将为东航提供基于商品采购方面的精准大数据分析，实现物资大数据管理，满足东航基于航空交通运输场景下的采购需求，让采购更加高效、便捷。

此次合作中，京东还将作为东航的技术合作伙伴，全面提升东航的信息化建设，积极参与东航各种云化应用的实践，持续推进东航公有云应用部署在京东提供的基础架构云上，协助东航建设运营积分商城、搭建内部采购体系、升级职能研发 OA 系统，东航将与京东在大数据分析领域进行合作，同时京东万象大数据平台作为京东授权的数据交易平台，将经过东航脱敏后的航班数据信息、机票数据信息及航空物流信息等航空数据开放给更多领域应用。

（资料来源：http://www.sohu.com/a/152157267_539411）

请结合本章知识，针对京东与东航的战略合作理念，总结其国际国内航空货运网络搭建的方式、手段及作用。

关键概念

战略合作　航空货运网络　智慧供应链　互联网化

 基础练习

一、单选题

1. 根据航空公司的规定，下列哪种物品不得采用集中托运形式？（   ）

A. 生鲜食品　　　　B. 活动物　　　　C. 电子产品　　　　D. 通信产品

2. 以下哪种物品可以采用集中托运形式？（   ）

A. 生鲜食品　　　　B. 贵重物品　　　　C. 危险品　　　　D. 外交信袋

3. 中国第一家专业航空货运公司是（   ）。

A. 南方航空货运有限公司　　　　　　B. 中国货运航空有限公司

C. 东方航空货运有限公司　　　　　　D. 广州航空货运有限公司

4. 国际民用航空组织的缩写是（   ）。

A. IATA　　　　B. ICAO　　　　C. FIATA　　　　D. SITA

5. 航空运价代号 M 表示（   ）。

A. 最低运费　　　B. 普通货物运价　　　C. 等级货物运价　　　D. 指定商品运价

6. 航空货运中"N"表示标准普通货物运价，是指（   ）千克以下的普通货物运价。

A. 45　　　　B. 50　　　　C. 55　　　　D. 60

二、多选题

1. 国际民用航空组织由哪些机构组成？（   ）

A. 大会　　　B. 理事会　　　C. 秘书处　　　D. 执行委员会　　　E. 专门委员会

2. 航空货物的计费重量可以是（   ）。

A. 货物的实际净重　　　　B. 货物的实际毛重　　　　C. 货物的体积重量

D. 较高重量分界点的重量　　　E. 较低重量分界点的重量

3. 相对班机运输而言，包机运输（   ）。

A. 运费比较高　　　　　　B. 运送时间比较短　　　　C. 灵活性更大

D. 存在回程放空的风险　　　E. 审批手续复杂繁琐

4. 货物的航空运费主要由两个因素组成，即（   ）。

A. 货物适用的运价　　　　B. 货物的实际重量　　　　C. 货物的计费重量

D. 货物的等级运价　　　　E. 货物的体积重量

5. 国际铁路货物联运运单包括（   ）。

A. 运单正本　　　　　　B. 运行报单　　　　　　C. 运单副本

D. 货物交付单　　　　　　E. 货物到达通知单

三、思考题

1. 在航空运输的开展过程中，为什么会出现"空代"？它的出现对各方都会带来什么好处？

2. 简述包机运输与班机运输的区别。

3. 简述集中托运的优点。

知识应用

Routing： Beijing，CHINA (BJS) to NAGOVA，JAPAN（NGO）

Commodity： FRESH ORAGNE

Gross weight： EACH 47.8kgs，TOTAL 6 PIECES

Dimensions： 128cm×42cm×36cm×6

公布运价如下：

BEIJING Y. RENMINBI	CN CNY	BJS kgs		
NAGOYA	JP		M	230.00
			N	37.51
			45	28.13
	0008		300	18.80
	0300		500	20.61
	1093		100	18.43
	2195		500	18.80

计算该票货物的航空运费，并完成运单的填制。

No. of Pieces RCP	Gross Weight	kg lb	Rate Class		Chargeable Weight	Rate/ Charge	Total	Nature and Quantity of Goods (Incl Dimensions or Volume)
				Commodity Item NO.				

第四章 国际陆路货物运输

知识目标

1. 熟悉国际铁路货物联运的特点；
2. 熟悉国际铁路货物联运的运输限制；
3. 熟悉对中国香港地区铁路运输的特点。

技术目标

1. 会区分国际铁路货物联运办理种别情况；
2. 会识别国际铁路货物联运的运输限制；
3. 会办理对中国香港地区铁路运输的一般程序。

应用能力目标

1. 培养良好的陆路货运职业道德，树立服务质量高于效率的理念；
2. 树立陆路货运服务理念，提高国际铁路联运的运营效率。

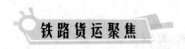

铁路货运聚焦

一带一路·合作共赢——渝新欧国际铁路联运大通道

渝新欧铁路是一条不得不提的国际铁路大通道，它始于我国重庆，经西安、兰州、乌鲁木齐，向西过北疆铁路，到达边境口岸阿拉山口，然后进入哈萨克斯坦，再经俄罗斯、白俄罗斯、波兰，最后到达德国杜伊斯堡，全长1.1万多千米。渝新欧铁路不仅让中国制造走出国门，也把国外优质产品带进来，为"一带一路"建设提供了有力的运力保障。

比空运便宜比海运快，成本优势凸显

2016年，通过"渝新欧"进口的整车超过2000台次，整车成为了渝新欧回程班列中最重要的货源之一。此外，还有各种日用品、食品和医疗器械等通过渝新欧运进来。近两年来，去往欧洲的班列除了电子产品、机电产品、茶叶外，还增加了机械设备、服装等。值得一提的是，渝新欧已经成为咖啡产品进出中国的一条重要通道。2015年7月16日，首趟满载着我国云南咖啡豆的"渝新欧"咖啡专列从重庆出发，14天后，就到达了德国杜伊斯堡。这标志着云南咖啡首次通过铁路运输到欧洲。过去，用海运将云南咖啡豆运到德国要接近1个半月，用空运时间虽短，但一标箱的费用在12000~15000美元，用"渝新欧"运输，企业可以节省4/5的运费。

"一卡通"简化过关手续，缩短时间

咖啡豆通过渝新欧找到了广阔的市场，然而这条贸易通道在运行之初却并不那么顺利。开行初期，渝新欧途经的六个国家需要逐一报关，延长了通过的时间。为此，我国海关、铁路等相关部门挨个协商，最终推出了"一卡通"制度。解决了通关问题，渝新欧常态化运行进入了正轨，可没多久又遇到了新麻烦。2014年，一列满载笔记本电脑的列车车厢在哈萨克斯坦境内被盗。为了解决安全问题，经过与沿线国家的多次沟通协调，渝新欧引入了国际刑警武装押运，还为集装箱安装电子锁和安全锁，同时对集装箱进行卫星定位。

实施全面提升，构建多方联运

截至2017年2月，"渝新欧"开行的中欧班列已达1000列。2016年，"渝新欧"就开行了420列，货值达168.8亿元，预计2017年开行班次将突破500列。同时，相关部门也正在对渝新欧实施全面的提升，包括对铁空联运，铁海联运，铁公联运，实施多式联运的布局，进一步把它融入到"一带一路"的建设当中。

（资料来源：http://news.cctv.com/2017/04/19/ARTIPXb9GEqyoY6s9C2F JJGA170419.shtml）

【思考】国际铁路联运所具备的优势、劣势及其发展前景是什么？

第一节　国际铁路货物运输概述

一、国际铁路发展

(一) 世界铁路发展

铁路运输是国际贸易运输中的主要运输方式之一。1825 年，英国出现了世界上第一条铁路，其后铁路建设迅速发展，到 21 世纪初，世界铁路总里程达 110 万千米，目前已有 140 多万千米。世界铁路分布很不平衡，其中欧洲、美洲各占世界铁路总长度的 1/3，而亚洲、非洲和大洋洲加在一起仅占 1/3 左右。

美国是铁路最多的国家，美国铁路营业里程居世界第一位。1830 年 5 月 24 日，美国第一条铁路建成通车，全长 21 千米，从巴尔的摩至埃利州科特。19 世纪 50 年代，筑路规模扩大，20 世纪 80 年代形成高潮。1850—1910 年的 60 年间，共修筑铁路 37 万余千米，平均年筑路 6000 余千米。1887 年筑路达 20619 千米，创铁路建设史上的最高纪录。但到了 20 世纪中期，铁路客运的重要性不断下降，随着高速公路、航空线路的四通八达，人们外出更多地选择自己开车或搭乘飞机：短途开车，长途坐飞机。20 世纪 60 年代，美国邮政总局取消了利用客运铁路运送邮件的合同，对铁路客运的发展是一个沉重的打击，导致铁路客运的一蹶不振。与其他国家相比，目前美国铁路客运的流量远远不及汽车与飞机。因此，给人们的印象是铁路交通在美国已经衰落。其实，这个看法是片面的，铁路客运的作用虽然有限，但铁路货运的作用却依然很重要。美国的铁路货运已有超过 180 年的历史，目前铁路货运总里程数高达 22 万千米，在世界各国中排名第一，铁路货运也被广泛认为是世界上最有活力的货运系统之一，包括 7 个一级货运系统、21 个区域货运系统以及 510 个本地货运系统。

截至 2013 年，世界上铁路总长度在 5 万千米以上的国家是：美国、中国、俄罗斯、印度。西欧、北美各国和地区间铁路相互衔接沟通。世界铁路发展的主要趋势是运输设备的现代化和运输管理自动化。从 20 世纪 40 年代中期起，世界各国尤其是美国和西欧极力发展内燃机车和电气机车，如瑞士铁路已全部实现电气化。德国、法国等电气化比重高达 80 ％以上。近 20 多年来，发达国家发展高速列车，其中客车最高速度可达 300 千米/小时左右，货车一般在 100 千米/小时左右。目前，西欧各国通力合作，兴建高速铁路系统。以北欧和苏格兰为两端起点，贯穿欧洲大陆，并与西班牙、意大利、希腊的铁路相衔接，全长 3 万千米。世界各国采用的铁路轨距不尽相同，其中以 1435 毫米的最多，称标准轨距，大于标准轨的为宽轨，其轨距多为 1520 毫米，小于标准轨的为窄轨，其轨距有 1067 毫米和 1000 毫米两种，如我国的台湾和海南岛铁路轨距为 1067 毫米。

(二) 中国铁路发展

在中国，铁路是国家的重要基础设施、大众化的交通工具，在中国综合交通运输体系中处于骨干地位。中国地域辽阔、人口众多、资源分布不均，所以经济、快捷的铁路普遍占有更大的优势，成为一种受广泛使用的运输方式。由于国民经济的发展不断推动着铁路运输量的增长，铁路运输在国民经济的发展中处于相当重要的地位，也是能源、矿物等重要物资的重要运输方式。目前中国的铁路就承担了 85％的木材、85％的原油、60％的煤炭、80％的钢铁及冶炼物资的运输任务。截至 2015 年年底，我国铁路营业里程达到 12.1 万千米，居世界第二位，仅次于美国。其中，高速铁路 1.9 万千米，居世界第一位。

2015 年年末，全国铁路营业里程达到 12.1 万千米，比上年年末增长 8.2％。其中，高铁营业里程超过 1.9 万千米，西部地区营业里程 4.8 万千米、增长 10.1％。路网密度 126 千米/万平方千米，比 2014 年增加 9.5 千米/万平方千米。其中，复线里程 6.4 万千米、增长 12.5％，复线率 52.9％、比 2014 年提高 2.1 个百分点；电气化里程 7.4 万千米、增长 12.9％，电化率 60.8％、比 2014 年提高 2.5 个百分点。

中国首条国产中低速磁悬浮铁路开通

中国首条具有完全自主知识产权的中低速磁悬浮商业运营示范线——长沙磁浮快线开通试运营。该线路也是世界上最长的中低速磁浮运营线。长沙磁浮快线全长 18.55 千米，于 2014 年 5 月开工建设。它一端连着位于京广、沪昆高铁交汇"金十字"的长沙火车南站，一端是客流量排名中部前列的长沙黄花机场，使往来这两大交通枢纽由过去的驱车约半个小时缩短为 10 余分钟。

线路采用具有完全自主知识产权的中低速磁浮交通系统，磁浮列车由中国中车株洲电力机车公司与国防科技大学等高校研发制造，设计最高时速 100 千米，每列车最大载客量 363 人。相较从德国引进、飞驰在世界首条商营磁浮专线的上海高速磁浮列车，长沙中低速磁浮列车具有安全、噪声小、转弯半径小、爬坡能力强等特点，多项成果达到国际领先水平。中国也由此成为世界少数几个掌握中低速磁悬浮列车技术的国家之一。

【思考】比较高速磁浮列车与中低速磁浮列车的区别。

二、铁路运输的特点及其作用

（一）铁路运输的特点

1. 优点

①运输能力大，这使它适合于大批量低值产品的长距离运输；

②单车装载量大，加上有多种类型的车辆，使它几乎能承运任何商品，几乎可以不受重量和容积的限制；

③车速较高，平均车速在五种基本运输方式中排在第二位，仅次于航空运输；

④铁路运输受气候和自然条件影响较小，在运输的经常性方面占优势；

⑤可以方便地实现驮背运输、集装箱运输及多式联运。

2. 缺点

①铁路线路是专用的，固定成本很高，原始投资较大，建设周期较长；

②铁路按列车组织运行，在运输过程中需要有列车的编组、解体和中转改编等作业环节，占用时间较长，因而增加了货物在途中的时间；

③铁路运输中的货损率较高，而且由于装卸次数多，货物损毁或丢失事故通常比其他运输方式多；

④不能实现"门对门"的运输，通常要依靠其他运输方式配合，才能完成运输任务，除非托运人和收货人均有铁路支线。

(二) 国际铁路货物运输的作用

(1) 通过铁路把欧、亚大陆连成一片。我国与朝鲜、蒙古、俄罗斯、越南等国的进出口货物，绝大部分是通过铁路来运输的。

(2) 对港澳地区的铁路运输，是我国出口创汇、繁荣稳定港澳市场以及开展香港转口贸易、发展我国陆海、陆空联运的重要保证。

(3) 我国出口货物由内地向港口集中、进口货物从港口向内地疏运以及省与省间、省内各地区间的外贸物资的调拨，主要是靠铁路运输来完成的。

总之，在我国对外贸易中，无论是出口货物或是进口货物，一般都要通过铁路运输这一重要环节，仅以进出口货物量计算，铁路运输也仅次于海上运输而居第二位。

三、铁路货物运输基础知识

(一) 铁路线路

火车行驶的线路称为铁路线路。铁路线路是由路基、轨道和桥隧建筑物组成的整体工程结构，是机车车辆和列车运行的基础。

1. 钢轨

(1) 作用：直接承受车轮的巨大压力并引导车轮运行方向。

(2) 类型：以每米长度的重量表示。31～40 千克/米；45～57.5 千克/米；50～69 千克/米。

(3) 长度：钢轨的标准长度为 25 米、12.5 米两种。

目前，世界各国都在广泛采用无缝线路，即把若干根标准长度的钢轨，焊接成每段800～1000 米或更长的钢轨。无缝线路接头少，行车平稳，轨道现代化。

2. 铁路轨距

铁路轨距指线路上两股钢轨头部的内侧距离。按其大小不同，可分为宽轨 (1524 毫米、1520 毫米)、标准规 (1435 毫米) 和窄轨 (1067 毫米，1000 毫米)。

我国铁路基本采用标准规矩 (台湾省、海南岛铁路轨距为 1067 毫米)。

我国通往邻国的铁路干线、国境站站名、轨距、货物和车辆的交接及换装地点如表4-1 所示。

表 4-1　　　　　　　我国与邻国铁路车辆交接及换装地点

我国与邻国	我国铁路干线	我国国境站站名	邻国国境站站名	我国规矩（毫米）	邻国轨距（毫米）	交接、换装地点 出口	交接、换装地点 进口	备注
中俄间	滨州线	满洲里	后贝加尔斯克	1435	1520	后贝加尔斯克	满洲里	中俄、中蒙铁路轨距不同，货物需换装。油罐车在蒙铁扎门乌德站换装。中朝铁路轨距相同，货车可直接过轨
中俄间	滨绥线	绥芬河	格罗迭科沃	1435	1520	格罗迭科沃	绥芬河	
中俄间	珲马线	珲春	卡梅绍娃亚	1435	1520	卡梅绍娃亚	珲春	
中哈间	北疆铁路	阿拉山口	德鲁日巴	1435	1520	德鲁日巴	阿拉山口	
中蒙间	集二线	二连	扎门乌德	1435	1524	扎门乌德	二连	
中朝间	沈丹线	丹东	新义州	1435	1435	新义州	丹东	
中朝间	长图线	图们	南阳	1435	1435	南阳	图们	
中朝间	梅集线	集安	满浦	1435	1435	满浦	集安	
中越间	湘桂线	凭祥	同登	1435	1435	凭祥	凭祥	
中越间	昆河线	山腰	老街	1000	1000	老街	山腰	

3. 铁路限界

为了确保机车车辆在铁路线路上运行安全，防止车辆撞击邻近线路的建筑和设备，而对机车车辆和邻近线路的建筑物、设备所规定的不允许超越的轮廓尺寸线，称为限界。

4. 轨枕

(1) 作用：支撑钢轨，将钢轨传来的压力传递给道床，并保持钢轨位置和轨距。

(2) 类型：木枕、钢筋混凝土枕。木枕：弹性好、重量轻、铺设更换方便；但使用寿命短，消耗木材。钢筋混凝土枕：使用寿命长，稳定性高，养护工作量小。

(3) 长度：一般为 2.5 米。

5. 道床

(1) 作用：①支撑轨枕，把从轨枕传来的压力均匀地传给路基；②固定轨枕的位置，阻止轨枕纵向和横向移动；③缓和机车车轮对钢轨的冲击。

(2) 使用材料：碎石、卵石、粗砂等，其中以碎石最优。我国铁路一般都采用碎石道床。

6. 路基的基本形式

主要有路堤和路堑。路堤：铺设轨道的路基面高于天然地面时，路基以填筑的方式构成，这种路基称为路堤。路堑：铺设轨道的路基面低于天然地面时，路基以开挖方式构成，这种路基称为路堑。

（二）铁路机车和车辆

1. 机车

机车就是人们常说的火车头，它是铁路运输的基本动力。目前，我国铁路使用的机车种类很多，按照机车原动力分，可分为：蒸汽机车、内燃机车、电力机车。

（1）蒸汽机车

以蒸汽为原动力的机车。

特点：结构简单、制造成本低、使用年限长、驾驶和维修技术较易掌握。但热效率太低、总效率一般只有 5％～9％，使机车功率和速度受到限制；煤水消耗量大，污染环境。

我国于 1989 年停止生产蒸汽机车，并逐步对蒸汽机车予以淘汰。

（2）内燃机车

以内燃机为原动力的机车。与蒸汽机相比，它的热效率一般可达 20％～30％。一次加足燃料后，持续工作时间较长，机车利用效率高，特别适用于缺水或水质不良地区运行。缺点是机车构造复杂，制造、维修和运营费用较高。

（3）电力机车

电力机车是从铁路沿线的接触网获取电能产生牵引动力的机车。是非自带能源的机车。热效率高，启动快、速度高、善于爬坡；运输能力大、运营费用低；不污染环境、劳动条件好。但电气化铁路需要建立一套完整的供电系统，在基建投资上要大。绝大部分的高速铁路都是以电力推动，因为它们所需要的大动量能很难完全由放在车上的发动机直接产生。

知识链接

高速铁路是新建铁路使运营速率达到每小时 250 千米以上，或者专门修建新的"高速客运新线"，使运营速率达到每小时 350 千米以上的铁路系统。高速铁路除了在列车在营运达到速度一定标准外，车辆、路轨、路基、操作都需要配合提升。中国第一条高铁是2008 年 8 月 1 日开通的津京高铁。

2. 车辆

铁路车辆是运输旅客和货物的工具，它本身没有动力装置，需要把车辆连挂在一起由机车牵引，才能在线路上运行。

（1）货车的种类

货车
- 通用货车
  - 棚车：棚车车体由端墙、侧墙、棚顶、地板、门窗等部分组成，用于运送比较贵重与怕潮湿的货物
  - 敞车：敞车仅有端、侧墙与地板，主要装运不怕湿损的散装或者包装货物
  - 平车：大部分平车车体只有一个平底板，部分平车装有很低的侧墙与端墙，并且能够翻倒。适于长大重型货物
- 专用货车
  - 冷藏车：车体与棚车相似，适于新鲜蔬菜、瓜果等易腐货物
  - 罐车：车体为圆筒形，罐体上设有装卸口。适于液体货物及散装水泥等
  - 长大货物车：由车体、转向架制动装置、车钩缓冲装置等部分组成，一般采用多轴转向架或多层底架结构，主要供装运普通货车无法装运的长、大、笨重货物
- 特种货车
  - 家畜车等：主要是运送活家禽、家畜等的专用车。车内有给水、饲料的储存装置，还有押运人乘坐的设施

（2）车辆标记

为表示车辆的类型及特征，便于使用和运行管理，每一辆铁路车辆车体外侧都应具备规定的标记。

一般常见的有：

①路徽：我国路徽由"人"字和钢轨横断面形状构成，表示铁路属于人民（见图 4-1）。

图 4-1 中国铁路路徽

②车号：型号（基本型号、辅助型号）+号码。

基本型号：代表车辆种类，用字母表示，如棚车（P）、敞车（C）、平车（N）（见表 4-2）。

辅助型号：表示车辆的构造。

表 4 - 2   车辆种类

顺序	车种	基本型号	顺序	车种	基本型号
1	棚车	P	7	保温车	B
2	敞车	C	8	集装箱专用车	X
3	平车	N	9	家畜车	J
4	砂石车	A	10	罐车	G
5	煤车	M	11	水泥车	U
6	矿石车	K	12	长大货物车	D

③配属标记：所属铁路局＋车辆段简称，如京局京段。

④载重（吨）。

⑤自重（吨）。

⑥容积（立方米）。

⑦车辆全长及换长：总长度、换算量数。

$$换长＝车辆全长（米）/11 米$$

⑧特殊标记：MC 表示可以用于国际联运的货车。

（三）铁路车站

车站既是铁路办理客、货运输的基地，又是铁路系统的一个基层生产单位。

1. 中间站

中间站是为沿线城乡人民及工农业生产服务，提高铁路区段通过能力，保证行车安全而设的车站。主要办理列车的到发、会让和越行，以及客货运输业务。

两个列车互相交会，叫作会车；先到的列车在本站停车，等待同一方向列车通过本站或到达本站停车后先开，叫作越行。

2. 区段站

区段站多设在中等城市和铁路网上牵引区段（机车交路）的起点或终点，是指解体与编组区段和沿零摘挂区段站的待编列车列车的车站，它是根据机车牵引区段的长度和路网的布局和规划设置的。

区段站的主要任务是改编区段到发的车流，为邻接的铁路区段供应机车，或更换货运机车及乘务员，为无改编中转列车办理规定的技术作业，办理一定数量的列车编解作业和客货运业务。

3. 编组站

编组站是铁路网上集中办理大量货物列车到达、解体、编组出发、直通和其他列车作业，并为此设有比较完善的调车作业的车站。编组站通常建在铁路交会点处。在有铁路作业的港口和大型企业常建有港前和与企业接轨的编组站。

4. 铁路枢纽

铁路枢纽是铁路网的一个组成部分。在铁路网的交汇点或终端地区，由各种铁路线路、专业车站以及其他为运输服务的有关设备组成的总体，称为铁路枢纽。

铁路枢纽是客货流从一条铁路转运到各接轨铁路的中转地区，也是所在城市客货到发及联运的地区。除枢纽内各种车站办理的有关作业外，在货物运转方面，有各铁路方向之间的无改编列车和改编列车的转线，以及担当枢纽地区车流交换的小运转列车的作业。在旅客运转方面有直通、管内和市郊旅客列车的作业。在货运业务方面，办理各种货物的承运、装卸、发送、保管等作业；此外，还要供应运输动力、进行机车车辆的检修等作业。

第二节　国际铁路货物联运

一、国际铁路货物联运的概念与特点

(一) 国际铁路货物联运的概念

在两个或两个以上国家铁路运送中，使用一份运输票据，并以连带责任办理货物的全程运输，在由一国铁路向另一国铁路移交货物时，无须发货人、收货人参加，这种运输方式称为国际铁路货物联运 (International Railway through Transport)。

要点：

(1) 两个或者两个以上国家的铁路运输。

(2) 票据统一，统一的国际铁路货物联运运单。

(3) 由铁路部门负责从接货到交货的全过程运输（负连带责任），即使在一国铁路向另一国铁路移交货物时也无须发货人、收货人参加。

(二) 国际铁路货物联运的特点

(1) 涉及面广：每运送一批货物都要涉及两个或两个以上国家、几个国境站。

(2) 运输条件高：要求每批货物的运输条件如包装、票据、随附文件及车辆使用都要符合有关国际联运的规章。

(3) 办理手续复杂：货物必须在两个或两个以上国家铁路参加运送，在办理国际铁路联运时，其运输票据、货物、车辆及有关单证都必须符合有关规定和一些国家的正当要求。

(4) 使用一份铁路联运票据完成跨国运输。

(5) 运输责任方面采用统一责任制。

(6) 仅使用铁路一种运输方式。

二、国际铁路货物联运有关规章

国际铁路联运是以有关国家之间签订的规章为准。

(一) 国际铁路货物联运的公约

目前，关于国际铁路货物联运的公约有两个：《国际货约》和《国际货协》。

1. 《国际铁路货物运送公约》

《国际铁路货物运输公约》（以下简称《国际货约》）是关于铁路货物运输的国际公

约，在 1890 年制定的伯尔尼公约基础上发展而来的。1961 年由奥地利、法国、比利时、德国等国家在瑞士伯尔尼签订，于 1970 年 2 月 7 日修订，修订后的《国际货约》于 1975 年 1 月 1 日生效。国际铁路运输中央事务部总部设在伯尔尼。

目前《国际货约》正式成员国共有 49 个。

2.《国际铁路货物联运协定》(以下简称《国际货协》)

1951 年 11 月 1 日原苏联、阿尔及利亚和已参加"国际货约"的原民主德国、保加利亚、匈牙利、罗马尼亚、波兰、捷克八国签订了《国际铁路货物联运协定》。

1954 年 1 月中国参加了《国际铁路货物联运协定》，随后朝鲜、蒙古、越南也加入进来。

1991 年苏东政局发生巨大变化以后，《国际货协》也宣告解散，但铁路联运业务尚未有重大的改变。

截至 2015 年铁路合作组织统计资料：铁组成员共 28 个，其中 25 个国家铁路参加了《国际货协》。

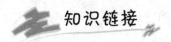 **知识链接**

铁路合作组织

铁路合作组织（以下简称铁组）是成立于 1956 年的政府间国际组织。其宗旨是发展国际旅客和货物运输，建立欧亚地区统一的铁路运输空间，提高洲际铁路运输通道的竞争能力，促进铁路运输领域的技术进步和科技合作。

铁组成员目前有中国、阿塞拜疆、阿尔巴尼亚、阿富汗、白俄罗斯、保加利亚、匈牙利、越南、格鲁吉亚、伊朗、哈萨克斯坦、朝鲜、古巴、吉尔吉斯、拉脱维亚、立陶宛、摩尔多瓦、蒙古、波兰、俄罗斯、罗马尼亚、斯洛伐克、塔吉克斯坦、土库曼斯坦、乌兹别克斯坦、乌克兰、捷克、爱沙尼亚 28 个国家，上述国家主管铁路的中央国家机关和国家铁路公司参加不同层面的活动。

(二) 其他有关规章

1.《国际铁路货物联运协定统一过境运价规程》(以下简称《统一货价》)

它规定了过境参加国际货协的铁路时办理货物运送的手续、过境运送费用的计算等，对铁路和发货人与收货人都适用。

2.《国境铁路协定》

由两个相邻国家铁路签订，规定办理联运货物交接的国境站；车站以及货物交接的条件和办法；交接列车和机车运行办法；服务方法等具体问题。

我国与原俄罗斯、蒙古、朝鲜、越南各铁路均分别签订有国境铁路协定。

3.《铁路货物运价规则》(以下简称《国内价规》)

规定办理国际铁路货物联运时国内段货物运送费用计算和核收依据。

三、国际铁路货物联运的范围

1. 在参加《国际货协》国家之间的货物运输

使用一张运单在始发站向铁路托运，由铁路在最终到站将货物交付收货人。同一铁路轨距，发送国原车过轨；不同轨距，在国境站换装或更换货车轮对。

2. 向未参加《国际货协》的国家的货物运输

发货人在发送路用《国际货协》运单，办理至参加《国际货协》的最后一个过境的出口国境站，由该站站长办理转发至未参加《国际货协》的最后到达站。

如：通过保加利亚铁路向希腊、土耳其运输。

3. 从未参加《国际货协》国家向参加《国际货协》国家的货物运输

发货人可用相当的运单（如《国际货约》的运单）办理至参加《国际货协》的第一个过境国的进口国境站的手续，再由该国境站站长以发货人全权代理人的身份，负责填制《国际货协》运单并随附原运单，将货物发送至最终到达站。

4. 通过港口的货物运输

发货站和港口站间用《国际货协》票据办理，由收、发货人委托在港口站的收转人办理转发运手续。如俄罗斯、朝鲜、蒙古等国通过我国铁路大连、新港、连云港等港口站访问日本等国发货或相反方向运输时。

四、国际铁路货物联运办理种别及限制

（一）国际铁路货物联运办理种别

按发货人托运货物数量、性质、体积、状态办理，分为以下三种：

1. **整车货物**（Full Car Load - FCL）

按一份运单托运的按其体积或种类需要单独车辆运输的货物。

2. **零担货物**（Less than Car Load - LCL）

按一份运单托运的一批货物，重量不超过 5000 千克，按其体积或种类不需要单独车辆运输的货物［重量≤5000 千克；下限：体积≥0.02 立方米（但一件重量>10 千克除外）。件数≤300 件］。

下列货物只限按整车办理，不得按零担运送：

①需要冷藏、保温或加温运输的货物；

②限按整车办理的危险货物；

③易于污染其他货物的污秽品；

④蜜蜂；

⑤未装容器的活动物；

⑥不易计算件数的货物；

⑦一件重量超过 2000 千克，体积超过 3 立方米或长度超过 9 米的货物。

3. **大吨位集装箱**（Dry Container）

按运输速度托运类别分为：

①快运：整车货每昼夜 320/运价千米，零担货每昼夜 200/运价千米；

②慢运：整车货每昼夜 200/运价千米，零担货每昼夜 150/运价千米；

③随旅客列车挂运：整车货每昼夜 420/运价千米。

说明：铁路运输以"批"为单位。

整车货物：以一车为一批。

零担货物：以每张货物运单所托运的货物为一批。

集装箱货物：以每张货物运单所托运的集装箱数为一批。

（每批必须同一箱型，至少一箱，最多不得超过铁路一辆货车所能装运的箱数）

下列情况不能按一批办理：

①易腐货物与非易腐货物；

②危险货物与非危险货物；

③根据货物性质，不能混装运输的货物；

④保价运输货物与非保价运输货物；

⑤投保运输险与未投保运输险的货物；

⑥运输条件不同的货物。

知识链接

保价运输是指托运人在托运货物时向承运人声明货物的实际价值，并缴纳相应的费用，当货物在运输过程中发生损坏时，承运人按照托运人的声明价值赔偿损失。

（二）国际铁路货物联运的运输限制

1. 不准运送

①应当参加运送的铁路的任一国家禁止运送的物品；

②属于应当参加运送的铁路的任一国家邮政专用物品；

③炸弹、弹药和军火（狩猎和体育用品除外）；

④爆炸品、压缩气体、液化气体和在压力下溶解的气体、自燃品和放射性物质；

⑤一件重量不足 10 千克，体积不超过 0.1 立方米的零担货物；

⑥在换装联运中使用不能揭盖的棚车运送一件重量超过 1.5 吨的货物；

⑦换装联运中使用敞车类货车运送一件重量不足 100 千克的零担货物。

2. 参加运送的各国铁路间预先商量后才准运送

①单件重量超过 60 吨的货物；而在换装运送中，对越南重量超过 20 吨的；

②长度超过 18 米的；而运往越南超过 12 米的；

③超限的；

④在换装运送中用特种平车装运的；

⑤在换装运送中用专用罐装车装运的化学货物；

⑥用罐车运往越南的一切罐装货物。

3. 按特殊规定办理的

①危险货物；

②押运人押运的货物；

③易腐货物；

④集装箱货物；

⑤托盘货物；

⑥不属于铁路或铁路出租的空、重车；

⑦货捆货物。

五、国际铁路联运进出口货物运输

(一) 出口货物运输

国际铁路联运出口货物运输的组织工作，主要包括：联运计划的编制、货物的托运与承运、装车、运输和交付。

1. 出口货物国际铁路联运计划 (月度要车计划)

采用双轨编报——"双轨（铁路、外贸）上报、双轨下达"。

月度要车计划编制程序如图 4‐2 所示。

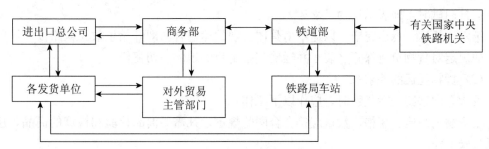

图 4‐2　月度要车计划编制程序

（1）各省、自治区、直辖市发货单位应按当地铁路部门的规定，填制"国际联运"月度要车计划表，向铁路局提出下月的要车计划；并在规定的时间内，分别报送当地对外贸易主管部门和各主管总公司。

（2）各铁路局汇总发货单位要车计划后，上报铁道部；各省、自治区、直辖市对外贸易主管部门和各进出口总公司在审核汇总所属单位的计划后，报送商务部。

（3）商务部汇总审核计划后，与铁道部平衡核定。

（4）月度要车计划经两部平衡核定，并经有关国家铁道部门确认后，由商务部将核准的结果通知各地对外贸易主管部门和各进出口总公司，各地对外贸易主管部门和各进出口总公司，再分别转告所属发货单位；各铁路局（分局、车站）将铁道部批准的月度要车计划分别通知发货单位。

注意：

第一，整车货物，都需要铁道部批准的月度铁道要车计划和旬度要车计划。

第二，零担货物，不需要编报月度要车计划，但发货人必须事先向始发站办理托运手续。

2. 国际铁路货物联运的托运与承运

具有批准的出口运输计划是进行货物托运与承运的前提。托运与承运的过程实际就是铁路与发货人之间签订运输合同的过程。

(1) 整车货物托运和承运的一般程序

第一，发货人（出口单位或货代）在托运货物时，应向铁路车站填报铁路运单一式五联，以此作为货物托运的书面申请。

第二，车站接到运单后，应进行认真审核，对整车货物应检查是否有批准的月度、旬度货物运输计划和要车计划，检查货物运单各项内容是否正确，如确认可以承运，应予签证。车站在运单上签订货物进入车站日期或装车日期，即表示受理托运。

第三，发货人按签证指定的日期将货物搬入车站或指定的货位。

第四，车站根据运单查对货物，如无问题，待装车后由始发站在运单上加盖承运日期戳，即为承运。

第五，发运零担货物与整车货物不同，发货人在托运时，不需编制月度、旬度要车计划，即可凭运单向车站申请托运。车站受理托运后，发货人应按签证指定的日期将货物搬进货场，交与铁路保管。当车站将发货人托运的货物连同运单一同接受完毕，在运单上加盖承运日期戳时，即表示货物已承运。

第六，托运、承运完毕，以运单为具体表现的运输合同即开始生效。铁路按《国际货协》的规定对货物负有保管、装车并运输到指定目的地的一切责任。

(2) 货物托运的要求

发货人向铁路托运货物时，应作以下工作：

①货物的品质、规格、数量应符合合同的规定。凡需要商品检验和检疫的商品，应及时做报验工作。

②托运时应认真过磅、查点件数，并将重量和件数正确记载在运单上。

③货物的包装应能充分保证防止货物在运输中灭失和损坏，防止毁坏其他货物和运输工具、包装，以及伤害人员。

如用纸箱包装的货物，应在箱面和箱底延中线缝加贴牛皮纸或胶带。

用麻布包装的出口货物，发货人应做到包装完整清洁、包件捆紧，发运时应根据车辆情况妥善衬垫。

装两层以上的桶装货物，应在各层货物之间用垫木或其他适当的衬垫物妥善衬垫，以防包装磨损。

内外包装及衬垫，一般不采用稻草、麦秸等，如必须使用，应附有植物检疫证书。

④货物标记和标示牌是为运输货物提供方便，便于识别货物，以利于装卸和收货人提货。

对整车货物，应在接近车门的货件上做标记，每车不少于10件。

对零担货物，应在每件货物上做标记，标记的内容包括：发送路和发站、到达路和到站、每件号码、发货人和收货人姓名、零担货物件数、运单号等。

⑤货物的声明价格。

发货人在托运货物时声明价格，目的在于保证货物发生损坏时，能够得到铁路按照货物的声明价格的全部赔偿。按《国际铁路货物联会运输协定》规定，发货人在托运下列货物时应声明价格：金、银、白金及其制品；宝石；贵重毛皮及其制品；画像；雕像；艺术制品；古董。

托运上述以外的货物，根据发货人的希望，也可声明价格。

托运贵重物品时，发货人声明的价格不得超过发票中记载的实际价值。

（3）货物装车和施封

①装车。

按我国铁路规定，在车站公共装卸场所内的装卸工作，由铁路负责组织；其他场所，则由发货人或收货人负责组织。但某些性质特殊的货物，如易腐货物、未装容器的或动物等，即使在车站的货场内，也均由发、收货人组织装车或卸车。

由发货人装车的货物，发货人应在现场负责监装。铁路负责装车的货物，一般应由铁路监装。现场监装工作的内容如下：

第一，装车前，检查货位上的货物，复核点数。

第二，货车调到时，会同铁路货运员检查车辆是否符合装车要求。

第三，合理装载，确保货物运输安全。

第四，装车完毕，检查车辆是否封闭、加固、通风。

第五，记录车号，做好发运登记。

第六，装车结束后，及时向车站交付运费，取回改由发站承运戳记的运单副本和运单副本抄件。

在我国铁路发货站装车的货物，只能装到车辆最大载重量，超过即为超载。按照我国铁路国内规章办理，标记载重量加2％为最大载重量。用敞车类运送货物时，应执行《国际货协》的规定。

中国、朝鲜、越南铁路的货车，以标记载重量加5％为最大载重量，发往越南的准轨货车，货车总重（货重＋自重）不超过83吨。蒙古等国铁路货车若以两轴车标记，载重量加1吨为最大重量；若以四轴车标记，则加2吨为最大载重量。

标有"禁增"字样的车辆，只能装到标记载重量。

②施封。

是保证货物运输安全的重要措施之一，以便分清铁路与发货人之间的相互责任。

我国装运国际联运出口货物的棚车、冷藏车、罐车必须施封。

属铁路装车的由铁路施铅封；属发货人装车的车皮，由发货人施铅封，或委托铁路施封，此时发货人应在运单"铅封"栏内注明"委托铁路施封"字样。

3. 国际铁路联运出口货物的交接

（1）一般程序

国境站除办理一般车站的事务外，还办理国际铁路联运货物、车辆和列车与邻国铁路的交接，货物的换装或更换轮对，运送票据、文件的翻译及货物运送费用的计算与复核等项工作。出口货物在国境站交接的一般程序是：

①出口国境站货运调度根据国内前方站列车到达预报，通知交接所和海关做好接车准备；

②出口货物列车进站后，铁路会同海关接车，并将列车随带的运送票据送交接所处理，货物及列车接受海关的监管和检查；

③交接所实行联合办公，由铁路、海关、外运等单位参加，并按照业务分工开展流水作业，协同工作。铁路主要负责整理、翻译运送票据，编制货物和车辆交接单，以此作为向邻国铁路办理货物和车辆交接的原始凭证。外运公司主要负责审核货运单证，纠正出口货物单证差错，处理错发错运事故。海关则根据申报，经查验单、证、货相符，符合国家法令及政策规定，即准予解除监督，验关放行。最后由双方铁路具体办理货物和车辆的交接手续，并签署交接证件。

以上仅是一般货物的交接过程。对于特殊货物的交接，如鲜活商品、易腐、超重、超限、危险品等货物，则按合同和有关协议规定，由贸易双方商定具体的交接方法和手续。属贸易双方自行交接的货物，国境站外运公司则以货运代理人的身份参加双方交接。如果在换装交接过程中需要鉴定货物品质和数量，应由国内发货单位或委托国境站商检所进行检质、检量，必要时邀请双方检验代表复验。外运分公司则按商检部门提供的检验结果，对外签署交接证件。属于需要随车押运的货物，国境站外运分公司应负责两国国境站间的押运工作，并按双方实际交接结果对外签署交接证件，作为货物交接凭证和货款结算的依据。

（2）有关联运出口货物交接中的几个问题

①联运出口货物单证资料的审核

审核出口货物单证是国境站的一项重要工作，它对正确核放货物，纠正单证差错和错发错运事故，保证出口货物顺利交接具有重要意义。

出口货物运抵国境站后，交接所应将全部货运单证送外运分公司进行审核，外运分公司作为国境站的货运代理公司，在审核单证时，要以运单内容为依据，审查出口货物报关单、装箱单、商检证书等记载的内容和项目是否正确、齐全。如正确无误，则可核放货物，做到差错事故不出国。如出口货物报关单项目有遗漏或记载错误，或份数不足，应按运单记载内容进行订正或补制；运单、出口货物报关单、商检证书三者所列项目如有不符，有关运单项目的订正或更改，由国境站联系发站并按发站通知办理；需要更改或订正商检证书、品质证明书或动植物检疫证书时，应由出证单位通知国境站出入境检验检疫所办理；海关查验实货，如发现货物与单证不符，需根据合同和有关资料进行订正，必要时应联系发货人解决。总之，国境站外运分公司在订正、补制单据时，只限于代发货人缮制单证，而对运单内容和项目，以及商检证书、品质证明书、检疫证、兽医证等国家行政管理机关出具的证件，均不代办订正或补制。

出口货物单证经复核无误后，应将出口货物报关单、运单及其他随附单证送海关，作为向海关申报和海关审核放行的依据。

②办理报关、报验等法定手续

铁路联运出口货物报关，由发货人委托铁路在国境站办理。发货人在货物发运前，应填制出口货物报关单，作为向海关申报的主要依据。

出口货物报关单格式由我国海关总署统一制定。发货人或其代理人需按海关规定逐项填写，要求内容准确、详细，并与货物、运单及其他单证记载相符。字迹要端正、清晰，不可任意省略或简化。对于填报不清楚或不齐全的报关单，以及未按海关法的有关规定交验进出口许可证等有关单证者，海关将不接受申报；对于申报不实者，海关将按违章案件处理。

铁路发站在承运货物后，即在货物报关单上加盖站戳，并与运单一起随货同行，以便国境车站向海关办理申报。

需办理检验检疫的货物，要向当地出入境检验检疫部门办理检验检疫手续，取得证书。

上述各种证书在发站托运货物时需连同运单、报关单一起随车同行，在国境站由海关执行监管，查证放行。

（3）联运出口货物的交接方式

货物交接可分为凭铅封交接和按实物交接两种情况。

凭铅封交接的货物，根据铅封的站名、号码或发货人简称进行交接。交接时应检查封印是否有效或丢失，印文内容、字迹是否清晰可辨，同交接单记载是否相符，车辆左、右侧铅封是否一致等，然后由双方铁路凭完整铅封办理货物交接手续。

按实物交接可分为只按货物重量、只按货物件数和按货物现状交接三种方式。

按货物重量交接的，如中朝两国铁路间使用敞车、平车和砂石车散装煤、石膏、焦炭、矿石、熟矾土等货物；按货物件数交接的，如中越两国铁路间用敞车类货车装载每批不超过100件的整车货物；按货物现状交接的，一般是难以查点件数的货物。

在办理货物交接时交付方必须编制"货物交接单"，没有编制交接单的货物，在国境站不得办理交接。

（4）联运出口货运事故的处理

联运出口货物在国境站换装交接时，如发现货物短少、残损、污染、湿损、被盗等事故，国境站外运分公司应会同铁路查明原因，分清责任，分别加以处理。由于铁路原因造成的货物残损短缺，要提请铁路编制商务记录，并由铁路负责整修。整修所需包装物料由国境站外运分公司根据需要与可能协助解决，但费用由铁路承担；由于发货人原因造成的事故，在国境站条件允许的情况下，由国境站外运分公司组织加工整修，但需由发货人提供包装物料，负担所有的费用和损失。因技术条件限制，无法在国境站加工整修的货物，应由发货人到国境站指导，或将货物返回发货人处理。

4. **国际联运出口货物的交付**

国际联运出口货物抵达到站后，铁路应通知运单中所记载的收货人领取货物。在收货人付清运单中所记载的一切应付运送费用后，铁路必须将货物连同运单交付给收货人。收货人必须支付运送费用并领取货物。收货人只有在货物因毁损或腐坏而使质量发生变化，以致部分货物或全部货物不能按原用途使用时，才可以拒绝领取货物。收货人领取货物时，应在运行报单上填记货物领取日期，并加盖收货戳记。

（二）进口货物国际联运程序

1. **确定到达站**

国内订货部门应提供确切的到达站的车站名称和到达路局的名称，除个别在国境站设有机构单位外，均不得以我国国境站或换装站为到达站，也不得以对方国境站为到达站。

2. 必须注明货物经由的国境站

3. 正确编制货物的运输标志

各部门对外订货签约时，必须按照商务部的统一规定编制运输标志，不得颠倒顺序和增加内容，否则会造成错发、错运事故。

4. 向位于国境站的外运机构寄送合同资料

进口单位对外签订合同，应及时将合同中的中文副本、附件、补充协议书、变更申请书、确认函电、交货清单等寄送国境站外运机构。

5. 进口货物在国境站的交接

进口货物列车到达国境站后，由铁路部门会同海关接车，双方铁路部门根据列车长提供的货物交接单办理交接，海关对货物执行监管。

6. 分拨与分运

7. 进口货物的交付

铁路到站后向收货人发出到货通知；收货人接到通知，向铁路部门付清运送费用后，铁路部门将联运运单和货物交给收货人；收货人在取货时应在运行报单上加盖收货戳记。

第三节　对中国港澳地区铁路货物运输

一、对中国香港地区的铁路运输

对中国香港地区的铁路运输是一种特殊的租车方式的两票运输，它的全过程是由国内段铁路运输和港段铁路运输两段组成，由中国对外贸易运输公司（中外运）各地分支机构和香港中国旅行社联合组织。

（一）供港货物铁路运输交接口岸概况

1. 深圳口岸概况

内地各省市铁路发往香港的整车和零担货物车，均在深圳北站进行解体、编组以及必要的装卸作业和联检作业。

深圳站向南有罗湖桥，它是内地与香港的分界处。

中外运深圳分公司是各外贸专业公司在深圳口岸的货运代理，负责其货物的进出口业务。

2. 港段铁路概况

港段铁路为京九、广九铁路的一部分，自边境罗湖车站起，至九龙车站，全长 34 千米。

目前，港段铁路的货运业务，均由中国香港中旅货运有限公司承包。

中国香港中旅货运是中外运深圳分公司在中国香港的货运代理。

（二）对香港地区铁路运输的特点

1. 商品结构的特殊性

在对香港铁路货运中，以鲜活、冷冻商品为主。鲜活、冷冻商品对运输条件要求高，管理难度大，比如要求运输速度快；对质量要求高；需用特殊车辆运送；对活动物要求有押运人押运等。

2. 运输方式的特殊性

对中国香港地区的铁路运输是按国内运输办理的，但又不属于一般的国内运输，它的全过程分为两段，即国内段铁路运输和港段铁路运输。货车到达深圳后，要过轨至香港，继续运至九龙车站。内地铁路和香港铁路不办理直通联运，因此，就形成了现行的这种运输方式：发送地以国内运输向铁路办理托运至深圳北站，收货人为深圳外运分公司，深圳外运分公司作为各外贸单位的代理与铁路办理租车手续，并付给租车费，然后租车去中国香港，货车过轨后，中国香港中国旅行社则作为深圳外运分公司的代理在中国香港段重新起票托运至九龙。

由此可见，对中国香港地区的铁路运的特点是"租车方式，两票运输"。

3. 运费收取的特殊性

（1）发站至广州北站的运费，由发站计收。

（2）广州北站至深圳北站的运费，在原有运费基础上增加50%，由深圳北站计收。

（3）深圳北站至香港租车费，由发货人的代理人先行垫付或发货人直接支付。

国内段——按人民币计算

港段——按港币计算

原车过轨运输：租车方式、两票运输、三段计费

（三）对中国香港地区铁路运输的一般程序

1. 发货人办理境内铁路运输托运手续

发货人提前5天向当地外运公司办理委托手续。当地外运公司接受供港货物委托书、审查合格后寄送深圳外运分公司。发货人必须在货物装车后24小时内向深圳外运分公司拍发起运电报，深圳外运公司接到到车预告电报后核对，抄给中国香港方面，以便中途做好接车准备。

（1）注意问题

①高度的限制。装载高度从轨面算起，不得超过4.5米。

②重量限制。目前，中国香港铁路局规定，每节车厢总重（自重＋货重）不得超过72吨。

③货物的均衡发运。

（2）主要单证

①供港货物委托书

是发货人向深圳外运和中国香港中旅社委托办理货物转运、报关、接货等工作的依据，也是向发货人核算运输费用的凭证。委托书一式三份，其中深圳外运一份，港中旅一份，退发货人一份。

②承运货物收据

各地外运公司以货运代理的身份向各外贸单位签发承运货物收据，既可负责发站至香港的全程运输，又是向银行结汇的凭证。

③起运电报

④国内铁路运单（当地外运向当地铁路局办理的从发货地至深圳北站）

⑤出口货物报关单

2. 口岸交接

铁路到达深圳的外贸出口货物有三种方式：原车过轨（占80%~90%）、卸车（存储）经公路出口和卸车后存外贸仓库再装火车出口。深圳外运分公司办理杂货，中国外运集团总公司工作组和转运站办理活畜禽。

3. 港段接卸

（1）港段铁路有关运输机构及其业务范围

①中国香港九广铁路公司

主要是将深圳过轨的各班货车由罗湖车站拉到九龙，装有不同商品的货车分别送进红磡及何文田货场。

②中国香港中旅货运有限公司

接货、托运、调度、交货均由该社承担，中国香港中旅分社是外运公司在中国香港的代理，双方是委托代办关系。

③运输行

运输行是中国香港的私商，过去是作为外运公司的代理在中国香港承办铁路货物运输业务的。1961年以后，由中旅分社和广东省外运分公司对口，中旅分社承担不了的业务，再分别委托各运输代理。

④华运集团公司储运部

作为贸易部门的代表负责供港物资的全面运输工作，归口管理国内各驻港贸易机构，包括五丰行、德信行、华运公司等的储运工作。

（2）中国香港铁路的接卸作业

货车到达深圳后，深圳外运公司填报"当天车辆过轨货物通知单"（预报），交给中国香港中旅罗湖办事处，中国香港中旅派人过桥取送。货车过轨后，罗湖办事处根据中国香港九广铁路公司提供的过轨车号，填制过轨确报。至现场逐个核对车号，并进行适当处理，并向中国香港九广铁路公司起票托运。

中国香港的卸货点没有货场，卸货时全部火（火车）、车（汽车）直取或车（火车）船直取方式。汽车不来，火车就不能卸。

4. 运费的结算

各地经深圳口岸转运香港地区的铁路货物运输，是经过两段运输，因此运费也是分段计算，国内按人民币计算，港地按港币计算，一切费用均由发货单位支付。

深圳口岸的中转费用，整车货物按实际开支，零担按定额费用每吨10元人民币，货物中转后，由深圳外运公司向有关发货单位结算，劳务费按中国外贸易运输总公司制定的劳务费率收取。

港段运杂费用，先由中国香港旅行社垫付，待货物在中国香港交付完毕后，由中国香港中旅分社，开列费用清单并向有关发货单位结算。有关发货单位收到中旅分社的费用清单，经核对无误后，五天之内向当地结汇银行申请外汇，汇还中国香港中旅分社。

二、对中国澳门地区的铁路运输

收货人：中国外运广东省分公司

中国澳门：南光集团运输部

中国澳门与内地没有铁路直通。内地各省运往中国澳门的出口货物，先由铁路运至广州。整车货物，到广州南站新风码头 42 道专用线；零担到广州南站；危险品零担，到广州吉山站；集装箱和快件到广州火车站。

收货人均为中国外运广东省分公司。货物到达广州后由省外运分公司办理水路或公路的中转，运至中国澳门。货物到达中国澳门后，由南光集团运输部负责接收货物并交付收货人。

广东省的地方物资和一部分不适合经水运的内地出口物资，可用汽车经拱北口岸运至澳门。

第四节　国际公路货物运输

一、国际公路货物运输的定义与特点

（一）定义

国际公路货物运输是指国际货物借助一定的运载工具，沿着公路作跨及两个或两个以上国家或地区的移动过程，起重要的衔接作用。

（二）特点

1. 优点

（1）全运程速度快。适合于短途运输。

汽车运输不需中转，据国外资料统计，一般在中短途运输中，汽车运输的运送速度平均比铁路运输快 4～6 倍，比水陆快 10 倍。

（2）运用灵活。可适合门到门的服务。

汽车活动空间大，除了可以沿公路网运行之外，还可以到工厂、矿山、车站、码头、农村、山区等，实现"门到门"的服务。

汽车的载重量可大可小。

（3）原始投资少，经济效益高。公路运输的投资每年可以周转 1～3 次，铁路运输需 3～4 年。

（4）驾驶技术容易掌握。

（5）近距离中，小量的货物运输比较便宜。

（6）能灵活的制定营运时间表，货运的伸缩性极大。

（7）运输途中，货物撞击少，货物包装简单。

此外，可以广泛参与国际多式联运；是邻国间边境贸易运输的主要方式。

2. 缺点

（1）载运量较小（与火车、轮船相比）。

（2）长距离运输费用昂贵。

（3）安全性较差：由于汽车种类复杂，道路不良，驾驶人员素质等问题，交通事故颇多。

（4）环境污染严重。

二、国际公路货物运输的作用

（1）公路运输的特点决定了它最适合于短途运输。它可以将两种或多种运输方式衔接起来，实现多种运输方式联合运输，做到进出口货物运输的"门到门"服务。

（2）公路运输可以配合船舶、火车、飞机等运输工具完成运输的全过程，是港口、车站、机场集散货物的重要手段。尤其是鲜活商品、集港疏港抢运，往往能够起到其他运输方式难以起到的作用。可以说，其他运输方式往往要依赖汽车运输来最终完成两端的运输任务。

（3）公路运输也是一种独立的运输体系，可以独立完成进出口货物运输的全过程。公路运输是欧洲大陆国家之间进出口货物运输的最重要的方式之一。我国的边境贸易运输、港澳货物运输，其中有相当一部分也是靠公路运输独立完成的。

（4）集装箱货物通过公路运输实现国际多式联运。集装箱由交货点通过公路运到港口装船，或者相反。美国陆桥运输，我国内地通过香港的多式联运都可以通过公路运输来实现。

三、公路运输设施设备

（一）运输车辆

公路运输车辆：具有独立原动机与载运装置，能自行驱动行使，专门用于运送旅客和货物的非轨道式车辆。汽车由车身、动力装置、底盘3部分组成。

车身包括驾驶室、车厢两部分。

动力装置是驱动汽车行驶的动力源。

底盘是车身和动力装置的支座。

1. 载货汽车/载重汽车

载货汽车可分为重型、中型、轻型、微型四个种类。其中，重型和中型载货汽车核发大型货车号牌（俗称黄牌）；轻型和微型载货汽车核发小型货车号牌（俗称蓝牌）。

2. 专用运输车辆

（1）厢式车

厢式车又叫厢式货车，主要用于全密封运输各种物品，特殊种类的厢式车还可以运输化学危险物品。

具有机动灵活、操作方便、工作高效、运输量大，充分利用空间及安全、可靠等优点。

（2）敞车

敞车是指具有端壁、侧壁、地板而无车顶，向上敞开的货车，主要供运送煤炭、矿石、矿建物资、木材、钢材等大宗货物用，也可用来运送重量不大的机械设备。若在所装运的货物上蒙盖防水帆布或其他遮篷物后，可代替棚车承运怕雨淋的货物。

（3）平板车

平板车是一种电动有轨厂内运输车辆。又称电动平车、台车、过跨车。它具有结构简单、使用方便、容易维护、承载能力大、污染少等优点。广泛用于机器制造和冶金工厂，作为车间内部配合吊车运输重物过跨之用。

平板车是公路运输的一种常见车辆，因为其比较方便装卸大型、重型货物，而且比相同规格的其他种车型，可以装载更多的货物。在运输车辆中，平板车一般分为两种，一种是平板，另一种是高低板。平板一般是 4～13 米长，13 米以上的车长多为高低板。

（4）罐式挂车

罐式挂车载货部位结构为罐式结构的半挂车。主要用于运输液体、散装物料和散装水泥等。

（5）冷藏车

冷藏车是指用来运输冷冻或保鲜的货物的封闭式厢式运输车，冷藏车是装有制冷机组的制冷装置和聚氨酯隔热厢的冷藏专用运输汽车。

冷藏车常用于运输冷冻食品（冷冻车）、奶制品（奶品运输车）、蔬菜水果（鲜货运输车）、疫苗药品（疫苗运输车）等。

四、公路汽车货物运输组织

（一）整车货物运输

1. 概念

托运人一次托运的货物在 3 吨（不含 3 吨）以上，或虽不足 3 吨，但其性质、体积、形状需要一辆 3 吨及以上汽车运输的，均为整车运输。

为明确运输责任，整车货物运输通常是一车、一张货票、一个发货人。为此，汽车运输企业应选派额定载重量与托运量相适应的车辆装运整车货物。

以下货物必须按整车运输：

（1）鲜活货物：如冻肉、冻鱼、鲜鱼，活的牛、羊、猪、兔、蜜蜂等。

（2）需用专车运输的货物，如石油、烧碱等危险货物，粮食、粉剂等散装货物。

（3）不能与其他货物拼装运输的危险品。

（4）易于污染其他货物的不洁货物，如炭黑、皮毛、垃圾等。

（5）不易于计数的散装货物，如煤、焦炭、矿石、矿砂等。

2. 整车货物的托运与受理

（1）货物托运人签填托运单。

（2）托运单内容的审批和认定（审核货物详细情况、检验有关运输凭证、审批有无特殊运输要求）。

（3）确定货物运输里程和运杂费。

（4）托运编号及分送。

（5）托运。

（二）零担货物运输

1. 概念

托运人一次托运不足 3 吨者为零担货物。零担货物单位体积不得小于 0.01 立方米，不得大于 1.5 立方米，单件重量不得超过 200 千克，货物的长、宽、高不得超过 3.5 米、1.5 米、1.3 米。不符合这些要求的不能按零担货物托运、承运。

各类危险货物，易破损、易污染和鲜活货物等，一般不能作为零担货物办理托运。

2. 零担货物运输业务

零担货物运输由于集零为整，站点、线路较为复杂，业务繁琐，因而开展零担货运业务，必须采用合理的车辆运行组织形式，这些形式通常有固定式零担车和非固定式零担车。

（1）固定式

也称"四定运输"：定线路、定班期、定车辆、定时间。

①直达式

将各发货人托运到同一到达站而且性质适合配装的零担货物，同车装运直接送至到达站，中途不发生装卸作业。

②中转式

在起运站将各托运人发往同一去向、不同到达站而且性质适合于配装的零担货物，同车装运到规定的中转站，另行装配，然后再继续运往各到达站。

③沿途式

在起运站将各个托运人发往同一线路、不同车站且性质适宜配装的各种零担货物，同车装运，按计划在沿途站点卸下或装上零担货车再继续前进，运往各到达站。

（2）非固定式

非固定式是指按照零担货流的具体情况，根据实际需要，随时开行零担货车的一种组织形式。这种组织形式由于缺少计划性，必将给运输部门和客户带来一定不便。因此只适宜于在季节性或在新辟零担货运线路上作为一项临时性的措施。

 **案例分析** ▶▶▶

铁路货运专列为企业发展"提质增效"

随着汽笛一声长鸣，由广州铁路（集团）公司、东莞徐福记食品有限公司联合开行的"徐福记"货运专列，满载徐福记糖果糕点，驶出东莞石龙铁路货运场发车前往武汉，这是全国首趟铁路食品集装箱快运专列，也是徐福记探索的物流新模式。

据广铁集团有关负责人介绍，目前广铁已经与东莞徐福记，以及雀巢中国旗下雀巢咖啡、惠氏奶粉、美极调味品等品牌达成物流运输合作，截至 2017 年上半年，铁路累计发送徐福记食品 1200 车，同比增加了 800 车，增幅达 200%。

与许多其他传统食品行业一样，徐福记的产品主要通过公路运输销往全国各地。但是，如今改走铁路货运以后，从东莞到湖北，专列运输时间比铁路散柜时间缩短 2～3 天。据企业相关负责人介绍，此举措一年能为徐福记节省近 500 万成本，明年计划铁运量增至 50%。

　　众所周知，使用专列运输可以大大减少产品的装卸次数，有效降低货物的破损，而且集装箱独立成柜，全程密封运输，更大大提高了运输过程中食品的安全性、可靠性，让产品运输更加绿色和环保。根据有关测算，使用专列运输可以降低 20% 的运费，每年可以减少 3475 吨柴油消耗，直接减少二氧化碳排放量 10630 吨。对于企业来说，公路转铁路货运的市场选择，看似是企业降低运营成本，提高市场竞争力的必然选择，实则也是企业积极响应国家环保政策，勇于承担企业社会责任，为子孙后代打造蓝天白云的积极行为。

　　糖果行业因为人们健康意识、减肥意识加强所带来的开源节流的意识，与铁路货运而言，不得不说是一次难得的发展机遇。相比其他运输方式，铁路货运具有价格低、运能大、货物安全有保证、受天气自然等因素较小、环保节能等优势。还可以通过铁路专列承诺食品安全，有效提升产品价值，从而为合作企业增加产品效益。据悉，在欧美等发达国家，贴有铁路绿色环保标志的产品售价均高于同类产品，已经为许多企业赢得了可观的经济效益。

　　数据显示，2016 年我国社会物流总费用超过 11 万元，超过美国，成为全球最大的物流市场。以糖果行业为代表的徐福记"公转铁"只是一个缩影，中国快销品乃至各个行业"公转铁"是降低企业缩减成本，增加企业利润，提高核心竞争力的必然选择，这也将是未来降低我国社会物流总费用的主要途径，当然更是铁路货运改革和发展的重要历史时期，把握和抓住发展机遇是当前铁路货运改革的重要任务。相信未来，铁路基于企业客户需求而量身定做的运输将助力铁路货运大发展，相信未来，铁路为保障食品安全做出更大的贡献和突破。

　　（资料来源：http://news.cjn.cn/cjsp/gdzl/201707/t3043088.htm）

　　请结合本章知识，针对广州铁路、东莞徐福记联合开行的"徐福记"货运专列，总结铁路货运的优势、劣势及其作用。

关键概念

集装箱快运专列　绿色物流　公转铁　食品安全

一、判断题

1. 对港澳地区铁路运输货物时，可凭铁路运单向银行结汇。（　　）

2. 滨洲线是我国通往俄罗斯进行国际铁路联运的最重要铁路线，其出口国境站是满洲里。（　　）

3. 我国是《国际铁路货物联运协定》参加国，在办理国际铁路货物托运业务时，作为唯一法定的运单是国际货协单。（　　）

4. 进行国际铁路货物联运，由一国铁路向另一国铁路移交货物时，需要发货人、收货人参加。（　　）

二、单选题

1. 世界上第一条铁路出现于下列哪个国家?( )

A. 美国　　　　B. 日本　　　　C. 英国　　　　D. 德国

2. 我国铁路基本上采用标准轨距,但是海南岛铁路轨距为( )。

A. 1000 毫米　　B. 1067 毫米　　C. 1435 毫米　　D. 1520 毫米

3. 国际联运运单中,下列哪项是需要交给收货人的?( )

A. 运单正本　　B. 运行报单　　C. 运单副本　　D. 货物交付单

4. 下列哪项不是内地对香港铁路原车过轨运输方式?( )

A. 租车方式　　B. 一票运输　　C. 两票运输　　D. 三段计费

5. 我国与俄罗斯边境铁路线的过境站是( )。

A. 满洲里　　　B. 二连浩特　　C. 丹东　　　　D. 阿拉山口

6. 某铁路货运车的标记是 382P 6048321,那么这辆车的类型是( )。

A. 敞车　　　　B. 棚车　　　　C. 平车　　　　D. 长大货物车

三、多选题

1. 一般下列哪些情况适合铁路运输?( )

A. 大宗低值货物的中、长距离运输　　B. 大宗高价货物的中、长距离运输

C. 散装货物长距离运输　　　　　　　D. 罐装货物长距离运输

E. 大批量旅客的中、长运输

2. 通用货车可以分为( )。

A. 棚车　　　B. 敞车　　　C. 罐车　　　D. 保温车　　　E. 平车

3. 国际铁路货物联运运单包括( )。

A. 运单正本　　B. 运行报单　　C. 运单副本　　D. 货物交付单　　E. 货物到达通知单

4. 作为香港铁路运输最基本的单据之一,货物运输委托书一般由谁持有?( )

A. 中外运　　B. 深圳外运或铁外服　　C. 港中旅　　D. 发货人　　E. 收货人

四、思考题

1. 简述国际铁路货物联运的特点。

2. 简述国际货协运单的作用。

3. 简述需要按整车运输的货物类型。

知识应用

试从原动力不同分析铁路机车的类型。

第五章　集装箱与国际多式联运

学习目标

知识目标

1. 熟悉集装箱运输概念及特点；
2. 掌握国际多式联运概念、特点、基本条件及组织形式；
3. 掌握国际多式联运常见单证分类及内容；
4. 熟悉国际集装箱多式联运基本业务流程环节。

技术目标

1. 会准确计算集装箱运输费用；
2. 能准备理解国际多式联运常见单证内容及使用方法；
3. 能清楚国际集装箱多式联运组织过程。

应用能力目标

1. 培养良好的职业道德，树立服务质量高于效率的理念；
2. 树立服务意识，提高国际集装箱多式联运企业的运输效率。

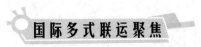

国际多式联运聚焦

2016 年中铁国际多式联运公司中、欧中亚班列开行实现新的突破

（1）强化过程控制，提高服务质量。中铁多联公司从铁路商定电报抓起，落实班列操作中的每个环节，强化国际联运运单和随车单据的制作和审核，加强与沿途口岸海关、检验检疫等部门的沟通和协调，提高通关效率。

（2）制定口岸转关代理比选办法，首次在阿拉山口/霍尔果斯口岸代理公司中，通过内部比选的方式选择效率高、服务质量好的报关行，压缩报关、转关时间，提高口岸通关效率。

（3）积极拓宽境外代理网络，新增俄罗斯欧西公司、德国易普公司等 4 家境外代理公司。

（4）加强资源整合，力推中欧班列统一品牌。2016 年 6 月 8 日，按照铁路总公司的统一部署，组织重庆、成都等 8 个地方顺利发运了统一品牌——中欧班列。

（5）提高中欧班列全程运输代理比例。分别与成都、武汉等 6 个地方的平台公司签署全程运输代理协议，中欧班列全程运输代理的比例从 2015 年的不到 15% 提高到目前的 34%。

（6）积极发展直接客户。利用铁路总公司给予的量价捆绑政策，以分公司为平台，与工厂或者贸易公司直接签署货物运输协议，当地分公司作为当地的平台公司直接与政府对接。2016 年中欧班列累计开行 1702 列 14 万 TEU（标准集装箱），其中回程 572 列 48394TEU，占到去程班列的 49.7%。与哈铁快运公司密切配合，利用哈铁快运公司提供的境外段站到站全程直达班列优惠运价，组织开行了连云港—阿拉木图直达班列、连云港—塔什干直达班列，2016 年多联公司代理的中亚班列开行 646 列 66162TEU。

【思考】我国国际多式联运公司创新发展途径有哪些？

第一节　集装箱运输

一、集装箱运输基础

（一）集装箱运输的概念

1. 集装箱（container）的概念
国际标准化组织关于集装箱的定义如下。

集装箱是一种运输设备：

（1）具有足够的强度，可长期反复使用。

（2）适于一种或多种运输方式的运送，途中转运时箱内货物不需换装。

（3）具有快速装卸和搬运的装置，特别便于从一种运输方式转移到另一种运输方式。

（4）便于货物装满和卸空。

（5）具有1立方米及1立方米以上的容积。

集装箱这一术语，不包括车辆和一般包装。

2. **集装箱运输**（container transport）**概念**

将货物装在集装箱内，以集装箱作为一个货物集合（成组）单元，进行装卸、运输（包括船舶运输、铁路运输、公路运输、航空运输以及这几种运输方式的联合运输）的运输工艺和运输组织形式。

集装箱运输是对传统的以单件货物进行装卸运输工艺的一次重要改革，是当代世界上最先进的运输工艺和运输组织形式，是件杂货运输的发展方向，是交通运输现代化的重要标志。

目前，集装箱运输已进入以国际远洋船舶运输为主，以铁路运输、公路运输、航空运输为辅的国际多式联运为特征的新时代。

（二）集装箱运输的特点

由于普通散件杂货运输长期以来存在着装卸及运输效率低，货损、货差严重，影响货运质量，货运手续繁杂，影响工作效率，因此对货主、船公司及港口的经济效益产生极为不利的影响。为解决采用普通货船运输散件杂货存在以上无法克服的缺点，实践证明，只有通过集装箱运输，才能彻底解决以上问题。因此集装箱运输已经成为一种高效率、高效益及高运输质量的运输方式，它具有以下特点：

1. 高效益的运输方式

具体表现在：

（1）简化包装、节约包装费用，简化理货工作

集装箱具有坚固、密封的特点，其本身就是一种极好的包装。货运集装箱化后，其自身的包装强度可减弱，甚至无须包装，包装费用下降。

集装箱运输成本节约

据统计，用集装箱方式运输电视机，本身的包装费用可节约50%。中国广东省出口大理石，原先使用木箱包装，每吨需包装费用108元，改用集装箱后，每吨货物节省包装费74元。

在运输场站，由于集装箱对环境要求不高，节省了场站在仓库方面的投资。有些商品甚至无须任何包装，如采用衣架箱来装运成衣服装，箱内设置衣架可直接吊挂服装，收货人在提取集装箱后，即可从箱内取出服装，无须重新熨烫平整即可直接上售货架，既节省包装成本，又使商品可及时供应市场。

（2）减少货损货差，提高货运质量

货物装箱铅封后，途中无须拆箱倒载，一票到底，即使经过长途运输或多次换装，不易损坏箱内货物。

集装箱运输可减少被盗、潮湿、污损等引起的货损和货差，深受货主和船公司的欢迎，并且由于货损货差率的降低，减少了社会财富的浪费，也具有很大的社会效益。

据我国的统计，用火车装运玻璃器皿，一般破损率在30%左右，而改用集装箱运输后，破损率下降到5%以下。在美国，类似运输破损率不到0.01%，日本也小于0.03%。

（3）减少营运费用，降低运输成本

由于集装箱的装卸基本上不受恶劣气候的影响，船舶非生产性停泊时间缩短，又由于装卸效率高，装卸时间缩短；

对船公司而言，可提高航行率，降低船舶运输成本；

对港口而言，可以提高泊位通过能力，从而提高吞吐量，增加收入。

同时由于集装箱运输货物的安全性提高，运输中保险费用也相应下降。

据英国有关方面统计，该国在大西洋航线上开展集装箱运输后，运输成本仅为普通件杂货运输的1/9。

2. 高效率的运输方式

传统的运输方式具有装卸环节多、劳动强度大、装卸效率低、船舶周转慢等缺点。而集装箱运输完全改变了这种状况。

（1）扩大成组单元，提高装卸效率，降低劳动强度

在装卸作业中，装卸成组单元越大，装卸效率越高。

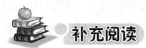

成组单元

托盘成组化与单件货物相比，装卸单元扩大了20～40倍；而集装箱与托盘成组化相比，装卸单元又扩大了15～30倍。所以集装箱化对装卸效率的提高是个不争的事实。在港口普通码头上装卸件杂货船舶，其装卸效率一般较低，平均为35吨/小时，并且需要配备装卸工人约17人，所以，通常万吨级件杂货船在港停泊时间少则2～3天，多则7～8天。如果遇到雨雪天气，还会停止作业；而在集装箱专用码头上装卸集装箱，其装卸效率可达50TEU/小时，按每箱载货15吨计，生产效率已达750吨/小时，而配备工人人数至多只要4名，工效提高了几十倍，受外界气候的影响很小。

据铁路部门测算，用人工装车，平均一个车皮需要2个小时，而采用铁路专用集装箱运输方式，用机械作业，一般只需20分钟。在提高装卸效率的同时，工人的体力劳动强度也大幅度地降低。机械化和自动化作业方式的采用，使工人只需从事一些辅助性的体力劳动工作，肩扛人挑的装卸搬运方式已成为历史。同时，机械化程度提高，对作业人员的专业知识和操作技能的要求也加强了。

（2）缩短货物在途时间，降低物流成本

集装箱化给港口和场站的货物装卸、堆码的全机械化和自动化创造了条件。标准化的

货物单元加大，提高了装卸效率，缩短了车船在港口和场站停留的时间。因而船舶航次时间缩短，船舶周转加快，航行率大大提高，船舶生产效率随之提高。

据航运部门统计，一般普通货船在港停留时间约占整个营运时间的56％；而采用集装箱运输，则在港时间可缩短到仅占营运时间的22％。

在麦克林实验中纽约—休斯敦航线一个航次的总时间从434小时缩短到294小时，船舶在该航线上的每年理论上的航次数由19.35次增加到28.56次，两艘集装箱船即可实现三艘传统货船的理论能力和运费收入。

这一时间的缩短，对货主而言就意味着资金占用的大幅下降，可以很大程度地降低物流成本。

（3）高投资的运输方式

集装箱运输虽然是一种高效率的运输方式，但是它同时又是一种资本高度密集的行业。

①船公司必须对船舶和集装箱进行巨额投资。根据有关资料表明，集装箱船每立方英尺（一英尺等于0.3048米）的造价约为普通货船的3.7～4倍。一只20ft钢制干货集装箱造价为2500～3500美元，而一只冷藏箱造价约是同尺寸普通箱的5倍以上。使得船公司的总成本中固定成本占有相当大的比例，高达2/3以上。

②集装箱运输中的港口的投资相当大。专用集装箱泊位的码头设施包括码头岸线和前沿、货场、货运站、维修车间、控制塔、门房，以及集装箱装卸机械等，耗资巨大。

③配套建设费用高。为开展集装箱多式联运，还需有相应的内陆设施及内陆货运站等，为了配套建设，就需要兴建、扩建、改造、更新现有的公路、铁路、桥梁、涵洞等，这方面的投资更是惊人。

可见，没有足够的资金开展集装箱运输，实现集装箱化是困难的，必须根据国力量力而行。

应当指出，集装箱运输的高投入在某种程度上抵消了上述的费用低、船舶周转快、人工费用低等带来的效益。特别是在发展中国家，集装箱运输的直接费用并不低廉。但如从总费用及社会效益来看，由于加快运达速度、减小货损货差、节省包装费用、增大通过能力及实现规模效益等方面的综合结果，集装箱运输仍不失为一种比较经济的运输形式。

（4）高协作的运输方式

集装箱运输涉及面广、环节多、影响大，是一个复杂的运输系统工程。

首先，集装箱运输是把高效装卸的专业化码头，快速周转的运输船队，四通八达的集疏运网络，功能齐全的中转站，具有较强实力的运输经营人，遍及世界的代理网络，科学准确的信息传递和单证流转，各种运输方式综合的组织和管理，标准化的货源和技术工艺，先进的经营思想，完善的法规体系，协调工作的口岸各部门（海关、商检、理货、保险及其他运输服务等）有机地结合在一起的大规模的运输工程。

其次，集装箱运输是一项高度系统化的运输工程，其整体功能的发挥依赖于上述各方面的协调发展与密切配合。现代集装箱运输从产生时起就把不同运输方式紧密结合在一起，实现了多种方式的综合组织，这些特点打破了长期以来各运输方式独立发展、独立经营和独立组织的局面，使得集装箱运输在系统规划和建设、企业经营、运输组织和管理的基本思想和方法技术等方面与传统运输相比都发生极大变化，系统工程的思想和方法在这些发展变化中发挥了重要作用。

（5）高风险的运输方式

①全集装箱船常有 1/3（有时高达 1/2）的集装箱装在甲板上，这样就提高了船舶的重心，降低了稳性。同时甲板上的堆箱，会影响驾驶台的视线，还影响消防通道的畅通。

"海巫号"集装箱船失火事故

1973 年 6 月美国"海巫号"集装箱船在纽约港内与一油轮相撞失火，由于甲板上集装箱阻隔，无法扑救，致使大火连烧 8 天 8 夜，以全损告终。

②全集装箱船为使箱子入舱，其舱口必须大于普通货轮，这使得集装箱船与普通货船相比，在抗纵向变形的能力方面减弱许多。

③货物装箱铅封后，在途中无法知道箱内货物的状态。如果在装箱时处置不妥，用集装箱运输方式，途中就没有任何得到纠正的机会，由此可能导致发生比件杂货运输方式更严重的货损。

（6）适于组织多式联运

由于集装箱运输在不同运输方式之间换装时，无须搬运箱内货物而只需换装集装箱，这就提高了换装作业效率，适于不同运输方式之间的联合运输。在换装转运时，海关及有关监管单位只需加封或验封转关放行，从而提高了运输效率。

此外，由于国际集装箱运输与多式联运是一个资金密集、技术密集及管理要求很高的行业，是一个复杂的运输系统工程，这就要求管理人员、技术人员、业务人员等具有较高的素质，才能胜任工作，才能充分发挥国际集装箱运输的优越性。

二、集装箱运输系统及其业务机构

（一）集装箱运输的子系统

从运输方式的角度来看集装箱运输的子系统主要由以下几个组成。

1. **集装箱水路运输子系统**

集装箱水路运输子系统完成集装箱的远洋运输、沿海运输和内河运输，是承担运量最大的一个子系统。

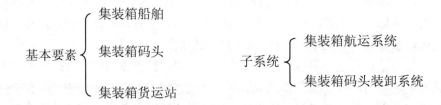

2. 集装箱铁路运输子系统

随着"陆桥运输"的起始与发展，集装箱铁路运输子系统在整个集装箱多式联运中起着越来越重要的作用，它是集装箱多式联运的重要组成部分。

铁路集装箱运输近年来发展很快，已经成为国际集装箱运输系统的重要环节和不可缺少的运输方式。

$$
子系统 \begin{cases} 集装箱铁路专用车 \\ 集装箱铁路办理站 \\ 铁路运输线 \end{cases}
$$

3. 集装箱公路运输子系统

$$
子系统 \begin{cases} 集装箱铁路卡车 \\ 集装箱公路中转站 \\ 公路网络 \end{cases}
$$

任务：集装箱公路运输子系统在集装箱多式联运过程中，完成短驳、串联和"末端运输"。

4. 集装箱航空运输子系统

随着国际贸易中商品结构的变化，一些附加值高、单位体积小、时效性要求高的商品需求的出现，航空货运在国际贸易中的比例逐步增大。

存在着若干不利因素：如集装箱浪费了有限的货舱容积、降低了运输的经济性，空用集装箱采用铝合金材料制造、投资大等。

（二）集装箱运输系统的业务机构

1. 国际货运代理人

国际货运代理人是指接受委托人的委托，就有关的货物运输、转运、仓储、保险及与货物运输有关的各种业务提供服务的机构。

通过国际货运代理人的专业化运作，对组织合理运输，提高运输效率，方便受托人业务办理都起到非常重要的作用。

2. 集装箱租赁公司

由于集装箱的造价相当昂贵，同时集装箱种类繁多，对不同的货物需要不同的集装箱来装载。

补充阅读

集装箱租箱公司产生原因

船公司如果在运作过程中全部采用自备箱，首先在投资上不经济，另外，集装箱船舶在航线运营中，由于货源在方向和时间上不均衡，需要自备大量的集装箱才能保证正常的运行，同时还会产生对集装箱调运、维护、过时等方面的问题。在这种情况下，专业的集装箱租赁公司应运而生。

目前，世界上具有相当规模的集装箱租赁公司已有 100 多家，规模较大的集装箱租箱公司名称如下表所示，可供出租的箱量已超过世界集装箱总数的 50%，这对于集装箱运输的发展起到非常重要的促进作用。

规模较大的集装箱租箱公司名称

英文缩写	中文名称	英文全称
TEX	特克斯集装箱设备管理有限公司	Textainer Equipment Management Ltd.
GST	金斯塔租箱公司（美国）	Genstar Container Corp.
TRI	特来顿国际租箱公司（美国）	Triton Container International Ltd.
WCL	世界租箱公司（日本）	World Container Leasing Ltd.
TOL	泛洋租箱公司	Trans Ocean Leasing Corp.
UFC	富列克西租箱公司（美国）	Flex - Van Corp.
CLO	克卢租箱公司（德国）	Clou Container Leasing
XCD	跨国租箱公司（欧洲）	Cross Country Leasing Ltd.
TAL	全美租箱公司（美国）	Transameriea Leasing Inc.

3. 集装箱船舶出租公司

由于集装箱运输市场供求关系的变化，船舶投资的巨大，航线货流的不均衡，船公司在实际航线的运行中，往往会通过租船的方式来进行运力的调整，这样对于上述问题的风险可以进行有效的规避。

出租方式：根据具体的业务要求，有融资性的租赁、航次租船、不定期租船等方式。

4. 无船承运人

无船承运人是指在集装箱运输中，经营集装箱货运业务，但不经营船舶的承运人。

1）业务范围

作为承运人签发货运提单，并因签发提单而对货物托运人负责。

代表托运人承办订舱业务。无船承运人根据货物托运人的要求和货物的具体情况安排运输工具。

承办货物交接。无船承运人根据托运人的委托，在指定地点接受货物并转交承运人或其他人。如从内陆运输出口的货物，则交给指定的海运承运人，在交接过程中，为托运人办理理货、报关、检验等业务。

代办库场业务。无船承运人的产生，在一定程度上促进了货主与船公司之间的相互协作，对有效开展集装箱运输起到重要作用。

2）无船承运人与国际货运代理的区别

（1）两者业务的不同

无船承运人：以自己的名义分别与货主和实际承运人订立运输合同，通常将多个货主提供的散装货集中拼装在一个集装箱中，与实际承运人洽订舱位，虽然此时无船承运人也会提供包装、仓储、运输、过驳、保险等其他服务，但这些服务并非是主业，而是辅助性的。

货运代理人：主要业务是揽货、订舱、托运、仓储、包装，货物的监装、监卸，集装箱装拆箱、分拨、中转及相关的短途运输服务、报关、报检、报验、保险，缮制签发有关单证、交付运费、结算及交付杂费等。

（2）两者适用的法律不同

无船承运人与托运人之间所形成的是为提单所证明的海上货物运输合同关系，适用我国《海商法》及国际公约有关提单运输之法律规定，银行可以结汇；

货运代理人与原始托运人（客户）之间签订的是书面的运输委托协议，两者之间是委托合同的法律关系，适用我国《合同法》有关委托合同之法律规定，银行不予结汇，同时由于目前国际上还没有专门规范货运代理的国际公约，因而各国法律在规范货运代理人时不可避免地存在着冲突。

（3）两者的权利、义务和责任不同

无船承运人：①作为本人，与托运人订立的是海上货物运输合同，合同中充当承运人的角色，享有承运人的权利，如留置权等，同时因其签发了提单而对运输过程中货物的灭失、损坏、迟延交付等承担责任；②无船承运人与实际承运人对货物在运输途中所遭受的损失通常承担连带赔偿责任。

货运代理人：与托运人订立的是委托合同，合同中充当受托人角色，享有受托人的权利，承担受托人的责任和义务，仅负有以合理的注意（due care）从事委托事务的义务，仅在因其过错给委托人造成损失时，承担赔偿责任。

（4）两者签发单证的性质不同

无船承运人：使用的是专门的提单即无船承运人提单，它是物权凭证（货运代理人欲经营无船承运人业务须到交通部申请资格办理有关手续），抬头为本公司，且公开运价。

货运代理人：无权以承运人的身份签发提单，亦无权签发或代签无船承运人或承运人提单（不能像船务代理那样签发海运提单），货运代理签发的是运输凭证，作为运输证明。

（5）两者成立的条件及审批程序不同

货运代理企业：实行审批制，对注册资金问题也作出了严格的要求。

其中，经营海上国际货物运输代理业务的，注册资本最低限额为500万元人民币，经营航空国际货物运输代理业务的，注册资本最低限额为300万元人民币，经营陆路国际货运代理业务或者国际快递业务的，注册资本最低限额为200万元人民币（经营前面两项以上业务的，注册资本最低限额为其中最高一项的限额）。如果国际货物运输代理企业要设立分支机构，则每设立一个分支机构，应当增加注册资本50万元。

无船承运企业：按照《中华人民共和国国际海运条例》的规定，对于实行的是登记制，而不是审批制。

只需要交纳80万元人民币的保证金，用于清偿其不履行承运人义务或履行不当所产生的债务及支付罚款（没有注册资金和责任保险要求），每设立一个分支机构只需增加20万元保证金。

从以上的规定可以看出，成立无船承运业务经营者的条件比国际货运运输代理企业条件要容易得多，主要是没有注册资本最低额。

（6）相关费用的计收方面也有所不同

无船承运人：双重身份，即相对于托运人来说是契约承运人，相对于实际承运人来说是托运人，可以在业务中收取运费或赚取差价；

国际货运代理人：由于其代理人的身份，只能向委托方收取佣金。而运费差额通常是远远高于佣金的。这也是许多国际货运代理人介入无船承运领域的重要原因。

托运人订舱时，无船承运人根据自己的运价表向托运人报价，以托运人的身份向船公司洽订舱位，安排货物的运输。待货物装船后，收到船公司签发的海运提单的同时，无船承运人签发自己的提单给托运人。货物抵达目的港，收货人凭其所持有的无船承运人签发的正本提单到无船承运人代理的营业所办理提货手续。而在此之前，无船承运人的代理机构已经从实际承运的船公司处收取了该货物。无船承运业务涉及两套提单的流转：无船承运人自己的提单（HOUSE B/L）和船公司的提单（MASTER B/L）。无船承运人接受托运人的订舱，办理货物托运手续，并接管货物，应托运人的要求签发 HOUSE B/L，提单关系人是托运人和实际收货人。同时以自己的名义向船公司订舱，通过船公司的班轮实际承载该货物，得到船公司签发的 MASTER B/L，提单关系人是无船承运人及其在目的港的代理。国际货运代理人与托运人是被委托方与委托方的关系，而他与收货人则不存在任何关系。

5. 其他

当然涉及集装箱运输的业务机构还包括：货主、船公司、外理公司、货运站、报关行及一些监管单位，如海关、海事局、船检局等。

三、集装箱运输费用

集装箱运输费用构成如下：

整箱/整箱：装港拖箱费＋码头操作费＋运费＋卸港码头操作费＋拖箱费。

整箱/拼箱：船公司提供的拖箱费＋码头操作费＋运费＋拆箱费。

拼箱/拼箱：装箱费＋运费＋拆箱费。

拼箱/整箱：装箱费＋运费＋码头操作费＋船公司提供的拖箱费。

其中运费计量方式如下：

（一）包箱费率

以每个集装箱为计费单位，据中国远洋运输公司使用的交通部《中国远洋货运运价本》有以下 3 种包箱费率。

FAK 包箱费率：即对每一集装箱不分货类统一收取的费率。

FCS 包箱费率：按不同货物等级制定的包箱费率。货物等级也是 1～20 级，但级差较小。一般低价货费率高于传统运输费率，高价货则低于传统费率；同一等级货物，实重货运价高于体积货运价。

FCB 包箱费率：既按不同货物等级或货类，又按计算标准制定的费率。同一级费率因计算标准不同，费率也不同。如 8～10 级，CY/CY（场到场）交接方式，20 英尺集装箱货物如按重量计费为 1500 美元，如按尺码计费则为 1450 美元。

（二）最低运费方式

规定最低运费等级：如中国远东航运输公司规定以 7 级货为最低收费等级，低于 7 级货均按 7 级收费。

规定最低运费吨：如俄罗斯远东航运公司规定，20 英尺箱最低运费吨实重货为 17.5 吨，尺码货为 21.5 立方米，W/M（容重比）为 21.5 运费吨。

规定最低箱载利用率。

（三）最高运费方式

规定最高计费吨，如在货物体积超过集装箱通常载货容积时，仍按标准体积收费。若按等级包箱费率计费，而箱内等级不同时，则可免较低货物等级的运费。

规定最高计费等级，不高于该货物等级的货物，均以规定的最高计费等级收费。

第二节　国际多式联运概述

一、国际多式联运概念

1980 年 5 月在日内瓦通过的《联合国国际货物多式联运公约》规定："'国际多式联运'是指按照多式联运合同，以至少两种不同的运输方式，由多式联运经营人将货物从一国境内接管货物的地点运至另一国境内指定交货地点的运输方式"。

二、国际多式联运特点

（1）承托双方必须订立"一份国际多式联运合同"。
（2）全程运输必须使用"一张国际多式联运单据"。
（3）全程必须"至少包括两种运输方式的连贯运输"（运输链的意思）。
（4）必须是"国际间的货物运输"。
（5）必须由"一个多式联运经营人对全程负责"。
（6）全程运输使用"单一的运费费率"。

三、国际多式联运基市条件

（1）货物托运和多式联运经营人接受的货物是国际间的货物运输。
（2）至少两种不同运输方式的连贯运输。
（3）发货人与负责全程运输的多式联运经营人订立相关的多式联运合同。
（4）由与发货人订立相关合同的多式联运经营人对货物全程运输负责。
（5）由多式联运经营人签发一份全程多式联运单据，且应满足不同运输的需要。
（6）全程运输使用单一运费率。

四、国际多式联运的组织形式

由于国际多式联运具有其他运输组织形式无可比拟的优越性，因而这种国际运输新技术已在世界各主要国家和地区得到广泛的推广和应用。目前，有代表性的国家多式联运主要有远东、欧洲、北美等海陆空联运，其组织形式包括以下两种。

（一）海陆联运

海陆联运是国际多式联运的主要组织形式，也是远东、欧洲多式联运的主要组织形式之一。目前组织和经营远东、欧洲海陆联运业务的主要有班轮公会的三联集团、北荷、冠航和丹麦的马士基等国际航运公司，以及非班轮公会的中国远洋运输公司、中国台湾长荣航运公司和德国那亚航运公司等。这种组织形式以航运公司为主体，签发联运提单，与航线两端的内陆运输部门开展联运业务，与大陆桥运输展开竞争。

 **补充阅读**

海铁联运的产生背景

铁路运输由于不能实行"门到门"运输，在国际铁路运输中，货主还得支付货运站的装卸费，造成重复收费。同时由于内地货物回空率较高，箱体周转时间较长，既增加箱体的回空费用，又增加箱体的使用成本。与公路相比，在总成本上并无优势，寻求铁路运输新形式日益迫切。

当前，世界上规模最大的三条主要集装箱航线是：远东—北美航线（太平洋航线）、远东—欧洲、地中海航线和北美—欧洲、地中海航线（大西洋航线）。

（二）陆桥运输

陆桥运输是指采用集装箱专用列车或卡车，把横贯大陆的铁路或公路作为中间"桥梁"，使大陆两端的集装箱海运航线与专用列车或卡车连接起来的一种连贯运输方式。严格讲，陆桥运输也是一种海陆联运形式。只是因为其在国际多式联运中的独特地位，故在此将其单独作为一种运输组织形式。在国际多式联运中，陆桥运输（Land Bridge Service）起着非常重要的作用。它是远东、欧洲国际多式联运的主要形式。目前，远东、欧洲的陆桥运输线路有西伯利亚大陆桥和北美大陆桥。

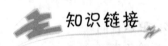 **知识链接**

陆桥运输的 4 种形式

1. 大陆桥运输（Land Bridge）

采用集装箱专用列车，把大陆当成连接两端海运的桥梁，使集装箱船和专用列车结合起来。

2. 小陆桥运输（Mini－land Bridge，MLB）

货物用国际标准规格集装箱为容器，从日本港口海运至美国、加拿大西部港口卸下，再由西部港口换装铁路集装箱专列或汽车运至北美东海岸和加勒比海区域以及相反方向的运输。

3. 微型桥运输（Micro－land Bridge）

由海运承运人签发全程提单，货主的集装箱货物，先由船舶从一国海港运到另一国海港，再由铁路承运人将货物运至内陆目的地。微型陆桥运输常见于美国/远东、美国/欧洲、美国/澳大利亚等地间的国际贸易运输线路。

4. 半陆桥运输

从东南亚各国（包括孟加拉、缅甸、泰国）到西亚（包括巴基斯坦、伊朗）的货物，利用东印度的加尔各答到西印度孟买的铁路为陆桥的运输。这条集装箱海陆联线，可以节约绕道印度半岛的航程，由于其运输路线短，又是通过印度半岛的，所以称它为"半陆桥"。

（三）海空联运

海空联运又被称为空桥运输（Air－bridge Service）。在运输组织方式上，空桥运输与陆桥运输有所不同，陆桥运输在整个货运过程中使用的是同一个集装箱，不用换装，而空桥运输的货物通常要在航空港换入航空集装箱。这种联运组织形式是以海运为主，只是最终交货运输区段由空运承担。目前，国际海空联运线主要有：

（1）远东—欧洲：远东与欧洲间的航线有以温哥华、西雅图、洛杉矶为中转地，也有以中国香港、曼谷为中转地，还有以旧金山、新加坡为中转地。

（2）远东—中南美：近年来，远东至中南美的海空联运发展较快，因为此处港口和内陆运输不稳定，所以对海空运输的需求很大。该联运线以迈阿密、洛杉矶、温哥华为中转地。

（3）远东—中东、非洲、澳洲：这是以中国香港、曼谷为中转地至中东、非洲的运输服务。在特殊情况下，还有经马赛至非洲、经曼谷至印度、经中国香港至澳洲等联运线，但这些线路货运量较小。

补充阅读

海空联运的发展

20 世纪 60 年代，将远东船运至美国西海岸的货物，再通过航空运至美国内陆地区或美国东海岸地区，从而出现了海空联运。1960 年年底，原苏联航空公司开辟了经由西伯利亚至欧洲的航空线。1968 年，加拿大航空公司参加了国际多式联运。20 世纪 80 年代，出现了经由中国香港、新加坡、泰国等至欧洲的航空线。

第三节　国际多式联运单据

一、多式联运单据简介

多式联运单据是指证明多式联运合同以及证明多式联运经营人接管货物并负责按照合同条款交付货物的单据。

多式联运单据由承运人或其代理人签发，其作用与海运提单相似，既是货物收据也是运输契约的证明、在单据作成指示抬头或不记名抬头时，可作为物权凭证，经背书可以转让。

多式联运单据表面上和联运提单相仿，但联运提单承运人只对自己执行的一段负责，而多式联运承运人对全程负责；联运提单由船公司签发，包括海洋运输在内的全程运输，多式联运单据由多式联运承运人签发，也包括全程运输但多种运输方式中，可以不包含海洋运输。

国际集装箱多式联运经营人在接收集装箱货物时，应由本人或其授权的人签发国际集装箱多式联运单据。多式联运单据并不是多式联运合同，而只是多式联运合同的证明，同时是多式联运经营人收到货物的收据和凭其交货的凭证。根据我国于 1997 年 10 月 1 日施行的《国际集装箱多式联运管理规则》，国际集装箱多式联运单据（简称"多式联运单据"）是指证明多式联运合同以及多式联运经营人接管集装箱货物并负责按合同条款交付货物的单据，该单据包括双方确认的取代纸张单据的电子数据交换信息。

二、多式联运单据分类

（一）可转让的多式联运单据

（1）多式联运单据以可转让的方式签发时：应列明按指示或向持票人交付；如列明按指示交付，须经背书后转让；如列明向持票人交付，无须背书即可转让；如签发一套一份以上的正本，应注明正本份数；如签发任何副本，每份副本均应注明"不可转让副本"字样。

（2）只有交出可转让多式联运单据，并在必要时经正式背书，才能向多式联运经营人或其代表提取货物。

（3）如签发一套一份以上的可转让多式联运单据正本，而多式联运经营人或其代表已正当地按照其中一份正本交货，该多式联运经营人便已履行其交货责任。

（二）不可转让的多式联运单据

（1）多式联运单据以不可转让的方式签发时，应指明记名的收货人。

（2）多式联运经营人将货物交给此种不可转让的多式联运单据所指明的记名收货人或经收货人通常以书面正式指定的其他人后，该多式联运经营人即已履行其交货责任。

三、多式联运单据内容

(1) 货物品类、识别货物所必需的主要标志、如属危险货物，其危险特性的明确声明、包数或件数、货物的毛重或其他方式表示的数量等，所有这些事项均由发货人提供。

(2) 货物外表状况。

(3) 多式联运经营人的名称和主要营业所。

(4) 发货人名称。

(5) 如经发货人指定收货人，收货人的名称。

(6) 多式联运经营人接管货物的地点和日期。

(7) 交货地点。

(8) 如经双方明确协议，在交付地点交货的日期或期间。

(9) 表示该多式联运单据为可转让或不可转让的声明。

(10) 多式联运单据的签发地点和日期。

(11) 多式联运经营人或经其授权的人的签字。

(12) 如经双方明确协议，每种运输方式的运费；或者应由收货人支付的运费，包括用以支付的货币；或者关于运费出、收货人支付的其他说明。

(13) 如在签发多式联运单据时已经确知，预期经过的路线、运输方式和转运地点。

(14) 如不违背签发多式联运单据所在国的法律，双方同意列入多式联运单据的任何其他事项。

但是以上一项或者多项内容的缺乏，不影响单据作为多式联运单据的性质。如果多式联运经营人知道或者有合理的根据怀疑多式联运单据所列的货物品类、标志、包数或者数量、重量等没有准确地表明实际接管货物的状况，或者无适当方法进行核对的，多式联运经营人应在多式联运单据上作出保留，注明不符合之处及怀疑根据或无适当核对方法。如果不加批注，则应视为已在多式联运单据上注明货物外表状况的良好。

四、多式联运单据的签发

(1) 多式联运经营人接管货物时，应签发一项多式联运单据，该单据应依发货人的选择，或为可转让单据或为不可转让单据。

(2) 多式联运单据应由多式联运经营人或经他授权的人签字。

(3) 多式联运单据上的签字，如不违背签发多式联运单据所在国的法律，可以是手签、手签笔迹的复印、打透花字、盖章、符号，或用任何其他机械或电子仪器打出。

(4) 经发货人同意，可以用任何机械或其他保存第八条所规定的多式联运单据应列明的事项的方式，签发不可转让的多式联运单据。在这种情况下，多式联运经营人在接管货物后，应交给发货人一份可以阅读的单据，载有用此种方式记录的所有事项，就本公约而言，这份单据应视为多式联运单据。

五、多式联运单据中的保留

如果多式联运经营人或其代表知道、或有合理的根据怀疑多式联运单据所列货物的品类、主要标志、包数或件数、重量或数量等事项没有准确地表明实际接管货物的状况，或无适当方法进行核对，则该多式联运经营人或其代表应在多式联运单据上作出保留，注明不符之处、怀疑的根据、或无适当核对方法。

如果多式联运经营人或其代表未在多式联运单据上对货物的外表状况加以批注，则应视为他已在多式联运单据上注明货物的外表状况良好。

六、多式联运单据的转让

多式联运单据分为可转让的和不可转让的。根据《联合国国际货物多式联运公约》的要求，多式联运单据的转让性在其记载事项中应有规定。

作为可转让的多式联运单据，具有流通性，可以像提单那样在国际货物买卖中扮演重要角色。多式联运公约规定，多式联运单据以可转让方式签发时，应列明按指示或向持票人交付：如列明按指示交付，须经背书后转让；如列明向持票人交付，无须背书即可转让。此外，如签发一套一份以上的正本，应注明正本份数；如签发任何副本，每份副本均应注明"不可转让副本"字样。对于签发一套一份以上的可转让多式联运单据正本的情况，如多式联运经营人或其代表已正当按照其中一份正本交货，该多式联运经营人便已履行其交货责任。

作为不可转让的多式联运单据，则没有流通性。多式联运经营人凭单据上记载的收货人而向其交货。按照多式联运公约的规定，多式联运单据以不可转让的方式签发时，应指明记名的收货人。同时规定，多式联运经营人将货物交给此种不可转让的多式联运单据所指明的记名收货人或经收货人通常以书面正式指定的其他人后，该多式联运经营人即已履行其交货责任。

七、多式联运单据证据效力

多式联运单据的效力主要表现在它是该单据所载明的货物由多式联运经营人接管的初步证据。由此可见，作为国际多式联运合同证明的多式联运单据，其记载事项与其证据效力是密切相关的，多式联运单据主要对以下几个方面起到证明作用：一是当事人本身的记载；二是有关货物状况的记载；三是有关运输情况的记载；四是有关法律约束方面的记载。

根据《联合国国际货物多式联运公约》的规定，多式联运经营人对多式联运单据中的有关记载事项可以作出保留。该公约规定，如果多式联运经营人或其代表知道、或有合理的根据怀疑多式联运单据所列货物的品种、主要标志、包数或件数、重量或数量等事项没有准确地表明实际接管的货物的状况、或无适当方法进行核对，则该多式联运经营人或其代表应在多式联运单据上作出保留，注明不符之处、怀疑的根据、或无适当的核对方法。如果多式联运经营人或其代表未在多式联运单据上对货物的外表状况加以批注，则应视为他已在多式联运单据上注明货物的外表状况良好。

多式联运经营人如在单据上对有关货物或运输方面加了批注，其证据效力就会产生疑问。多式联运单据有了这种批注后，可以说丧失了其作为货物收据的作用：对发货人来说，这种单据已不能作为多式联运经营人收到单据上所列货物的证明，不能成为初步证据；对收货人来说，这种单据已失去了其应有的意义，是不能被接受的。

如果多式联运单据上没有这种保留性批注，其记载事项的证据效力是完全的，对发货人来说是初步证据，但多式联运经营人可举证予以推翻。不过，根据多式联运公约的规定，如果多式联运单据是以可转让方式签发的，而且已转让给正当信赖该单据所载明的货物状况的、包括收货人在内的第三方时，该单据就构成了最终证据，多式联运经营人提出的反证不予接受。

另外，该多式联运公约对一些经过协议达成的记载事项，如交货日期、运费支付方式等并未作出法律规定，这符合合同自由原则，但公约对由于违反此类记载事项带来的责任还是作了规定：如果多式联运经营人意图诈骗，在多式联运单据上列入有关货物的不实资料、或其他规定应载明的任何资料，则该联运经营人不得享有该公约规定的赔偿责任限额，而需负责赔偿包括收货人在内的第三方因信赖该多式联运单据所载明的货物的状况行事而遭受的任何损失、损坏或费用。

第四节　国际集装箱多式联运业务流程

一、装箱方式

整箱（FCL）：货主向承运人或租赁公司租用一定的集装箱。空箱运到工厂仓库后在海关人员监管下，货主把货装入箱内，加锁铅封后，交承运人并取得站场收据，最后凭收据换取提单或运单。

拼箱（LCL）承运人接受货主托运的数量不足整箱的小票货运后根据货类性质和目的地进行分类整理，把去同一目的地的货，集中到一定数量，拼装入箱。

二、交接方式

整箱交整箱接（FCL/FCL），承运人以整箱为单位负责交接，货物的装箱和拆箱均由货方负责。

拼箱交拆箱接（LCL/LCL），货物的装箱和拆箱均由承运人负责。

整箱交拆箱接（FCL/LCL）。

拼箱交整箱接（LCL/FCL）。

三、交接地点

"门"指发收货人工厂或仓库。"场"指港口的集装箱堆场。"站"指港口的集装箱货运站。

"门到门"：在整个运输过程中，完全是集装箱运输，并无货物运输，适宜于整箱交整箱接。

"门到场站"：从门到场站为集装箱运输，从场站到门是货物运输，适宜于整箱交拆箱接。

"场站到门"：由门至场站为货物运输，由场站至门是集装箱运输，适宜于拼箱交整箱接。

"场站到场站"：除中间一段为集装箱运输外，两端的内陆运输均为货物运输，适宜于拼箱交拼箱接。

四、出口程序

（1）订舱。

（2）装货单：船公司确认订舱后，签发装货单，分送集装箱堆场和集装箱货运站，据以安排空箱及办理货运交接。

（3）发送空箱：整箱货运所需的空箱，由船公司送交或发货人领取。拼箱货运所需的空箱，一般由货运站领取。

（4）拼箱货装箱：发货人收到空箱后，自行装箱并按时运至集装箱堆站。集装箱堆场根据订舱单装箱单验收并签发场站货物收据，然后在站内装箱。

（5）整箱货装箱：集装箱货运站根据订舱单核收托运货物并签发场站货物收据，经分类整理，然后在站内装箱。

（6）集装箱货运交接：上述（4）和（5）签发的场站收据是发货人交货和船公司收货的凭证。

（7）提单：发货人凭场站收据向船公司换取提单，然后向银行结汇。如果信用证规定需要装船提单，则应在集装箱装船后，才能换取装船提单。

（8）装船：集装箱堆场根据船舶积载计划，进行装船。

五、进口程序

（1）货运单证：凭出口港寄来的有关货运单证着手安排工作。

（2）分发单证：将单证分别送代理集装箱货运站和集装箱堆场。

（3）到货通知：通知收货人有关船舶到港时间，便于准备接货，并于船舶到港以后，发出到货通知。

（4）提单：收货人按到货通知持正本提单向船公司换取提货单。

（5）提货单：船公司核对正本提单无误后，即签发提货单。

（6）提货：收货人凭提货单连同进口许可证至集装箱堆场办理提箱或提货手续。

（7）整箱交：集装箱堆场根据提货单交收货人集装箱并与货方代表办理设备交接单手续。

（8）拼箱交：集装箱货运站凭提单交货。

 **案例分析** ▶▶▶

多式联运案例

2008 年 10 月，中国土蓄产进出口公司×畜产分公司委托×对外贸易运输公司办理 333 个纸箱的男士羽绒滑雪衫出口手续，外运公司将货装上××远洋运输公司的货轮并向畜产进出口公司签发了北京中国对外贸易运输总公司的清洁联运提单，提单载明货物数量共为 333 箱，分装 3 个集装箱。同年 6 月 29 日，货轮抵达目的港日本神户，7 月 6 日，日方收货人在港口装卸公司开箱发现其中一个集装箱 A 的 11 个纸箱中，有 5 箱严重湿损，6 箱轻微湿损。7 月 7 日，运至东京日方收货人仓库，同日由新日本商检协会检验，10 月 11 日出具的商检报告指出货损的原因是由于集装箱有裂痕，雨水进入造成箱内衣服损坏，实际货损约 1868338 日元。在东京进行货损检验时，商检会曾邀请×远洋运输公司派人共同勘察，但该公司以"出港后检验无意义"为由拒绝。日方收货人从 AIU 保险公司取得赔偿后，AIU（美亚）公司取得代位求偿权，于 2009 年 9 月 25 日向上海海事法院提起诉讼，要求被告货运代理人和实际承运人赔偿日方损失，并承担律师费和诉讼费。两被告答辩相互指出应由另一被告承担全部责任，并要求原告进一步对减少货损的合理措施进行举证。

上海海事法院认为，根据两被告 2002 年签订的集装箱运输协议以及提单条款，两被告有相当的责任牵连，但日方收货人于×远洋运输公司在开箱时交割不清，商检又在港口外进行，故原告对货物损害索赔及所受损害的确切数额的请求举证不力。经法院调解，2010 年 3 月 28 日，原被告三方达成协议，两被告根据损害事实及提单条款规定，赔付原告人民币 8000 元（其中 300 元为原告预支的诉讼费），赔款先由货运代理人先行给付，再由他与实际承运人自行协商解决，案件受理费由原告负担。

根据"拆箱报告"和商检报告，本案中货损的原因是由于集装箱有裂痕，雨水进入箱内所致，因为承运人签发的是清洁联运提单，所以发生货损应当归于承运人的责任。根据中远提单条款的规定以及×远洋运输公司与×对外贸易运输公司的协议约定，两被告均应对货损承担责任。本案中日方收货人对货损也应承担一定的责任。依据商检管理，日方收货人在发现货物有湿损时，应及时在卸货港当地申请商检，并采取适当救济措施以避免湿损扩大。但日方在未采取措施情况下将货物运至东京再商检，显然应对货物损失承担部分责任。对于因日方过错导致货物扩大损失的部分，应由日方自身负责，无权向承运人追偿。本案处理结果基本上符合各方当事人的责任状况，至于两被告哪一方应对货损承担责任，根据他们之间的协议，应在共同对外承担责任后，查明事实后合理分担。

关键概念

多式联运　提单条款　货损

基础练习

一、判断题

1. 集装箱应视同货物的外包装箱，不论空箱和重箱，其箱重都不计算在货物吞吐量内。（　　）

2. 集装箱运输起源于德国。（　　）

3. 国际多式联运在集装箱运输产生之后发展起来，目前的国际多式联运基本上是国际集装箱货物多式联运。（　　）

4. 多式联运经营人是与托运人订有多式联运合同的人。（　　）

二、单选题

1. 国际标准规定的标准箱是（　　）。

A. 40 英尺集装箱　　B. 30 英尺集装箱　　C. 10 英尺集装箱　　D. 20 英尺集装箱

2. 货价高、运费也高的商品，如各种酒类、香烟及烟草、小型电器、光学仪器等属于（　　）。

A. 最适合装箱货　　B. 适合装箱货　　C. 边际装箱货　　D. 不适合装箱货

3. 多式联运一词出自联合国《国际货物与多式联运公约》的是（　　）。

A. Intermodal Trasport　　　　B. Multimodal Trasport

C. Combind Trasport　　　　D. Associate Trasport

4. 东起中国连云港，西至荷兰鹿特丹港，连接远东和欧洲的陆桥运输线是（　　）。

A. 西伯利亚大陆桥　　B. 新亚欧大陆桥　　C. 北美大陆桥　　D. 墨西哥陆桥

5. 多式联运经营人对货物承担的责任期限是（　　）。

A. 自己运输区段　　B. 全程运输　　C. 实际承运人运输区段　　D. 第三方运输区段

6. 国际货运代理企业经营多式联运并签发多式联运提单时，其法律地位是（　　）。

A. 代理人　　　　B. 发货人　　　　C. 承运人　　　　D. 收货人

三、多选题

1. 与 FCL/FCL（整箱货对整箱货）相应的交接方式是（　　）。

A. Door/Door　　B. CY/CY　　　C. CFS/CY　　　D. Door/CFS　　　E. CY/CFS

2. 在国际贸易中，开展以集装箱运输的国际多式联运，有利于（　　）。

A. 简化货运手续　　　　B. 加快货运速度　　　　C. 降低运输成本

D. 节省运杂费用　　　　E. 提高运输费用

四、思考题

1. 集装箱运输系统的组成要素包括哪些？

2. 简述单独责任制、网状责任制、统一责任制、统一修正责任制之间的差异。

📖 知识应用

（1）某票货从张家港出口到欧洲费力克斯托，经上海转船。2×20ft FCL，上海到费力克斯托的费率是 USD1850/20ft，张家港经上海转船，其费率在上海直达费力克斯托的费率基础上加 USD100/20ft，另有货币贬值附加费 10%，燃油附加费 5%。问题：在本题中托运人应支付多少运费？

（2）东华公司按 CFR 条件，即期不可撤销信用证以集装箱运出口成衣 350 箱，装运条件是 CYTOCY（堆场到堆场）。货物交运后，东华公司取得"清洁已装船"提单，提单上标明："Shipper's Load and Count."在信用证规定的有效期内，东华公司及时办理了议付结汇手续。20 天后，接对方来函称：经有关船方、海关、保险公司、公证行会同对到货开箱检验，发现其中有 20 箱包装严重破损，每箱均有短少，共缺成衣 512 件。各有关方均证明集装箱外表完好无损，为此，对方要求东华公司赔偿其货物短缺的损失，并承担全部检验费共 2500 美元。问：对方的要求是否合理？为什么？

第六章　通关管理基础

知识目标

1. 掌握报关的含义、分类、意义；
2. 熟悉报关单位的分类、事务管理及海关对报关单位的管理手段；
3. 熟悉报关员的备案、职业素质要求、职业守则要求；
4. 理解报关业务体系及基本流程、基本内容、基本技能；
5. 掌握我国出入境检验检疫基本制度；
6. 熟悉《出入境检验检疫机构实施检验检疫的进出境商品目录》的规定；
7. 理解自理报检单位、代理报检单位检验检疫机构对其监管手段；
8. 熟悉出入境货物报检业务分类及流程。

技术目标

1. 能对进出境报关的含义及在报关活动全过程中所处位置进行正确描述能力；
2. 能对进出境报关虚拟案例的报关过程及相对应的海关管理措施进行正确描述能力；
3. 掌握出入境检验检疫领域的工作规范，按照《法检目录》的要求有能力查找法检商品的基本信息；
4. 报检单位的规范事务管理能力；
5. 能够按照报检员的监管规范，在规定的报检时限、地点内，规范的从事出入境货物报检业务操作，并提交准确的报检单证。

应用能力目标

1. 提升对通关管理的法律性、政策性认知素质；
2. 掌握通关一体化协调技能。

2020 年形成大通关管理体制机制

国务院 2015 年印发《落实"三互"推进大通关建设改革方案》（简称《方案》），推动内陆同沿海沿边通关协作，实现口岸管理相关部门信息互换、监管互认、执法互助，提出到 2020 年，跨部门、跨区域的内陆沿海沿边大通关协作机制有效建立，信息共享共用，同一部门内部统一监管标准、不同部门之间配合监管执法，互认监管结果，优化通关流程，形成既符合中国国情又具有国际竞争力的管理体制机制。

《方案》明确，建立完善与推进国际物流大通道建设相适应的通关管理机制，建设多式联运物流监管中心，改进监管方式；加强与"一带一路"沿线国家口岸执法机构的机制化合作，落实世界贸易组织的《贸易便利化协定》，加快自由贸易园（港）区和海关特殊监管区域监管制度创新与复制推广，建立"自由贸易园（港）区—海关特殊监管区域—区外"的分级复制推广机制，推动全方位扩大开放。

《方案》提出，要在优化机制的基础上，完善大通关管理体制的渐进改革措施，研究探索行政执法权相对集中行使和跨部门联合执法；开展查验机制创新和综合执法试点等改革措施。

【思考】大通关管理体制发展的必要性。

第一节　报关管理

一、报关基本概念

（一）报关的含义

报关是指进出口货物收发货人、进出境运输工具负责人、进出境物品的所有人或者他们的代理人向海关办理货物、物品或运输工具进出境手续及相关海关事务的过程。

（二）报关的分类

进出口货物收发货人、进出境运输工具负责人、进出境货物的所有人或者他们的代理人等海关行政管理相对人履行报关义务时，根据其所涉及的报关对象、报关目的、报关行为性质、报关地、报关货物批次、报关方式的不同进行分类，如表 6-1 所示。

表 6 - 1	报关的分类
分类的依据	具体分类
依据报关的对象	运输工具报关
	货物报关
	物品报关
依据报关的目的	进境报关
	出境报关
依据报关的行为性质	自理报关
	代理报关
依据报关地	口岸报关
	属地报关
	"属地＋口岸"报关
依据报关货物批次	逐票报关
	集中报关
依据报关方式	有纸报关
	无纸报关

(三) 报关的意义

1. 报关是执行国家对外贸易政策的重要保障

国家实行对外贸易管理政策的手段有两种：关税措施、非关税措施。由于对外贸易经营者的主要目的是为了获得经济利益，而对外贸易管制措施增加了经营者的经营成本，因此，仅靠外贸经营者本身自律很难保证国家对外贸易政策的落实，于是国家成立海关对进出口进行监督管理，确保对外贸易政策的实现。《海关法》规定"进口货物的收货人、出口货物的发货人应当向海关如实申报，交验进出口许可证件和有关单证"，这就需要对外贸易经营者主动向海关申报进出口的具体情况，配合海关对外贸易政策的监管，因此，报关是执行国家对外贸易政策的重要保障手段。

2. 报关质量直接影响通关速度

通关是指报关人和海关为使进出口货物解除海关监管或置于另一种海关制度之下所必须办结的海关手续。因此，通关过程强调的是海关与报关人之间的互动与合作，报关质量的高低直接影响通关速度。为了提高通关速度，海关按照报关人报关质量、守法程度不同采取不同的监管手段，报关人报关质量、守法程度高可以享受便利通关措施，相反，报关人报关质量、守法程度低，势必延缓进出口货物的通关速度，进而会产生一定的延时费用。

3. 报关与海关管理关系密切

报关活动作为货物进出境的重要环节，是海关管理相对人与海关发生权利、义务关系的最主要和最直接的途径。报关质量与报关秩序直接影响着海关工作任务的完成。报关与海关业务改革的关系也十分密切。由于以上原因，海关作为报关的法定管理机构，海关越来越重视对报关的管理工作，通过建立一系列有关报关资格和行为管理的法律、法规和规章，不断规范报关活动，优化报关秩序，引导报关行业健康发展。

二、报关单位

（一）报关单位的分类

1. 进出口货物收发货人

进出口货物收发货人指的是依法直接进口或者出口货物的中华人民共和国关境内的法人、其他组织或者个人。包括：

（1）一般进出口货物收发货人

一般而言，进出口货物收发货人指的是依法向国务院对外贸易主管部门或者其委托的机构办理备案登记的对外贸易经营者。进出口货物收发货人经向海关注册登记后，只能为本单位进出口货物报关。

（2）特殊收发货人

特殊收发货人是指对于一些未取得对外贸易经营者备案登记表但按照国家有关规定需要从事非贸易性进出口活动的单位。由于这些单位进出口的是非贸易性物品，且数量不大，因此可以向海关申请办理临时注册登记手续，获得临时报关权，报关范围仅限于本单位进出口非贸易性物品。

特殊收发货人包括：境外企业、新闻、经贸机构、文化团体等依法在中国境内设立的常驻代表机构；少量货样经出境的单位；国家机关、学校、科研院所等组织机构；临时接受捐赠、礼品、国际援助的单位；其他可以从事非贸易性进出口活动的单位。

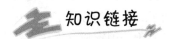 **知识链接**

正确理解收发货人

从所有制结构来看，收发货人主要包括国有企业、外商投资企业、民营企业和集体企业，具有数量多、报关业务量相对较小等特点。近几年统计数据显示，收发货人约占全国报关单位的98%，其年报关量约占年报关单总量的15%。

以进出口企业规模为标准，收发货人（企业）可分为大、中、小三种类型。大型企业一般设有报关部或通关部，业务人员多，负责办理或协调本企业报关、报检、出口退税、外汇核销、许可证件申领等业务。中小企业的报关人员数量很少，一般只负责提供进出口有关单证，委托报关企业报关。

2. 报关企业

报关企业是指按照规定经海关准予注册登记，接受进出口货物收发货人的委托，以进出口货物收发货人的名义或者以自己的名义，向海关办理代理报关业务，从事报关服务的境内企业法人。

我国的报关企业分为两种类型：①经营国际货物运输代理、国际运输工具代理等业务，兼营进出口货物的报关纳税等事宜的企业。②专门接受委托，代为办理进出口货物和经出境运输工具报关纳税等事宜的企业。

报关单位注册登记管理规定的修订

2014年3月13日，海关总署发布《中华人民共和国海关报关单位注册登记管理规定》（海关总署令第221号，简称《报关单位注册登记管理规定》），该规定由《海关对报关单位注册登记管理规定》（海关总署令第127号）、《海关对报关员记分考核管理办法》（海关总署令第119号）和《海关报关员执业管理办法》（海关总署令第146号）3部行政规章合并修订而成。其修订的主要内容为：

（1）取消了报关员的注册登记，改为以报关企业名义对其所属从业人员进行备案。

（2）取消了报关员记分考核管理，不再对报关人员进行记分和考核管理，改为对报关单位报关差错进行记录。

（3）取消报关企业分支机构注册登记行政许可，进一步方便企业并降低企业成本。

（4）降低报关企业注册门槛，取消注册资本、报关员人数等条件限制。

（5）简化报关企业注册登记程序，将报关企业行政许可与注册程序合而为一，同时减少审批层级。

（6）大幅简化报关企业注册提交材料。

（二）海关对报关单位的管理

1. 报关单位注册登记管理

（1）报关企业注册登记

报关企业注册登记属于行政许可范畴，未经许可不得报关。基于便民、高效原则，以及报关企业注册登记行政许可改为后置的做法，新修订《报关企业注册登记管理规定》将原报关企业注册登记的先许可、再注册登记简化为在申请行政许可的同时办理注册登记，两步并为一步。具体申请过程及要求如表6-2所示。

表6-2 报关企业注册登记申请过程

申请过程		申请手续办理
（1）申请条件	申请人应具备的行为能力	①具备境内企业法人资格条件 ②法定代表人无走私记录 ③无因走私违法行为被海关撤销注册登记许可记录 ④有符合从事报关服务所必需的固定经营场所和设施 ⑤海关监管所需要的其他条件
	申请应具备的法定形式要件	申请人向海关提交下列原件及复印件： ①"报关单位情况登记表" ②企业法人营业执照副本复印件及组织机构代码证书副本复印件 ③报关服务营业场所所有权证明或者使用权证明 ④其他材料

申请过程	申请手续办理
(2) 申请与处理	①申请人不具备报关企业注册登记许可申请资格的，不予受理 ②申请人材料不齐全或不符合法定形式，当场或在签收申请材料后 5 日内一次告知申请人需要补正的全部内容，逾期不告知的，自收到申请材料之日起即为受理 ③申请材料仅存在文字性或技术性等可以当场更正错误的，允许申请人当场更正，并且有申请人对更正内容予以签章确认 ④申请材料齐全、符合法定形式，或者申请人按照海关的要求提交全部补正申请材料的，应当受理报关企业注册登记许可申请，并作出受理决定
(3) 审查	所在地海关于受理注册登记许可申请之日起 20 日内审查完毕 直属海关未授权隶属海关办理注册登记许可的，应当自收到所在地海关报送的审查意见之日起 20 日内作出决定
(4) 决定	①申请符合法定条件的，海关依法作出准予注册登记许可的书面决定，送达申请人，核发"中华人民共和国海关报关单位注册登记证书" ②申请不符合法定条件的，海关依法作出不准予注册登记许可的书面决定，并告知申请人 ③报关企业注册登记许可期限为 2 年，可办理注册登记许可延续手续 ④报关企业在取得注册登记许可的直属海关关区外从事报关服务的，应当依法设立分支机构，并向分支机构所在地海关备案。报关企业在取得注册登记许可的直属海关关区内从事报关服务的，可以设立分支机构，并且向分支机构所在地海关备案

　　(2) 进出口货物收发货人注册登记

　　①进出口货物收发货人办理注册登记地点

　　进出口货物收发货人应当按照规定到所在地海关办理报关单位注册登记手续。在海关办理注册登记后可以在中华人民共和国关境内口岸或者海关监管业务集中的地点办理本企业的报关业务。

　　②进出口货物收发货人办理注册登记提交的文件材料

　　申请人按照规定向海关提交下列材料的复印件，同时交验原件："报关单位情况登记表"；营业执照副本复印件及组织机构代码证书副本复印件；对外贸易经营者备案登记表复印件或者外商投资企业（我国台港澳侨投资企业）批准证书复印件；其他与注册登记有关的文件资料。

　　③审查及决定

　　注册地海关依法对申请注册登记材料进行核对。经核对申请材料齐全、符合法定形式的，应当核发报关单位注册登记证书。除另有规定外，进出口货物收发货人报关单位注册登记证书长期有效。

　　(3) 临时注册登记

　　临时注册登记单位在向海关申报前，应当向所在地海关办理备案手续。应当持本单位出具的委派证明或者授权证明及非贸易性活动证明材料，海关出具临时注册登记证明，不予核发注册登记证书（有效期最长为 1 年，有效期届满后应当重新办理临时注册登记手续）。

2. 报关单位的权利、义务

（1）报关单位有权向海关查询其办理的报关业务情况。

（2）报关单位应当妥善保管海关核发的注册登记证书等相关证明文件。发生遗失的，报关单位应当及时书面向海关报关并说明情况。遗失的注册登记证书等相关证明文件在补办期间仍然处于有效期间的，报关单位可以办理报关业务。

（3）报关单位向海关提交的纸质进出口货物报关单应当加盖本单位的报关专用章。报关企业及其分支机构的报关专用章仅限在其取得注册登记许可或者备案的直属海关关区内使用，进出口货物收发货人的报关专用章可以在全关境内使用。

（4）报关单位在办理注册登记业务时，应当对所提交的申请材料及所填报信息内容的真实性负责并且承担法律责任。

（5）海关依法对报关单位从事报关活动及其经营场所进行监督和实地检查，依法查阅或者要求报关单位报送有关材料。报关单位应当积极配合，如实提供有关情况和材料。

（6）海关对报关单位办理海关业务中出现的报关差错予以记录，并且公布记录情况的查询方式。报关单位对报关差错记录有异议的，可以自报关差错记录之日起 15 日内向记录海关以书面方式申请复核，海关自收到书面申请之日起 15 日内进行复核，对记录错误的予以更正。

3. 报关单位的分类管理制度

《中华人民共和国海关企业分类管理办法》对企业实行分类管理且对适用对象作出了较为严格的界定，即"在海关注册登记的进出口货物收发货人和报关企业"，设置了 AA、A、B、C、D 五个管理类别。海关按照守法便利原则，对适用不同管理类别的企业，制订相应的差别管理措施，其中 AA 类和 A 类企业适用相应的通关便利措施，B 类企业适用常规管理措施，C 类和 D 类企业适用严密监管措施。

（1）报关企业管理类别的设定

报关企业管理类别的设定如表 6-3 所示。

表 6-3　　　　　　　　　　报关企业管理类别的设定

报关企业的管理类别	设定条件
AA 类	已适用 A 类管理 1 年以上
	上一年度代理申报的进出口报关单及进出境备案清单总量在 2 万票（中西部 5000 票）以上
	上一年度进出口报关差错率 3% 以下
	经海关验证稽查，符合海关管理、企业经营管理和贸易安全的要求
	每年报送"企业经营管理状况报告"和会计事务所出具的上一年度审计报告；每半年报送"报关代理业务情况表"

报关企业的管理类别	设定条件
A 类	已适用 B 类管理 1 年以上
	企业以及所属执业报关员连续 1 年无走私罪、走私行为、违反海关监管规定的行为
	连续 1 年代理报关的货物未因侵犯知识产权而被海关没收；或者虽被没收但对该货物的知识产权状况履行了合理审查义务
	连续 1 年无拖欠应纳税款、应缴罚没款项情事
	上一年度代理申报的进出口报关单及进出境备案清单等总量在 3000 票以上
	上一年度代理申报的进出口报关差错率在 5% 以下
	依法建立账簿和营业记录，真实、正确、完整地记录受委托办理报关业务的所有活动
	每年报送"企业经营管理状况评估报告"
	按照规定办理注册登记许可延续及"中华人民共和国海关报关企业报关注册登记证书"的换证手续和相关变更手续
	连续 1 年在商务、人民银行、工商、税务、质检、外汇、监察等行政管理部门和机构无不良记录
C 类	有走私行为的
	1 年内有 3 次以上违反海关监管规定的行为，或者 1 年内因违反海关监管规定被处罚款累计总额人民币 50 万元以上的
	1 年内代理报关的货物因侵犯知识产权而被海关没收达 2 次且未尽合理审查义务的
	上一年度代理申报的进出口报关差错率在 10% 以上的
	拖欠应纳税款、应缴罚没款项人民币 50 万元以下的
	代理报关的货物涉嫌走私、违反海关监管规定拒不接受或者拒不协助海关进行调查的
	被海关暂停从事报关业务的
D 类	有走私罪的
	1 年内有 2 次以上走私行为的
	1 年内代理报关的货物因侵犯知识产权而被海关没收达 3 次以上且未尽合理审查义务的
	拖欠应纳税款、应缴罚没款项人民币 50 万元以上的

续　表

报关企业的管理类别	设定条件
B类	报关企业未发生C类管理和D类管理所列情形，并符合下列条件之一的，适用B类管理。 ①首次注册登记的； ②首次注册登记后，管理类别未发生调整的； ③AA类企业不符合原管理类别适用条件，并且不符合A类管理类别适用条件的； ④A类企业不符合原管理类别适用条件的。

（2）进出口货物收发货人管理类别的设定

进出口货物收发货人管理类别的设定如表6-4所示。

表6-4　　　　　　　　　进出口货物收发货人管理类别的设定

进出口货物收发货人的管理类别	设定条件
AA类	已适用A类管理1年以上
	上一年度进出口报关差错率3%以下
	经海关验证稽查，符合海关管理、企业经营管理和贸易安全的要求
	每年报送"企业经营管理状况报告"和会计事务所出具的上一年度审计报告；每半年报送"报关代理业务情况表"
A类	已适用B类管理1年以上
	连续1年无走私罪、走私行为、违反海关监管规定的行为
	连续1年未因进出口侵犯知识产权货物而被海关行政处罚
	连续1年无拖欠应纳税款、应缴罚没款项情事
	上一年度进出口总值50万美元以上
	上一年度进出口报关差错率5%以下
	会计制度完善，业务记录真实、完善
	主动配合海关管理，及时办理各项海关手续，向海关提供的单据、证件真实、齐全、有效
	每年报送"企业经营管理状况评估报告"
	按照规定办理"中华人民共和国海关进出口货物收发货人报关注册登记证书"的换证手续和相关变更手续
	连续1年在商务、人民银行、工商、税务、质检、外汇、监察等行政管理部门和机构无不良记录

续 表

进出口货物收发货人的管理类别	设定条件
C类	有走私行为的
	1年内有3次以上违反海关监管规定的行为，且违规次数超过上一年度报关单及进出境备案清单总票数1‰的，或者1年内因违反海关监管规定被处罚款累计总额人民币100万元以上的
	1年内有2次因进出口侵犯知识产权而被海关行政处罚的
	拖欠应纳税款、应缴罚没款项人民币50万元以下的
D类	有走私罪的
	1年内有2次以上走私行为的
	1年内代理报关的货物因侵犯知识产权而被海关没收达3次以上且未尽合理审查义务的
	拖欠应纳税款、应缴罚没款项人民币50万元以上的
B类	报关企业未发生C类管理和D类管理所列情形，并符合下列条件之一的，适用B类管理。 ①首次注册登记的 ②首次注册登记后，管理类别未发生调整的 ③AA类企业不符合原管理类别适用条件，并且不符合A类管理类别适用条件的 ④A类企业不符合原管理类别适用条件的

(3) 报关单位分类管理措施的实施

①报关企业代理进出口货物收发货人开展报关业务，海关按照报关企业和进出口货物收发货人各自适用的管理类别分别实施相应的管理措施。

因企业的管理类别不同导致与应当实施的管理措施相抵触的，海关按照下列方式实施：报关企业或者进出口货物收发货人为C类或者D类的，按照较低的管理类别实施相应的管理措施；报关企业和进出口货物收发人均为B类及以上管理类别的，按照报关企业的管理类别实施相应的管理措施。

②加工贸易经营企业与承接委托加工的生产企业管理类别不一致的，海关对该加工贸易业务按照较低的管理类别实施相应的管理措施。

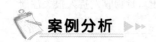 案例分析 ▶▶▶

报检单位资格

2009年3月20日，顺发公司获得进出口经营权，注册成为一家外贸公司。同年3月22日即对外签订了一份出口合同。为了提高办事效率，第二天公司派公司职员李华去海关办理货物出口报关手续，结果遭海关拒绝。请问海关的拒绝是否有理？为什么？

案例分析：拒绝有理，因为外贸公司还没有报关资格和海关备案，公司职员也没有报关员资格证，也没有进行报关员注册，没有报关的资格也就不能进行海关申报，只能委托其他具有报关资格的报关企业进行海关申报。

三、报关员

（一）报关员的备案

报关单位所属人员从事报关业务到海关备案，海关收取"报关单位情况登记表"（所属报关人员），并验核拟备案报关人员有效身份证件原件后，核发"报关人员备案证明"，如图 6-1 所示。

报关人员备案证明

（报关单位名称）：

你单位（海关注册编码：＿＿＿＿＿＿＿）所属报关人员＿＿＿＿＿＿（身份证件类型）号码：＿＿＿＿＿＿）已完成海关备案，备案编号：＿＿＿＿＿＿，备案日期：＿＿＿＿＿＿。

海关

（注册登记印章）

年 月 日

图 6-1 报关人员备案证明

修订后的《报关单位注册登记管理规定》对报关员备案的规定：

（1）明确报关员有其所属报关单位为其办理海关相关手续，报关员与所属报关单位的劳动合同关系的真实性和有效性由报关单位负责，在"报关员情况登记表"中注明并加盖公章确认。

（2）报关单位只需凭备案表和报关员身份证即可办理报关员备案，简化报关员备案的条件和材料。

（3）取消报关员证，改为核发报关员卡。

（4）报关员在办理报关业务时的违法行为，报关单位要承担相应的法律责任并受到处罚，增加了报关单位对报关员的法律责任。

（二）报关业务能力与技能型人才

1. 报关业务能力

（1）核心能力

所谓企业核心能力，是指企业的独特技术能力、组织协调能力、对外影响能力和环境应变能力。一个企业的核心能力的高低，最终取决于企业内多数员工的核心能力的高低。开发和培育员工的核心能力的意义也就在于此。

（2）业务技能

①特定技能

特定技能是指《报关员国家职业标准（试行）》中规定的仅适用于报关员职业活动的技能，是报关员完成其报关工作所必备的专业技能。主要包括报关单填制、进出口商品归类、进口货物原产地确定、应税货物完税价格核算及报关异常情况处理等技能。

②通用技能

通用技能是指与报关员职业相近的职业群体中体现出来的普遍适用的共性的技能，是报关员完成其报关工作所需要或补充的业务技能。主要包括交流表达能力、数字运算能力、信息处理能力、外语应用能力、学习能力等。

2. 技能型人才

（1）人才标准

随着《报关员国家职业标准（试行）》的颁布施行，助理报关师、报关师和高级报关师职业等级鉴定体系的建立和相关培训工作的展开，以职业技能为核心的报关业务技能型人才评价标准是评价和考核报关人员的人才素质及其等级层次的基本标准。

（2）人才特点和特征

报关业务技能型人才是技能型人才，技能从其特点和表现特征可分为心智技能和动作技能（或操作技能）。报关业务技能型人才具有工作场所的一线性、工作活动的实践性、工作层次的基础性、工作要求的规范性、工作环境的复杂多变性、工作团队的合作性的基本特征。

（三）报关员职业守则

《报关员国家职业标准（执行）》将报关员职业守则概况为：遵纪守法、廉洁自律、爱岗敬业、诚信服务、团结协作。

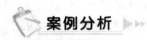 案例分析 ▶▶▶

报关员责任

青岛某船务公司报关员小安在从事报关业务中遇到这样一件事情。一家公司从韩国进口了一种人造纤维纱线，报关时，海关要求验货，开箱后发现不是人造纤维纱线，而是一种关税比人造纤维纱线高出很多的氨纶丝。海关认为是小安所在公司与外商串通想逃税。经进一步调查发现是韩国商人有意隐瞒，以逃避巨额关税。请问在这个案例中小安作为报关员有没有责任？

案例分析：该报关及经营（申报）单位均应承担责任，因为他们未对所申报货物进行充分了解，应向海关申请申报前查货及提样。

四、报关基本业务

（一）报关业务体系

报关业务一般包括前期阶段、进出境阶段和后续阶段等若干个工作阶段，如图

6－2 所示。

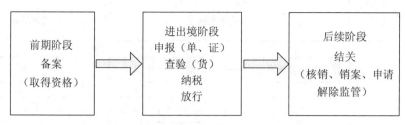

图 6－2　报关业务工作阶段

1. 前期阶段

货物在进出关境之前，向海关办理备案手续的过程。

（1）一般进出口货物，不需要办理。

（2）保税进出口货物，备案、申请登记手册。

（3）特定减免税货物，特定减免税申请和申领免税证明。

（4）暂准进出境货物，展览品备案申请。

（5）其他进出境货物，出料加工货物的备案。

2. 进出境阶段

在进出境阶段中，进出口货物收、发货人或其代理人应按照步骤完成进出口申报：进出口申报—配合查验—缴纳税费—提取或装运货物这四个环节。从海关的角度来说，所对应的程序就是审单（决定是否受理申报）—查验—征税—放行这四个阶段。

3. 后续阶段

按照规定的要求，向海关办理进出口货物核销、销案、申请解除监管的手续的过程。

（1）一般进出口货物，不需要办理。

（2）保税进出口货物，保税货物核销申请。

（3）特定减免税货物，解除海关监管申请。

（4）暂准进出境货物，暂准进出境货物销案申请。

（5）其他进出境货物，办理销案手续。

根据《报关员国家职业标准（试行）》，报关的业务体系由报关单证准备与管理、报关作业实施与管理、报关核算、进出口商品归类与原产地确定、报关事务管理、海关行政救济事务管理及培训指导 7 个业务单元或业务功能模块构成。这 7 个业务单元既相对独立，又相互联系，并具有一定稳定性和有序性。

（二）报关业务流程

报关业务流程是指围绕报关的目标和任务所展开的一系列工作内容，并按照一定次序和步骤从起点到终点的运行过程。

报关业务流程与海关管理流程的对应关系如图 6－3 所示。

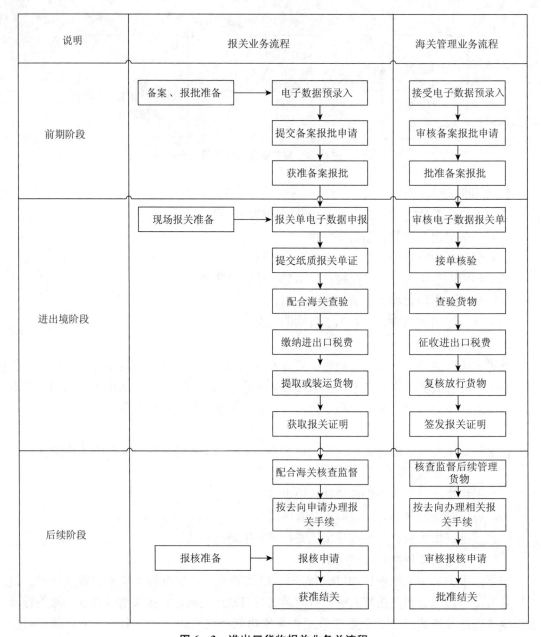

说明	报关业务流程	海关管理业务流程
前期阶段	备案、报批准备 → 电子数据预录入 → 提交备案报批申请 → 获准备案报批	接受电子数据预录入 → 审核备案报批申请 → 批准备案报批
进出境阶段	现场报关准备 → 报关单电子数据申报 → 提交纸质报关单证 → 配合海关查验 → 缴纳进出口税费 → 提取或装运货物 → 获取报关证明	审核电子数据报关单 → 接单核验 → 查验货物 → 征收进出口税费 → 复核放行货物 → 签发报关证明
后续阶段	配合海关核查监督 → 按去向申请办理报关手续 → 报核准备 → 报核申请 → 获准结关	核查监督后续管理货物 → 按去向办理相关报关手续 → 审核报核申请 → 批准结关

图 6-3　进出口货物报关业务总流程

（三）报关业务基本内容

1. 准备报关单证

报关单证是指报关人向海关申报的并未被海关接受的格式报关单及随附单证的总称。报关单证是海关开展各项业务、执法工作的重要依据和法律凭证。在报关工作实践中，准备报关单证主要包括报关单的填制和复核、报关随附单证及相关信息的收集、整理、审核等工作。

报关单是报关人向海关申报的反映进出口货物情况的一览表，属于要式法律行为，它是报关人履行进出口货物法定申报易腐和承担相应法律责任的载体。随附单证是用来佐证报关单的真实性和准确性的一系列单证。

报关单证种类如表6-5所示。

表6-5　　　　　　　　　　　　报关单证种类

报关单	货物状况的书面申明和使用海关制度的法律文书		
报关随附单证	贸易管理证明、证书	进出口许可证件	特殊单证
		进出境检验检疫证书	
		其他贸管证明、证书	
	海关管理证明、证书	加工贸易登记手册	
		征免税证明	
		其他海关证明、证书	
	进出口商业单据	货物成交单据	基本单证
		货物包装单据	
		货物运输单据	
		货物结算单据	预备单证
		货物保险单据	
	其他单证		

2. 现场报关

（1）进出口申报

①定义

申报是指进出口货物收发货人、受委托的报关企业，依照《海关法》及有关法律、行政法规的要求，在规定的期限、地点，采用电子数据报关单和纸质报关单形式，向海关报告实际进出口货物的情况，并接受海关审核的行为。

②申报地点

进口货物应当由收货人或其代理人在货物的进境地海关申报；出口货物应当由发货人或其代理人在货物的出境地海关申报。

经收发货人申请并得到海关同意，进口货物的收货人或其代理人可以在设有海关的货物指运地申报，出口货物的发货人或其代理人可以在设有海关的货物起运地申报。

以保税货物、特定减免税货物和暂准进境货物申报进境的货物，因故改变其使用目的而改变货物性质转变为一般进口时，进口货物的收货人或其代理人应当在货物所在地的主管海关申报。

③申报期限

进口货物：自装载货物的运输工具申报进境之日起14日内（申报进境之日的第二天起算）。

进口货物的申报期限如图 6-4 所示。

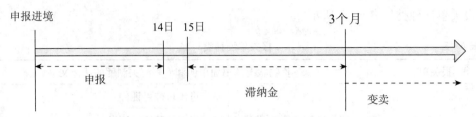

图 6-4　进口货物的申报期限

出口货物：货物运抵海关监管区后、装货的 24 小时以前。

经电缆、管道或其他特殊方式进出境的货物：定期申报。

④申报日期

不论以电子数据报关单方式申报或以纸质报关单方式申报，海关接受申报数据的日期即为接受申报的日期。

电子数据报关单方式申报的：申报日期为海关计算机系统接受申报数据时记录的日期；电子数据报关单被退回的，视为海关不接受申报。

提供纸质报关单申报的情况下：海关关员在报关单上作登记处理的日期为"海关接受申报"的日期。

在先采用电子数据报关单申报，后提交纸质报关单申报的情况下：海关接受申报的时间以海关接受电子数据报关单申报的日期为准。

电子数据报关单的申报日期如表 6-6 所示。

表 6-6　　　　　　　　　　电子数据报关单的申报日期

	检查方式	申报日期
电子数据报关单	计算机	海关接受重新申报的日期
	人工	海关原接受申报的日期

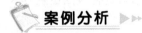 案例分析 ▶▶▶

申报时间

江苏飞力达国际物流股份有限公司报关员小郭在刚刚从事报关工作时经历的一件事情。那天下午 4 点 30 分小郭接到一批需急速运到韩国去的货物，而海关 5 点就要下班。请问在这种情况下你会怎么做？

案例分析：立即向海关说明情况，请求海关加班接受申报查验放行等，或向海关提供担保，请求先行放行，翌日再申报。

⑤滞报金

进口货物收货人未按规定期限向海关申报产生滞报的，由海关按规定征收滞报金。进口货物滞报金按日计征。起始日和截止日均计入滞报期间。滞报金的征收日期计算方式如表6-7所示。

表6-7 滞报金的征收日期计算方式

	起始日	截止日
一般情况下	运输工具申报进境之日起第15日	海关接受申报之日
申报电子数据，未准时提交纸制报关单	撤销原电子报关单，重新申报，运输工具申报进境之日起第15日	海关重新接受申报之日
经海关审核同意撤销原已接受的电子数据报关单	撤销原电子数据报关单之日起第15日	海关重新接受申报之日
进境超3个月未申报，货物提取变卖，收货人申请发还余款的	运输工具申报进境之日起第15日	该3个月期限的最后一日

计算公式：

$$滞报金金额＝进口货物完税价格×0.05\%×滞报天数$$

注意：以人民币"元"为计征单位；不足人民币1元的部分免征；起征点为人民币50元；因不可抗力等特殊情况产生的滞报可向海关申请减免滞报金。

⑥申报步骤

第一，准备申报单证

单证
- 主要单证——报关单
- 随附单证
  - 基本单证：与此次贸易有关的票据
  - 特殊单证：向主管部门申请的证明文件；有关企业的资料租赁贸易货物，向海关申报的时候要提交租赁合同

准备申报单证的原则：基本单证、特殊单证必须齐全、有效、合法；报关单填制必须真实、准确、完整；单证相符。

第二，申报前看货取样

申报前看货取样的申报程序如图6-5所示。

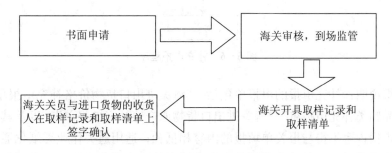

图6-5 申报前看货取样的申报程序

注意：提取货样的货物涉及动植物及其产品以及其他须依法提供检疫证明的，应当按照国家的有关法律规定，在取得主管部门签发的书面批准证明后提取。

⑦申报方式

电子数据（EDI）申报：进出口货物收发货人或其代理人可以选择4种电子申报方式：终端申报方式、委托EDI方式、自行EDI方式、网上申报方式。将报关单内容录入海关电子计算机系统，生成电子数据报关单。"不接受"：收到海关发送的"不接受申报"报文→修改报关单，重新申报。"接受"：接收到海关发送的"接受申报"报文和"现场交单"或"放行交单"通知。

提交纸质报关单及随附单证：海关审结电子数据报关单后，进出口货物收发货人或其代理人应当在接到海关"现场交单"或"放行交单"通知之日起的10日内，持打印的纸质报关单及规定的随附单证并签名盖章，到货物所在地海关提交书面单证，办理相关海关手续。

⑧补充申报

补充申报是指进出口货物的收发货人、受委托的报关企业依照海关有关行政法规和规章的要求，在"中华人民共和国海关进（出）口货物报关单"之外采用补充申报单的形式，向海关进一步申报为确定货物完税价格、商品归类、原产地等所需信息的行为。

⑨需补充申报的情形

海关对申报货物的价格、商品编码等内容审核，为确定完整性和准确性；海关对申报货物的原产地进行审核，为确定货物原产地准确性，要求收发货人提交原产地证书；海关对已放行货物的价格、商品编码和原产地等内容进行进一步核实时。

补充申报程序如图6-6所示。

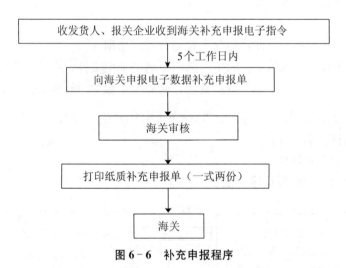

图6-6　补充申报程序

补充申报说明：补充申报的申报单包括："海关进出口货物价格补充申报单""海关进出口货物商品归类补充申报单""海关进出口货物原产地补充申报单"，以及其他补充申报单证；补充申报内容不得与报关单填报的内容相抵触；适用通关作业无纸化通关方式申报的补充申报单无须递交纸质补充申报单；电子数据补充申报单的修改、撤销等比照报关单的有关管理规定办理；未按要求补充申报的，海关可根据已掌握的信息，按照有关规定确定货物的完税价格、商品编码和原产地。

⑩修改申报内容或撤销申报

海关接受进出口货物申报后，电子数据和纸质的进出口货物报关单不得不修改或撤销。确有正当理由，经海关批准，可以修改或撤销，主要有以下两种情况：

第一种情况：进出口货物收发货人要求修改或撤销

报关人员操作或书写失误造成申报差错，但未发现有走私违规或者其他违法嫌疑的；出口货物放行后，由于装配、装运等原因造成原申报货物全部或部分退关；进出口货物在装载、运输、存储过程中因溢短装、不可抗力的灭失、短损等原因造成原申报数据与实际货物不符的；根据国际惯例先行采用暂时价格成交、实际结算时按商检品质认定或国际市场实际价格付款方式需要修改原申报单据的；由于计算机、网络系统等方面的原因导致电子数据申报错误的；其他特殊情况经海关核准同意的。

注意：海关已经决定布控、查验的进出口货物，以及涉及有关案件的进出口货物的报关单在"办结"前不得修改或撤销。

修改或撤销须提交的单据："进出口货物报关单修改/撤销申请表"；可以证明货物实际情况的合同、发票、装箱单；外汇管理、国税、检验检疫、银行等有关部门出具的单证；应税货物的"海关专用缴款书"、用于办理收付汇和出口退税的进出口货物报关单证明联等海关出具的相关单证。

第二种情况：海关发现进出口货物报关单需要进行修改或者撤销的

海关通知进出口货物收发货人或其代理人。收发货人或其代理人应当提交"进出口货物报关单修改/撤销确认书"（海关不能直接修改或撤销）。

注意：因修改或者撤销进出口货物报关单导致需要变更、补办进出口许可证件的，进出口货物收发货人或其代理人应当向海关提交相应的进出口许可证件。

（2）配合查验

①海关查验

海关查验是指海关为确定进出境货物收发货人向海关申报的内容是否与进出口货物的真实情况相符，或者为确定商品的归类、价格、原产地等，依法对进出口货物进行实际核查的执法行为。目的：核实走私、违规行为；为海关的征税、统计、后续管理提供可靠的资料。

查验地点：可以是海关监管区，在特殊情况下，经申请，海关派员到海关监管区外。

查验时间：海关正常工作时间；进出口业务繁忙的口岸，经申请，正常工作时间以外；"紧急验放"的货物，经申请，优先安排查验时间。

查验方法：实施方法分为彻底查验和抽查；操作方法分为人工查验（外形检查、开箱检查）和设备检查。

复验：海关可以对已查验的货物进行复验。以下情况之一，海关可以复验：经初次查验未能查明货物的真实属性，须进一步确认的；货物涉嫌走私违规；收发货人对海关查验结论有异议，提出复验要求并经海关同意的；其他海关认为必要的情形。已经参加过查验的查验人员不得参加同一票货物的复验。

经行开验：经行开验是指海关在收发货人或其代理人不在场的情况下，对进出口货物开拆包装查验，并由其在海关的查验记录上签字。以下情形之一，海关可以经行开验：进出口货物有违法嫌疑的；海关通知查验，收发货人或其代理人届时未到场的。

②货物损坏赔偿——直接经济损失

因进出口货物所具有的特殊属性，容易因开启、搬运不当等原因导致货物损毁，需要海关查验人员在查验过程中予以特别注意的，进出口货物收发货人或其代理人应在海关实施查验前申明。

以下情况不属于海关赔偿范围：进出口货物的收发货人或其代理人搬移、开拆、重封包装或保管不善造成的损失；易腐、易失效货物在海关正常工作程序所需时间内（含扣留或代管期间）所发生的变质或失效；海关正常查验时产生的不可避免的磨损；在海关查验之前已发生的损坏和海关查验之后发生的损坏；由于不可抗拒的原因造成货物的损坏、损失。

在检查过程中，或者证明海关在经行开验过程中，因为海关人员的责任造成备查货物损坏的，进出口货物的收发货人或其代理人可以要求赔偿：

$$\text{赔偿金额的确定：直接经济损失}\begin{cases}\text{被损坏货物及其部件的受损程度}\\\text{修理费}\end{cases}$$

进出口货物的收发货人或其代理人在海关查验时对货物是否受损坏未提出异议，事后发现货物有损坏的，海关不负赔偿的责任。

（3）征税

进出口货物收发货人或其代理人将报关单及随附单证提交给货物进出境地指定海关，海关对报关单进行审核，对需要查验的货物先由海关查验，然后核对计算机计算的税费，开具税款缴款书和收费票据，由进出口收发货人或其代理人在规定的时间内，到指定银行或电子支付办理税费交付手续。

（4）放行

放行是口岸海关监管现场作业的最后环节。口岸海关在接受进出口货物的申报后，经审核报关单据、查验实际货物，并依法办理进出口税费计征手续并缴纳税款后，在有关单据上签盖放行章。

进口货物签收海关加盖"海关放行章"戳记的进口提货凭证（提单、运单、提货单等），在指定地点提取货物。出口货物签收海关加盖"海关放行章"戳记的出口装货凭证（运单、装货单、场站收据等），在指定地点装运货物。

同时申请签发的单证包括：申请签发报关单证明联（进口付汇证明、出口收汇证明、出口退税证明）和其他证明手续（出口收汇核销单、进口货物证明书）。

3. 报批与报核

报批业务是指在货物进出境前，报关人通过向海关办理备案、审批等手续以取得该货物适用保税、特定减免税、暂时进出境等通关制度。

报核业务是指报关人在履行规定的海关义务后，在规定的期限内，通过向海关办理核销结案等手续以解除海关对进出境货物监管的报关业务活动。

就货物进出口的全部海关手续而言，报批、报核业务是相对于报关现场业务而言的。

一般而言，报批业务在货物进出境前办理；报核业务在货物进出境后办理。报批、报核业务主要涉及保税加工货物、特定减免税货物和暂时进出境货物等。

一般进出口货物包括：一般进口货物办结海关手续直接进入国内生产或消费领域流通的进口货物；一般出口货物办结出口手续到境外生产、消费领域流通的出口货物。

保税货物包括：保税加工货物经海关批准未办理纳税手续进境，在境内加工、装配后复运出境的货物；保税物流货物经海关批准未办理纳税手续进境，在境内储存后复运出境的货物。

特定减免税货物是经海关依法准予免税进口的用于特定地区、特定企业、有特定用途的货物。

暂准进出境货物包括暂准进境货物经海关批准凭担保进境，在境内使用后原状复运出境的货物；暂准进出境货物经海关批准凭担保出境，在境内使用后原状复运出境的货物。

（1）保税加工货物的报批、报核

加工贸易企业持合法的加工贸易合同到主管海关备案，申请保税并建立加工贸易电子化手册或领取其他准予备案凭证的行为，称为保税加工货物合同备案或报批。

加工贸易合同报核，是指加工贸易企业在加工贸易合同履行完毕或终止合同并按规定对未出口部分货物进行处理后，按照规定的期限和规定的程序，向加工贸易主管海关申请核销要求结案的行为。

加工贸易合同核销，是指加工贸易经营企业加工复出口并对未出口部分货物办妥有关海关手续后，凭规定单证向海关申请解除监管，海关经审查、核查属实且符合有关法律、行政法规、规章的规定，予以办理解除监管手续的海关行政许可。

总之，先报核，再核销。

①电子化手册管理下保税加工货物报批、报核

合同报批的步骤如图 6-7 所示。

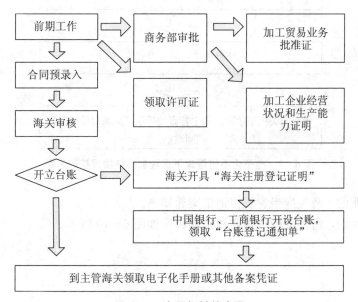

图 6-7 合同报批的步骤

异地加工贸易合同报批的步骤如图6-8所示。

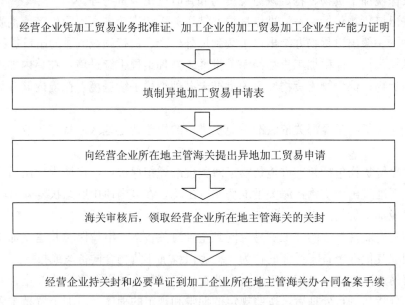

图6-8 异地加工贸易合同报批的步骤

电子化手册管理下保税加工货物报核的步骤如图6-9所示。

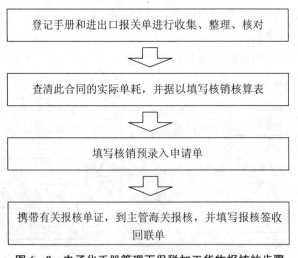

图6-9 电子化手册管理下保税加工货物报核的步骤

未开设台账的,海关应当签发核销结案通知书。

已开设台账的,海关受理核报和核销的程序如图6-10所示。

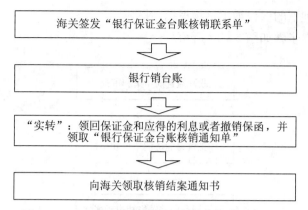

图 6-10　已开设台账的海关受理核报和核销的程序

加工贸易银行保证金台账运转程序如图 6-11 所示。

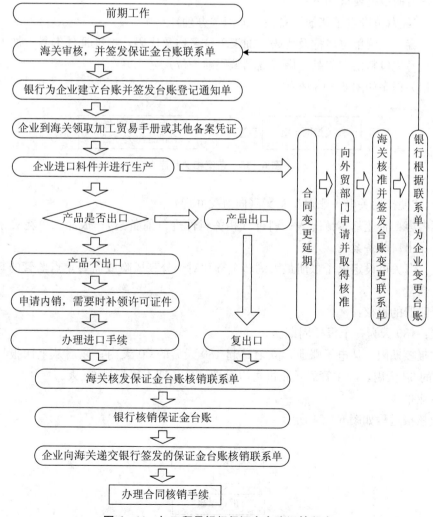

图 6-11　加工贸易银行保证金台账运转程序

②电子账册管理下的保税加工货物报批、报核

电子账册的建立步骤如图 6-12 所示。

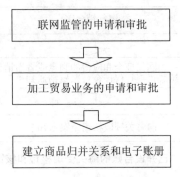

图 6-12　电子账册的建立步骤

电子账册的报批要求如下：

第一，"经营范围电子账册"备案（向海关办理）

备案内容：经营单位名称及代码；加工单位名称及代码；批准证件编号；加工生产能力；加工贸易进口料件和成品范围（商品编码前 4 位）。

备案相关程序如图 6-13 所示。

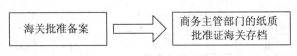

图 6-13　备案相关程序

第二，"便捷通关电子账册"备案（向海关办理）

备案内容：企业基本情况表；料件（相关料件进口前备案）；成品、单耗关系（最迟在相关成品出口前备案）。

注意：海关可设定电子账册最大周转金额和对部分高风险或需要重点监管的料件设定最大周转数量。

电子账册的报核：

期限：180 天为一个报核周期。

首次报核期限，从电子账册建立之日起 180 天后的 30 天内；以后从上次报核之日起 180 天后的 30 天内，经主管海关批准可以延期，延长期不得超过 60 天。

①企业报核

企业核报过程如图 6-14 所示。

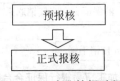

图 6-14　企业核报过程

预报核：企业在向海关正式申请核销前，在电子账册本次核销周期到期之日起 30 天内，将本核销期内申报的所有的电子账册进出口报关数据按海关要求的内容，包括报关单号、进出口岸、扣减方式、进出标志等以电子报文形式向海关申请报核。

正式报核：企业预报核通过海关审核后，以预报核海关核准的报关数据为基准确、详细填报本期保税进口料件的应当留存数量、实际留存数量等内容，以电文形式向海关正式申请报核。

②海关核销

海关核销的基本要求：

进口保税料件（含深加工结转进口）＝出口成品折料（含深加工结转出口）＋内销料件＋内销成品折料＋剩余料件＋损耗－退运成品折料

除书面数据外，还会采取盘库的方式：系统自动将本期结余数转为下期期初数；企业实际库存量＞电子底账核算结果的：海关按照实际库存量调整电子底账的当期结余数量；企业实际库存量＜电子底账核算结果的：能提供正当理由的：短缺部分按内销处理；不能提供正当理由的：海关将移交缉私部门处理。

（2）特定减免税货物的报批与报核

①报批

目的：申请"进出口货物减免税证明"

减免税备案：申请人到主管海关办理，海关对申请人进行资格确认。

减免税审批：申请人提交单证申领减免税证明，其相关材料如下：进出口货物征免税申请表；企业营业执照或者事业单位法人证书、国家机关设立文件、社团登记证书、民办非企业单位登记证书、基金会登记证书等证明材料；进出口合同、发票及相关货物的产品情况资料；相关政策规定的享受进出口税收优惠政策资格的证明材料；海关认为需要提供的其他材料。

"进出口货物征免税证明"的使用：有效期为 6 个月，延长期不得超过 6 个月；实行"一批一证"的原则。

②报核

核销完毕的证明文件："减免税进口货物解除监管证明"。

解除监管的具体处理方法如表 6－8 所示。

表 6－8   解除监管的具体处理方法

自动解除		监管期满，不申请解除监管证明，货物自行处置
申请解除监管	期满	监管年限届满之日起 1 年，海关自申请之日 20 日审核
	期内	先结关，在申请解除

（3）暂时进出境货物的报批与报核

以使用 ATA（暂准进口）单证册的暂准进出境货物为例进行说明。

①报批

"暂准进口单证册"，简称 ATA 单证册，世界海关组织通过的《货物暂准进口公约》

及附约 A 和《关于货物暂准进口的 ATA 单证册海关公约》（简称《ATA 公约》）中规定使用的，用于替代各缔约方海关暂准进出口货物报关单和税费担保的国际性通关文件。ATA 单证册也是暂时进出境货物报批的重要文件。

第一，出证担保机构：中国国际商会

职责：签发 ATA 单证册；向海关报送已签发 ATA 单证册的中文电子文本；确认 ATA 单证册的真伪；承担持证人因违反规定而产生的相关税费、罚款。

第二，管理机构

海关总署在北京海关设立 ATA 单证册核销中心。

职责：对 ATA 单证册进行核销、统计及追索；依有关原始凭证提供 ATA 单证册项下暂时进出境货物已经进境或复出境证明；对全国海关 ATA 单证册的有关核销业务进行协调和管理。

第三，适用 ATA 单证册报关的暂准进出境货物期限

我国规定的是 6 个月，超过 6 个月的，可延期，延期不超过 3 次，每次延长期不超过 6 个月。

ATA 单证册报关的暂准进出境货物延期的办理手续如图 6-15 所示。

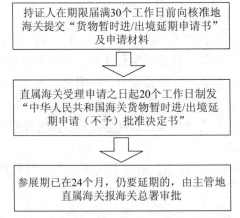

图 6-15 ATA 单证册报关的暂准进出境货物延期的办理手续

②报核

持主管海关签章的海关单证向异地复运出境、进境海关申报，凭异地复运出境、进境海关签章的单证在主管海关核销。

ATA 单证册项下暂时进境货物复运出境时，未经我国海关核销、签注的，处理办法如图 6-16 所示。

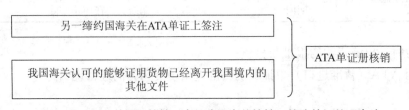

图 6-16 ATA 单证册核销（未经我国海关核销、签注的）处理办法

（四）报关业务基本技能

1. 商品归类技能

进出口商品归类技能是指在《商品名称及编码协调制度公约》商品分类目录体系下，以《进出口税则》为基础，按照《进出口税则商品及品目注释》《中华人民共和国进出口税则本国子目注释》及海关总署发布的关于商品归类的行政裁定、商品归类决定的要求，对商品的材料组成、性质、用途等因素分析、比对，并运用相关规则、经验和方法以确定进出口货物商品编码的活动中所形成的熟练的职业能力。

商品归类是报关从业人员区别于其他行业独有的专业技能。商品归类技能包括 3 个等级发展阶段，即初步入门阶段、机械熟练阶段、智能娴熟阶段。应注重下列学习方法：熟练运用规则、系统学习，训练提高、收集信息，善于总结。

2. 原产地确定技能

进口货物原产地确定技能是指按照《原产地条例》《中华人民共和国海关进出口货物优惠原产地管理规定》的规定和要求，运用相关知识、经验和方法，以确定进口货物原产地的活动中所形成的熟练的和自动化了的独立进行实际业务操作的能力。

应注重下列学习方法：系统掌握知识、收集原产地信息、强化训练、善于总结。

3. 估价技能

估计技能是指在《海关法》《进出口关税条例》《中华人民共和国海关审定进出口货物完税价格办法》的法律体系下，规范使用原则性估计方法、相同货物成交价格估价方法、类似货物成交价格估价方法、倒扣价格估价方法、计算价格估价方法和合理方法，以确定某一进口或出口货物完税价格的过程中所形成的熟练的和自动化了的独立进行实际业务操作的能力。

应注重下列学习方法：系统掌握知识、收集估价信息、强化训练、善于总结。

4. 报关单填制技能

报关单填制技能是指按照《海关法》《进出口货物申报管理规定》《报关单填制规范》《统计商品目录》《规范申报目录》等有关规定和要求，运用相关知识、经验和方法填报报关单栏目和进行预录入作业，向海关申报过程中所形成的熟练的和自动化了的独立进行实际业务操作的能力。

第二节　报检管理

一、出入境检验检疫制度简介

（一）出入境检验检疫的概念

出入境检验检疫（简称检验检疫），是由"进出口商品检验""进出境动植物检疫"和"过境卫生检疫"组合演变出的新名词。因此，检验检疫实际上包含了进出口商品检验、动物及动物产品检疫、植物及植物产品检疫和卫生检疫四个专业的范畴，其实质性内容就是"检验"和"检疫"。

出入境检验检疫的概念：出入境检验检疫是指检验检疫机构依照法律、行政法规和国际惯例等的要求，对出入境货物、交通运输工具、人员等进行检验检疫、认证及签发官方检验检疫证明等监督管理工作。

（二）出入境检验检疫的地位

1. 法律地位

全国人大常委会先后制定了《商检法》《动植物检疫法》《卫生检疫法》以及《食品安全法》等法律，分别规定了出入境检验检疫的宗旨、调整对象；机构设置及其职权、职责；申报和报检要求；出入境检验检疫范围、程序、内容；执法监督和法律责任等重要内容，从根本上确定了出入境检验检疫工作的法律地位。

 **案例分析** ▶▶

中电公司手机成套散件违规进口

中电公司于 2003 年 1 月从上海口岸进口了两批手机成套散件，共计 3.57 万台，价值 392.7 万美元，其中，3.3 万台、价值 363 万美元的手机散件，未经检验就擅自加工装配，该行为违反了《中华人民共和国进出口商品检验法》的规定。上海浦东出入境检验检疫局（简称"浦东局"）根据进出口商品检验法的规定，对该公司处以 150.46 万元人民币罚款的从轻处罚。

处罚决定书发出后，该公司不服浦东局的处罚决定，向上海检验检疫局提起行政复议。上海检验检疫局复议后，决定维持原处罚决定。中电公司仍不服，向浦东新区人民法院提起行政诉讼，要求撤销浦东局的行政处罚决定。浦东新区人民法院于 2004 年 1 月 19 日公开开庭，依法对本案进行了审理，认定浦东局做出的行政处罚决定的主要事实清楚，证据充分，适用法律正确，程序合法，判决维持浦东局 2003 年 8 月 22 日对中电公司做出的处罚决定。

案例分析：本案为上海检验检疫系统的第一起行政诉讼案件，本案的处理，促进和规范了进出口商品的检验秩序，维护了法律的严肃性。我国出入境检验检疫的法律地位由此可见一斑。

2. 执法主体地位

国家法律赋予出入境检验检疫实行国家行政管理的地位。鉴于出入境检验检疫的涉外性质，必须强调执法的集中统一与国际接轨性，国务院批准检验检疫部门实行垂直领导体制。

法律明确规定了国家最高行政机关——国务院设立进出口商品检验部门、进出境动植物检疫机关和出入境卫生检疫机关，作为授权执行有关法律和主管各该方面工作的主管机关，确立了它们在法律上的国家行政机关的行政执法主体地位。1998 年国家出入境检验检疫体制改革，实行商检、动植检和卫检机构体制合一后，合并成立的出入境检验检疫机构，继承统一了原来商检、动植检和卫检机构的职权、职责、检验检疫技术规范、程序，成为上述法律共同的授权执法部门。

3. 检验检疫机构是国家行政机关

我国的国家机关包括具有立法权的立法机关、具有司法权的司法机关和具有行政管理权的行政机关。检验检疫机构是国家的行政机关之一，是国务院的直属机构，从属于国家行政管理体制。

4. 检验检疫机构是国家出入境监督管理机关

检验检疫机构依照有关法律、行政法规并通过法律赋予的权力，制定具体的行政规章和行政措施，对特定区域的活动开展监督管理，以保证其按国家的法律规范进行。

检验检疫机构实施监督管理的对象是出入境的运输工具、货物、物品、人员等。

第一，四部检验检疫法律都有一个具有强制性的闭环监管措施，其中最主要的是货物的进出口都要通过海关最后一道监管措施。根据商检部门与海关总署的规定，自 2000 年 1 月 1 日起，我国实行新通关模式，即"先报检、再报关"，对于列入《法检商品目录》的出入境货物，未经检验检疫并取得有效检验检疫证单就无法通关过境。

第二，通过与海关配合，检验检疫部门的强制性报检签证程序、强制性安全卫生检测技术标准、强制性抽样检查程序等也会发挥监督机制，保证有关法律法规的有效实施。

第三，进口国对进口货物的安全、卫生、环保等方面的强制规定，要求出口国的检验检疫机构行使检验检疫职责，履行义务。

第四，合同规定凭检验检疫部门检验证书交货结算和对外索赔的，没有证书就无法装船结汇和对外索赔，其起到了监督与制约作用。

（三）出入境检验检疫的作用

1. 体现国家主权

出入境检验检疫机构作为执法机构，按照国家法律规定，对出入境货物、运输工具、人员等法定检验检疫对象进行检验、检疫、鉴定、认证及监督管理。

不符合我国强制性要求的入境货物，一律不得销售、使用；对涉及安全卫生及检疫产品的国外生产企业的安全卫生和检疫条件进行注册登记；对不符合安全卫生条件的商品、物品、包装和运输工具，有权禁止进口，或视情况进行消毒、灭菌、杀虫或其他排除安全隐患的措施等无害化处理，重验合格后方准进口；对于应经检验检疫机构实施注册登记的向中国输出有关产品的外国生产加工企业，必须取得注册登记证后方准向中国出口其产品；有权对进入中国的外国检验机构进行核准。

 补充阅读

洋垃圾捐赠

某国 AGAPE 基金会于 2005 年分别与 A 市慈善会签订了《A 市慈善会捐赠协议书》，由 AGAPE 基金会向 A 市某医院捐赠非营利用品，以补偿该医院向贫困患者提供的免费手术服务。该省检验检疫局在对捐赠的医疗用品进行检验时，发现捐赠物均存污渍、药品过期和部分一次性医疗用品已使用过等现象。一旦这些医疗机构接收后再利用，后果极其严重。即使被发现后进行焚烧处理，对环境也会造成严重污染。

"AGAPE"一词，在希腊语中意为"无条件的爱"。该国 AGAPE 基金会是否真如其名字所寓意的那样进行慈善捐赠呢？国家质量监督检验检疫总局已明确指出："AGAPE 基金会多次以捐赠名义向我国转移不合格医疗器械，甚至医疗垃圾，存在重大的安全和健康隐患……从即日起，停止该国 AGAPE 基金会向中国出口医疗器械。"

国家质量监督检验检疫总局为此专门发出 2005 年第 159 号公告："任何机构不得以捐赠的名义向中国转移不合格的医疗器械。各地检验检疫机构要加强对捐赠医疗器械的检验监管，发现不合格的不许安装、使用，要按照有关法律法规处理，并报国家质检总局备案。凡向中国捐赠医疗器械的国外捐赠机构，需由其或其在中国的代理机构向国家质检总局申请备案；对所捐赠的医疗器械须事先向国家质检总局申请登记报备。对捐赠医疗器械实施凭报备案和登记证明接受报检、口岸查验、使用地检验的检验监管制度，必要时实施装运前预检验。"

2. 体现国家管理职能

出入境检验检疫机构作为执法机构，依照法律授权，按照中国、进口国或国际性技术法规规定，对出入境人员、货物、运输工具实施检验检疫；对涉及安全、卫生和环保要求的出口产品生产加工企业实施生产许可、出口商品质量许可、卫生注册登记（备案）和分类管理；必要时帮助企业取得进口国主管机关的注册登记；经检验检疫发现质量与安全卫生条件不合格的出口商品，有权阻止出境；不符合安全条件的危险品包装容器，不准装运危险货物；不符合卫生条件或冷冻要求的船舱和集装箱，不准装载易腐易变的粮油食品或冷冻品；对属于需注册登记的生产企业，未经许可不得生产加工有关出口产品；对涉及人类健康和安全，动植物生命和健康，以及环境保护和公共安全的入境产品实行强制性认证制度；对成套设备和废旧物品进行装船前检验。

3. 对外贸易顺利进行和持续发展的保障

（1）对出口商品的检验检疫监管使我国的出口商品以质取胜，立足国际市场

世界各主权国家为保护国民身体健康、保障国民经济发展和消费者权益，相继制定了食品、药品、化妆品和医疗器械的卫生法规，机电与电子设备、交通运输工具和涉及安全的消费品的安全法规，动植物及其产品的检疫法规，检疫传染病的卫生检疫法规。我国出入境检验检疫机构依法履行检验检疫职能，能有效提高我国出口企业的管理水平和产品质量，不断开拓国际市场。

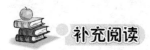 补充阅读

服装出口以质取胜

服装行业是宁波北仑地区重点发展的传统支柱产业，也是出口竞争优势比较明显的重要产业之一。即使在国际金融危机的冲击下，依然保持了良好的发展势头。2009 年，北仑检验检疫局共受理辖区服装企业出口报检 12553 批次，金额 3.7 亿美元，同比分别增长 237.4% 和 380.6%，累计出口服装 8867.8 万件，平均每件服装价格较上年同比增长了 6.4%。前几年"亿件服装换一架飞机"（注：波音 787 和空客 A380 售价分别约合 1.6 亿

美元和 2.8 亿美元）的尴尬局面已成为历史。北仑服装企业在危机中赢得话语权和议价权的背后，除了自身过硬的质量，还与北仑局长期以来对企业推行的以质取胜战略密不可分。

由于服装行业进入门槛低，加上同质化严重，长期以来企业一直依靠拼成本、压价格来"跑量"获得微薄利润。然而近年来原材料价格、劳动力成本不断提高，让原本就已陷入无序价格竞争的服装出口企业更是雪上加霜，企业负责人依赖价格竞争的思想根深蒂固。为此，北仑局多次在工作会议上给企业负责人"洗脑"，帮助树立"以质取胜"的理念和增强质量安全意识，并邀请外经贸系统专家作专题辅导，引导企业逐步从"以量求生存"向"以质取胜"转变，逐步从以成本优势扩张向以质量提升核心竞争力转变。

（2）对进出口商品的检验检疫监管是建立国家技术保护屏障的重要手段

中国检验检疫机构加强对进口产品的检验检疫和对相关的国外生产企业的注册登记与监督管理，通过合理的技术规范和措施保护国内产业和国民经济的健康发展，保护消费者、生产者的合法权益，建立起维护国家利益的可靠屏障。

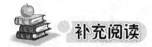

补充阅读

原产地证对传统商品技术保护

景德镇有着 1700 多年的制瓷历史，在此过程中，青花、玲珑、粉彩、高温颜色釉和新彩瓷以其独特的制作工艺脱颖而出，并名扬天下，在中国陶瓷发展史上具有举足轻重的地位和影响。正因此，也常常被其他陶瓷产地仿冒，并打着景德镇制造的标识出口。

由瓷都景德镇生产制造的青花瓷、玲珑瓷、粉彩瓷、高温颜色釉瓷和新彩瓷被国家质检总局批准实施原产地保护，这意味着最具景德镇特色的五大传统陶瓷将受到国家法律的保护。

五大名瓷被批准实施原产地保护，将为景德镇振兴陶瓷产业增添一个强大的"助推器"。

（3）对进出口商品的检验检疫监管为对外贸易各方提供了公正权威凭证

在国际贸易中，贸易、运输、保险各方往往要求由官方或权威的非当事人对进出口商品的质量、重量、包装、装运技术条件等提供检验合格证明，为出口商品交货、结算、计费、计税和进口商品质量、残短索赔等提供有效凭证。中国出入境检验检疫机构对进出口商品实施检验并出具的各种检验检疫鉴定证明，就是为对外贸易有关各方履行贸易、运输、保险契约和处理索赔争议提供了具有公正权威的凭证。

（4）保护农、林、渔业生产安全，促进农畜产品的对外贸易和保护人体健康

保护农、林、牧、渔业生产安全，使其免受国际上重大疫情灾害影响，是中国出入境检验检疫机构担负的重要使命。对动植物及其产品和其他检疫物品，以及装载动植物及其产品和其他检疫物品的容器、包装物和来自动植物疫区的运输工具（含集装箱）实施强制性检疫，对防止动物传染病、寄生虫和植物危险性病、虫、杂草及其他有害生物等检疫对

象和危险疫情的传入传出，保护国家农、林、牧、渔业生产安全和人民身体健康，履行我国与外国签订的检疫协议的义务，突破进口国在动植物检疫中设置的贸易技术壁垒，促进我国农畜产品对外贸易具有重要作用。

（5）出入境检验检疫实施国境卫生检疫是保护我国人民健康的重要屏障

中国边境线长，对外开放的海、陆、空口岸有 100 多个，是开放口岸最多的国家之一。近年来，各种检疫传染病和监测传染病仍在一些国家地区发生和流行，甚至出现了一批新的传染病，特别是随着国际贸易、旅游和交通运输的发展，以及出入境人员迅速增加，鼠疫、霍乱、黄热病、艾滋病等一些烈性传染病及其传播媒介随时都有传入的危险，给我国人民的身体健康造成严重威胁。因此，对出入境人员、交通工具、运输设备以及可能传播传染病的行李、货物、邮包等物品实施强制性检疫，对防止检疫传染病的传入或传出，保护人民身体健康具有重要作用。

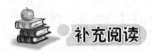 补充阅读

"甲流"病人的防疫

2010 年 1 月 16 日，载有 22 名"甲流"病人的日本籍"富士丸"邮轮靠泊上海港邮轮码头。上海浦江检验检疫局在较早前接报后即作了周密的部署，制订详细的调查处置预案，精选业务骨干、落实物资和后勤保障，启动口岸联防联控机制。2010 年 1 月 16 日清晨 6：30 邮轮靠泊后，由浦江检验检疫局卫生食品处登船开展现场调查。根据对邮轮"甲流"事件的现场调查和医学排查的结果，采取了果断的处置措施：一是对体温恢复正常不足 3 天的 15 名旅客继续进行隔离，不准予参加旅游活动。同时请边检部门配合管控这 15 名病人。二是对体温已经恢复正常 3 天以上的 7 名旅客，同意解除隔离。三是对入境的和参加旅游项目的旅客，在入境通道中进行二次测温，检测结果全部正常，且对入境旅客收缴并审核健康申明卡。四是对联检大厅和旅客通道进行了终末消毒。

该船于 1 月 17 日凌晨 2 时从上海起航开往韩国釜山，浦江检验检疫局给"富士丸"邮轮办理了出境手续，并向船方宣告了邮轮出境后的注意事项。

综上所述，出入境检验检疫对维护国家和人民权益、维护国民经济发展、突破国际贸易技术壁垒都有非常重要的作用。随着改革开放的不断深入和对外贸易的不断发展，特别是中国加入世界贸易组织，出入中国国境的人员、货物和交通运输工具等将不断增加，中国出入境检验检疫作为"国门卫士"必将发挥越来越重要的作用。

（四）出入境检验检疫的目的、任务和工作内容

1. 出入境检验检疫的目的和任务

出入境检验检疫机构是专管出入境卫生检疫、动植物检疫、商品检验、鉴定、认证和监督管理的行政执法机构。

出入境检验检疫工作是出入境检验检疫机构依照国家检验检疫法律法规规定，对进出境商品（包括动植物产品）以及运载这些商品的交通工具、运输设备分别实施检验、检疫、鉴定、监督管理，对出入境人员实施卫生检疫及口岸卫生监督的统称。

出入境检验检疫工作的主要目的和任务如表6-9所示。

表6-9 出入境检验检疫工作的主要目的和任务

对象	出入境检验检疫工作内容	
	任务	目的
进出口商品	检验 鉴定 监督管理	①加强进出口商品的检验工作，规范进出口商品的检验行为 ②维护社会公共利益和进出口贸易有关各方的合法权益 ③促进对外贸易的顺利发展
出入境动植物及其产品、运输工具、包装材料	检疫 监督管理	①防止病菌、虫害等传入或传出 ②保护我国农、林、牧、渔业的生产、人类健康及国际生态环境
出入境人员、交通工具、运输设备、可能传播传染病的行李、货物、邮包等物品	国境卫生检疫 口岸卫生监督	①防止传染病的传播 ②保护人类健康
出入境检验检疫机构	按照SPS、TBT建制	①采取有效措施保护我国人民的健康和安全及我国动植物生命和健康 ②打破国外技术性贸易壁垒

2. 出入境检验检疫工作内容

工作内容简单归纳为"检验""检疫""鉴定""强制性质量认证""联络"，具体工作内容如图6-17所示。

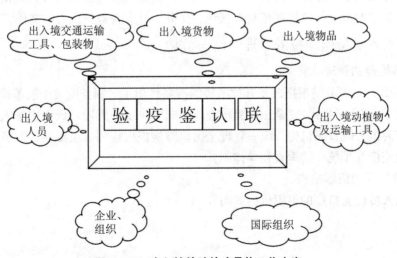

图6-17 出入境检验检疫具体工作内容

（五）出入境检验检疫的法律体系

法律体系一般指一个国家的全部现行法律规范按不同部门、层次所组成的有机整体。检验检疫法律法规作为我国现行法律的一个分支，具有相对的独立性和完整性。检验检疫法律法规不仅综合性强、数量多、内容繁杂，而且具有分支清楚、层次明显和相互协调、联系密切的特点。各分支、各层次的检验检疫法律法规既相互区分又相互联系，构成了独立、完整、严密的检验检疫法律体系。出入境检验检疫法律的三级立法体制如图 6 - 18 所示。

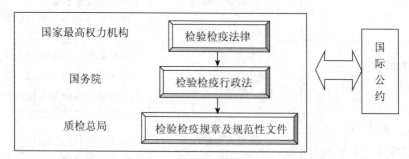

图 6 - 18　出入境检验检疫法律的三级立法体制

检验检疫法律包括：《中华人民共和国进出口商品检验法》《中华人民共和国进出境动植物检疫法》《中华人民共和国国境卫生检疫法》《中华人民共和国食品安全法》。

检验检疫行政法包括：《中华人民共和国进出口商品商检法实施条例》《中华人民共和国进出境动植物检疫法实施条例》《中华人民共和国国境卫生检疫法实施细则》《中华人民共和国食品安全法实施条例》。

检验检疫规章及规范性文件包括：检验检疫行政规章主要是由质检总局单独或会同有关部门制定的，是检验检疫日常工作中引用数量最多、内容最广、操作性最强的法律依据，其效力等级低于法律和行政法规。规范性文件，是指质检总局及各直属检验检疫局按照规定程序制定的涉及行政管理相对人权利、义务，具有普遍约束力的文件。

（六）出入境检验检疫的管理体制与机构

1. 检验检疫的管理体制

1980 年 2 月，国务院根据改革开放形势的需要作出了《国务院关于改革检验检疫管理体制的决定》。该决定指出："全国检验检疫建制归中央统一管理，成立中华人民共和国检验检疫局作为国务院直属机构，统一管理全国检验检疫机构和人员编制、财务及其业务。"从此检验检疫恢复了统一的垂直领导体制。

2. 检验检疫的组织机构

我国出入境检验检疫的组织机构如图 6 - 19 所示。

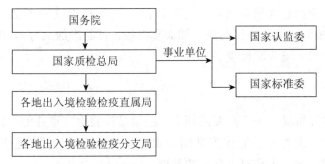

图 6-19 我国出入境检验检疫的组织机构

（七）《出入境检验检疫机构实施检验检疫的进出境商品目录》

《出入境检验检疫机构实施检验检疫的进出境商品目录》（简称《法检目录》）是出入境检验检疫机构的执法基础，列入《法检目录》内的进出境货物、物品，海关凭检验检疫机构签发的通关单放行。

《法检目录》的基本结构：由"商品编码""商品名称及备注""计量单位""海关监管条件（类别）"和"检验检疫类别"五项组成。

1. 商品编码

在原八位 H. S. 编码的基础上以末位补零的方式补足 10 位码，所有 H. S. 编码第九位前的小数点，一律取消。

2. 商品名称及备注

结合《海关进出口税则》的"货品名称"与"子目注释"，与《商品名称及编码协调制度》对应。

3. 计量单位

H. S. 编码第一标准计量单位。

4. 海关监管条件（类别）

有 A、B、D 三种类别：A：须实施进境检验检疫；B：须实施出境检验检疫；D：表示海关与检验检疫联合监管。

5. 检验检疫类别

包括：M、N、P、Q、R、S、L、V、W

M：进口商品检验；

N：出口商品检验；

P：进境动植物、动植物产品检疫；

Q：出境动植物、动植物产品检疫；

R：进口食品卫生监督检验；

S：出口食品卫生监督检验；

L：民用商品入境验证；

V：表示进境卫生检疫；

W：表示出境卫生检疫。

国家法律、法规和总局规章规定应当实施出入境检验检疫的进出境商品中，部分与《商品名称及编码协调制度》不能对应（如成套设备、食品添加剂等），出入境检验检疫机构仍依法对其实施出入境检验检疫。

二、报检单位

检验检疫是国际贸易中一个重要的环节，报检是检验检疫重要的工作内容，从事报检工作必须了解并掌握出入境检验检疫基础知识，从而更好地熟悉检验检疫规定和相关业务，为做好检验检疫报检工作打下扎实的基础。

报检是检验主体向检验检疫部门申请办理商品检验、动植物检疫和卫生检疫等的行为，报检主体（报检人）包括报检单位和报检员。报检也是依法向检验检疫机构申报检验检疫、办理相关手续、启动检验检疫流程的行为。

（一）报检单位概述

1. 报检单位含义

报检单位是发生报检行为的主体，是依法在检验检疫机构注册登记，取得报检资格或经检验检疫机构批准取得报检权的境内法人或者组织。

2. 报检单位类型

报检单位按其登记的性质，可分为自理报检单位和代理报检单位两种类型。

（1）自理报检单位：自理报检单位是根据我国法律法规规定自行办理检验检疫报检/申报手续的进出境收发货人。特点：只办理本单位的检验检疫事项；在首次报检时须办理备案登记手续，取得报检单位代码。

（2）代理报检单位：代理报检单位是经检验检疫机构注册登记后，接受进出境收发货人的委托，为委托人办理报检的从事代理报检业务的境内企业。特点：接受进出境收发货人的委托，为委托人办理报检；经检验检疫机构注册登记。

3. 检验行为分类

自理报检：自理报检单位自行报检本企业生产、加工、储存或者经营的进出口货物的报检行为。

代理报检：代理报检单位接受有关贸易关系人的委托，为有关贸易关系人办理出入境检验检疫手续的报检行为。

（二）自理报检单位

1. 自理报检单位的范围

自理报检单位主要包括：①有进出口经营权的国内企业；②进口货物的收货人或其代理人；③出口货物的生产企业；④出口货物运输包装及出口危险货物运输包装生产企业；⑤中外合资、中外合作、外商独资企业；⑥国外（境外）企业、商社常驻中国代表机构；⑦进出境动物隔离饲养和植物繁殖生产单位；⑧进出境动植物产品的生产、加工、存储、运输单位；⑨对进出境动植物、动植物产品、装载容器、包装物、交通运输工具等进行药剂熏蒸和消毒服务的单位；⑩有进出境交换业务的科研单位；⑪其他涉及出入境检验检疫业务并需要办理备案的单位。

2. 自理报检单位备案登记

凡属自理报检单位范围的，在首次报检时须办理备案登记手续，取得报检单位代码。

（1）申请地点

国家质检总局：负责全国自理报检单位的统一管理工作。

各地直属检验检疫局：负责所辖地区自理报检单位备案登记等工作的组织实施。

各地检验检疫机构：负责辖区内自理报检单位的备案登记、信息更改、根据实际情况对自理报检单位的备案信息定期进行核实、日常监督管理等具体管理工作。

因此，自理报检单位的备案登记的申请、日常监督管理管理工作实施的是属地管理原则，即报检单位备案登记的申请人应当向其工商注册所在地检验检疫机构提出申请。

（2）备案登记程序

2004 年 11 月 1 日起，自理报检单位的备案登记需在"中国电子检验检疫业务网"（http：//www.ecip.cn）上提出申请（包括已备案登记单位信息更改申请申请）。备案登记程序如下。

网上申请（"中国电子检验检疫业务网"）

↓

打印"自理报检单位备案登记申请表"

↓

在工商注册所在地的检验检疫机构现场书面确认

↓ 许可

颁发"自理报检单位备案登记证书"

自理报检单位备案登记的申请人应向其工商注册所在地检验检疫机构提出申请并要以下申请材料：自理报检单位备案登记申请表；加盖企业公章的《企业法人营业执照》复印件，同时交验原件；加盖企业公章的组织机构代码（相当于人的身份证号）证复印件，同时交验原件；有进出口经营权的企业须提供有关证明材料（政府批文）；申请人需提供的其他资料；检验检疫机构要求的相关材料。

"自理报检单位备案登记证书"：有效期 5 年，期满后，自理报检单位应当到原备案的检验检疫机构办理延期换证手续。"自理报检单位备案登记证书"如图 6 - 20 所示。

图 6 - 20 自理报检单位备案登记证书

（3）备案登记的监督管理

①接受监管

自理报检单位必须遵守有关法律法规，并接受检验检疫机构的监督管理。

②终止备案登记

自理报检单位需要终止备案登记的，应以书面形式向原备案登记的检验检疫机构办理注销手续，经审核后予以注销。

③撤销备案

自理报关单位提供虚假信息或材料并取得备案登记的，检验检疫机构撤销其备案登记。

④异地报检

已经在工商注册所在地检验检疫机构备案登记的自理报检单位及其已注册的报检员，前往注册地以外的检验检疫机构报检时，自理报检单位无须在异地办理备案登记和报检员注册手续。

3. 自理报检单位信息变更

（1）变更规定

自理报检单位备案登记的信息：名称、注册地址、企业性质、法定代表人、报检员、营业场所、注册资金、电话号码、传真号码、电子信箱、联系人、邮政编码等内容有变动的，应及时更改《自理报检单位备案登记证明书》，以确保其备案登记信息的准确性。

特殊：自理报检单位的名称、注册地址、法定代表人更改的，重新颁发《自理报检单位备案登记证明书》（掌握）

（2）变更申请办法

网上申请（"中国电子检验检疫业务网"）

↓

打印"出入境检验检疫备案（注册）企业更变申请表"

↓

在工商注册所在地的检验检疫机构现场书面确认

↓许可

颁发"自理报检单位备案登记证书"

（自理报检单位的名称、注册地址、法定代表人更改的）

4. 自理报检单位权利和义务

（1）权利

①根据检验检疫法律法规规定，依法办理出入境货物、人员、运输工具、动植物及其产品等及与其相关的报检/申报手续。

②在按有关规定办理报检，并提供抽样、检验检疫的各种条件后，有权要求检验检疫机构在国家质检总局统一规定的检验检疫期限内完成检验检疫工作并出具证明文件。如因检验检疫工作人员玩忽职守，造成入境货物超过索赔期而丧失索赔权的或出境货物耽误装船结汇的，有权追究当事人责任。

③对检验检疫机构的检验检疫结果有异议的，有权在规定的期限内向原检验检疫机构

或其上级检验检疫机构以至国家质检总局申请复验。

④对所提供的带有保密性的商业、运输等单据，有权要求检验检疫机构及其工作人员予以保密。

⑤有权对检验检疫机构的及其工作人员的违法、违纪行为进行控告、检举。

（2）义务

①遵守国家有关法律、法规和检验检疫规章，对所报检的真实性负责。

②应当按检验检疫机构要求聘用报检员，由报检员凭检验检疫机构核发的《报检员证》办理报检手续。应加强对本单位报检员的管理，并对报检员的报检行为承担法律责任。

③提供正确、齐全、合法、有效的证单，完整、准确、清楚地填制报检单，并在规定的时间和地点向检验检疫机构办理报检手续。

④在办理报检手续后，及时与检验检疫机构联系验货，协助检验检疫工作人员进行现场检验检疫、抽（采）样及检验检疫处理等事宜，并提供必要的工作条件。

⑤对已经检验检疫合格放行的出口货物应加强批次管理，不得错发、错运、漏发致使货证不符。对入境的法检货物，未经检验检疫或未经检验检疫机构的许可，不得销售、使用或拆卸、运递。

⑥申请检验检疫、鉴定工作时，应按规定缴纳检验检疫费。

（三）代理报检单位

1. 代理报检单位注册登记

国家质检总局对代理报检单位实行注册登记制度。

取得《代理报检单位注册登记证书》方可在许可的报检区域内从事指定范围的代理报检业务。未取得代理报检企业注册登记的，不得从事代理报检业务。

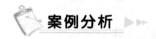 案例分析 ▶▶▶

报检单位注册登记

厦门轮总国际货运有限公司和厦门特运国际货运代理有限公司分别于 2004 年和 2005 年申请代理报检注册登记，经国家质检总局批准获得代理报检资格。此次，这两家企业因国有企业改制和公司经营项目调整等原因向厦门检验检疫局提出注销代理报检资质申请，经厦门检验检疫局审查并报国家质检总局同意，决定注销上述两家企业的代理报检资质。请问此后这两家企业还能从事报检业务吗？

案例分析：不能。因为未取得代理报检企业注册登记的，不得从事代理报检业务。

（1）申请企业的条件

①取得工商行政管理部门颁发的《企业法人营业执照》；

②注册资金在人民币 100 万元以上；

③有固定经营场所及办理代理报检业务所需的设施；

④有健全的企业内部管理制度；

⑤有不少于 5 名取得《报检员资格证书》的拟任报检员。

注意：分公司以自己名义申请代理报检企业注册登记的，应当取得《营业执照》（和上面的《企业法人营业执照》不一样），具备前款第③④⑤项要求的条件，且总公司注册资金人民币 100 万元以上。

（2）代理报检单位注册登记程序

代理报检单位注册登记程序如图 6-21 所示。

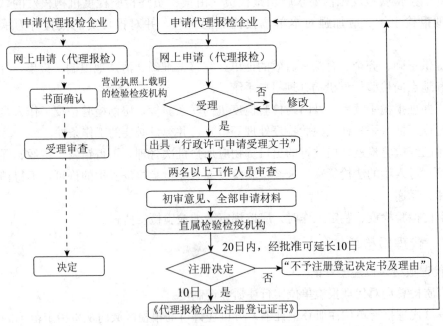

图 6-21 代理报检单位注册登记程序

代理报检单位的注册登记工作是有国家质检总局统一管理。

各直属检验检疫局负责：所辖地区代理报检单位注册登记的决定工作。

直属检验检疫局及其分支机构（检验检疫机构）按照职责分工，负责所辖区域代理报检单位注册登记申请的受理、审查和对代理报检单位的监督管理工作。

代理报检单位注册登记申请人提交材料与申请企业条件对应关系如表 6-10 所示。

表 6-10 　　　代理报检单位注册登记申请人提交材料与申请企业条件对应关系

申请企业条件	需提供的书面资料
	①代理报检企业注册登记申请书
①取得工商行政管理部门颁发的《企业法人营业执照》	②《企业法人营业执照》复印件，分公司以自己名义申请的，需同时提交《营业执照》复印件、总公司授权书
②注册资金在人民币 100 万元以上	③《组织机构代码证》复印件
③有固定经营场所及办理代理报检业务所需的设施	④营业场所所有权证明或者租赁证明复印件

续 表

申请企业条件	需提供的书面资料
④有健全的企业内部管理制度	⑤企业章程复印件
⑤有不少于 5 名取得《报检员资格证书》的拟任报检员	⑥拟任报检员的《报检员资格证书》复印件
	⑦代理报检企业与拟任报检员签订的劳动合同
	⑧申请人的印章印模

《代理报检企业注册登记证书》有效期 4 年。取得《注册登记证书》的代理报检单位，完成下列行为后，方可在规定的报检服务区域内从事代理报检业务：为拟任报检员向检验检疫机构办理报检员注册；刻制代理报检专用章并向检验检疫机构备案。

2. 代理报检单位监督管理

各直属检验检疫局负责对所辖地区代理报检单位的监督管理工作，各地检验检疫机构负责对辖区内代理报检单位的日常监督管理工作。

（1）代理报检单位的信息变更

申请程序为：

代理报检单位信息发生变更

↓变更之日起 30 日内

网上申请（"中国电子检验检疫业务网"）

↓

打印"出入境检验检疫备案（注册）企业更变申请表"

↓

直属检验检疫机构现场书面确认

↓许可

变更内容与《注册登记证书》记载事项有关的

直属检验检疫局予以换发新证

网上申请过程和申请书和自理报检单位相同，这里就不讲述了。

代理报检单位更改信息后，条件不能满足代理报检单位资质要求的，代理报检单位应及时补充有关材料，补充有关材料后仍不能满足要求的，由直属检验检疫局依法办理注册登记的注销手续。

代理报检单位随意更改注册信息，产生的法律责任和后果由代理报检单位承担。

（2）代理报检单位的例行审核

①例行审核时间

检验检疫机构每两年对代理报检单位实行一次例行审核制度。

代理报检单位应当在审核年度的 3 月 1 日至 3 月 31 日向所在地检验检疫机构申请例行审核，提交上两年度的《例行审核报告书》。

《例行审核报告书》主要内容包括：代理报检企业基本信息、遵守检验检疫法律法规规定情况、报检员信息及变更情况、代理报检业务情况及分析、报检差错及原因分析、自我评估等。

检验检疫机构应当在当年的 5 月 31 日前完成代理报检企业的例行审核。

②例行审查的申请

电子申请

↓

提交书面文件

③检验检疫局审查

审查内容包括：注册资金、报检员人数、经营场所及办理检验检疫代理业务所需的条件，代理报检业务及报检差错情况，遵守代理报检单位管理规定情况，遵守检验检疫法律法规情况，有关委托人的反映等。

审查形式：现场核查、实地检查、座谈会、发放调查表等多种形式。

（3）代理报检单位信用等级分类管理

检验检疫机构根据国家质检总局有关诚信管理制度的规定，对代理报检单位实施分类管理，具体工作由各直属检验检疫局组织实施。

信用等级评定是以代理报检单位在日常代理报检业务中遵守法律法规、履行代理报检职责的情况为依据。

实行评分制，根据评分结果及附加条件确定 A、B、C、D 四个等级。

A 级、B 级的代理报检单位，可给予不同程度的便利通关措施和宽松的管理措施，对 C 级、D 级的代理报检单位采取加严监管、列入"黑名单"等强化管理措施。

3. 代理报检单位的权利、义务和责任

（1）代理报检单位的权利

①代理报检单位被许可注册登记后，有权在其注册登记的直属检验检疫局辖区内从事代理报检业务；

②除另有规定外，代理报检单位有权代理委托人委托的出入境检验检疫报检业务，并代缴纳检验检疫费；

③进口货物的收货人可以在报关地和收货地委托代理报检单位报检，出口货物发货人可以在产地和报关地委托代理报检单位报检；

④代理报检单位按有关规定代理报检，并提供抽样、检验检疫的各种条件后，有权要求检验检疫机构在国家质检总局统一规定的检验检疫期限内完成检验检疫工作，并出具证明文件；

⑤代理报检单位对检验检疫机构的检验检疫结果有异议的，有权在规定的期限内向原检验检疫机构或其上级检验检疫机构以至国家质检总局申请复验；

⑥代理报检单位有权要求检验检疫机构对其提供的有关商业信息予以保密；

⑦代理报检单位有权对检验检疫机构及其工作人员的违法、违纪行为进行投诉及检举。

（2）代理报检单位的义务

①代理报检单位必须遵守出入境检验检疫法律、法规和规定，并对代理报检的各项内容和提交的有关文件的真实性、合法性负责，承担相应的法律责任；

②代理报检企业接受委托人的委托，应当在委托人的授权范围内从事代理报检业务，并对委托人所提供情况的真实性进行核实；

③代理报检单位接受委托办理报检手续时，应当向检验检疫机构提交报检委托书，报检委托书应当列明委托事项，并加盖委托人和代理报检单位的公章；

④代理报检单位应在检验检疫机构规定的期限、地点办理报检手续，办理报检时应按规定填制报检申请单，加盖代理报检单位的合法印章，并提供检验检疫机构要求的必要单证；

⑤代理报检单位应按时缴纳检验检疫费，并将检验检疫收费情况如实告知委托人，不得借检验检疫机构名义向委托人乱收取费用；

⑥代理报检单位应配合检验检疫机构实施检验检疫，并提供必要的工作条件，对已完成检验检疫工作的，应及时领取检验检疫证单和通关证明；

⑦代理报检单位对实施代理报检中所知悉的商业秘密负有保密义务；

⑧代理报检单位不得以任何形式出让其名义供他人办理代理报检业务；

⑨代理报检单位应当规范本企业报检员的报检行为，并对报检员的报检行为承担法律责任，报检员不再从事报检工作或被解聘、离开本单位时，代理报检单位应及时申请办理注销手续，否则因此产生的法律责任由代理报检单位承担；

⑩代理报检单位应当按照检验检疫机构的要求建立和完善代理报检业务档案，真实完整地记录其承办的代理报检业务，代理报检企业的代理报检业务档案保存期限为 4 年（与《代理报检企业注册登记证书》的有效期相同）。

（3）代理报检单位的责任

以下责任由大到小进行说明。

代理报检单位不如实提供进出口商品的真实情况，取得检验检疫机构的有关证单，或者对法定检验的进出口商品不予报检，逃避进出口商品检验的，由检验检疫机构没收违法所得，并处商品货值金额 5% 以上 20% 以下罚款；情节严重的，撤销其代理报检企业注册登记。

代理报检单位违反规定扰乱报检秩序，有下列行为之一，由检验检疫机构责令改正，没收违法所得，可以并处 10 万元以下罚款，暂停其 6 个月以内代理报检业务；情节严重的，撤销其代理报检企业注册登记：

①1 年内报检员 3 人次以上被撤销报检从业注册的；

②未按照规定代委托人缴纳检验检疫费、未如实向委托人告知检验检疫收费情况或者借检验检疫机构名义向委托人乱收取费用的；

③对检验检疫机构的调查和处理不予配合的，或者威胁、贿赂检验检疫工作人员的；

④出让其名义供他人办理代理报检业务的；

⑤例行审核不合格的。

代理报检企业有下列情形之一的，有违法所得的，由检验检疫机构责令改正，处以违法所得 3 倍以下罚款，最高不超过 3 万元；没有违法所得的，处以 1 万元以下罚款：

①未按照规定建立、完善代理报检业务档案，或者不能真实完整地记录其承办的代理报检业务；

②拒绝接受检验检疫机构监督检查；

③未按期申请例行审核的，代理报检单位有其他违反出入境检验检疫法律法规规定行为的，检验检疫机构按照相关法律法规规定追究其法律责任。

三、报检员

2015 年国务院决定，取消和下放 58 项行政审批项目，取消 67 项职业资格许可和认定事项，取消 19 项评比达标表彰项目，将 82 项工商登记前置审批事项调整或明确为后置审批。国务院取消 67 项职业资格其中出入境检验检疫报检员资格认定许可被取消。从 2014 年起国务院已经取消报关员、报检员的持证上岗制度，相应的报关员、报检员考试也已取消。

不过，报关协会、报检协会当年开始又相应主持报关水平测试考试与报检水平测试考试，难度跟原来的报关员考试及报检员考试相当，这个考试的成绩报告书还是相关报关报检单位录用员工的一个重要参考。

政府职能转变后，报检工作实行行业管理，在报检行业提倡内行人做专业事，鼓励报检人员参加报检业务培训并进行能力水平认定，测试合格人员颁发《报检从业水平卡》。"报检员"列入国家职业分类大典后，将进一步明确报检从业人员的社会地位，对从业人员的管理规范化起到促进作用。

中国出入境检验检疫协会会同有关检验检疫协会，在征求有关方面意见的基础上，制定《报检从业水平卡管理办法（试行）》，包括水平卡的作用、主要内容、适用范围、获卡方式、更改补发、暂停使用和注销等内容。

2014 年度报检水平测试合格人员，将由中国出入境检验检疫协会发放《报检从业水平卡》，即日起可与当地检验检疫协会联系领取。《报检从业水平卡》按管理办法规定要求使用。

报检员取消注册，就是指只需要满足了此岗位的工作要求的人员，可以不用再持证件去注册后再能上岗，这个岗位的上岗要求被放开了，不再用资格证书的限制了。

四、报检基市业务

（一）入境货物报检业务

1. 入境检验检疫业务程序

入境货物的检验检疫工作程序是：报检后先放行通关，再进行检验检疫。入境检验检疫业务程序如图 6－22 所示。

对来自疫区的、可能传播传染病、动植物疫情的入境货物交通工具或运输包装实施必要的检疫、消毒、卫生除害处理后，签发《入境货物通关单》（入境废物、活动物等除外）供报检人办理海关的通关手续。

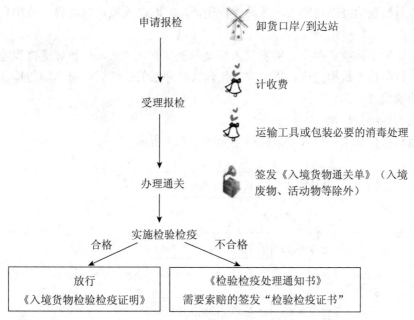

图 6-22　入境检验检疫业务程序

特殊情况：

①对于入境的废物和活动物等特殊货物，按规定要先进行部分或全部项目的检验检疫，合格以后才签发《入境货物通关单》。

②最终目的地不在进境检验检疫管辖区内的货物，可以在货物通关后，调往目的检验检疫机构进行检验检疫。

2. 报检分类

（1）报关地＝报检地：入境一般报检

报关地和报检地一致入境报检程序如图 6-23 所示。

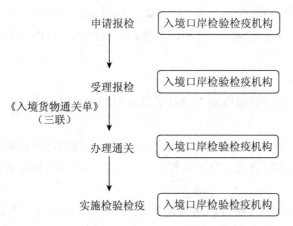

图 6-23　报关地和报检地一致入境报检程序

法定检验检疫入境货物的货主或其代理人，持有关单证向报关地检验检疫机构申请对入境货物进行检验检疫以获得入境通关放行凭证，并取得入境货物销售、使用合法凭证的报检。

对进境一般报检业务而言，签发《入境货物通关单》（三联）和对货物实施检验检疫都由报关地检验检疫机构完成，货主或其代理人办理通关手续后，应主动与检验检疫机构联系落实检验检疫工作。

（2）报关地≠报检地

报关地和报检地不一致入境报检程序如图6-24所示。

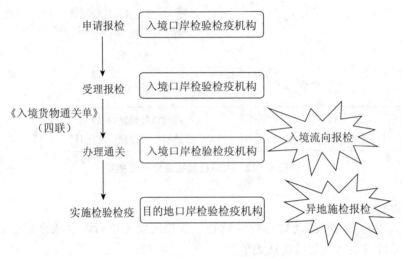

图6-24　报关地和报检地不一致入境报检程序

①入境流向报检（亦称口岸清关转异地进行检验检疫的报检）

在进境地报关，在目的地报检，相对于进境地的检验机构来说，没有转关，都是在进境地报关。

法定入境检验检疫货物的收货人或其代理人持有关证单在卸货口岸向口岸检验检疫机构报检，获取《入境货物通关单》（一式四联，由报关地检验机构签发）并通关后由进境口岸检验检疫机构进行必要的检疫处理，货物调往目的地后再由目的地检验检疫机构进行检验检疫监管。

②异地施检报检

在进境地报关，在目的地报检，相对于目的地的检验机构来说，没有转关，都是在进境地报关。

异地施检报检是指已在口岸完成进境流向报检，货物到达目的地后，该批进境货物的货主或其代理在规定的时间内（海关放行后20日内），向目的地检验检疫机构申请进行检验检疫的报检。

因"进境流向报检"只在口岸对装运货物的运输工具和外包装进行了必要的检疫处理，并未对整批货物进行检验检疫。

只有当实施检验检疫的机构对货物实施了具体的检验、检疫后，货主才能获得相应的准许进口货物销售使用的合法凭证，也就是《入境货物检验检疫证明》，这样也就完成了进境货物的检验检疫工作，货物可以自由买卖。

在异地施检报检时应提供口岸检验检疫机构签发的《入境货物调离通知单》。

3. 入境报检时限（见表 6-11）

表 6-11　　　　　　　　　　　　入境报检时限

入境货物	报检时间
微生物、人体组织、生物制品、血液及其制品或种畜、禽及其精液、胚胎、受精卵	入境前 30 天报检
其他动物的	入境前 15 天报检
输入植物、种子、种苗及其他繁殖材料	入境前 7 天报检
需对外索赔出证的	在索赔有效期前不少于 20 天内向到货口岸或货物到达地的检验检疫机构报检

4. 入境报检地点（见表 6-12）

表 6-12　　　　　　　　　　　　入境报检地点

入境货物	报检地点
审批、许可证等有关政府批文中已规定检验检疫地点的	规定的地点
大宗散装商品、易腐烂变质商品、废旧物品	卸货口岸检验检疫机构
卸货时发现包装破损、数量短缺的商品	
结合安装调试进行检验的成套设备、机电仪产品	在收货人所在地检验检疫机构
在口岸开件后难以恢复包装的商品	
输入动植物、动植物产品和其他检疫物	口岸检验检疫机构
入境后需办理转关手续的检疫物，除活动物、来自动植物疫情流行国家或地区的检疫物	入境口岸报检和指运地检验检疫机构报检，并实施检疫
其他	入境前或入境时向报关地检验检疫机构

5. 入境报检时应提供的单据

入境报检时，应填写《入境货物报检单》，并提供外贸合同、发票、提（运）单装箱单等有关单证。

按照检验检疫的要求，提供其他相关特殊证单。

（1）凡实施安全质量许可、卫生注册或其他需审批审核的货物，应提供有关证明。

补充阅读

未经审批货物不准进口

广东省广州市某科技有限公司以一般贸易的方式向广东文锦渡检验检疫局申报进口一批检测试剂，包括纤维蛋白原检测试剂、葡萄糖菌及微球菌检测试剂和悬浮液等 40 个不

同规格，共 1000 盒，货值 7 万美元，产地为美国、法国、荷兰、日本等。

文锦渡局的检验检疫人员审核报检资料时发现，货主没有提供"出/入境特殊物品卫生检疫审批单"，而且以商业秘密不能泄露为由，不提供该批货物的有效成分证明和产品说明书等资料。文锦渡局按规定做出了不予受理该批货物入境的决定。

（2）申请品质检验的，还应提供国外品质证书或质量保证书、产品使用说明书及有关标准和技术资料；凭样成交的，须加附成交样品；以品级或重量计价结算的，应同时申请重量鉴定。

（3）入境废物，还应提供国家环保部门签发的《进口废物批准证书》和经认可的检验检疫机构签发的装运前检验合格证书等。

（4）申请残损鉴定的，还应提供理货残损单、铁路商务记录、空运事故记录或海事报告等证明货损情况的有关单位。

（5）申请数/重量鉴定的，还应提供数/重量明细单、磅码单、理货清单等。

（6）货物经收、用货部门验收或其他单位检测的，应随附验收报告或检测结果以及数/重量明细单等。

（7）入境动植物及其产品，还必须提供产地证、输出国家或地区官方的检疫证书；需办理入境检疫审批的，还应提供入境动植物检疫许可证。

（8）过境动植物及其产品，应提供货运单和输出国家或地区官方出具的检疫证书；运输动物过境的，还应提交国家质检总局签发的动植物过境许可证。

（9）入境旅客、交通员工携带伴侣动物的，应提供入境动物检疫证书及预防接种证明。

（10）因科研等特殊需要，输入禁止入境物的，须提供国家质检总局签发的特许审批证明。

（11）入境特殊物品的，应提供有关的批件或规定文件。

（12）开展检验检疫工作要求提供的其他特殊证单。

（二）出境货物报检业务

1. 出境货物报检工作程序（见图 6-25）

图 6-25 出境货物报检工作程序

2. 报检分类

报检分为：出境一般报检；出境换证报检；出境预检报检。

出境一般报检、出境换证报检程序如图6-26所示。

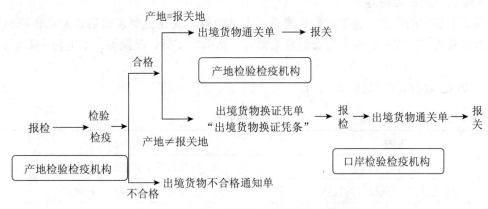

图6-26 出境一般报检、出境换证报检程序

（1）一般报检：相对于产地检验机构

"出境货物换证凭条"：产地检验检疫机构将报检电子信息发送至口岸检验检疫机构并出具"出境货物换证凭条"。

如果货物符合出口直通放行条件的，产地检验检疫机构直接签发《出境货物通关单》，货主凭此直接向报关地海关办理通关手续，货主无须再凭产地检验检疫机构签发的《出境货物换证凭单》或"换证凭条"到报关地检验检疫机构换发《出境货物通关单》。

（2）出境换证报检（产地和报关地不一致）：相对报关地检验机构

出境换证报检是指经产地检验检疫机构检验检疫合格的法定检验检疫出境货物的货主或其代理人，持产地检验检疫机构签发《出境货物换证凭单》或"换证凭条"向报关地检验检疫机构申请换发《出境货物通关单》的报检。

对于出境换证报检的货物，报关地检验检疫机构按照质检总局规定的抽查比例进行查验。

（3）出境预检报检程序如图6-27所示

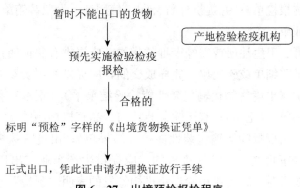

图6-27 出境预检报检程序

申请报检的货物是经常出口的、非易腐烂变质、非易燃易爆的商品。

易腐商品：包括冻肉禽类、鲜蛋及蛋制品类、乳制品类、水产品类、肠衣类、鲜果类、蔬菜类等，其主要查验货物是否软化、冻坏、色泽、气味、变质、腐烂、虫蛀、污染以及货温、车温或舱温等。

品质不稳定的商品：包括皮鞋、罐头、干电池等。皮鞋主要查验是否发霉和原材料、缝制方面有无缺点等；罐头主要查验有无膨听、锈听、变形、破损等；干电池主要查验电压等。

3. 出境报检时限（见表 6-13）

表 6-13　　　　　　　　　　**出境报检时限**

货物	报检时间
一般出境货物	出口报关或装运前 7 天
个别检验检疫周期较长的货物	应留有相应的检验检疫时间
需隔离检疫的出境动物	出境前 60 天预报，隔离前 7 天报检
出境观赏动物	出境前 30 天到出境口岸检验检疫机构报检

4. 出境报检地点（见表 6-14）

表 6-14　　　　　　　　　　**出境报检地点**

货物	报检地点
法定检验检疫货物	产地
活动物	口岸
法律法规允许在市场采购的货物	采购地
异地报关的货物 （除实施出口直通放行制度的货物）	报关地检验检疫机构办理换证报检

5. 提供的单据

（1）主要单据

填写《出境货物报检单》；并提供外贸合同、信用证、发票装箱单等有关单证。

（2）其他特殊证单

凡实施质量许可、卫生注册或需经审批的货物，应提供有关证明；生产者或经营者检验结果单和数、重量明细单或磅码单；凭样成交的，应提供经买卖双方确认的样品；出境危险货物，必须提供《出境货物运输包装性能检验结果单》（正本）和《出境危险货物运输包装使用鉴定结果单》（正本）；有运输包装、与食品直接接触的食品包装，还应提供检验检疫机构签发的《出境货物运输包装性能检验结果单》；出境特殊物品的，根据法律法规规定应提供有关的审批文件；预检报检的，应提供生产企业与出口企业签订的贸易合同；预检报检货物放行时，应提供检验检疫机构签发的表明"预检"字样的《出境货物换证凭单》（正本）；一般报检出境货物在报关地检验检疫机构办理换证报检时，应提供产地检验检疫机构签发的标明"一般报检"的《出境货物换证凭单》或"换证凭条";开展检验检疫工作要求提供的其他特殊证单。

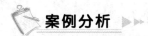 **案例分析** ▶▶

报关员失误

某进出口公司报关员小孙在经手一批输送日本的货物时,按要求准备了两份提单,一份是 Master B/L(船公司单,预付),另一份是 House B/L(公司货代单,到付)。结果小孙将两份提单搞错了,致使原本应预付款的客户拖欠费用,而自己所在公司则需预付费用。请问为什么会发生这种事情?

原因是报关员没分清 Master B/L 和 House B/L 的区别,其两者主要区别为:

(1) MB/L 是船公司出的提单,只要有 MB/L,任何人都可以在目的港直接向船公司提货。HB/L 是货代基于 MB/L 出的提单,需要在目的港的指定代理或分公司换取MB/L。

(2) 如果你想预付运费并快捷提货,就出 MB/L,还可以省十几美元换单费。如果你想控制货权、运费到付等,你就要出 HB/L,货代可以帮你做到这些,当然不是免费的。

(3) 如果你的货物不是整柜的,而是零散的货物,就一定只能出 HB/L,因为船公司是不会帮你拼箱的,到目的港也不会帮你分货。这种情况只能出 HB/L。

(4) 如果你是做 L/C 的,但是你在规定的交货期生产不出来,上不了船,那么你可以选择出 HB/L,并且要求货代帮你倒签提单。当然这个也是不正规的做法,所以一般要你出担保函。

关键概念

报关员　提单种类　预付　到付

 **基础练习**

一、判断题

1. 海关查验货物认为必要时,可以进行提取货样。(　　)

2. 某报关企业报关员利用本企业的进料加工手册代他人进口原材料构成走私行为,企业要承担相应的法律责任。(　　)

3. 进出口货物收发货人或其代理人申请修改或者撤销进出口货物报关单的,应当向海关提交"进出口货物报关单修改/撤销确认书"。(　　)

二、单选题

1. 以下不是报关单位的是(　　)。

A. 国际货物运输代理公司

B. 报关企业

C. 经海关批准在海关临时注册登记的船舶代理企业

D. 在海关注册登记的经营转关运输货物境内运输业务的某承运人

2. 接受进出口货物收发货人的委托，准确无误地填写进出口货物报关单和报关数据的预录入，陪同海关查验，对货物进行税则归类，提供报关事宜咨询服务等项工作，是属于下列（　　）单位的基本业务范围。

　　A. 进出口货物收发货人　　B. 海关　　C. 报关企业　　D. 银行

3. 进出口货物收发货人在办理报关业务时，向海关递交的纸质报关单必须加盖本（　　）。

　　A. 公司财务章　B. 公司人事章　C. 公司的公章　D. 在海关备案的报关专用章

4. 进出口单位首次办理报检业务前，须向检验检疫机构申请办理报检单位备案登记手续，申请时无须提供的资料是（　　）。

　　A. 自理报检单位备案登记申请表　B. 企业法人营业执照

　　C. 组织机构代码证　　　　　　　　D. 拟任报检员的《报检员资格证书》

5. 报检单位有权要求检验检疫机构在（　　）完成检验检疫工作并出具证明文件。

　　A. 国家质检总局统一规定的检验检疫期限内　　　　B. 合理的时间内

　　C. 索赔期限内　　　　　　　　　　　　　　　　D. 以上答案都不对

6. 某企业进口一批货物（检验检疫类别为 M/N），经检验检疫机构检验后发现该批货物不合格，该企业可向检验检疫机构申请签发（　　），用于对外索赔。

　　A. 入境货物通关单　　　　　　　　　　　　B. 入境货物调离通知单

　　C. 检验检疫证书　　　　　　　　　　　　　D. 入境货物处理通知书

三、多选题

1. 报关企业办理注册登记，下列属于应提交的材料的是（　　）。

　　A. 直属海关注册登记许可文件复印件；税务登记证书副本复印件

　　B. 对外贸易经营者登记备案表复印件

　　C. 银行开户证明复印件、组织机构代码证书副本复印件

　　D. 报关单位以及管理人员情况登记表；与所聘报关员签订的劳动合同复印件

2. 报关单位有下列情形之一的，应当以书面形式向注册地海关报告。海关在办结有关手续后，应当依法办理注销注册登记手续（　　）。

　　A. 破产、解散、自行放弃报关权或者分立成两个以上新企业的

　　B. 被工商行政管理机关注销登记或者吊销营业执照的

　　C. 丧失独立承担责任能力的

　　D. 报关企业丧失注册登记许可，进出口货物收发货人的对外贸易经营者备案登记表或者外商投资企业批准证书失效的

3. 根据海关规定，报关企业接受进出口货物收发货人的委托，办理报关手续时，应当对委托人所提供的情况的真实性、完整性进行合理的审查。审查内容包括（　　）。

　　A. 证明进出口货物实际情况的资料，包括进出口货物的品名、规格、用途、产地、贸易方式等

　　B. 有关进出口货物的合同、发票、运输单据、装箱单等商业单据

　　C. 进出口所需的许可证件及其随附单证

　　D. 海关要求的加工贸易手册及其他进出口单证

4. 根据有关规定,以下所列可申请自理报检单位备案登记的有 (　　　)。

A. 出口货物的生产企业　　　　　　　　B. 进口货物的收货

C. 出口货物运输包装生产企业　　　　　D. 外资企业

5. 自理报检单位的 (　　　) 发生变化时,应向检验检疫机构申请重新颁发《自理报检单位备案登记证明书》。

A. 企业性质　　B. 单位名称　　C. 法定代表人　　D. 报检人员

6. 以下进口商品,根据新《中华人民共和国进出口商品检验法实施条例》规定,应在卸货口岸或国家质检总局指定地点检验的有 (　　　)。

A. 大宗散装商品　　　　　　　　　　　B. 易腐烂变质商品

C. 废旧物品　　　　　　　　　　　　　D. 已发生残损、短缺的商品

四、思考题

简述报关、报检的区别与联系。

 知识应用

1. 宁波出入境检验检疫局在工作中发现宁波某食品公司进口的食品加工机电设备夹带了安装设备使用的旧工具、旧电焊机等。目前,检验检疫部门已对夹带的旧工具、旧电焊机等依法封存,责令该公司不得销售、使用,并按照国家有关规定予以退货。

事情的原委是该公司向宁波检验检疫局报检了 1 台从荷兰进口的蒸煮机。检验检疫执法人员赴该公司现场检验时发现该批货物中夹带有旧工具、旧电焊机等。据了解,夹带旧工具、旧电焊机系该批货物的国外出口商所为,目的是在到货目的地安装设备时使用,对于擅自夹带之事,国外出口商事先并未告知该公司,该公司此前并不知情。

问题:分析此案例的案情应该如何处理?

2. 张某取得《报检员资格证书》后,应聘至南京一新成立的生产企业任报检员。该企业的第一笔进出口业务是从美国进口一批生产原料(检验检疫类别为 M/N,纸箱包装),进境口岸为宁波。企业拟指派张某办理该批货物的报检手续。

(1) 多选题:该企业可根据需要选择在 (　　　) 提出备案登记申请。

A. 南京或宁波检验检疫机构　　　　　　B. 南京检验检疫机构

C. 宁波检验检疫机构　　　　　　　　　D. 南京和宁波检验检疫机构

(2) 判断题:张某在企业办理自理报检单位备案登记手续后方可注册为报检员。(　　　)

(3) 判断题:张某应分别在南京和宁波检验检疫机构进行报检员注册。(　　　)

3. 厦门轮总国际货运有限公司和厦门特运国际货运代理有限公司分别于 2004 年和 2005 年申请代理报检注册登记,经国家质检总局批准获得代理报检资格。此次,这两家企业因国有企业改制和公司经营项目调整等原因向厦门检验检疫局提出注销代理报检资质申请,经厦门检验检疫局审查并报国家质检总局同意,决定注销上述两家企业的代理报检资质。那么此后这两家企业还能从事报检业务吗?

第七章　一般货物进出境通关

学习目标

知识目标

1. 熟悉进出境报关随附单证的业务工作内容及单证的合法性、有效性；
2. 熟悉进出境报关的基本规则；
3. 掌握报关现场作业中进出境货物正确适用通关制度和作业规范及方法；
4. 熟悉进出境报关后续工作的业务工作内容及实施顺序。

技术目标

1. 有能力在相关案例中参与虚拟的报关准备作业实施，完成案例的分析判断与实际处理；
2. 有能力参与虚拟的报关单电子数据预录入、发送及申报结果查询和现场交单的单证整理、递交、结果查询等作业实施；
3. 有能力参与虚拟的配合查验准备、实施及确认作业实施；
4. 有能力参与虚拟的银行柜台或电子支付纳税作业实施；
5. 有能力参与虚拟的查询放行信息、提装货物及事后交单的作业实施；
6. 有能力参与虚拟的获得报关单证明联、货物进口证明书的作业实施；
7. 有能力参与虚拟的货物放行后的报关修改或撤销的作业实施。

应用能力目标

1. 掌握一般货物进出境通关相关单证处理业务技能；
2. 掌握一般货物进出境通关现场作业规范性判断技能及电子化作业实施技能；
3. 掌握一般货物进出境通关后续作业规范性判断技能及电子化作业实施技能。

大数据技术在海关电子通关领域的应用

大数据技术分析主要有六个层面：可视化分析、数据挖掘算法、预测性分析、语言引擎、数据质量与数据管理、数据存储和数据仓库。电子通关是指通过计算机网络实现出入境通关凭证核对，对比传统海关通关核对速度更快，但是为了保证通关凭证核对的精准程度电子通关需要大量数据库支持，才能确保整个电子通关过程能够有效的核对凭证信息，快速进行数据分析，确保通关速度。这需要通过对大量的国内外海关通关信息进行查找，从而确定凭证信息真实情况，这就需要大数据分析技术。所以在海关全面实行电子通关的形式下，大数据分析技术也必须同步应用到海关机构，并且由于海关机构是管理出入境的执法部门、审核部门，意味着为了准确进行通关凭证核对需要全世界的海关机构都需要进行数据同步，从而在海关通关核对时能够正确的确认通关产品、人员的通关信息。大量通关相关的图像分析、信息分析，需要提升大数据分析的语言引擎、可视化分析、预测性分析，确保数据质量，建立好完善数据保护系统，从而确保全球的出入境人员能够安全处境，确保整个海关系统的正常运作。海关是确保入境产品安全，出口产品合格的部门，是整个国家进出口贸易安全的保障，所以对待海关电子通关数据的分析准确性是海关电子通关面临的一大难题，为此需要利用现有的科学技术进行划时代的数据分析方式改进，数据存储改进，充分利用现有的云端技术，优化整个海关通关凭证信息管理方式，从而提升大数据分析方式，充分利用数据库的优势，优化数据分析、整理方式，提升数据提取速度，提升数据存储速度，优化整个大数据分析的流程，将海关系统需要的数据分析部分进行优化，从而提升海关电子凭证通关准确率，为国家进出口贸易提供数据保障。

【思考】电子通关为什么会提升海关部门总体工作效率？

第一节　报关准备

一、报关随附单证简介

常见报关随附单证的种类如表7-1所示。

表 7 - 1 　　　　　　　　　　常见报关随附单证的种类

进出口商业单证	必备单证： 海关规定申报时必须向海关提交的与申报货物相关的进出口商业单证	商业发票： 出口方向进口方开立的，对所装货物作出全面、详细的说明并凭以向进口方收款的货款价目总清单
		包装单据： 记载货物包装情况的清单，一般由卖方出具并提供给买方，作为商业发票商品细节的补充
		运输单据： 在国际贸易运输过程中产生的有关单据
	预备单证： 在特殊情况下应海关要求向海关提交的其他与申报货物相关的进出口商业单证	合同
		货款结算单据： 如信用证、付款证明等
		保险单据： 如保险单、保费发票等
		运输单据： 如运费发票等
		其他单据： 如原厂商发票、贸易商发票等
进出境贸易管理单证	进出口许可证件： 国家授权主管部门依法对限制进出口的货物和技术、自由进出口的技术和自由进出口中部分实行自动许可管理的货物签发的贸易管理证件	
	检验检疫证件： 由国家检验检疫机构对列入《法检目录》中属于进出境管理的商品和其他法律、行政法规、规章规定实施法定检验检疫的商品签发的贸易管理证件	
	其他贸易管理证件： 如原产地证明、关税配额证明等	
海关单证	保税加工货物备案凭证： 包括"加工贸易手册"（包括分册、续册、电子化手册）、"通关电子账册"（包括分册）、"加工贸易不作价设备手册"等	
	特定减免税货物免税凭证： 主要指"中华人民共和国海关进出口货物征免性质税证明"	
	暂时进出境货物核准凭证： 主要包括"货物暂时进/出境申请批准决定书"、经海关签注的 ATA 单证册等	
	特殊报关作业审批凭证： 主要包括"进口货物直接退运表""责令直接退运通知书""加工贸易货物内销征税联系单"等	
	其他海关单证： 主要包括海关事务担保凭证、关联报关单、预归类决定书等	
其他单证	报关委托书/委托报关协议	
	无代价抵偿货物、大宗散装货物溢短装的第三方认证证明	

二、接单

接受进出口货物向海关申报的任务，俗称接单。

（一）检查报关随附单证是否齐全

在代理报关中，申报货物单证资料一般由报关委托人随报关委托协议一起提供给报关人员，由于委托人对国家贸易管理规定和海关监管要求不够了解，可能提供的单证资料不完备，需要报关人员能够与委托人进行沟通，尽可能做到全面、完整地获取报关随附单证。

在自理报关中，基本商业单证由公司内部部门提供，贸易管理单证、海关单证的申领等由报关人员负责，报关人员对申报货物的基本情况和海关监管要求相对比较熟悉，但仍需对报关随附单证是否齐全进行检查。

（二）获取与申报货物相关的其他信息

1. 申报货物本身的信息

报关企业或进出口货物收发货人对于申报货物无法确定商品编码的，要获得有关产品说明的材料。对于可能涉及知识产权海关保护的进出口货物要获得知识产权授权使用书等材料。可通过向海关申请申报前看货取样进一步了解货物信息。

2. 与申报货物相关的舱单信息

在向海关申报前，应尽可能向船公司或货运代理公司核实舱单信息。如发现提、运单资料与舱单信息不一致的，在申报前作出相应处理。舱单信息可以通过在海关设置的电脑终端和全国海关通关网或海关网上服务大厅等网站进行查询。

3. 报关委托人相关信息

在代理报关中，还需要了解报关委托人的基本情况，这些信息可以向委托人直接索取，也可从以往委托业务资料中收集。

（三）接单处理

（1）在代理报关中，接收委托方提供的单证资料时，须签署接收人姓名和接收时间，并作好登记处理，并将资料录入公司报关业务系统中。

（2）签收单证时，记录内容应与实际收取单证一致。

（3）做好报关企业内部签收工作，并记录各环节流转的时间节点。

（四）换单

有些单证需要报关人员在接受申报任务后按要求到有关部门办理，如提货单、出境货物通关单等，称之为"换单"。

1. 提货单的换取

在海洋运输时，提货单的换取程序如图7-1所示。

在其他运输方式下，由于运输单据不具有物权凭证性质，一般可凭运单直接向海关报关，不需要"换单"。

报关企业代理收货人"换单"时，一般应要求收货人出具授权委托书。

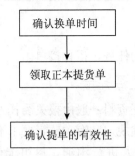

图 7-1　提货单的换取程序

2. 出境货物通关单的换取

（1）产地和报关地一致的货物

可在产地检验检疫机构办理报检手续后，直接获取出境货物通关单，凭以办理出口报关手续。

（2）对产地和报关地不一致的货物

当产地和报关地不一致的货物时，出口货物通关单的换取程序和要求，如图 7-2 所示。

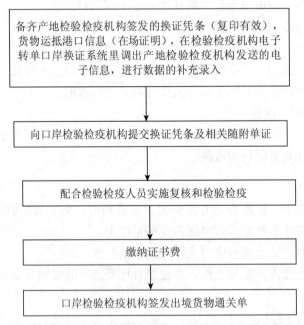

图 7-2　当产地和报关地不一致的货物时，出口货物通关单的换取程序和要求

三、理单

理单环节的主要工作任务是对报关随附单证的有效性、一致性进行审核，为填制报关单和现场报关做好准备。理单工作的基本要求是通过对报关随附单证的审核，保证其"齐全、有效和一致"。

（1）报关随附单证的完备性审核。报关所要求的提交单证是否齐全；商业单证是否体现报关时所必备的相关信息。

（2）报关随附单证的有效性审核。重点是证明、证书。

（3）各报关随附单证内容一致性的审核。货物金额、币制是否一致；货物数量是否一致；货物名称是否一致；单证的抬头是否一致。

在完成上述报关随附单证审核主要步骤的过程中，利用报关岗位合理审查记录单进行操作是行之有效的办法。

下面介绍一下"××公司报关岗位合理审查记录单（海运进口）"的内容。

××公司报关岗位合理审查记录单（海运进口）　　急□

客户名称：　　　　　　　　　　　　　到港时间：

报关单类型：手册通关无纸化，上传　　　□一般贸易现场递单交税□

（一）整理岗位　　　　　审核人：　　　　　　　　审核日期：

1. 货柜情况：□整柜＿＿＿＿＿＿＿　□拼柜＿＿＿＿＿＿＿　□拼联单＿＿＿＿＿＿＿

2. 报关所需资料审核：

换单单证是否齐全：□齐全 □不齐全，需补充单证：＿＿＿＿＿＿＿＿

报检单证是否齐全：□齐全 □不齐全，需补充单证：＿＿＿＿＿＿＿＿

报关单证是否齐全：□齐全 □不齐全，需补充单证：＿＿＿＿＿＿＿＿

经营单位有效期限：□有效 □超期

3. 信息确认：

A. 换单信息确认：正本提单□ 电放□ 换单费用确认＿＿＿＿＿＿＿＿

B. 报检信息确认：

经营单位国检备案号＿＿＿＿＿＿＿

是否法检＿＿＿＿＿＿＿＿　　　　包装种类＿＿＿＿＿＿＿＿

是否有木质包装＿＿　　　　　　　是否有 IPPC 标识＿＿＿＿＿＿＿＿

涉及调离的是否已提供流向地址、国检局、联系人、电话＿＿＿＿＿＿＿＿

是否涉及 3C＿＿＿＿＿＿＿　　　产品符合性声明＿＿＿＿＿＿＿＿

C. 报关信息确认：

是否双抬头＿＿＿＿＿＿＿＿　　　贸易方式＿＿＿＿＿＿＿＿

商品编码审核　　　　　　　　　　监管证件＿＿＿＿＿＿＿＿

商品申报要素＿＿＿＿＿＿＿＿＿＿

原产国＿＿＿＿＿＿＿＿　　　　　境内目的地＿＿＿＿＿＿＿＿

是否有原产地证＿＿＿＿＿＿＿　　是否享受优惠贸易协定税率＿＿＿＿＿＿＿＿

是否需要转船证明＿＿＿＿＿＿＿

成交方式＿＿＿＿＿＿＿＿　　　　运费、保费发票＿＿＿＿＿＿＿＿

是否有保险单及信用证＿＿＿＿＿＿　是否有付汇证明＿＿＿＿＿＿＿＿

设备新旧状态＿＿＿＿＿＿＿　图片、说明书＿＿＿＿＿＿＿＿　申报价格提醒（运用海关估价方法）

税款缴纳方式 □客户网上支付 □公司代缴 □柜台支付

其他确认信息内容＿＿＿＿＿＿＿＿

（二）制单岗位　　　　　　　　操作人：　　　　　操作时间：

□需补充确认的信息：

□已根据原始单据及整理岗位确认的信息进行了录入，逻辑审核通过，上传数据。

（三）复核岗位　　　　　　　　操作人：　　　　　操作时间：

□需补充确认的信息＿＿＿＿＿＿＿＿

□复核表内容与原始单证不符，需改单＿＿＿＿＿＿＿＿

□已与原始单证数据核对无误，并进行了逻辑复核，可发送报关单数据

（四）相关工作操作执行人

报关进程、差错、异常跟踪记录：＿＿＿＿＿＿＿＿

给放行条时查询是否解锁。

商检场外查验和卫生处理提醒。

审核进口报关时需注意税率的适用。

四、制单

在进出境报关业务，制单主要是指填制报关单草单。制单的注意事项：

（1）熟记报关单各栏目的各种代码〔监管方式代码表、征免性质代码表、征减免方式代码表、运输方式代码表、关区代码表、国内地区代码表、监管证件代码表、结汇方式代码表、用途代码表、货币代码表、计量单位代码表、成交方式代码表、国别（地区）代码表等〕，有助于提高制单速度。

（2）对特殊贸易方式的报关单，应复印纸质报关单留存或制作成电子文档留存，在填制特殊贸易方式的报关单时查看留存的报关单，以提高制单的准确性。

（3）输入法设置常用词组，以提高工作效率。

五、复核

复核内容包括：

①根据原始资料（合同、发票、装箱单、进口许可证、出口许可证、入境货物通关单、出境货物通关单、提运单等）对报关单草单或报关单复核表各栏目填报内容进行核对，原始资料没有的内容，要与接单岗位、理单岗位、制单岗位进一步确认；②数量、金额、币制的正确性；③经营单位性质、贸易方式、备案号与征免性质的逻辑关系；④成交方式、运费、保费间的逻辑关系；⑤报关单表头与表体相关项目的逻辑关系；⑥经营单位的加工贸易手册是否超期、超量；⑦审核报关单申报内容的逻辑性及准确性，例如，审核商品品名、重量与对应的数量是否符合逻辑，商品数量、重量、价值是否符合逻辑等；⑧审核报关单上申报的品牌是否有侵权嫌疑；⑨审核报关单的舱单数据与装运单据数据是否相符；⑩审核报关单申报的商品是否规范申报完整；⑪审核确定商品归类是否准确，等等。

第二节　现场作业

一、申报

(一) 报关单电子数据申报

现在的报关主要以电子申报为主,电子数据申报作业流程如图 7-3 所示。

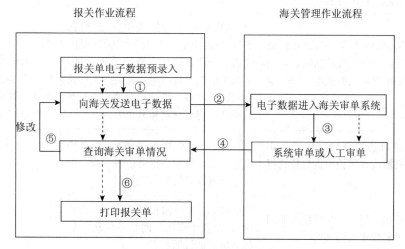

图 7-3　电子数据申报作业流程

注:图中圈码代表所对应的流程顺序。

(二) 现场交单

现场交单作业流程如图 7-4 所示。

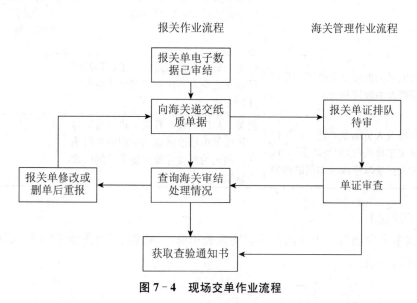

图 7-4　现场交单作业流程

（三）放行前删、改单

在进（出）口货物放行前可以申请删、改单的主要情形及相关规定如表7-2所示。

表7-2　　　　　　进（出）口货物报关单修改和撤销情形及相关规定

进（出）口货物报关单修改和撤销情形		所需的表单及材料	要求
客户原因	进出口货物在装载、运输、存储过程中发生溢短装，或者由于不可抗力造成灭失、短损等，导致原申报数据与实际货物不符的	"进（出）口货物报关单修改/撤销表"，以及商检机构或相关部门出具的证明材料	当事人向海关提交材料符合本条规定，且齐全、有效的，海关应当及时进行修改或撤销
	根据贸易惯例先行采用暂时价格成交，实际结算时按商检品质认定或国际市场价格付款方式需要修改申报内容	"进（出）口货物报关单修改/撤销表"，以及全面反映贸易实际状况的发票、合同、提单、装箱单等单证，并如实提供与货物买卖有关的支付凭证和证明申报价格真实准确的其他商业单证、书面材料和电子数据	
	已申报进口货物办理直接退运手续，需要修改或撤销原进口货物报关单的	"进（出）口货物报关单修改/撤销表"、"进口货物直接退运表"或"责令进口货物直接退运通知书"	
	由于计算机、网络系统等技术原因导致电子数据申报错误的	"进（出）口货物报关单修改/撤销表"，以及计算机、网络系统运行管理方出具的说明材料	
主观原因	由于报关人员操作或书写失误造成申报内容需要修改或撤销的	"进（出）口货物报关单修改/撤销表"，以及可以证明进出口货物实际情况的合同、发票、装箱单、提运单或载货清单等单证、证明文书；详细情况说明；其他证明材料	海关未发现报关人员存在逃避海关监管行为的，可以修改或撤销报关单；不予以修改或撤销的，海关应当及时通知当事人，并说明理由
海关要求	海关将电子数据报关单退回，并详细说明修改的原因和要求	报关人员应当按照海关要求进行修改后重新提交，不得对报关单其他内容进行变更	
	海关向报关人员制发"进（出）口货物报关单修改/撤销确认书"，通知报关人员要求修改或撤销的内容	报关人员应当在5日内对进（出）口货物报关单修改或撤销的内容进行确认，确认后海关完成对报关单的修改或撤销	

作业手续如下：

（1）当事人应填写"进（出）口货物报关单修改/撤销表"（见表7-3）及其他相关材料向海关提出申请。

表 7 - 3　　　　　　　　　　进（出）口货物报关单修改/撤销表

编号：　海关 [　　年]　　号

报关单编号	报关单类型	□进口 □出口	
经营单位名称	具体事项	□修改 □撤销	
报关单位名称			

修改/撤销内容

报关单数据项		项号	原填报内容	应填报内容
重点项目	商品编号			
	商品名称及规格型号			
	币制			
	单价			
	总价			
	原产国（地区）/最终目的国（地区）			
	贸易方式（监管方式）			
	成交方式			
报关单数据项		项号	原填报内容	应填报内容
其他项目				

修改或者撤销原因：

□　出口货物放行后，由于装运、配载等原因造成原申报货物部分或全部退关、变更运输工具的；

□　进出口货物在装载、运输、存储过程中因溢短装、不可抗力的灭失、短损等原因造成原申报数据
　　与实际货物不符的；

□　由于办理退补税、海关事务担保等其他海关手续需要修改或者撤销的；

□　根据贸易惯例先行采用暂时价格成交、实际结算时按商检品质认定或者国际市场实际价格付款方
　　式需要修改申报内容的；

□　已申报进口货物办理直接退运手续时，需要修改或者撤销原进口货物报关单的；

□　由于计算机、网络系统等方面的原因导致电子数据申报错误的；

□　由于报关人员操作或者书写失误造成所申报的报关单内容有误的。

其他需要说明的情况：

兹声明以上理由和内容无误，随附证明资料真实有效，如有虚假，愿承担法律责任。

　　单位印章
　　年　　月　　日

海关意见

　　　　　　　　　　　　　　　　　　　　　　　　　　　　　　　海关印章
　　　　　　　　　　　　　　　　　　　　　　　　　　　　　　　年　　月　　日

（2）海关发现要求报关人修改或撤销报关单的作业。海关向经营单位或相关报关企业出具"进（出）口货物报关单修改/撤销确认书"（见表7-4），通知要求修改或者撤销的内容；报关人应在5日内对进（出）口货物报关单修改或者撤销的内容进行确认，确认后由海关完成对报关单的修改或撤销。

表7-4　　　　　　　　　　进（出）口货物报关单修改/撤销确认书

编号：海关 [　　年]　　号

报关单编号		申报日期	
经营单位名称		报关单位名称	
修改或撤销原因			
原填报内容			
修改内容			

经营单位或报关单位确认：

同意＿＿＿＿＿＿海关对上述报关单内容进行修改/撤销。

报关人员卡号：

报关人员签名：

经营单位或报关单位印章

年　　月　　日

二、配合查验

报关单位配合海关查验的作业流程如图7-5所示。

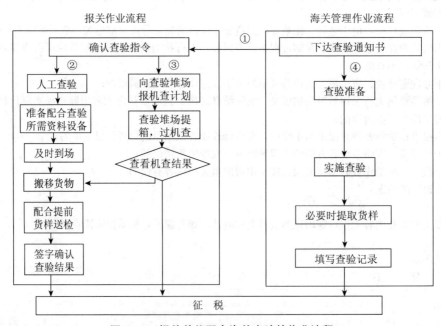

图7-5　报关单位配合海关查验的作业流程

注：图中圈码代表所对应的流程顺序。

三、缴纳税费

电子支付缴纳税费作业流程如图7-6所示。

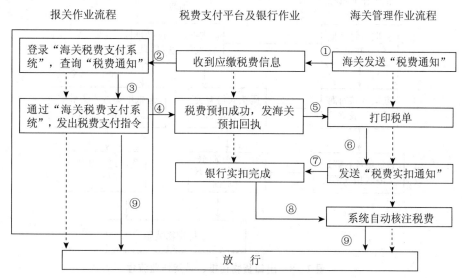

图7-6　电子支付缴纳税费作业流程

注：图中圈码代表所对应的流程顺序。

四、提取装运货物

进口货物提取作业流程如图7-7所示。

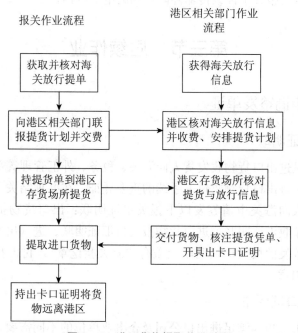

图7-7　进口货物提取作业流程

出口货物运抵、装货作业流程如图7-8所示。

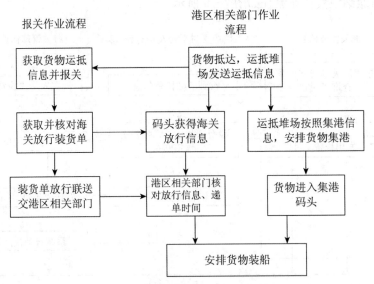

图7-8 出口货物运抵、装货作业流程

五、事后交单

"事后交单",即经海关审核准予适用"事后交单"通关方式的企业采取"无纸报关"方式录入报关单向海关申报,经海关审核满足计算机自动放行条件的,货物放行后在规定期限内向海关递交纸质报关单证或传输随附单据的电子数据。

第三节 后续作业

一、向海关申请签发单证

(一) 报关单证明联

报关单证明联是进出口货物收发货人向海关、税务、外汇管理等部门办理加工贸易手册核销、出口退税、进出口货物收付汇手续的重要凭证,在办理结关手续后,进出口货物收发货人或其代理人向海关申请签发以下报关单证明联:出口货物报关单出口退税证明联、出口货物报关单收汇证明联、进口货物报关付汇证明联、进(出)口货物报关单加工贸易核销联。海关签发的报关单证明联上盖有"海关验讫章",付汇报关单证明联上还要同时盖有"付汇专用章"。

(二) 货物进口证明书

货物进口证明书是指为满足进出口公司及企事业单位的不同需要,海关对已实际监管进口的货物事后开具的证明文书。需签发货物进口证明书的货物主要是进口车辆，并实行"一车一证"制。

二、申领报关单证明联

（一）工作流程

1. 查询报关单通关状况

登录海关总署网站 http：//www. eustoms. gov. en；点击"办事服务"中的"信息查询"；点击"通关状态查询"；输入报关单号，点击"查询"；显示"已结关"，说明已经可以申领报关证明联。

2. 填制申请表

填制进（出）口货物报关单证明联签发申请表；申请进（出）口货物报关单核销联时，填制其他报关单证明联签发申请表，申请表应加盖申请企业报关专用章，由经办人签字。

3. 签收证明联

向海关提交申请表及相关纸质报关单，由现场海关签发相关证明联。报关人员签收时要注意检查是否已加盖"海关验讫章"，同时还需加盖报关专用章。

（二）异常情况的处理

1. 出口货物报关单证明联办理异常情况的处理

（1）舱单数据异常、无核销标志、大船舱单数据错误等原因的处理方法是：与代理公司及驳船代理公司确定具体原因，由其处理相关数据信息，接到对方反馈后查询相关网站确定已结关后，办理申领手续。

（2）因加工贸易手册超量造成无法结关的情况，通知客户做手册数量变更，变更后再与代理公司及驳船代理公司联系，由其处理相关数据信息，接对方反馈后查询相关网站确定已结关后，办理申领手续。

2. 进口货物报关单证明联办理异常情况的处理

进口货物已放行提货，但查询海关相关网站，显示"未放行"，而非"已结关"。造成这种情况的主要原因一般是报关单在放行时因网络故障。企业可书面向海关申请重新放行，海关重新放行后即可结关，企业此时可办理证明联申领手续。

三、申领货物进口证明书

需签发"货物进口证明书"的货物主要是进口车辆。

（一）基本手续

货主或其代理人在办结车辆进口验放手续后，须到海关有关部门办理"货物进口证明书"的签发手续：

（1）货主或其代理人在货物放行后向现场海关提出申请，由现场海关制发"货物进口证明书"联系单关封。

（2）货主或其代理人将上述关封递交海关有关部门，办理货物进口证明书的签发手续。

（3）海关有关部门经审核后向货主颁发"货物进口证明书"。

（二）货物进口证明书的换发

货主或其代理人发现"货物进口证明书"数据与进口车辆实际情况不符的，应向原签发地海关办理有关"货物进口证明书"的换发手续。

四、货物放行后报关单修改或撤销的作业实施

（一）货物放行后报关单修改或撤销的情形

货物放行后报关单修改或撤销的情形主要包括：

（1）出口货物放行后，由于装运、配载等原因造成原申报货物部分或者全部退关、变更运输工具的。

（2）由于办理退补税、海关事务担保等其他海关手续而需要修改或者撤销报关单数据的。

（3）根据贸易惯例先行采用暂时价格成交、实际结算时按商检品质认定或者国际市场实际价格付款方式需要修改申报内容的。

（4）海关统计核查发现涉及品名、商品编码、数量、价格、原产国（地区）、境内货源地等影响海关统计数据方面的问题，需要修改申报内容的。

其中，前3种情形应由当事人向海关提出报关单修改或撤销的申请，最后一种情形由海关向报关人提出修改或撤销报关单的要求。

（二）报关单修改或撤销的作业实施

1. 当事人申请修改或撤销报关单的作业

当事人应填写"进（出）口货物报关单修改/撤销表"向海关提出申请，同时还需要根据不同的情况提交相应的资料。

2. 海关发现要求报关人修改或撤销报关单的作业实施

海关首先向经营单位或相关报关企业出具"进（出）口货物报关单修该/撤销确认书"，通知要求修改或者撤销的内容；报关企业协同经营单位在5日内对进（出）口货物报关单修改或者撤销的内容进行确认，确认后由海关完成对报关单的修改或撤销。

五、报关单证归档的作业实施

需归档的报关单证主要包括：报关单、进出口单证、合同、与进出口业务直接有关的其他资料等。

所有留存的单证应真实、详细；应按照海关单证管理的规定要求和统一原则进行分类、汇总、存储，形成档案；报关单证、进出口单证、合同及与进出口业务直接有关的其他资料。

代理报关公司接受客户的委托办理进出口业务报关前，收到进出口货物报关所需的报关单证后，应将报关单证扫描或复印，按照客户的业务种类进行分类，并将扫描件或复印件留档。自理企业可根据情况保存好相应的报关文件。

进出口货物放行后，代理报关公司与客户交接报关单证，将已放行的报关单证明联扫描或复印作为公司留档。

六、财务结算的作业实施

委托代理报关服务应根据双方签订的报关服务合同/协议的条款内容结算相应的费用，其中包括：代垫费用、服务费用、补充合同/协议及报关服务过程中产生的其他经委托方确认的变更费用、代缴费用等。

委托企业与报关企业以双方签订的报关服务合同/协议作为最终结算依据，结算相应的费用。合同/协议中需明确结算的范围、结算的价格及结算的期限。

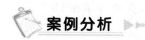 **案例分析** ▶▶

家具进口案例

中国成套设备进出口总公司（北京）（CHINA NATIONAL COMPLETE PLANT IMPORT & EXPORT CORP.）与法国 LECLEC 公司于 2005 年 7 月 8 日在广州签订了出售户外家具（outdoor furniture）的外贸合同，货名：花园椅（Garden Chair，铸铁底座的木椅，按规定出口时需要有动植物检验检疫证明），型号：TG0503，价格：USD58.00/PC FOB Guangzhou，数量：950 把，毛重：20KGS/PC，净重：18KGS/PC，包装：1PC/CTN，集装箱：1×20′GP（集装箱型号），生产厂家：广东南海飞达家具厂，最迟装船日期：2005 年 9 月 8 日，起运港：广州港，目的港：马赛，支付方式：不可撤销信用证。

（1）如果中国成套设备进出口总公司委托广州穗港报关行报关，是否要办理异地报关备案手续？需要的话，应如何办理？不用办理异地报关备案手续。因为实现了电子口岸，当一个企业一家进出境海关备案之后，这个资料可通过电子口岸资料共享。

（2）如果订舱的装船时间是 2005 年 9 月 8 日 10：00 am，那么，报关员应最迟何时在何地报关完毕？最迟应于 2005 年 9 月 7 日 10：00 am 报关完毕。

（3）如果报关员在 8 月 20 日以电子数据报关单向海关申报，8 月 22 日收到海关"放行交单"的通知，那么，报关员应不迟于哪一天持打印的纸质报关单，备齐哪些单证到货物所在地海关提交书面单证并办理相关海关手续？报关员应不迟于 9 月 1 日。备齐的单证有：出口报关单、出口收汇核销单、装箱单、发票、装货单等。

（4）应该缴纳哪些海关规定的税费？不须缴纳税费，相反还可在办理外汇核销之后，向国税申请办理退税。

关键概念

一般出口　电子申报　异地报关　税费

基础练习

一、单选题

1. 出口货物的申报期限为货物运抵海关监管区后、装货的（　　　）以前。

A. 48 小时　　　B. 24 小时　　　C. 14 日　　　D. 15 日

2. 进口货物的申报期限为自装载货物的运输工具申报进境之日起（　　　）内。

A. 48 小时　　　B. 24 小时　　　C. 14 日　　　D. 15 日

3. 某批易腐进口货物通关时，因涉嫌走私被海关扣留，在此期间货物发生变质，对此损失应以下列（　　　）方式处理。

A. 因货物发生变质与收货人或其代理人涉嫌走私有关，故该损失由其承担 50%，海关赔偿 50%

B. 因其变质与海关扣留货物有关，故该损失应由海关承担

C. 因其变质是在海关正常工作程序所需时间内发生，海关不予以赔偿

D. 构成走私，损失由收货人或其代理人自负；未构成走私，损失由海关负责赔偿

4. 在一般情况小，进出口货物或其代理人应当自接到海关"现场交单"或者"放行交单"通知之日起（　　　）内，持打印的纸质报关单，备齐规定的随附单证并签名盖章，到货物所在地海关提交单证并办理相关海关手续。

A. 7 日　　　B. 10 日　　　C. 14 日　　　D. 15 日

5. 下列货物不适用于海关后续管理的是（　　　）。

A. 外商在经贸活动中赠送的进口货物

B. 进料加工进口料件

C. 进境展览品

D. 香港影视公司摄制电影电视用的暂时进口的摄制仪器

二、多选题

1. 申报单证可以分为两大类，即（　　　）。

A. 预备单证　　　B. 主要单证　　　C. 基本单证　　　D. 随附单证

2. 报关人员配合海关查验时，应做好哪些工作（　　　）。

A. 提前向海关说明被查货物情况　　　　B. 搬移、开拆和重封查验货物

C. 提供资料、回签询问　　　　　　　　D. 协助取样送验

知识应用

(1) 某外贸企业进口设备 1 台，装载该设备的运输工具于 2016 年 9 月 16 日向海关申报进境，外贸企业于 2016 年 10 月 12 日向海关申报进口。讨论：外贸企业到底滞报了几天？

(2) 讨论：华茂进出口公司进口了二十辆豪华 BENZ（奔驰），请问如何才能上牌？

(3) 资料：黄浦海关查验一批贵重的精密仪器，交给发货人或其代理人后，有关发货人或其代理人当时并未提出异议，后来确切证实是海关查验时损坏的。讨论：海关应负赔偿责任吗？为什么？

第八章　保税加工货物进出境通关

学习目标

知识目标

1. 熟悉保税加工货物的含义、范围、监管要求；
2. 熟悉纸质手册管理的保税加工货物的报关程序；
3. 熟悉电子化手册和保税加工货物报关程序。

技术目标

1. 会实施保税加工货物各项贸易方式的报关程序；
2. 会应用加工贸易银行保证金台账制度的各项规定；
3. 会实施电子化手册的备案建立、报关及其核销程序。

应用能力目标

1. 培养良好的保税加工货物进出境报关素养，树立服务质量高于效率的理念；
2. 树立保税加工进出境报关服务理念，提高保税加工货物报关的效率。

保税加工聚焦

海关监管服务创新

自上海自贸区挂牌运转后，上海海关陆续推出 14 项海关监管服务创新，短短几个月内"红利"初步释放。2014 年 9 月 3 日起，深圳海关正式启动了复制推广上海自贸区创新监管制度工作，首批 6 项创新监管制度正式在深圳关区实行。深圳海关表示，复制来的创新举措将对深圳外贸稳定增长起到积极作用。

据了解，深圳关区首批复制的监管服务创新包括 6 项："批次进出、集中申报""先进区、后报关""集中汇总纳税""简化统一进出境备案清单""简化无纸通关随附单证"和"智能化卡口验放"。包括福田保税区、深圳出口加工区、前海湾保税港区等在内的多个海关特殊监管区域均被纳入试点。

在福田保税区、前海湾保税港区，如按以往每批逐票申报，车辆需在卡口外等候报关后入区，一般约需 2 小时，试点"批次进区、集中申报"新的监管措施后，货物进出仅需半小时，时间成本缩减了七成以上，同时由于减少了报关次数，企业的报关费用也大大节省。

而在"先进区、后报关"模式下，前海湾保税港区（园区）企业可凭进境货物的舱单等信息，先向海关简要申报，随即就可办理口岸提货和货物进区手续，再在规定时限内办理正式申报手续。据悉，该模式可有效解决进境、进区货物，特别是国际中转拆拼箱货物，难以在货物实际入区前向海关提交完整、详细的申报数据的问题。

上海自贸试验区挂牌运转后总结出了第一批 14 项海关监管服务创新措施。由于这些制度可复制可推广，深圳海关根据关区条件成熟情况，推出了企业急需又具备实施条件的 6 项制度。2014 年年内，该关还将陆续启动实施另外 4 项监管创新制度的复制推广工作，包括"保税展示交易""区内自行运输"等。（摘自南方日报）

【思考】保税加工货物进出境通关一般程序是什么，深圳海关监管服务创新之处在哪儿，带来了哪些便利？

第一节 保税加工货物进出境通关概述

一、保税加工货物概述

保税制度是一种国际通行的海关制度，是指经海关批准的境内企业所进口的货物，在海关监管下在境内指定的场所储存、加工、装配，并暂缓缴纳各种进口税费的一种海关监管业务制度，这种制度的具体规定和操作是各国海关根据自己国情状况设计的。上述货物则被称作保税货物。保税货物最终是否要缴税，依货物最终去向而定，原则上如果货物或货物的制成品复运出口，则无须缴税。"保税"称呼的由来，是海关对货物"保留征税权"的意思。

我国《海关法》以法律形式确定了我国保税加工货物的概念是指经海关批准未办理纳税手续进境，在境内储存、加工、装配后复运出境的货物。

保税加工货物应当具有三大基本特性，即经海关批准、属于海关监管货物、应复运出境。

（一）经海关批准

保税货物进境未办理纳税手续，但是不能不办理报关手续。保税货物进境前，必须先得到我国海关的批准，届时货物到达口岸，才能享受保税进口待遇。有的货物其本身已具备保税条件，但假如未经得海关批准，也不能成为保税货物。例如，一家有违规走私前科的企业进口供加工返销出口的手表使用的手表零件，表面上看这是进料加工的料件，可以保税。但是海关鉴于企业以往的表现，可以不同意保税，而采取"先征后退"的方法，进口时对手表零件全额征收进口税费保证金，到手表成品出口时，凭实际出口手表所含的进口零件数量再退还已征收的保证金。

（二）属于海关监管货物

保税货物从进境之日起至复运出境（或补交税款转为正式进口），始终在我国海关的监管之下，它在境内的运输、储存、加工、装配、修理都必须接受海关监管，主要是为了防止发生货物的替换、违法内销等违法违规事件。未经海关许可，即使是货物的产权所有者也不得私自对保税货物作出调换、改装、抵押、转让等处置。而法院判决、裁定或其他行政执法部门决定处理保税货物时，应责令当事人办结海关手续。海关对于保税货物的监管的执行，很多情况下还会延伸到对于和保税货物有密切关系的企业进行监管，如对一部分报关活动相关人进行监管。

（三）应复运出境

多数保税货物的最终流向应当是复运出境，因此，经海关批准保税进境后的货物，一旦决定不复运出境，就改变了保税货物的特性，不再是保税货物，而应当按照留在境内的实际性质办理相应的进口手续，如加工贸易进口的剩余料件和副产品经批准内销、保税仓库货物出库进入国内市场等。

二、保税加工的形式

(一) 来料加工

来料加工是外商提供全部或部分原材料、辅料、零部件、元器件、配套件和包装物料（简称料、件），必要时还提供机器设备，由我方加工单位按外商要求进行生产加工装配，成品交外商销售，我方收取工费，外商提供的设备作价后，由我方用工缴费偿还。

(二) 进料加工

进料加工是国内有外贸经营权的单位用外汇购买进口部分或全部原料、材料、辅料、元器件、配套件和包装物料加工成品或半成品后再返销出口国外市场的业务。

以上两种加工贸易形式的比较如表 8-1 所示。

表 8-1　　　　　　　　　　来料加工和进料加工贸易形式的比较

	原料	货物的所有权	成品的去向
来料加工	由境外厂商提供，不需要通过外汇购买	在加工过程中均未发生所有权的转移，原料运进和成品运出属于同一笔交易，原料供应者即是成品接受者	返给境外厂商（原料提供者）在来料加工中，我方不承担销售风险，不负盈亏，只收取工缴费
进料加工	由我方自己花外汇从国外购买原料	原料进口和成品出口是两笔不同的交易，均发生了所有权的转移，原料供应者和成品购买者之间也没有必然的联系	返给境外厂商（原料提供者）在进料加工中，我方承担销售风险，自负盈亏，赚取销售利润

三、保税加工货物的监管模式

(一) 物理围网监管

物理围网监管是指在境内或边境线上的某一个地方内，让企业专门从事保税加工，海关进行封闭管理。经国家批准，在境内或边境线上划出一块地方，让企业在围网内专门从事保税加工业务，由海关进行 24 小时封闭式监管。包括出口加工区和珠海跨境工业园区，采用电子账册（H+11 位数，E+11 位数）管理。除此外，还有保税区、保税港区（主要为保税物流，兼有保税加工的功能），以及保税物流园区（区内不设加工企业）。

(二) 非物理围网监管

非物理围网是指针对于某一加工贸易合同或企业的海关监管形式。

1. 采用纸制手册管理

传统监管方式，以合同为单元管理（手册号为：进料加工：C+11 位数；来料加工：B+11 位数；深加工结转专业手册：G+11 位数；进口报关分册：F+11 位数等）。

纸制手册是一种传统的监管模式，加工贸易企业需在进行加工贸易前向海关申领手册，凭借海关所发手册进出境货物，并详细记录每次进口料件和出口成品的实际情况，最终办理手册核销手续。报关员在实际申报时，正确填写手册相关栏目并随报关单和其他单证交给现场海关官员审核，海关在手册相应栏目签章核注。

目前国内很多企业已不再使用纸质手册管理。海关在推广和普及电子化手册的计算机联网监管。

2. 采用计算机联网监管

计算机联网管理采用的备案形式有两种：

$$
\text{计算机联网管理}
\begin{cases}
\text{大型企业：企业电子账册不实施台账制}\\
\\
\text{中小型企业：合同电子手册实施台账制}
\end{cases}
$$

（1）电子化手册：针对中小型企业，以合同为单位，海关只给电子化手册号，不发放纸质手册。

（2）电子账册：针对大型企业，以整个企业为单元。分为 IT 账册——仅对企业的经营范围进行备案的电子账册，日常报关不使用；E 账册——便捷通关电子账册号（E+11）位数，不发放纸质手册，整个手册情况同海关电子联网。海关只给电子手册企业日常进出境货物申报时，海关直接在电子底账报关。

（3）银行保证金台账制度：加工贸易进口料件银行保证金台账制度是指经营加工贸易的单位或企业凭海关核准的手续，按合同备案金向指定银行申请设立加工贸易进口料件保证金台账，加工成品在规定的加工期限内全部出口，经海关核销合同后，再由银行核销保证金台账。

四、保税加工的海关管理

（一）合同商务审批

1. 加工贸易合同审批

加工贸易企业应先到其所在地商务主管部门办理合同审批，获取《加工贸易业务批准证书》，以及《加工贸易企业经营状况和生产能力证明》，然后才能到海关申请合同（手册）备案，审批所需材料如图 8-1 所示。

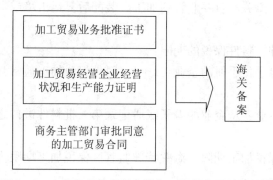

图 8-1　由商务主管部门审批加工贸易合同所需材料

2. 加工贸易经营范围审批

凡是属于海关计算机电子联网监管的企业，需先到商务主管部门办理经营范围审批。获取《经营范围批准证书》，以及《加工贸易企业经营状况和生产能力证明》后，再向海关申请联网监管，建立电子化手册或电子账册。由商务主管部门审批加工贸易经营范围，审批所需材料如图8-2所示。

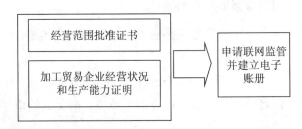

图8-2 由商务主管部门审批加工贸易经营范围所需材料

(二) 进口料件备案保税

加工贸易料件需向海关备案核准后（及申办加工手册后）才能保税进口，其备案原则是：

合法经营：属于限制类的，需获得商务主管或其他政府部门的批准，备案时提交合法进出口许可凭证；

复运出境：所有进口料件都必须生产为成品，附件在成品上后复运出境；

可以监管：保税料件在进出口、加工、装配等环节，都可置于海关的监管之下。

1. 进口暂缓纳税

加工贸易企业进口的料件实际用于生产成品出口的，免交进口关税和进口环节税（增值税和消费税，加工贸易企业生产的成品经海关批准不再复运出口，而在国内销售的，其内销成品所使用的料件由于在进口环节时暂缓交税。故需要交税、交证、交缓税利息（生产过程中产生的边角料和物理围网特殊监管区域的保税货物不交缓税利息）。

2. 海关监管延伸

①监管地点的延伸。该货物储存、加工、装配的地方，都是海关监管该保税货物的场所。对保税进口料件，海关一直要监管到加工、装配后复运出境或者办结正式实际进口手续为止。

②监管时间的延伸。料件保税的期限：

使用纸质手册和电子化手册的企业：1+1（料件保税加工通常为1年期限，最长可延期1年）。

使用电子账册的企业：从企业的电子账册记录第一批料件进口之日起到该电子账册被撤销为止。

海关特殊监管区保税加工期限：海关特殊监管区保税加工期限为从进区起→到出区办结海关手续止。

海关对保税加工货物的监管期限如表8-2所示。

表 8 - 2　　　　　　　　　海关对保税加工货物的监管期限

种类		期限	准予保税的期限	申请销核的期限
非物理围网的监管模式		电子手册管理	原则上不超过 1 年，可延长的最长期限原则上也是 1 年	手册到期之日起或最后一批成品运出后 30 日内报核
		电子账册管理	从企业电子账册记录第一批料件进口之日起，到该电子账册被撤销止	以 180 天为一个报核周期，满 180 天后的 30 天内报核
物理围网的监管模式	电子账册管理	出口加工区	从料件进区，到成品出区办结海关手续止	每 180 天向海关申办一次进出境、进出区的实际情况
		珠海园区		每年向海关办理报核手续

3. 加工贸易银行保证金台账制度

由于加工贸易保税料件在进口时暂缓缴税，对于企业进口保税料件后是否用于加工、装配生产成品复出口，还是擅自挪作他用无法完全实行监控。因此，海关对于不同地区、不同类型的企业，要求其实行海关事务担保，即执行加工贸易保证金台账制度。

目前我国大约 90% 的各类制造型企业都采取进料或来料加工方式。对于企业需求而言，能否独立的申办本企业的加工手册，是衡量一个报关员是否合格的标志。掌握加工贸易保证金台账制度更是其必要前提。

以下介绍银行保证金台账制度。

①加工贸易银行保证金台账制度

a. 地区划分：

东部地区：辽宁，北京，天津，河北，山东，江苏，上海，浙江，福建，广东 10 个省、直辖市。

中西部地区：除上述东部 10 个省、直辖市以外的我国其他地区。

b. 可开展加工贸易的商品：

加工贸易商品分禁止类、限制类、允许类。每年由商务部、海关总署会同国家其他相关部门发布加工贸易禁止类和限制类商品目录。在实际工作中，请查阅商务部或海关总署官方网站发布的最新目录。

c. 企业分类管理：

海关对加工贸易企业按照企业的 AA、A、B、C、D 分类管理，实行不同的加工贸易保证金台账制度；或者根据企业的所属类别，不予加工贸易许可。此类企业所有进出境货物按照一般贸易进出口货物方式管理。

②银行保证金台账的"不转"、"空转"、"实转"和"半实转"

"不转"：不需要开设保证金台账；

"空转"：在海关指定的银行开设保证金台账，不需向银行交纳保证金；

"实转"：指定的银行开设保证金台账；将一定额度的保证金交存于账户；办理核销手续后，银行退还的保证金及按活期存款利率计付的利息；

"半实转"：设台账，减半支付保证金。

③管理方式

银行保证金台账的管理方式如表8-3所示。

表8-3　　　　　　　　　　　　　　银行保证金台账的管理方式

台账分类管理内容	禁止类商品		限制类商品		允许类商品	
	东部	中西部	东部	中西部	东部	中西部
AA 类企业	不准		空转		不转	
A 类企业					空转	
B 类企业			半实转	空转	空转	
C 类企业			实转			
D 类企业	不准					
特殊监管区域企业	不准		不转			

(三) 手册 (合同) 核销结关

手册核销期限：

①纸质手册和电子化手册：从手册有效期到期之日起或最后一批成品出口后30天内申请核销。

②电子账册：通常以180天为一个报核周期。新企业以海关批准电子账册建立之日起计算，满180天后的30天内申请核销，以此类推，从报核之日起算，每满184天后的30天内申请报核。

③出口加工区内企业电子账册，每6个月核销一次。

④珠海园区内加工企业电子账册每1年核销一次（开展业务之日起）。

 补充阅读

保税加工手册管理全程信息化

保税加工手册管理全程信息化包含保税加工手册全程管理作业无纸化和保税加工电子化手册审核作业智能化，以及与其相关联的信息化系统和辅助平台。其指导思想为以改革促进监管、以改革提升服务，全面提高通关效率，切实为加工贸易企业"减负、增效、提速"。

第二节　电子化手册前期准备

一、电子化手册简介

(一) 纸质手册电子化系统

纸质手册电子化系统是海关适应当前加工贸易新形势、新发展的需要,从简化手续、方便企业的角度出发,运用现代信息技术和先进的管理理念,以加工贸易手册为管理对象,在加工贸易手册备案、通关、核销等环节采用"电子手册+自动核算"的模式取代现有的纸质手册,并逐步通过与相关部委的联网取消纸质单证作业,最终实现"电子申报、网上备案、无纸通关、无纸报核"的新监管模式。

纸质手册电子化系统的核心内容是以电子数据取代目前的纸质《登记手册》,以企业IC(集成电路)卡或 IKEY(密钥)作为系统操作的身份认证。由纸质手册电子化系统开设的手册统称为"电子化手册"。加工贸易备案、进出口数据申报、数据报核大部分通过网络办理,在企业本地即可完成。通过对加工贸易料件及成品进行预归类,建立企业备案资料库,企业在进行通关手册备案时可直接调用备案资料库数据。

纸质手册电子化系统与传统纸质手册管理无身份认证,安全性差;多口岸报关手册周装不便,企业办理分册、手册续本等手续频繁;逐本合同进行审核;人工审批,八小时工作;人工核对核算,耗时费力,容易出错;进出口数据分散,管理方式单一,手段滞后相比通过企业操作员 IC 卡进行身份认证,安全性强;企业无须办理分册、手册续本等手续,降低手册遗失、盗抢等风险备案资料库管理,一次预归类审核企业可实现 24 小时申报,计算机 24 小时电子审核自动核对核算,准确快速通过中国电子口岸统一平台,提供相关数据查询及导出功能,方便企业管理。

(二) 电子化手册建立

电子账册管理与电子手册管理是海关用电子围网对保税加工货物实施监管的两种模式。电子账册管理是以企业整体加工贸易业务为单元实施对保税加工货物的监管,电子手册管理则仍然以企业的单个加工贸易合同为单元实施对保税加工货物的监管,但不再使用纸质手册。电子账册管理的模式施行多年,已经形成完整的监管制度。

(1) 联网监管的申请和审批

具备相应条件(具体参见 http://www.customs.gov.cn)的加工贸易企业可以向所在地直属海关申请加工贸易联网监管,申请时应当向海关提供的单证包括;加工贸易企业联网监管申请表,企业进出口经营权批准文件;企业上一年度经审计的会计报表;工商营业执照复印件;经营范围清单,含进口料件和出口制成品的品名及 4 位数的 H.S. 编码;其他海关认为需要的单证。符合条件、单证具备的企业与海关签订"联网监管责任担保书"后即成为保税加工联网监管企业。

(2) 加工贸易业务的申请和审批

企业在向海关申请联网监管前应当先向企业所在地商务主管部门办理前置审批手续,

由商务主管部门审定联网企业的加工贸易资格、业务范围和加工生产能力，并签发"联网监管企业加工贸易业务批准证"。应提交的单证包括：工商营业执照复印件；海关对企业实施联网监管的验收合格证书；企业进出口经营权批准文件；加工企业注册地县级以上商务主管部门出具的"加工企业状况和生产能力证明"正本；联网企业上年度加工贸易出口情况证明材料；经营范围清单，含进口料件和出口制成品的品名及 4 位数的 H. S. 编码；其他审批机关认为需要出具的证明文件或材料。

（3）建立商品归并关系和电子手册

联网企业凭"联网监管企业加工贸易业务批准证"向所在地主管海关申请建立电子账册。海关以商务主管部门批准的加工贸易经营范围、年生产能力等为依据，建立电子手册，取代纸质加工贸易登记手册。

电子化手册商品归并关系的建立是针对联网企业的所有料号级保税加工货物，是一项基础性预备工作。归并关系一经海关审核，即产生企业以后所有向海关申报的 H. S. 编码级的基础数据，不需要每本电子化手册都进行申报审核。

商品归并是企业关务业务协同一体化运作的基础，电子化手册商品归并原则如下：

①料件归并原则。

a. 10 位 H. S. 编码相同的。

b. 申报计量单位相同的。

c. 商品名称相同，或虽然商品名称不同，但商品属性或用途相近，可替代使用的。譬如说，食品加工行业中，代糖就可以替代蔗糖使用，因此可以进行归并。

d. 商品名称、申报计量单位、H. S. 编码相同，并且能够满足口岸海关查验和海关核销要求。价格相近。

对有以下情况之一的，一般不作归并：

a. 不符合以上归并条件的。

b. 主料（在此介绍一下什么是主料。按照"二八原则"，企业 20％的料件占企业年进口总值的 80％，这 20％写的主要料件就称为主料）。

c. 有特殊关税要求的商品。

d. 属许可证件管理的商品。

e. 加工贸易限制类商品。

f. 因管理需要，海关或企业认为需单列的商品。

②成品归并原则。

成品原则上不作归并，除非两个成品的料件组合与单耗都是一致的，才考虑归并。

海关对同时符合下列条件的成品，原则上可予以归并：

a. 10 位 H. S. 编码相同的。

b. 申报计量单位相同的。

c. 成品名称相同的。

d. 对应料件单耗相同的。

对有以下情况之一的，一般不作归并：

a. 主管海关从单耗、贸易管制、征免税、规格型号、单价、税率等方面考虑认为需重点监管的商品。

b. 企业因管理需要，单独管理的。

海关审核通过企业提交的预归类、预归并关系后，企业将申报地海关、企业内部编号、经营单位、加工单位、主管海关、管理对象等企业基本信息，以及保税进口料件和出口成品的序号、货号、中文品名、计量单位、法定单位等企业料号级物料数据传送到电子口岸数据中心，海关对数据进行审核，审核通过后，系统自动向企业发送回执。企业接收回执后，再将包括归并关系列表、归并后物料信息、归并前物料信息列表等数据在内的料件归并关系和成品归并关系发送至电子口岸，海关予以审核通过，建立电子底账。

二、合同备案

（一）合同备案的含义

加工贸易合同备案是指加工贸易企业持合法的加工贸易合同到主管海关备案，申请保税并领取"加工贸易登记手册"或其他准予备案凭证的行为。海关受理合同备案，是指海关根据国家规定在接受加工贸易合同备案后，批准合同约定的进口料件保税，并把合同内容转化为登记手册内容或作必要的登记，然后核发登记手册或其他准予备案凭证的海关行政许可事项。对符合规定的加工贸易合同，海关应当在规定的期限内予以备案，并核发"加工贸易登记手册"或其他准予备案的凭证。对不予备案的合同，海关应当告知经营企业。

电子化手册的备案分为按合同常规备案和分段式备案两种。

1. 按合同常规备案

按合同常规备案除不申领纸质手册以外其他要求同纸质手册管理基本一样。详见纸质手册管理有关内容。

2. 分段式备案

分段式备案指将电子化手册的相关内容分为合同备案和通关备案两部分分别备案，通关备案的数据建立在合同备案数据的基础上。

（二）合同备案的企业

国家规定开展加工贸易业务应当由经营企业到加工企业所在地的主管海关办理加工贸易合同备案手续。经营企业和加工企业有可能是同一个企业，也可能不是同一个企业。经营企业，是指负责对外签订加工贸易进出口合同的各类进出口企业和外商投资企业，以及经批准获得来料加工经营许可的对外加工装配服务公司。加工企业，是指接受经营企业委托，负责对进口料件进行加工或者装配，且具有法人资格的生产企业，以及由经营企业设立的虽不具有法人资格，但实行相对独立核算并已经办理工商营业证（执照）的工厂。加工贸易合同项下海关准予备案的料件，全额保税；加工贸易合同项下海关不予备案的料件，以及试车材料、未列名消耗性物料等，不予保税，进口时按照一般进口办理。

（三）合同备案的内容

1. 备案单证

包括加工贸易合同或合同副本；商务主管部门签发的加工贸易业务批准证和加工贸易

企业经营状况和生产能力证明；交验主管部门的许可证件；加工合同备案申请表及企业加工合同备案呈报表；为确定单耗和损耗率所需的有关资料；其他备案所需要的单证。

2. 备案商品

包括：

（1）加工贸易禁止类商品不予备案。

（2）进出口消耗臭氧层物质、易制毒化学品、监控化学品，在备案时需要提供进口许可证或两用物项进口许可证。

（3）进出口音像制品、印刷品、地图产品及附有地图的产品，进口工业再生废料等，备案时需要提供其他许可证件。

3. 保税额度

海关准予备案的料件，全额保税；不予备案的料件及试车材料、未列明消耗性物料等，不予保税。

4. 台账制度

按加工贸易银行保证金台账分类管理的原则。

在实际操作中，合同备案环节的备案内容有 3 部分，即表头数据、料件表和成品表。表头数据包括企业及企业合同的基本信息，如经营单位、加工单位、手册类型、主管海关、商务主管部门、贸易方式、征免性质、加工贸易业务批准证编号、进口合同、备案进口总额、进口币制、备案出口总额、出口币制、加工种类、有效日期、管理对象等内容。

料件表包括料件序号、商品编号、商品名称、申报计量单位、法定计量单位、申报数量、申报单价、总价、币制等内容。

成品表包括成品序号、商品编号、商品名称、申报计量单位、法定计量单位、申报数量、申报单价、总价、币值等内容。电子化手册备案时，海关审核要求与对纸质手册的审核要求完全一致：审核企业的备案申请内容与商务主管部门出具的"加工贸易业务批准证"是否相符，备案申请数量是否超出了商务主管部门确定的加工生产能力，企业的相关申请是否符合法律、行政法规的规定。电子化手册审核通过后，系统自动生成手册编号。

（四）合同备案的凭证

1. 电子化手册编号

不开设台账的合同，电子化手册编号可以直接领取。

设了台账的合同，凭"银行保证金台账登记通知单"到合同备案主管海关领取电子化手册编号。

加工贸易登记手册分册是指海关在企业多口岸报关周转困难或异地深加工结转需要的情况下，由企业申请并经主管海关核准，在加工贸易登记手册即总册的基础上，将总册的部分内容重新登记备案，载有该部分内容、有独立编号的另一本登记手册。进出口报关时加工贸易登记手册分册可以与原手册分开使用，但必须同时报核。

2. 其他准予备案的凭证

国家规定的 78 种列名服装辅料金额不超过 5000 美元的合同，除 C 类企业外，可以不申领登记手册，直接凭出口合同备案，凭海关在备案合同上的签章和编号进入报关阶段。

（五）合同备案的变更

企业办理合同备案变更手续应当通过电子口岸向主管海关发送合同备案变更数据，并提供企业的变更申请与商务主管部门出具的"加工贸易业务批准证变更证明"，以及相关单证材料。如果通关备案已通过，则合同备案变更通过后，系统将对通关备案的数据自动进行变更。

合同变更应在合同有效期内报商务原审批部门批准，并具备以下条件：

（1）当贸易性质、商品品种、合同变更的金额≤1万美元，合同延长不超过3个月的合同，企业可直接到海关和银行办理变更手续，不经商务主管部门审批。

（2）原1万美元及以下备案合同，变更后进口金额超1万美元的，AA类、A类、B类管理企业，需重新开设台账，东部地区企业，如果涉及限制类商品的，加收相应的保证金。

（3）因企业管理类别调整，合同从"空转"转为"实转"的，应对原备案合同交付台账保证金，经海关批准，可只对原合同未履行出口部分收取台账保证金。

（4）管理类别调整为D类企业的，已备案合同：经海关批准，允许交付全额台账保证金后继续执行，但合同不得再变更和延期。

（5）对允许类商品转为限制类商品的已备案的合同：不再交付台账保证金。

（6）对原限制类或允许类商品转为禁止类的已备案合同：按国家即时发布的规定办理。

三、合同备案的电子化操作流程

（一）备案资料库备案

1. 备案资料库备案申请

在系统界面上方的功能菜单栏上，点击备案资料库菜单，再选择备案资料库备案项，即进入"备案资料库"界面。

操作员首先录入"申报地海关"，敲空格键即可调出相应代码，选中代码即显示相关内容。企业物料备案界面分为基本信息、料件表和成品表三部分。基本信息部分录入企业的基本信息；料件表部分录入企业备案的料件信息；成品表部分录入企业备案的成品信息。

操作员需依次录入基本信息、料件表和成品表部分。企业信息部分各项中当鼠标光标停留在各项时，界面底部有系统提示。"加工贸易企业"由系统自动从IC卡或IKEY中调出。"主管海关"可直接输入代码调出，也可敲空格键调出相应代码，选中代码即可显示相关内容。其他底色为灰色的项目为非必填。

企业信息部分各字段的填写规范如表8-4所示。

表 8-4   企业信息部分各字段的填写规范

字段名称	必填/非必填	其他说明	是否允许变更
企业内部编号	必填	企业录入	否
备案资料库编号	非必填	成功入海关库，系统返填预录入号；审批通过，系统返填正式编号	否
加工贸易企业编码	必填	默认为管理对象	否
加工贸易企业名称	必填	根据企业十位编码调出，不能修改	是
加工生产能力	必填	企业录入	是
主管海关	必填	企业录入	否
申报日期	非必填	数据申报成功时，取系统时间	否
备注	非必填	最多 10 个字符	是

基本信息表各项录入完毕后，将光标置于"备注"字段位置按回车键，光标即自行跳转至料件表。

料件表部分中："料件序号""处理标志"由系统自动生成。"附加编号""中文品名""法定单位"在输入"商品编号"后由系统自动调出，除"法定单位"字段外，其他字段均可修改。也可先输入"商品名称"，调出相应的"商品编号""附加编号""法定单位"。

料件表部分各字段的填写规范如表 8-5 所示。

表 8-5   料件表部分各字段的填写规范

字段名称	必填/非必填	其他说明	是否允许变更
料件序号	必填	系统自动生成，最多 9 位数字	否
货号	非必填	最多 30 位字符	是
商品编码	必填	8 位数字，根据《商品分类表》（COMPLEX）、《商品归类表》（CLASSIFY）填写。录入商品编码前 4 位即可调出相应信息进行选择	是
附加编号	非必填	可选项。根据商品编号调出，无则空	是
商品名称	必填	输入商品编号后由系统自动调出。也可手工输入	否
计量单位	必填	最多 30 位字符。敲空格键即可调出相应代码，选中代码即可显示相关内容。	否
法定计量单位	必填	系统根据商品编码调出	否
主料标志	必填	敲空格键即可调出相应代码，选中代码即可显示相关内容	是
规格型号	非必填	最多 30 位字符	是
申报单价	非必填	最多 18 位数字，整数 13 位，小数 5 位	是
币制	非必填	敲空格键即可调出相应代码，选中代码即可显示相关内容	是

续　表

字段名称	必填/非必填	其他说明	是否允许变更
处理标志	非必填	系统根据每条数据记录状态自动处理标志	—
备注	非必填	最多50位字符，可填写表格内项目未尽事宜	是

一项料件录入完成后，将光标置于"备注"栏处按回车键，该条料件信息将自动暂存并显示在下方的料件信息列表框中。用户若想删除已录入的料件项，可在列表框中选中此项料件，点击鼠标右键并在右键菜单中选择"删除一条记录"，即可删除该项料件。

输入完料件表部分所有项目后，用 Ctrl＋PgDn 键或直接点击成品表，均可进入成品表部分。

成品表部分中："成品序号""处理标志"由系统自动生成。"附加编号""中文品名""法定单位"在输入"商品编号"后由系统自动调出，除"法定单位"字段外，其他字段均可修改。也可先输入"商品名称"，调出相应的"商品编号""附加编码""法定单位"。

成品表部分各字段的填写规范如表 8－6 所示。

表 8－6　　　　　　　　　　成品表部分各字段的填写规范

字段名称	必填/非必填	其他说明	是否允许变更
成品序号	必填	系统自动生成，最多9位数字	否
货号	非必填	最多30位字符	是
商品编码	必填	8位数字，根据《商品分类表》（COMPLEX）、《商品归类表》（CLASSIFY）填写。录入商品编码前4位即可调出相应信息进行选择	是
附加编号	非必填	可选项。根据商品编号调出，无则空	是
商品名称	必填	输入商品编号后由系统自动调出。也可手工输入	否
计量单位	必填	最多30位字符。敲空格键即可调出相应代码，选中代码即可显示相关内容	否
法定计量单位	必填	系统根据商品编码调出	否
规格型号	非必填	最多30位字符	是
申报单价	非必填	最多18位数字，整数13位，小数5位	是
币制	非必填	敲空格键即可调出相应代码，选中代码即可显示相关内容	是
处理标志	非必填	系统根据每条数据记录状态自动处理标志	—
备注	非必填	最多50位字符，可填写表格内项目未尽事宜	是

一项成品录入完成后，将光标置于"备注"栏处按回车键，该条成品信息将自动暂存并显示在下方的成品信息列表框中。用户若想删除已录入的成品项，可在列表框中选中此

项成品，点击鼠标右键并在右键菜单中选择"删除一条记录"，即可删除该项成品。

企业物料备案各部分填写完毕后，点击暂存按钮，可将数据进行保存。用户若想对暂存后尚未申报的数据进行修改，在没有退出原界面时，可直接修改，修改后再点击暂存即可保存修改后内容。若已退出原界面，则需用修改按钮来实现。

物料备案的所有项目填写完毕并保存后，点击申报，即实现备案资料库的申报。申报后，备案资料库申请全流程完成。备案申请录入及申报完成后，用户可通过备案资料库查询界面查询到该备案资料库的备案状态、明细数据和回执内容。

2. 备案资料库变更申请

若企业需修改海关审批通过后的备案资料库数据，则须进行物料变更申请。

在系统界面上方的功能菜单栏上，点击物料/归并关系备案菜单，再选择企业物料备案查询项，即进入"企业物料备案查询"界面。

查询到需变更数据后，在查询结果列表框中选中该票数据，然后点击变更按钮，即可调出原备案数据进行修改。

进入变更界面后，系统会将原备案内容调出，企业可做相应的修改。变更录入操作同备案录入操作。变更界面中，录入框为灰色的数据不允许修改。

修改完成后，点击暂存，修改即保存成功。点击申报按钮，即实现变更数据的申报。

同备案申请一样，用户若想对暂存后未申报的数据进行修改，在没有退出原界面时，可直接修改，修改后再点击暂存即可。若已退出原来的界面，则需用修改按钮来实现。

（二）通关手册备案

1. 通关手册备案申请

在系统界面上方的功能菜单栏上，点击通关手册备案菜单，再选择通关手册备案项，即进入"通关手册备案"界面。

操作员首先录入"申报地海关"，敲空格键即可调出相应代码，选中代码即显示相关内容。

通关备案界面分为基本信息、料件表、成品表、单损耗表四个部分。基本信息部分录入企业及企业加工贸易手册的基本信息；料件表部分录入企业通关料件的备案信息；成品表部分录入企业通关成品的备案信息；单损耗表录入归并后成品和料件的对应损耗关系。

操作员需依次录入表头、表体部分。

基本信息部分："经营单位"和"加工单位"由系统自动从 IC 卡或 IKEY 中调出。"手册类型""主管海关""收货地区""贸易方式""征免性质""起抵地""成交方式""进口币制""出口币制""加工种类""保税方式""进出口岸""管理对象"可直接输入代码调出，也可敲空格键调出相应代码，选中代码即可显示相关内容。其他底色为灰色的项目非必填。

表头数据部分各字段的填写规范如表 8-7 所示。

表 8-7

表头数据部分各字段的填写规范

字段名称	必填/非必填	其他说明	是否允许变更
企业内部编号	必填	最多20位字符，由企业自行编号，但须保证在企业内部的唯一性。不能和备案资料库的内部编号相同	否
手册编号	非必填	海关审批通过后由系统自动返填。12位字符	否
手册类型	必填	敲空格键即可调出相应代码，选中代码即可显示相关内容	否
主管海关	必填	敲空格键即可调出相应代码，选中代码即可显示相关内容	否
主管外经贸部门	必填	敲空格键即可调出相应代码，选中代码即可显示相关内容	—
收货地区	必填	敲空格键即可调出相应代码，选中代码即可显示相关内容	—
经营单位	必填	前一录入框为经营单位在海关注册的10位编码，10位字符；后一录入框系统根据输入的经营单位代码自动返填经营单位名称	—
加工单位	必填	前一录入框为加工单位在海关注册的10位编码，10位字符；后一录入框系统根据输入的加工单位代码自动返填加工单位名称	—
外商公司	非必填		—
外商经理人	非必填		—
贸易方式	必填	敲空格键即可调出相应代码，选中代码即可显示相关内容	—
征免性质	必填	敲空格键即可调出相应代码，选中代码即可显示相关内容	—
起抵地	非必填	敲空格键即可调出相应代码，选中代码即可显示相关内容	—
成交方式	非必填	敲空格键即可调出相应代码，选中代码即可显示相关内容	—
内销比	非必填	最多18位数字，整数13位，小数5位，由企业自行填写	—
协议号	非必填	最多32位字符，由企业自行填写	—
许可证号	非必填	最多20位字符，由企业自行填写	—
批准文号	必填	最多20位字符，由企业自行填写	—
进口合同	必填	最多20位字符，由企业自行填写	—
出口合同	非必填	最多20位字符，由企业自行填写	—
备案进口总额	必填	最多18位数字，整数13位，小数5位，由企业自行填写	—

字段名称	必填/非必填	其他说明	是否允许变更
进口币制	必填	敲空格键即可调出相应代码，选中代码即可显示相关内容	—
备案出口总额	必填	最多 18 位数字，整数 13 位，小数 5 位，由企业自行填写	—
出口币制	必填	敲空格键即可调出相应代码，选中代码即可显示相关内容	—
加工种类	必填	敲空格键即可调出相应代码，选中代码即可显示相关内容	—
保税方式	非必填	敲空格键即可调出相应代码，选中代码即可显示相关内容	—
有效日期	必填	8 位数字，顺序为年 4 位、月、日各 2 位	—
进出口岸	非必填	敲空格键即可调出相应代码，选中代码即可显示相关内容	—
进口货物项数	非必填	系统根据料件表中料件项数自动返填	—
本次进口总额	非必填	系统根据料件表中料件金额自动返填	—
出口货物项数	非必填	系统根据成品表中成品项数自动返填	—
本次出口总额	非必填	系统根据成品表中成品金额自动返填	—
处理标志	非必填	—	—
管理对象	必填	敲空格键即可调出相应代码，选中代码即可显示相关内容。需和备案资料库的加工贸易企业相同	—
录入日期	非必填	系统根据录入日期自动返填	—
申报日期	非必填	系统根据申报时间自动返填	—
限制类标志	必填	输入 1 位代码即可调出相应代码，选中代码即可显示相关内容	否
备注	非必填	最多 10 位字符，可填写表格内项目未尽事宜	—

输入完表头"企业内部编号"后，可随时点击暂存按钮，都可将未保存数据进行保存。基本信息表各项录入完毕后，点击暂存，然后在"通关手册备案界面"按钮栏上点击备案资料按钮，如果企业只有一个备案资料库，则该资料库中的所有料件和成品将自动添加至料件和成品表下方的备案资料表中；如果企业有多个备案资料库，则会弹出已审批通过的备案资料库列表，点击选择后，该资料库中的所有料件和成品将自动添加至料件和成品表下方的备案资料表中。

将光标置于"备注"字段位置按回车键，光标自行跳转至料件表。

手册中的料件和成品必须从备案资料库中调入后，再补录其他部分。

料件表部分中："料件序号""处理标志"由系统自动生成。"附加编号""商品名称""申报计量单位""法定计量单位"在输入"商品编号"后由系统自动调出，用户可以对其进行修改。也可先输入"商品名称"，调出相应的"附加编码""商品编号""申报计量单位""法定计量单位"。

料件表部分各字段的填写规范如下：

料件序号：必填。由系统自动生成，最多9位数字。

记录号：对应备案资料库表体序号，系统自动生成。

商品编号：必填。8位数字，根据《商品分类表》（COMPLEX）、《商品归类表》（CLASSIFY）填写。录入商品编码前4位即可调出相应信息进行选择。

附加编号：可选。根据商品编号调出，无则空。

商品名称：必填。输入商品编号后由系统自动调出。

规格型号：非必填。最多30位字符。

申报计量单位：必填。由系统自动调出，可更改。

法定计量单位：必填。由系统自动调出，不可更改。

申报数量：必填。最多18位数字，整数13位，小数5位。

申报单价：必填。最多18位数字，整数13位，小数5位。

总价：必填。最多18位数字，整数13位，小数5位。

币制：必填。敲空格键即可调出相应代码，选中代码即可显示相关内容。

产销国：非必填。敲空格键即可调出相应代码，选中代码即可显示相关内容。

法定计量单位比例因子：非必填。

征免方式：非必填。敲空格键即可调出相应代码，选中代码即可显示相关内容。

处理标志：必填。由系统自动生成。

备注：非必填。最多50位字符，可填写表格内项目未尽事宜。

主料标志：备案时从备案资料库直接调用生成。

一项料件录入完成后，将光标置于"备注"栏处按回车键，该条料件信息将自动暂存并显示在下方的料件信息列表框中。用户若想删除已录入的料件项，可在列表框中选中此项料件，点击鼠标右键并在右键菜单中选择"删除一条记录"，即可删除该料件项。

输入完料件部分的所有项目后，用Ctrl＋PgDn键或直接点击成品表，均可进入成品表部分。

成品表部分中："成品序号""处理标志"由系统自动生成。"附加编号""商品名称""申报计量单位""法定计量单位"在输入"商品编号"后由系统自动调出，用户可以对其进行修改。也可先输入"商品名称"，调出相应的"附加编号""商品编号""申报计量单位""法定计量单位"。

成品表部分各字段的填写规范如下：

成品序号：必填。由系统自动生成，最多9位数字。

商品编号：必填。8位数字，根据《商品分类表》（COMPLEX）、《商品归类表》（CLASSIFY）填写。录入商品编码前4位即可调出相应信息进行选择。

附加编号：可选项。根据商品编号调出，无则空。

商品名称：必填。输入商品编号后由系统自动调出。

规格型号：非必填。最多30位字符。

申报计量单位：必填。由系统自动调出，可更改。

法定计量单位：必填。由系统自动调出，不可更改。

申报数量：必填。最多 18 位数字，整数 13 位，小数 5 位。

申报单价：必填。最多 18 位数字，整数 13 位，小数 5 位。

总价：必填。最多 18 位数字，整数 13 位，小数 5 位。

币制：必填。敲空格键即可调出相应代码，选中代码即可显示相关内容。

产销国：非必填。敲空格键即可调出相应代码，选中代码即可显示相关内容。

法定计量单位比例因子：非必填。

征免方式：非必填。敲空格键即可调出相应代码，选中代码即可显示相关内容。

处理标志：必填。由系统自动生成。

备注：非必填。最多 50 位字符，可填写表格内项目未尽事宜。

主料标志：备案时从备案资料库直接调用生成。

一项成品录入完成后，将光标置于"备注"栏处按回车键，该项成品信息将自动暂存并显示在下方的成品信息列表框中。用户若想删除已录入的成品项，可在列表框中选中此项成品，点击鼠标右键并在右键菜单中选择"删除一条记录"，即可删除该成品项。

输入完成品部分的所有项目后，用 Ctrl＋PgDn 键或直接点击单损耗表，均可进入单损耗表部分。

单损耗表部分中："处理标志"由系统自动生成。"成品名称""成品规格""成品计量单位"在输入"成品序号"后由系统自动调出；"料件名称""料件规格""料件计量单位"在输入"料件序号"后由系统自动调出。

用户在录入单损耗时，也可使用复制功能复制已录入某项成品的单损耗数据。用户可在录入成品货号后，在界面中部的"复制成品货号等于＿＿＿＿的单损耗信息"框中输入想复制的成品货号，点击确认，系统将自动复制该项成品的单损耗数据并将其显示在单损耗信息列表框中，用户可在录入框中对其进行修改，修改完毕后，按回车键至备注栏后，修改数据即保存成功。

单损耗表部分各字段的填写规范如下：

成品序号：必填。最多 9 位数字，但必须保证该序号在成品表中存在。

成品名称：必填。输入成品序号后由系统自动调出。

成品规格：必填。输入成品序号后由系统自动调出。

成品计量单位：必填。输入成品序号后由系统自动调出。

料件序号：必填。最多 9 位数字，但必须保证该序号在料件表中存在。

料件名称：必填。输入料件序号后由系统自动调出。

料件规格：必填。输入料件序号后由系统自动调出。

料件计量单位：必填。输入料件序号后由系统自动调出。

净耗：必填。最多 18 位数字，整数 9 位，小数 9 位。

损耗率：必填。损耗率的计算结果是百分数，填写时只填百分号前的数值，而不填百分号。比如，计算结果损耗率是 10％，则只填 10。

处理标志：必填。由系统自动生成。

备注：非必填。最多50位字符，可填写表格内项目未尽事宜。

一项单损耗数据录入完成后，按回车键至"备注栏"，该项成品信息会自动暂存并显示在下方列表框中。用户若想删除已录入的单损耗，可在列表框中选中此项，点击鼠标右键并在右键菜单中选择"删除一条记录"，即可删除该单损耗数据项。

通关手册备案各部分填写完毕后，点击暂存按钮，可将数据进行保存。

用户若想对暂存后尚未申报的通关备案数据进行修改，在没有退出原界面时，可直接修改，修改后再点击暂存即可。若已退出原界面，则需用修改按钮来实现。

通关备案的所有项目填写完毕并保存后，点击申报，即实现企业物料备案的申报。申报后，通关备案申请全流程完成。

备案申请录入及申报完成后，用户可通过通关备案查询界面查询到该备案的备案状态、明细数据和回执内容。

2. 通关手册变更申请

若企业需修改海关审批通过后的通关手册备案数据，则须进行通关手册备案变更申请。

变更申请时，需首先查询出需变更的通关手册备案数据。在系统界面上方的功能菜单栏上，点击通关手册备案菜单，再选择通关手册备案查询项，或在通关备案界面上点击变更按钮，均可进入"通关手册备案查询"界面。

查询到需变更数据后，在查询结果列表框中选中该票数据，然后点击变更按钮，即可调出原备案数据进行修改。

进入变更界面后，系统会将原备案内容调出，企业可做相应的修改。变更录入操作同备案录入操作。变更界面中，录入框为灰色的数据不允许修改。"限制类标志"内容在手册审批通过后，系统将不允许用户进行修改操作。但针对由商务部门批准在2007年8月1日前审批（含所有已备案手册），系统将自动反填为"调整前旧手册"，用户可根据实际情况对该字段内容进行修改操作，如果用户确认该字段内容后并进行了申报操作，则系统将不允许对该字段进行修改操作。

用户如需修改某项审批通过的料件或成品数据，可在料件表/成品表的信息列表框中选中该项料件/成品，然后在录入框中对该项料件/成品数据进行修改。用户如需删除某项审批通过的料件或成品数据或恢复修改/删除操作，可在料件表/成品表的信息列表框中选中该项料件/成品，点击鼠标右键并在右键菜单中进行相应的操作。

通关手册备案修改完成后，点击暂存按钮，修改即保存成功。点击申报按钮，即实现变更数据的申报。数据申报后，未收到海关"审批通过"或"退单"回执前，数据不能再修改。

同备案申请一样，用户若想对暂存后未生成报文的数据进行修改，在没有退出原界面时，可直接修改，修改后再点击暂存即可。若已退出原来的界面，则需用修改按钮来实现。

变更申请录入及申报完成后，用户可通过通关手册备案查询菜单查询到该通关变更的明细数据、申报状态和回执内容。

第三节　电子化手册实际进出境

保税加工货物报关的实际进出境阶段包括进出境货物报关、深加工结转货物报关和其他保税加工货物报关 3 种情形。

一、进出境货物报关

保税货物进出境报关是在有电子底账基础上的报关，因此报关数据必须与备案数据完全一致。

1. 关于进口许可证管理进口料件，除个别商品外，进口时免交许可证件

①进口料件，除个别商品外，进口时免交许可证件。出口成品，规定应交验许可证件的，必须交验许可证件。

②出口成品，规定应交验许可证件的，必须交验许可证件。

2. 关于进出口税收征管准予保税加工贸易进口料件，进口时暂缓纳税

①准予保税加工贸易进口料件，进口时暂缓纳税。生产成品出口时，全部使用进口料件生产不征收关税。

②生产成品出口时，全部使用进口料件生产，不征收关税。如果部分使用进口料件生产，部分使用国产料件加工的产品，则按海关核定的比例征收关税。

③出口关税＝出口货物完税价格出口关税税率×国产料件价值比例出口货物完税价格×出口关税税率国产料件价值比例。出口关税出口货物完税价格出口关税税率国产料件价值比例。进出境货物报关程序如图 8－3 所示。

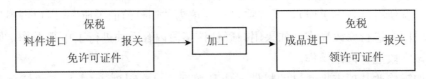

图 8-3　进出境货物报关程序

进出境货物的报关程序与一般进出口货物的报关程序的特殊地方在于：

①申请人

加工贸易经营单位或其代理人。

②所持凭证

电子化手册编号

其他准予合同备案的凭证

③注意事项

a. 报关数据＝电子底账（电子化手册备案时在海关生成）。

b. 进出口许可证件管理的规定。

进口料件，除"易制毒"化学品、监控化学品、消耗臭氧层物质、原油、成品油等个别商品外，免交进口许可证。

免交进口许可证的不包括涉及公共道德、公共卫生、公共安全所实施进出口管制的货物。

c. 进出口税收的规定。

准予保税的加工贸易料件进口，暂缓纳税。

应征出口关税的规定如表8-8所示。

表 8-8　　　　　　　　　　　　　　　应征出口关税的规定

出口类型	出口税
全部使用进口料件加工的产（成）品出口	不征收
部分使用进口料件加工的产（成）品	比例征收出口关税
加工贸易出口未锻铝	一般贸易出口货物从价计征出口关税

二、深加工结转货物报关

保税加工货物深加工结转是指加工贸易企业将使用保税进口料件加工的产品转至另一加工贸易企业进一步加工后复出口的经营活动，多应用于进料加工。又叫"转厂"结转程序分为计划备案、收发货登记、结转报关这3个环节。

（1）计划备案

在货物还没有在企业间流动之前，转出、转入企业进行商洽并取得一致的结转信息并进行海关备案。

（2）收发货登记

转出企业将半成品转给转入企业，并对保税货物实际结转情况进行如实登记。

（3）结转报关

对转出企业而言，深加工结转视同出口，应办理出口报关手续；对转入企业而言，深加工结转视同进口，应办理进口报关手续。顺序是转入企业先在转入地海关办理报关手续，并将报关情况及时通知转出企业，然后转出企业在转出地海关办理出口报关手续，将来转出企业报核的时候，凭该出口报关单以及其他报关单、单证、手册等报核。

三、其他保税加工货物报关

其他保税加工货物主要是指履行加工贸易合同过程中产生的剩余料件、边角料、残次品、副产品和受灾保税货物

剩余料件指生产过程中剩余的可以用来继续加工成品的料件。

边角料指加工过程中，在海关核准的单耗内产生的无法再用于该合同项下的数量合理的废料、碎料、下脚料等。

残次品指加工过程中产生的有严重缺陷或者不能达到出口要求的产品（成品、半成品）。

副产品指加工出口合同规定的制成品时同时产生的、且出口合同未规定应当复出口的一个或一个以上的其他产品。

受灾保税货物指加工过程中因不可抗力原因或海关认可的正当理由造成的损毁、灭失或短少，使得产品无法复出口的保税进口料件或加工产品进口料件或加工产品。

这些保税加工货物要求在登记手册有效期内处理完毕。处理方式有内销、结转、退运、放弃、销毁。

（一）内销（补征税）报关

申请内销的剩余料件，如果金额占该加工贸易合同项下实际进口料件总额3%及以下且总值在人民币1万元以下（含1万元），免予审批，免交许可证。

缴纳进口税和缓税利息：

1. 征税的数量

①剩余料件和边角料内销：直接按申报数量计征进口税；

②制成品和残次品：根据单耗关系折算出料件耗用数量计征税款；

③副产品：按报验状态计征进口税。

2. 征税的完税价格

①进料加工：（进口料件、制成品、残次品）内销时——根据料件的原进口成交价格为基础确定完税价格；

②来料加工：（进口料件、制成品、残次品）内销时——以接受内销申报的同时或大约同时进口的与料件相同或者类似的货物的进口成交价格为基础确定完税价格；

③加工企业内销加工过程中产生的副产品或者边角料——以内销价格作为完税价格。

3. 征税的税率

征税的税率适用海关接受申报办理纳税手续之日实施的税率。

4. 征税的缓税利息

征税的缓税利息除边角料外，均应缴纳缓税利息。

（二）结转报关剩余料件

结转报关剩余料件可以结转到另一个加工贸易合同生产出口，但必须在同一经营单位结转报关、同一加工厂、同样的进口料件和同一加工贸易方式的情况下结转。

（三）退运报关

退运报关将剩余料件、边角料、残次品、副产品等退运出境的，持登记手册等向口岸海关报关，办理出口手续。

（四）放弃报关

放弃报关经批准并开具放弃加工贸易货物交接单，凭单将货物运到海关指定仓库，放弃报关并办理货物报关手续。有3种情形不能够放弃报关：国家禁止或限制进口的废物；对环境造成污染的；其他情形。未被批准放弃报关的，需做退运、征税内销或销毁处理。销毁：对于不能办理结转或不能放弃的货物，企业按规定销毁，必要时海关可以派员。

（五）销毁和监督销毁

企业收取海关出具的销毁证明材料，准备报核。对于履行加工贸易合同中产生的上述剩余料件、边角料、残次品、副产品、受灾保税货物，企业必须在手册有限期内处理完毕。处理的方式有内销（补征税）、结转、退运、放弃、销毁等。除销毁处理外，其他处理方式都必须填制报关单报关。报关后再进入核销程序。

外发加工的成品、剩余料件以及生产过程中产生的边角料、残次品、副产品等加工贸易货物，由经营企业所在地主管海关批准，可以不运回本地企业。

电子化手册管理下的联网企业以内销、结转、退运、放弃、销毁等方式处理保税进口料件、成品、副产品、残次品、边角料和受灾货物的报关手续，后续缴纳税款时，同样要缴纳缓税利息（边角料除外）。缓税利息计息的起始日期为内销料件或者制成品所对应的加工贸易合同项下电子化手册记录的首批料件进口之日，截止日为海关签发税款缴款书之日。

四、报关的电子化操作流程

（一）本地报关流程

在纸质手册电子化系统中，企业通关手册备案海关审批通过后，需要进行通关业务时，可在此系统中填写报关单，向海关申报。

企业通关时，可直接填写并申报报关单。报关申报流程同于现有"报关单"流程。

用户在系统界面上方的功能菜单上，点击报关单，则进入报关单菜单。再根据进出口业务类型，选择进口报关单或出口报关单，则进入报关单界面。

用户在备案号项中填写海关审批通过的通关备案中的电子手册编号，系统将自动调出相关信息。用户录入完剩余各项后（报关单的填写规范请参见《报关单操作手册》），点击申报，即完成报关单的申报。

（二）异地报关流程

异地报关时，本地企业将报关单录入完整后，需在系统界面上方的按钮栏中点击上载按钮，将报关单进行上载。然后，由被授权的异地报关企业在系统界面上方的功能菜单栏中点击单据下载菜单，并选择报关单下载项，即进入报关单下载界面。

在"报关单下载"界面中，根据所上载的报关单信息输入"报关单统一编号""报关单预录入号"和"账册编号"项，然后点击查询按钮，系统将所查询到报关单显示在查询结果列表框中。选中需下载的报关单，并点击下载按钮，系统将进行报关单的下载，然后点击查看明细按钮即可进入该票报关单的录入界面。

异地代理报关企业对报关单数据修改、补充再后点击系统功能按钮栏中的申报按钮，即可实现报关单的申报。

如果报关单被退单，且涉及修改表体商品信息，那么需由本地企业修改清单，并重新上载报关单，异地下载后重新申报。

第四节　电子化手册后期核销

一、企业报核

加工贸易合同报核是指加工贸易企业在加工贸易合同履行完毕或终止合同并按规定对未出口的货物进行处理后,按照规定的期限和规定的程序,向加工贸易主管海关申请核销、结案的行为。

(一)报核时间

经营企业应当在规定的期限内将进口料件加工复出口,并自加工贸易手册项下最后一批成品出口之日起或者加工贸易手册到期之日起 30 日内向海关报核。经营企业对外签订的合同因故提前终止的,应当自合同终止之日起 30 日内向海关报核。

(二)报核所需单证

(1)企业合同核销申请表;
(2)进出口货物报关单;
(3)核销核算表;
(4)其他海关需要的资料。

(三)报核的步骤

报核一般要经过预报核、海关同意报核以及正式报核三个步骤,如图 8-4 所示。

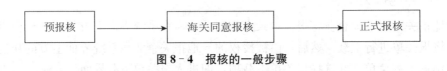

图 8-4　报核的一般步骤

预报核是指企业在向海关正式申请核销前,在电子手册本次核销周期到期之日起 30日内,将期内申报的所有电子化手册报关数据,按海关要求,以电子报文形式申请报核。海关通过计算机将企业的预报核报关单内容与电子化手册数据进行比对,比对结果完全相同,计算机反馈"同意报核"的,便可进入正式报核。

正式报核是指企业预报核通过海关审核后,以预报核海关核准的报关数据为基础,准确并详细填报本期保税进口料件的应当留存数量、实际留存数量等内容,以电子报文形式向海关正式申请报核。经海关认定企业实际库存多于应存数,有合理理由的,可计入电子化手册下期核销,其他原因造成的,依法处理。

企业必须在规定的期限内完成报核手续,确有正当理由不能按期报核的,经主管海关批准可以延期,但延长期限不得超过 60 天。联网企业不再使用电子化手册的,应向海关申请核销,海关对电子化手册核销完毕,予以注销。

报核步骤如下：

1. 收集整理相应单据

合同履约后，及时收集、整理、核对手册和进出口货物报关单。

2. 填写核销核算表

根据有关账册记录、仓库记录、生产工艺资料等查明合同加工生产的实际单耗，并据以填写核销核算表（产品的实际单耗如与合同备案单耗不一致，应在最后一批成品出口前进行单耗的变更）。

海关根据以下公式试算核算表上的平衡：

进口料件数量＝出口成品耗料＋节余料件数＋边角料数＋（剩余成品数＋残次品数）×单耗÷（1－损耗率）

3. 预报核

填写核销预录入申请单，企业通过电子口岸数据中心向主管海关传送报核表头、报关单、进口料件、出口成品、单损耗五方面的报核数据，办理报核预录入手续。

4. 正式报核

携带有关报核需要的单证，到主管海关报核，并填写报核签收回联单。有关报核单证包括企业合同核销申请表（预录入）、加工贸易登记手册、原进出口报关单、核销核算表和其他海关需要的资料。

5. 海关受理报核和核销

海关对报核的电子化手册进行数据核算，核对企业报核的料件、成品进出口数据与海关底账数据是否相同，核实企业申报的成品单损耗与实际耗用量是否相符，企业内销征税情况与实际内销情况是否一致。经过核销情况正常的：如果经营企业未开设台账的，海关应当签发"核销结案通知书"。经营企业开设台账的，海关应当签发"银行保证金台账核销联系单"，到银行销台账，并领取"银行保证金台账核销通知单"，凭以向海关领取核销结案通知书。

登记手册或报关单遗失、加工贸易货物被依法没收等特殊情况的报核按照海关相关规定办理。海关对企业的报核应当依法进行审核，因不符合规定而不予受理的应当书面告知理由，并要求企业重新报核；符合规定的，应当受理。

二、合同报核的电子化操作流程

企业加工贸易合同项下的货物报关完成后，应回到纸质手册电子化子系统，在数据报核界面下进行合同报核的申请。

用户在报关申报子系统的界面上方点击功能选择菜单，选择返回主选单项，系统将返回至主选单界面；再在主选单界面中点击纸质手册电子化，即进入"纸质手册电子化"子系统。

在纸质手册电子化系统界面上方功能菜单上，点击数据报核，选择数据报核选项，即可进入"数据报核"界面。

数据报核界面包括表头、报关单、进口料件、出口成品、单损耗5个部分。

操作员需依次录入表头和表中各部分信息。表头录入企业报核的基本信息。报关单部分录入企业该手册中需报核的报关单基本信息。料件表和成品表部分录入企业该手册下需报核的料件和成品的消耗、剩余情况等信息。单损耗录入企业报核时需修改的单损耗数据（带有修改标志的数据），不需修改的单损耗数据无须录入。

表头各项中："企业内部编号"和"经营单位"在输入"电子手册编号"后由系统自动调出。"报核类型"默认为"电子手册正式报核"，也可敲空格键进行选择。"进口报关单份数""出口报关单份数""报核料件项数""报核成品项数"在填写完报关单、料件表、成品表表后由系统自动返填。"录入日期"由系统自动填写，"申报日期"在申报时由系统自动生成。

表头各字段的填写规范如下：

申报地海关：4位数字，根据《关区代码表》填写。敲空格键即可调出相应代码，选中代码即显示相关内容。

录入单位：非必填。系统根据 IC 卡或 IKEY 自动生成。

操作员：非必填。系统根据 IC 卡或 IKEY 自动生成。

电子手册编号：必填。12位字符。该编号为通关手册备案中的"电子手册编号"。

企业内部编号：非必填。输入电子手册编号后由系统自动调出。该"企业内部编号"与通关备案中的"企业内部编号"一致。

经营单位：非必填。输入电子手册编号后由系统自动调出。

报核类型：必填。系统自动生成。

进口总金额：必填。最多18位，13位整数，5位小数。

出口总金额：必填。最多18位，13位整数，5位小数。

进口报关单份数：非必填。由系统根据报关单表中的进口报关单项数自动返填。

出口报关单份数：非必填。由系统根据报关单表中的出口报关单项数自动返填。

报核料件项数：非必填。由系统根据料件表表中的报核料件项数自动返填。

报核成品项数：非必填。由系统根据成品表表中的报核成品项数自动返填。

录入日期：必填。由系统根据录入日期自动生成。

申报日期：非必填。由系统根据申报自动生成。

录入员代码：必填。最多4位字符，企业自行编录。

输入完表头部分所有项目后，用 Ctrl＋PgDn 键或直接点击报关单均可切换到报关单界面。

报关单部分中："申报地海关""进出口标志""核扣方式"敲空格键即可调出相应代码，选中代码即可显示相关内容。"进出口标志"也可以输入"报关单号"后由系统自动调出。用户可手工录入需报核的报关单信息，也可点击按钮栏上的导入按钮，系统可自动提取出该手册需报核的报关单数据，并填写进报关单表体中。用户也可从报关单表体中鼠标右键点击列表中的报关单，选择"删除一条记录"将此份报关单数据删除。

输入完报关单部分所有项目后，用 Ctrl＋PgDn 键或直接点击料件表均可进入料件表界面。

料件表中，输入"料件序号"后，即可调出"商品编码""附加编号""商品名称""计量单位"项目。

进口料件各字段的填写规范如下：

料件序号：必填。最多 9 位数字。该序号即为通关备案料件表中的料件序号。

商品编码：非必填。输入料件序号后，由系统从通关备案料件表中调出。

附加编号：非必填。输入料件序号后，由系统从通关备案料件表中调出。

商品名称：非必填。输入料件序号后，由系统从通关备案料件表中调出。

计量单位：非必填。输入料件序号后，由系统从通关备案料件表中调出。

进口总数量：必填。最多 18 位数字，整数 13 位，小数 5 位。

深加工结转数量：必填。最多 18 位数字，整数 13 位，小数 5 位。

产品总耗用数量：必填。最多 18 位数字，整数 13 位，小数 5 位。

内销数量：必填。最多 18 位数字，整数 13 位，小数 5 位。

退运数量：必填。最多 18 位数字，整数 13 位，小数 5 位。

料件放弃数量：必填。最多 18 位数字，整数 13 位，小数 5 位。

料件剩余数量：必填。最多 18 位数字，整数 13 位，小数 5 位。

边角料数量：必填。最多 18 位数字，整数 13 位，小数 5 位。

余料结转数量：必填。最多 18 位数字，整数 13 位，小数 5 位。

输入完进口料件部分所有项目后，用 Ctrl＋PgDn 键或直接点击成品表均可进入成品表界面。

成品表中，输入"成品序号"后，即可调出"商品编码""附加编号""商品名称""计量单位"项目。

出口成品各字段的填写规范如下：

成品序号：必填。最多 9 位数字。该序号即为通关备案成品表中的成品序号。

商品编码：非必填。输入料件序号后，由系统从通关备案成品表中调出。

附加编号：非必填。输入料件序号后，由系统从通关备案成品表中调出。

商品名称：非必填。输入料件序号后，由系统从通关备案成品表中调出。

计量单位：非必填。输入料件序号后，由系统从通关备案成品表中调出。

出口总数量：必填。最多 18 位数字，整数 13 位，小数 5 位。

深加工结转出口数量：必填。最多 18 位数字，整数 13 位，小数 5 位。

成品放弃数量：必填。最多 18 位数字，整数 13 位，小数 5 位。

成品退换进口数量：必填。最多 18 位数字，整数 13 位，小数 5 位。

成品退换出口数量：必填。最多 18 位数字，整数 13 位，小数 5 位。

企业库存数：必填。最多 18 位数字，整数 13 位，小数 5 位。

成品表填写完成后，点击暂存，可将未保存数据进行保存。

企业数据报核时，如需对在通关手册备案中申报的单损耗数据进行修改，则可进入单损耗界面，对需修改的单损耗数据修改并申报。否则，数据报核的录入已完成。点击按钮栏中的申报按钮即可实现数据报核的申报。

如果需要修改单损耗关系，在成品表填写完成后，用 Ctrl＋PgDn 键或直接点击单损耗，即进入单损耗界面。

单损耗界面中，输入"成品序号"，即可调出"成品名称"；输入"料件序号"，即可调出该项成品和料件之间的单损耗关系。"处理标志"项默认为"修改",且不可更改。

单损耗各字段的填写规范如下:

成品序号:必填。最多9位数字。该序号即为通关备案成品表中的成品序号。

成品名称:非必填。输入成品序号后,由系统自动调出。

料件序号:必填。最多9位数字。该序号即为通关备案料件表中的料件序号。

料件名称:非必填。输入料件序号后,由系统自动中调出。

处理标志:非必填。系统默认为"修改"。

净耗:必填。最多18位数字,整数9位,小数9位。

损耗率:必填。损耗率的计算结果是百分数,填写时只填百分号前的数值,而不填百分号。比如,计算结果损耗率是10%,则只填10。

单损耗填写完成后,点击暂存,可将未保存数据保存。

用户若想对暂存后未申报的数据进行修改,在没有退出原界面时,可直接修改,修改后再点击暂存即可。若已退出原来的界面,则需用修改按钮来实现。

数据报核所有项目录入完毕后点击申报,即实现数据报核的申报。数据报核全流程完成。

数据报核录入及申报完成后,用户可通过数据报核查询界面查询到该报核的申报状态、明细数据和回执内容。

手册结案后,用户可点击数据报核查询界面中的结案通知书查看结案通知书的内容。

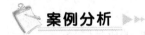 **案例分析** ▶▶▶

上海国际品牌珠宝中心保税业务落地漕河泾出口加工区

2017年6月,上海国际品牌珠宝中心正式签约入驻漕河泾出口加工区,主要用于珠宝保税业务,同时,签约入驻浦江科技广场,主要用于保税办公。此次签约正是上海国际品牌珠宝中心希望借助加工区的保税功能,提供珠宝保税展示等功能,为其进口珠宝贸易带来便捷。

此次的签约也正体现了漕河泾出口加工区保税业务的成熟发展,自临港浦江国际科技城规划"大电商"产业以来,加工区在不断推进和转型升级过程中迈出坚实的步伐。例如上海海关在加工区内开展实施的"仓储货物按状态分类监管""分批报货、集中报关"等惠民政策,将为加工区内贸易型企业带来更多便捷,享受到自贸区政策复制推广和海关改革的红利。在未来,加工区将积极推进保税业务,不断探索区域功能拓展,为临港浦江国际科技城"大电商"产业夯实基础,描绘美好蓝图。

上海国际品牌珠宝中心于2017年5月10日正式开业,珠宝中心由上海张铁军珠宝集团倾情打造。2013年,上海国际品牌珠宝中心被列为上海市闵行区重大项目;2014年被上海市政府列为"上海市工艺美术产业发展三年行动计划(2014—2016)"重点项目。上海国际品牌珠宝中心将以"世界顶级奢侈品珠宝"为龙头产品,并涵盖翡翠、玉石、黄金、铂金等各品类,是全球最大型的零售展示中心之一。

(资料来源:http://www.sh.xinhuanet.com/2017-07/21/c_136461483.htm)

请结合本章知识，针对出口加工区保税业务活动，分析漕河泾出口加工区提供的珠宝保税业务政策、保税业务方式。

关键概念

自贸区　出口加工区　海关改革　珠宝保税

 基础练习

一、单选题

1. 保税业务中，进料加工和来料加工的相同之处是（　　　）。

A. 料件都需要进口，加工成品都需要出口

B. 料件进口时都全额保税

C. 成品出口时，属于国家许可证管理商品都免领出口许可证

D. 加工期限都应在进口之日起一年内加工成品返销出口

2. 公司生产 a 型号的显示器外壳，每个显示器外壳中所含的 abs 塑料粒子的重量为 1 千克，在生产过程中的工艺损耗率为 20％。该公司向海关申报 a 型号显示器的 abs 塑料粒子单耗时，其单耗值应报为（　　　）。

A. 0.80 千克/个　　　B. 1.00 千克/个　　　C. 1.20 千克/个　　　D. 1.25 千克/个

3. 某企业购进生产原料一批，其中 80％的加工产品直接返销境外，20％加工产品结转给另一关区其他加工贸易企业继续加工后返销境外。那么某企业将 20％加工产品结转给另一关区其他加工贸易企业继续加工后返销的做法，在海关管理中，称为（　　　）。

A. 跨关区异地加工　　B. 深加工结转　　　C. 跨关区委托加工　　　D. 外发加工

4. 保税加工货物内销，海关按规定免征缓税利息的是（　　　）。

A. 副产品　　　B. 残次品　　　C. 边角料　　　D. 不可抗力受灾保税货物

5. 电子账册管理的保税加工报核期限，一般以（　　　）为 1 个报核周期。

A. 1 年　　　　B. 180 天　　　C. 60 天　　　　D. 30 天

二、多选题

1. 根据《海关法》对保税货物的定义，下列选项中不属于保税货物的有（　　　）。

A. 来料加工合同项下进口的料件和加工成品

B. 为保证来料加工合同的顺利执行，外商提供以工缴费偿还价款的专用设备

C. 来料加工合同项下进口包装物资

D. 临时进口货样

2. 加工贸易剩余料件结转至另一个加工贸易合同出口时，必须符合一定的条件，下列选项中属于这些条件的是（　　　）。

A. 同一经营单位　　　B. 同一加工厂　　　C. 同样的进口料件　　　D. 同样的产品

3. 对于履行加工贸易合同中产生的剩余料件、边角料、残次品、副产品等，在海关规定的下列处理方式中需要填制报关单向海关申报的有（　　　）。

A. 销毁　　　　B. 结转　　　　C. 退运　　　　D. 放弃

三、思考题
1. 简述合同备案的内容。
2. 简述深加工结转的程序。

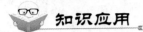 **知识应用**

某服装进出口公司（加工贸易 B 类企业）于 2007 年 2 月与美国公司签订了来料加工合同项下的服装加工业务，合同规定由外商免费提供全棉印花布料，我方根据外商要求加工 5000 件女式内衣（该料件属加工贸易限制类商品），我方收取工缴费。合同签订后，该服装进出口公司到海关办理了备案手续。

请根据上述案例，分析以下问题：

（1）该批服装的全棉印花布料件进口时，海关准予保税的额度是？

（2）对于该企业在生产中的剩余料件核制成品，怎么转内销？

（3）该企业应何时向主管海关申请核销并要求结案？

第九章　进出口货物报关单电子申报

学习目标

知识目标

1. 熟悉进出口货物报关单的类别、报关单各联的用途；
2. 熟悉海关对进出口货物报关单填制的一般要求；
3. 熟悉进出口货物报关单各栏目填制规范。

技术目标

1. 会按照《报关单填制规范》，在填制操作时严格遵循"两个相符"、分单填报、分项填报等基本要求；
2. 会参与虚拟的常见监管方式下进（出）口货物报关单的填制作业、复核作业；
3. 会正确运用所学报关单填制规范知识及获取相关信息的技能，完成报关单填制或复核案例的分析判断与实际处理。

应用能力目标

1. 培养良好的进出口货物报关单申报职业道德，树立服务质量高于效率的理念；
2. 树立电子化报关服务理念，提高报关公司和货代企业的运营效率。

区域通关一体化

2014 年 9 月 22 日，长三角地区各海关部门正式率先启动区域通关一体化。区内 5 个海关部门积极参与、加强沟通、分工明确、责任到人，"起步一公里"扎实迈出，区域通关一体化改革优势初现：通过建立 4 个平台（即统一申报平台、专业审单平台、风险防控平台、通关作业平台），实现企业 3 个自主（自主选择申报地点、自主选择查验方式、自主选择通关模式），带来通关 4 个便利（降低了通关门槛、减少了通关环节、节约了通关成本、提高了通关效率）。就海关内部来说，整合了管理资源，使监管重点更加突出、风险防控更加到位、执法统一性明显提高。就企业来说，更多企业可以享受便利，减少了通关操作环节。比如一体化模式下，监管场所和海关数据联网的口岸货物可在属地海关放行当天进港，企业无须再到口岸海关办理二次放行手续，通关成本也大幅降低。以合肥海关为例，截至 2014 年 9 月 30 日，安徽省共有 506 家企业采用了一体化通关模式，申报一体化报关单 8400 余票，省内京东方、联宝电子、马钢、铜陵有色等进出口企业普遍反映，改革大大节约通关时间，提高了通关效率。

【思考】区域通关一体化带来的机遇与挑战？

第一节　进（出）口货物报关单概述

一、报关单含义

进出口货物报关单是指进出口货物的收发货人或其代理人，按照海关规定的格式对进出口货物的实际情况作出的书面申明，以此要求海关对其货物按适用的海关制度办理报关手续的法律文书。

二、报关单类别

按货物进出口状态、表现形式、海关监管方式和用途的不同，进出口货物报关单可分为以下几种类型，如表 9-1 所示。

表 9-1　　　　　　　　　　进出口货物报关单的分类

分类依据	具体内容
按进出口状态分	1. 进口货物报关单
	2. 出口货物报关单

分类依据	具体内容
按表现形式分	1. 纸质报关单
	2. 电子数据报关单
按海关监管方式分	1. 进料加工进（出）口货物报关单
	2. 来料加工及补偿贸易进（出）口货物报关单
	3. 一般贸易及其他贸易进（出）口货物报关单
按用途分	1. 报关单录入凭单，指申报单位按海关规定的格式填写的凭单，即申报单位提供给预录入单位的原始数据报关单，用作报关单预录入的依据
	2. 预录入报关单，指预录入单位录入、打印，由申报单位向海关申报的报关单是报关单申报作业流程正式申报电子数据报关单阶段
	3. 报关单证明联，指海关在核实货物实际入、出境后按报关单格式提供的证明，用作企业向税务、外汇管理部门办结有关手续的证明文件

三、进出口货物报关单各联的用途

纸质进口货物报关单一式四联，分别是：海关作业联、海关核销联、企业留存联、进口付汇证明联；纸质出口货物报关单一式五联，分别是：海关作业联、企业留存联、出口收汇证明联、海关核销联、出口退税证明联。

（一）进出口货物报关单海关作业联

进出口货物报关单海关作业联是报关员配合海关查验、缴纳税费、提取或装运货物的重要单据，也是海关查验货物、征收税费、编制海关统计以及处理其他海关事务的重要凭证。

（二）进口货物报关单付汇证明联、出口货物报关单收汇证明联

进口货物报关单付汇证明联和出口货物报关单收汇证明联，是海关对已实际进出境的货物所签发的证明文件，是银行和国家外汇管理部门办理售汇、付汇和收汇及核销手续的重要依据之一。

对需办理进口付汇核销或出口收汇核销的货物，进出口货物的收发货人或其代理人应当在海关放行货物或结关以后，向海关申领进口货物报关单进口付汇证明联或出口货物报关单出口收汇证明联，凭以向银行或国家外汇管理部门办理付汇、收汇核销手续。

（三）进出口货物报关单加工贸易核销联

进出口货物报关单海关核销联是指接受申报的海关对已实际申报进口或出口的货物所签发的证明文件，是海关办理加工贸易合同核销、结案手续的重要凭证。加工贸易的货物进出口后，申报人应向海关领取进出口货物报关单海关核销联，并凭以向主管海关办理加

工贸易合同核销手续。该联在报关时与海关作业联一并提供。

(四) 出口货物报关单出口退税证明联

出口货物报关单出口退税证明联是海关对已实际申报出口并已装运离境的货物所签发的证明文件，是国家税务部门办理出口货物退税手续的重要凭证之一。

对可办理出口退税的货物，出口货物发货人或其代理人应当在载运货物的运输工具实际离境，海关办理结关手续后，向海关申领出口货物报关单出口退税证明联，有关出口货物发货人凭以向国家税务管理部门申请办理出口货物退税手续。对不属于退税范围的货物，海关均不予签发该联。

四、海关对进出口货物报关单填制的一般要求

(一) 按照相应规定申报并承担相应法律责任

进出境货物的收发货人或其代理人向海关申报时，必须填写并向海关递交进出口货物报关单。申报人在填制报关单时，必须按照《海关法》《货物申报管理规定》和《报关单填制规范》的有关规定和要求，向海关如实申报，并对申报内容的真实性、准确性、完整性和规范性承担相应的法律责任。

(二) 两个相符

一是单证相符，即所填报关单各栏目的内容必须与合同、发票、装箱单、提单以及批文等随附单据相符；

二是单货相符，即所填报关单各栏目的内容必须与实际进出口货物的情况相符，不得伪报、瞒报、虚报。

(三) 分单填报和分商品项填报

分单填报和分商品项填报如表9-2所示。

表9-2   分单填报和分商品项填报

分单填报	分商品项填报
(1) 不同运输工具的货物 (2) 不同航次的货物 (3) 不同提运单的货物 (4) 不同监管方式的货物 (5) 不同备案号的货物 (6) 不同征免性质的货物 (7) 同一批次货物中，实行原产地证书联网管理的货物，如涉及多份原产地证或含非原产地证书商品，亦应分单填报 其他规定： (1) 一份原产地证书，只能用于同一批次进口货物；含有原产地证书管理商品的一份报关单，只能对应一份原产地证书 (2) 同一份报关单上的商品不能同时享受协定税率和减免税	(1) 商品编号不同的货物 (2) 商品名称不同的货物 (3) 计量单位不同的货物 (4) 原产国/最终目的国不同的货物 (5) 币制不同的货物 (6) 征免性质不同的货物

例如，A公司货物分两批进口，第一批用东风号运进、第二批用红日号运进，不同运输工具，报关就得分开来报。或者是同一个运输工具、不同航次的，也要分开来报，填2张报关单。再如，现进口一批减免税货物，有的减免关税（特案），有的既免关税又免增值税（全免），那么这批货物可以填在一张报关单上，但是分项填报。

第二节　进出口货物报关单填制规范

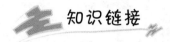

新版进出口货物报关单启用

为规范进出口货物收发货人的申报行为，统一进出口货物报关单填制要求，海关总署对《中华人民共和国海关进出口货物报关单填制规范》进行修订。修订后的《报关单填制规范》自2017年3月29日起执行。

鉴于部分申报指标已失去法律依据或不具备监管意义，新版报关单对"结汇证号/批准文号"、出口"结汇方式"等指标进行了删除，更加便利了进出口企业申报。为顺应贸易发展业态，新版报关单还增加了"贸易国（地区）""特殊关系确认"等报关单字段。

在缩减、新增申报指标的同时，新版报关单还对原报关单的部分申报指标做了调整和优化升级。如此前，每票报关单最多只能申报20项商品，部分机械零部件、日用品等品类较多，有时会出现超出申报项数而拆分物流凭证的情况，新版报关单商品项指标组上限由20调整为50，解决了部分企业拆单申报的问题。

一、预录入编号

预录入编号是指申报单位或预录入单位对该单位填制录入的报关单的编号，用于该单位与海关之间引用其申报后尚未批准放行的报关单。

报关单录入凭单的编号规则由申报单位自行决定。预录入编号规则由接受申报的海关决定，计算机自动打印。

二、海关编号

填报海关接受申报时给予报关单的编号，一份报关单对应一个海关编号。

海关编号为18位，其中第1～4位为接受申报海关的编号（海关规定的《关区代码表》中相应的海关代码），第5～8位为海关接受申报的公历年份，第9位为进出口标志（"1"为进口，"0"为出口；集中申报清单"I"为进口，"E"为出口），后9位为顺序编号。

三、收发货人

（一）含义

收发货人指在海关注册的对外签订并执行进出口贸易合同的中国境内法人、其他组织或个人。本栏填写收发货人的名称及编码，缺一不可。编码可选填 10 位海关注册编码或 18 位法人和其他组织统一社会信用代码任一项。

(二) 海关注册编码

海关注册编码共 10 位，由数字和 24 个英文大写字母（I、O 除外）组成。编码结构为：

(1) 第 1~4 位数为进出口单位属地的行政区划代码，其中，第 1、第 2 位数表示省、自治区、直辖市；第 3、第 4 位数表示省所直辖的市、地区、自治州、盟或其他省直辖的县级行政区划。

(2) 第 5 位数为企业注册地经济区划代码，如表 9-3 所示。

表 9-3　　　　　　　　　　企业注册地经济区划代码

1	经济特区	6	保税港区/综合保税区
2	经济技术开发区	7	保税物流园区
3	高新技术产业开发区	9	其他
4	保税区	W	保税物流中心
5	出口加工区/珠澳跨境工业园区		

(3) 第 6 位数为进出口企业经济类型代码，如表 9-4 所示。

表 9-4　　　　　　　　　　进出口企业经济类型代码

1	国有企业	7	个体工商户
2	中外合作企业	8	报关企业
3	中外合资企业	9	其他（包括外国驻华企事业机构、外国驻华使领馆、临时进出口货物的企业、单位、个人）
4	外商独资企业	A	国营对外加工企业（无进出口经营权）
5	集体企业	B	集体对外加工企业（无进出口经营权）
6	民营企业	C	私营对外加工企业（无进出口经营权）

(4) 第 7 位数为企业注册用海关经营类别代码，表示海关行政管理相对人的类别。如 0~9 为进出口货物收发货人/报关企业，D~I 为各类保税仓库，L 为临时注册登记单位，Z 为报关企业分支机构，J 为国内结转型出口监管仓库，P 为出口配送型出口监管仓库。

(5) 第 8~10 位数为企业注册流水编号。

(三) 填报要求

(1) 一般情况下，存在代理进出口关系的，填报代理方的中文名称及编码。（一般委托）

如北京宇都商贸有限公司（1101250756）委托大连化工进出口公司（2102911013）与韩国签约进口电动叉车，则收发货人栏填写"大连化工进出口公司 2102911013"。

（2）外商投资企业委托外贸公司在投资总额内进口投资设备、物品的，收发货人应填外商投资企业的中文名称及编码，并在报关单"标记唛码及备注"栏填"委托××公司进口"，同时注明被委托企业的 18 位法人和其他组织统一社会信用代码。

如上海协通针织有限公司（3101935039）委托上海机械进出口（集团）公司（3105913429）进口圆形针织机，则收发货人填：上海协通针织有限公司 3101935039，并且在备注栏填上：委托上海机械进出口（集团）公司进口。

（3）特殊情况下确定并填报收发货人的原则。

①有代理报关资格的报关企业代理其他进出口企业办理进出口报关手续时，填报委托的进出口企业；

②使用海关核发的《中华人民共和国海关加工贸易手册》、电子账册及其分册（以下统称《加工贸易手册》）管理的货物，收发货人应与《加工贸易手册》的"经营企业"一致。

四、进口口岸/出口口岸

（一）含义

"进（出）口口岸"指货物实际进出我国关境口岸海关的名称，应根据货物实际进出关境的口岸海关填报《关区代码表》中相应的口岸海关名称及代码（四位码）。

如货物由天津新港进境，"进口口岸"栏填"新港海关 0202"，如果填"天津关区 0200"或者"天津海关 0201"是错误的。

进口口岸是进入我国关境的第一海关，出口口岸是运离我国关境的最后一海关。

（二）特殊填报要求

（1）转关运输货物。

①进口转关：填报货物进境地海关名称及代码；

②出口转关：填报货物出境地海关名称及代码。

例如，从天津新港口岸进境转关至郑州，填"新港海关 0202"。

（2）按转关运输方式监管的跨关区深加工结转货物，出口报关单填报转出地海关名称及代码，进口报关单填报转入地海关名称及代码。

（3）特殊区域与区外之间进出的货物及特殊区域内流转的货物，填报本特殊区域海关名称及代码；不同特殊区域之间流转的货物，填报对方特殊区域海关名称及代码。

（4）无实际进出境的货物，填报接受申报的海关名称及代码。

例如，有一批货物从天津出口加工区出区卖给天津市区的 B 企业（非特殊区域），则B 企业办理进口报关手续时，进口口岸栏填"津加工区 0211"。

（三）限定口岸要求

国家对汽车整车、药品等货物限定口岸进口；对稀土、甘草、锑及锑制品等货物限定口岸出口；对实行许可证件管理的货物，按证件核准口岸限定进出口。

加工贸易进出境货物，应填报主管海关备案时所限定或指定进出口岸的口岸海关名称及代码。

五、进口日期/出口日期

（一）含义

"进口日期"指运载所申报进口货物的运输工具申报进境的日期。

"出口日期"指运载所申报出口货物的运输工具办结出境手续的日期。

（二）填报要求

（1）日期均为 8 位数字，顺序为年（4 位）、月（2 位）、日（2 位）。例如，2013 年 8 月 10 日申报进口一批货物，运输工具申报进境日期为 8 月 8 日，"进口日期"栏填报为"20130808"。

（2）进口货物收货人或其代理人未申报进口日期，或申报的进口日期与运输工具负责人或其代理人向海关申报的进境日期不符的，应以运输工具申报进境的日期为准。进口货物收货人或其代理人在进口申报时无法确知相应的运输工具的实际进境日期时，"进口日期"栏允许为空。

（3）"出口日期"以运载出口货物的运输工具实际离境日期为准。因本栏目海关打印报关单证明联用，可免予填报。

（4）集中申报的报关单，进口日期以海关接受报关申报的日期为准。

（5）无实际进出境的货物，报关单"进（出）口日期"栏应填报向海关办理申报手续的日期，以海关接受申报的日期为准。

六、申报日期

申报日期指海关接受进出口货物的收发货人或受其委托的报关企业向海关申报货物进出口的日期。以电子数据报关单方式申报的，申报日期为海关计算机系统接受申报数据时记录的日期。以纸质报关单方式申报的，申报日期为海关接受纸质报关单并对报关单进行登记处理的日期。

本栏目在申报时免予填报。

七、消费使用单位/生产销售单位

（一）含义

"消费使用单位"指已知的进口货物在境内的最终消费、使用单位，包括：

（1）自行从境外进口货物的单位。

（2）委托进出口企业进口货物的单位。

"生产销售单位"指出口货物在境内的生产或销售单位，包括：

（1）自行出口货物的单位。

（2）委托进出口企业出口货物的单位。

本栏目可选填 10 位海关注册编码或 18 位法人和其他组织统一社会信用代码或 9 位组织机构代码任一项。没有代码的应填报"NO"。

（二）填报要求

（1）有 10 位海关注册编码或 18 位法人和其他组织统一社会信用代码或加工企业编码的消费使用单位/生产销售单位，应填报其中文名称及编码；没有编码的应填报其中文名称。

（2）使用《加工贸易手册》管理的货物，消费使用单位/生产销售单位应与《加工贸易手册》的"加工企业"一致。

（3）减免税货物报关单的消费使用单位/生产销售单位应与《中华人民共和国海关进出口货物征免税证明》（以下简称《征免税证明》）的"减免税申请人"一致。

（4）保税监管场所与境外之间的进出境货物，消费使用单位/生产销售单位应当填报保税监管场所的名称（保税物流中心（B 型）填报中心内企业名称）。

八、运输方式

（一）含义

"运输方式"指载运货物进出关境所使用的运输工具的分类，包括实际运输方式和海关规定的特殊运输方式。本栏目应根据货物实际进出境的运输方式或货物在境内流向的类别，按照海关规定的《运输方式代码表》选择填报相应的运输方式。

（二）填报要求

（1）进境货物运输方式按照货物运抵我国关境第一个口岸时的运输方式填报；出境货物运输方式按照货物运离我国关境最后一个口岸时的运输方式填报。运输方式及代码如表 9 - 5 所示。

表 9 - 5　　　　　　　　　　运输方式及代码

代码	运输方式	代码	运输方式	代码	运输方式
2	水路运输	4	公路运输	6	邮件运输
3	铁路运输	5	航空运输	9	其他运输

（2）非邮件方式进出境的快递货物，按实际运输方式填报。

（3）进出境旅客随身携带的货物，按旅客实际进出境方式所对应的运输方式填报。

（4）进口转关运输货物，按载运货物抵达进境地的运输工具填报；出口转关运输货物，按载运货物驶离出境地的运输工具填报。

（5）不复运出（入）境而留在境内（外）销售的进出境展览品、留赠转卖物品等，填报"其他运输"（代码 9）。

九、运输工具名称

（一）含义

"运输工具名称"指载运货物进出境的运输工具名称或编号。

填报内容应与运输部门向海关申报的舱单（载货清单）所列相应内容一致。一份报关单只允许填报一个运输工具名称。

（二）填报要求

（1）直接在进出境地或采用区域通关一体化通关模式办理报关手续的报关单填报要求。

①水路运输：填报船舶编号（来往港澳小型船舶为监管簿编号）或者船舶英文名称。

②公路运输：启用公路舱单前，填报该跨境运输车辆的国内行驶车牌号，深圳提前报关模式的报关单填报国内行驶车牌号＋"/"＋"提前报关"。启用公路舱单后，免予填报。

③铁路运输：填报车厢编号或交接单号。

④航空运输：填报航班号。

⑤邮件运输：填报邮政包裹单号。

⑥其他运输：填报具体运输方式名称，例如：管道、驮畜等。

（2）转关运输货物的报关单填报要求。

①进口

a. 水路运输：直转、提前报关填报"@"＋16位转关申报单预录入号（或13位载货清单号）；中转填报进境英文船名。

b. 铁路运输：直转、提前报关填报"@"＋16位转关申报单预录入号；中转填报车厢编号。

c. 航空运输：直转、提前报关填报"@"＋16位转关申报单预录入号（或13位载货清单号）；中转填报"@"。

d. 公路及其他运输：填报"@"＋16位转关申报单预录入号（或13位载货清单号）。

e. 以上各种运输方式使用广东地区载货清单转关的提前报关货物填报"@"＋13位载货清单号。

②出口

a. 水路运输：非中转填报"@"＋16位转关申报单预录入号（或13位载货清单号）。如多张报关单需要通过一张转关单转关的，运输工具名称字段填报"@"。

中转货物，境内水路运输填报驳船船名；境内铁路运输填报车名（主管海关4位关区代码＋"TRAIN"）；境内公路运输填报车名（主管海关4位关区代码＋"TRUCK"）。

b. 铁路运输：填报"@"＋16位转关申报单预录入号（或13位载货清单号），如多张报关单需要通过一张转关单转关的，填报"@"。

c. 航空运输：填报"@"＋16位转关申报单预录入号（或13位载货清单号），如多张报关单需要通过一张转关单转关的，填报"@"。

d. 其他运输方式：填报"@"＋16位转关申报单预录入号（或13位载货清单号）。

（3）采用"集中申报"通关方式办理报关手续的，报关单本栏目填报"集中申报"。

（4）无实际进出境的报关单，本栏目免予填报。

十、航次号

（一）含义

"航次号"指载运货物进出境的运输工具的航次编号。

（二）填报要求

（1）直接在进出境地或采用区域通关一体化通关模式办理报关手续的报关单

①水路运输：填报船舶的航次号。

②公路运输：启用公路舱单前，填报运输车辆的 8 位进出境日期［顺序为年（4 位）、月（2 位）、日（2 位），下同］。启用公路舱单后，填报货物运输批次号。

③铁路运输：填报列车的进出境日期。

④航空运输：免予填报。

⑤邮件运输：填报运输工具的进出境日期。

⑥其他运输方式：免予填报。

（2）转关运输货物的报关单

①进口

a. 水路运输：中转转关方式填报 "@" ＋进境干线船舶航次。直转、提前报关免予填报。

b. 公路运输：免予填报。

c. 铁路运输："@" ＋8 位进境日期。

d. 航空运输：免予填报。

e. 其他运输方式：免予填报。

②出口

a. 水路运输：非中转货物免予填报。中转货物：境内水路运输填报驳船航次号；境内铁路、公路运输填报 6 位启运日期［顺序为年（2 位）、月（2 位）、日（2 位）］。

b. 铁路拼车拼箱捆绑出口：免予填报。

c. 航空运输：免予填报。

d. 其他运输方式：免予填报。

③无实际进出境的报关单，本栏目免予填报。

十一、提运单号

（一）含义

"提运单号"指进出口货物提单或运单的编号。一份报关单只允许填报一个提运单号，一票货物对应多个提运单时，应分单填报。

（二）填报要求

（1）直接在进出境地或采用区域通关一体化通关模式办理报关手续的。

①水路运输：填报进出口提单号。如有分提单的，填报进出口提单号加 " ＊ "加分提

单号。

②公路运输：启用公路舱单前，免予填报；启用公路舱单后，填报进出口总运单号。

③铁路运输：填报运单号。

④航空运输：填报总运单号加"_"加分运单号，无分运单的填报总运单号。

⑤邮件运输：填报邮运包裹单号。

（2）转关运输货物的报关单。

①进口

a. 水路运输：直转、中转填报提单号。提前报关免予填报。

b. 铁路运输：直转、中转填报铁路运单号。提前报关免予填报。

c. 航空运输：直转、中转货物填报总运单号加"_"加分运单号。提前报关免予填报。

d. 其他运输方式：免予填报。

e. 以上运输方式进境货物，在广东省内用公路运输转关的，填报车牌号。

②出口

a. 水路运输：中转货物填报提单号；非中转货物免予填报；广东省内汽车运输提前报关的转关货物，填报承运车辆的车牌号。

b. 其他运输方式：免予填报。广东省内汽车运输提前报关的转关货物，填报承运车辆的车牌号。

（3）采用"集中申报"通关方式办理报关手续的，报关单填报归并的集中申报清单的进出口起止日期[按年（4位）月（2位）日（2位）年（4位）月（2位）日（2位）]。

（4）无实际进出境的，本栏目免予填报。

十二、申报单位

"申报单位"是指对申报内容的真实性直接向海关负责的企业或单位。自理报关的，应填报进（出）口货物的收发货人名称及编码；委托代理报关的，应填报经海关批准的报关企业名称及编码。

本栏目可选填10位海关注册编码或18位法人和其他组织统一社会信用代码任一项。

本栏目还包括报关单左下方用于填报申报单位有关情况的相关栏目，包括报关人员、申报单位签章。

十三、监管方式

（一）含义

"监管方式"是以国际贸易中进出口货物的交易方式为基础，结合海关对进出口货物的征税、统计及监管条件综合设定的海关对进出口货物的管理方式。

其代码由4位数字构成，前两位是按照海关监管要求和计算机管理需要划分的分类代码，后两位是参照国际标准编制的贸易方式代码。

应根据实际对外贸易情况按海关规定的《监管方式代码表》选择填报相应的监管方式简称及代码。一份报关单只允许填报一种监管方式。

（二）填报要求

1. 一般贸易

"一般贸易"指我国境内有进出口经营权的企业单边进口或单边出口的贸易，代码"0110"，适用范围包括：

（1）以正常交易方式成交的进出口货物。

（2）贷款援助的进出口货物。

（3）外商投资企业为加工内销产品而进口的料件。

（4）外商投资企业用国产原材料加工成品出口或采购产品出口。

（5）供应外国籍船舶、飞机等运输工具的国产燃料、物料及零配件。

（6）保税仓库进口供应给中国籍国际航行运输工具使用的燃料、物料等保税货物。

（7）境内企业在境外投资以实物投资进出口的设备、物资。

（8）来料养殖、来料种植进出口货物。

（9）国有公益性收藏单位通过合法途径从境外购入的藏品。

2. 加工贸易项下进口料件和出口成品

（1）来料加工指由境外企业提供进口料件，经营企业无须付费进口，按照境外企业要求进行加工或装配，只收取加工费，成品由境外企业销售的经营活动。

监管方式代码"0214"，简称"来料加工"，主要适用于来料加工项下进口的料件和加工出口的成品。

（2）进料加工指由经营企业付汇进口料件，成品由经营企业外销出口的经营活动。

监管方式代码"0615"，简称"进料对口"，主要适用于进料加工项下进口的料件和加工出口的成品，以及进料加工贸易中外商免费提供进口的主、辅料和零部件。

3. 加工贸易项下其他货物

（1）结转

A. 成品结转。加工贸易经营企业将保税进口料件所加工的产品在境内结转给另一个加工贸易企业，用于再加工后复出口的，转入、转出企业分别填制进、出口报关单，监管方式填报"来料深加工"（0255）或"进料深加工"（0654）。

例如，A公司进口一批橡胶，橡胶生产成轮胎，A公司把轮胎结转给B公司，由B公司进一步加工，A公司转给B公司，要办结转业务，要看当时进口料件是来料还是进料，如果是来料，就填"来料深加工"。

B. 料件结转。加工贸易经营企业将加工过程中剩余的进口料件，结转到本企业同一加工监管方式下的另一个加工贸易合同，继续加工为制成品后复出口的，应分别填制进、出口报关单，监管方式填报"来料余料结转"（0258）或"进料余料结转"（0657）。

例如，A公司做的是服装，进口一部分料件，第一个合同给美国生产，第二个合同给韩国生产，第一个合同生产完还有一部分剩余的料件要转给本企业第二个合同使用，就叫料件结转。

（2）内销

A. 料件内销。加工贸易加工过程产生的剩余料件、制成品、半成品、残次品及受灾保税货物，经批准转为国内销售，不再加工复出口的，应填制进口报关单，监管方式填报

"来料料件内销"（0245）或"进料料件内销"（0644）。

B. 边角料内销。加工贸易过程中有形损耗产生的边角料，以及有商业价值且批准在境内销售的加工副产品，应填制进口报关单，监管方式填报"来料边角料内销"（0845）或"进料边角料内销"（0844）。

C. 成品转减免税。加工贸易项下制成品，在境内销售给凭征免税证明进口货物的企业，加工贸易经营企业填制出口报关单，监管方式填报"来料成品减免"（0345）或"进料成品减免"（0744）。

（3）退运（复出）

加工贸易进口料件因品质、规格等原因退运出境，或加工过程中产生的剩余料件、边角料退运出境，且不再更换同类货物进口的，分别填报"来料料件复出"（0265）、"来料边角料复出"（0865）、"进料料件复出"（0664）、"进料边角料复出"（0864）。

例如，A公司进口一批料件，其中有一部分料件不合格退出，不再重新进口合格的料件，就叫作料件复出。

（4）退换

A. 料件退换。加工贸易保税料件因品质、规格等原因退运出境，更换料件后复进口的，退运出境报关单和复运进境报关单的监管方式应填报为"来料料件退换"（0300）或"进料料件退换"（0700）。

B. 成品退换。（进口料件加工成成品出口）加工贸易出口成品因品质、规格等原因退运进境，经加工、维修或更换同类商品复出口的，退运进境报关单和复运出境报关单的监管方式应填报为"来料成品退换"（4400）或"进料成品退换"（4600）。

（5）销毁

加工贸易企业因故无法内销或退运而作销毁处置且未因处置获得收入的料件、残次品、边角料、副产品，其中，残次品应按单耗折成料件，应填制进口报关单，监管方式填报"料件销毁"（0200）；边角料、副产品应填制进口报关单，监管方式填报"边角料销毁"（0400）。

4. 加工贸易进口设备

（1）加工贸易设备

"加工贸易设备"指来料加工、进料加工贸易项下外商作价提供、不扣减企业投资总额的进口设备。本监管方式代码"0420"，对应征免性质为"一般征税"（101）或"加工设备"（501）。

注意：如果加工贸易设备属于《外商投资项目不予免税的进口商品目录》所列商品范围的，征免性质为"一般征税"代码为101。

（2）不作价设备

"不作价设备"指境外企业与境内企业开展来料、进料业务，外商免费向境内加工贸易收发货人提供加工生产所需设备，境内收发货人不需支付外汇、不需用加工费或差价偿还。

本监管方式代码"0320"，简称"不作价设备"，对应征免性质为"加工设备"（501）。加工贸易进口不作价设备由加工贸易合同备案地海关办理备案手续，核发加工贸易手册，手册编号第一位标记为"D"。进口《外商投资项目不予免税的进口商品目录》所列商品范围外的不作价设备，且符合规定条件的，免征进口关税。

5. 外商投资企业进口自用设备、物品

（1）投资总额内进口设备、物品

收发货人代码第 6 位是 2、3，中外合资、合作企业进口设备、物品，代码"2025"，简称"合资合作设备"；收发货人代码第 6 位是 4，外商独资企业（以下简称外资企业）进口设备、物品，代码"2225"，简称"外资设备物品"。

（2）投资总额外自有资金免税进口设备

鼓励类和限制类外商投资企业、外商投资研发中心、先进技术型和产品出口型外商投资企业，以及符合中西部利用外资优势产业和优势项目目录的项目，在原批准的生产经营范围内，利用投资总额以外自有资金，对设备进行更新维修，进口国内不能生产或性能不能满足需要的自用设备及其配套的技术、配件、备件，应填制进口报关单，监管方式填报"一般贸易"（0110），对应征免性质为"自有资金"（799）。

（3）减免税设备结转

"减免税设备结转"指海关监管年限内的减免税设备，从进口企业结转到其他享受减免税待遇的企业。减免税设备结转的转入、转出企业应分别填制进（出）口报关单，监管方式填报"减免税设备结转"（0500）。

6. 暂准进出境货物

（1）进出境展览品

进出境展览品是指我国为到外国或外国来华举办经济、文化、科技等展览或参加博览会而进出口的展览品，以及与展览品有关的布置品、招待品、宣传品、小商品和其他物品。

本监管方式代码"2700"，简称"展览品"，对应征免性质为"其他法定"（299）。

（2）暂时进出境货物

暂时进出境货物是指经海关批准，暂时进出关境并且在规定的期限内复运出境或进境的货物。

本监管方式代码"2600"，简称"暂时进出货物"，对应征免性质为"其他法定"（299）。

7. 退运进出口货物

退运进出口货物是指原进、出口货物因残损、缺少、品质不良、规格不符、延误交货或其他原因退运出、进境的货物。监管方式代码"4561"，简称"退运货物"。

退运货物进出口时，应随附原出（进）口货物报关单，并将原出（进）口货物报关单号填报在"标记唛码及备注"栏内。

注意：海关放行后退运的，叫退运货物；若申报后海关放行前退运的，叫直接退运货物。

8. 直接退运货物

直接退运货物是指进口货物收发货人、原运输工具负责人或者其代理人在货物进境后、办结海关放行手续前，因海关责令或有正当理由获准退运境外的货物。

本监管方式代码"4500"，简称"直接退运"。

（1）直接退运货物适用范围不包括：

海关放行后需办理退运出境的进口货物，以及进口转关货物在进境地海关放行后申请办理退运手续的货物。两者均应按"退运货物"（4561）手续办理报关手续。

（2）直接退运货物相关申报要求：

直接退运货物要填两张报关单，按照"先报出、后报进"的原则先办理出口手续，后办理进口手续，进口报关单"标记唛码及备注"栏将对应的出口报关单号作为"关联报关单号"填报，进出口报关单监管方式均为"直接退运"，"标记唛码及备注"栏均应填报"海关准予进口货物直接退运决定书"或"海关责令进口货物直接退运通知书"的编号。

9. 其他免费提供的进出口货物

其他免费提供的进出口货物指除已具体列名的礼品、无偿援助和赠送物资、捐赠物资、无代价抵偿进口货物、国外免费提供的货样、广告品等归入列名监管方式的免费提供货物以外，进出口其他免费提供的货物。

本监管方式代码"3339"，简称"其他进出口免费"。适用范围包括：外商在经贸活动中赠送的物品；外国人捐赠品；驻外中资机构向国内单位赠送的物资；经贸活动中由外商免费提供的试车材料、消耗性物品等。

本监管方式对应征免性质："一般征税"（101）、"其他法定"（299）。

监管方式代码如表 9 - 6 所示。

表 9 - 6 　　　　　　　　　　　　　　　监管方式代码

代码	监管方式名称	代码	监管方式名称	代码	监管方式名称
0110	一般贸易	0446	加工设备内销	0844	进料边角料内销
0200	料件销毁	0456	加工设备结转	0845	来料边角料内销
0214	来料加工	0466	加工设备退运	0864	进料边角料复出
0245	来料料件内销	0500	减免设备结转	0865	来料边角料复出
0255	来料深加工	0513	补偿贸易	1200	保税间货物
0258	来料余料结转	0615	进料对口	2025	合资合作设备
0265	来料料件复出	0644	进料料件内销	2225	外资设备物品
0300	来料料件退换	0654	进料深加工	4400	来料成品退换
0314	加工专用油	0657	进料余料结转	4600	进料成品退换
0320	不作价设备	0664	进料料件复出	5014	区内来料加工
0345	来料成品减免	0700	进料料件退换	5015	区内进料加工货物
0400	边角料销毁	0744	进料成品减免	5100	成品进出区
0420	加工贸易设备	0815	低值辅料		

十四、征免性质

(一) 含义

"征免性质"是指海关根据《海关法》《关税条例》及国家有关政策对进出口货物实施的征、减、免税管理的性质类别。

常见征免性质代码如表9-7所示。

表9-7　　　　　　　　　　**常见征免性质代码**

代码	征免性质简称	代码	征免性质简称	代码	征免性质简称
101	一般征税	499	ITA产品	609	贷款项目
201	无偿援助	501	加工设备	611	贷款中标
299	其他法定	502	来料加工	789	鼓励项目
307	保税区	503	进料加工	801	救灾捐赠
401	科教用品	506	边境小额	802	扶贫慈善
406	重大项目	601	中外合资	898	国批减免
412	基础设施	602	中外合作	998	内部暂定
413	残疾人	603	外资企业	999	例外减免
417	远洋渔业	606	海洋石油		
422	集成电路	608	陆上石油		

(二) 填报要求

(1) 一份报关单只允许填报一种征免性质,涉及多个征免性质,应分单填报。

(2) 参照"征免性质代码表"选择填报相应的征免性质简称或代码。

(3) 特殊情况填报要求如下:

①加工贸易转内销货物,按实际应享受的征免性质填报,如"一般征税""科教用品""其他法定"等;

②加工贸易料件退运出口、成品退运进口的货物填报"其他法定";

③加工贸易结转货物,本栏目为空。

十五、备案号

(一) 含义

"备案号"指进出口货物收发货人、消费使用单位、生产销售单位在海关办理加工贸易合同备案或征、减、免税备案审批等手续时,海关核发的《加工贸易手册》《征免税证明》或其他备案审批文件的编号。一份报关单只允许填报一个备案号。

备案或审批文件备案号的首位代码如表9-8所示。

表 9 - 8 　　　　　　　　　　　　　备案或审批文件备案号的首位代码

首位代码	备案审批文件	首位代码	备案审批文件
B	加工贸易手册（来料加工）	K	保税仓库备案式电子账册
C	加工贸易手册（进料加工）	Y	原产地证书
D	加工贸易不作假进口设备	Z	征免税证明
E	加工贸易电子账册	RB	减免税货物补税通知书
H	出口加工区电子账册	RT	减免税进口货物同意退运证明
J	保税仓库记账式电子账册	RZ	减免税进口货物结转联系函

（二）填报要求

（1）加工贸易项下货物，除少量低值辅料按规定不使用《加工贸易手册》及以后续补税监管方式办理内销征税的外，填报《加工贸易手册》编号。

使用异地直接报关分册和异地深加工结转出口分册在异地口岸报关的，本栏目应填报分册号；本地直接报关分册和本地深加工结转分册限制在本地报关，本栏目应填报总册号。

加工贸易成品凭《征免税证明》转为减免税进口货物的，进口报关单填报《征免税证明》编号，出口报关单填报《加工贸易手册》编号。

对加工贸易设备之间的结转，转入和转出企业分别填制进、出口报关单，在报关单"备案号"栏目填报《加工贸易手册》编号。

例如，国内 A 公司与韩国 B 公司签订了一个加工贸易合同，在加工贸易合同中有其中一个条款说的是由韩国 B 企业为国内 A 企业免费提供 10 台缝纫机，这 10 台缝纫机就属于加工贸易不作价设备，其备案号应该是 D 开头。

（2）涉及征、减、免税备案审批的报关单，填报《征免税证明》编号。

（3）减免税货物退运出口，填报《中华人民共和国海关进口减免税货物准予退运证明》的编号；减免税货物补税进口，填报《减免税货物补税通知书》的编号；减免税货物进口或结转进口（转入），填报《征免税证明》的编号；相应的结转出口（转出），填报《中华人民共和国海关进口减免税货物结转联系函》的编号。

十六、贸易国（地区）

"贸易国（地区）"是指对外贸易中与境内企业签订贸易合同的外方所属的国家（地区）。进口填报购自国（地区），出口填报售予国（地区）。未发生商业性交易的填报货物所有权拥有者所属的国家（地区）。

本栏目应按海关规定的《国别（地区）代码表》选择填报相应的贸易国（地区）中文名称及代码。

十七、起运国（地区）/运抵国（地区）

（一）含义

"起运国（地区）"是指进口货物起始发出直接运抵我国的国家或地区，或者在运输中转国（地区）未发生任何商业性交易的情况下运抵我国的国家或地区。

"运抵国（地区）"是指出口货物离开我国关境直接运抵的国家或地区，或者在运输中转国（地区）未发生任何商业性交易的情况下最后运抵的国家或地区。

（二）填报要求

进口货物报关单的"起运国（地区）"栏和出口货物报关单的"运抵国（地区）"栏，应按海关规定的"国别（地区）代码表"选择填报相应国别（地区）的中文名称或代码。国别（地区）为非中文名称时，应翻译成中文名称填报或填报其相应代码。如表9-9所示。

表 9-9　　　　　　　　　　　主要国别（地区）代码

代码	中文名称	代码	中文名称
110	中国香港	307	意大利
116	日本	331	瑞士
121	中国澳门	344	俄罗斯联邦
132	新加坡	501	加拿大
133	韩国	502	美国
142	中国	601	澳大利亚
143	中国台澎金马关税区	609	新西兰
303	英国	701	国（地）别不详
304	德国	702	联合国及机构和国际组织
305	法国	999	中性包装原产国别

1. 直接运抵货物

由出口国（地区）运入我国境内的进口货物或由我国出口直接运往进口国（地区）的出口货物。对于直接运抵的货物，以货物起始发出的国家或地区为起运国（地区），货物直接运抵的国家或地区为运抵国（地区）。

例如，我国A公司与美国的B公司签订进口合同，但是货物不是从美国发货（例如说美国B公司的工厂设在泰国的曼谷），货物直接从曼谷运输至上海。那么起运国就是泰国。

2. 在第三国（地区）中转（转运）货物

中转（转运）货物指船舶、飞机等运输工具从装运港将货物装运后，不直接驶往目的港，而在中途的港口卸下后，再换装另外的船舶、飞机等运输工具转运往目的港。货物中转的原因很多，如至目的港无直达船舶（飞机），或目的港虽有直达船舶（飞机）而时间不定或航次间隔时间太长，或目的港不在装载货物的运输工具的航线上，或货物属于多式联运等。

对于中转货物，起运国（地区）或运抵国（地区）分两种不同情况填报：

（1）如在中转地未发生任何买卖关系，那么起运国/运抵国不变。

（2）如在中转地发生买卖关系，以中转地作为起运国/运抵国填报。

例如，我国某公司进口一批货物，货物从伦敦起运途径中国香港转运至上海，如果在中国香港中转时没有发生买卖关系，则起运国仍为英国；如果在中国香港发生了买卖关系，那么起运国为中国香港。

是否发生买卖关系，从发票的出票人来判断，看由谁开出的发票（谁把货卖给我们）。在本例中，如果是由英国公司开出的发票，则在中国香港中转时没有发生买卖关系，货物仍然是由英国公司卖给我国的企业的，起运国仍为英国。如果是由中国香港公司开出的发票，则说明货物是由在中国香港中转时发生了买卖关系，货物是由中国香港公司卖给我国的企业，起运国（地区）为中国香港。

3. 无实际进出境的货物

（1）运输方式代码为"0""1""7""8""W""X""Y""Z""H"时，起运国（地区）或运抵国（地区）应为中国。

（2）贸易（监管）方式代码后两位为42～46，54～58，起运国（地区）或运抵国（地区）必须为中国。

十八、装货港/指运港

（一）含义

"装货港"也称装运港，是指货物起始装运的港口。报关单上的"装货港"栏是专指进口货物在运抵我国关境前的最后一个境外装运港。

"指运港"亦称目的港，指最终卸货的港口。报关单上的"指运港"栏专指出口货物运往境外的最终目的港。

（二）填报要求

报关单"装货港"栏或"指运港"栏应填报装货港或目的港的中文名称或代码。装货港/指运港无港口中文名称及代码的，可选择填报相应的国家（地区）中文名称或代码。如最终目的港不可预知的，按尽可能预知的目的港填报。

在填制报关单时，如遇到装货港或指运港为非中文名称时，应翻译成中文名称填报。

对于直接运抵货物，以货物实际装货的港口为装货港，货物直接运抵的港口为指运港。对于发生运输中转的货物，最后一个中转港就是装货港，指运港不受中转影响。对于无实际进出境的货物，"装货港"栏或"指运港"栏应填报"中国境内"（代码142）。

例如，承运船舶在帕腊纳瓜港装货起运，航经大阪，又停泊釜山港转"HANSAS-TAVANGER"号轮HV300W航次（提单号：HS03D8765）于2013年7月30日抵吴淞口岸申报进境。从已知条件可以知道最后一个中转港是釜山，釜山港是最后一个装运货物进口的境外装卸港，因此"装货港"栏应填釜山。

十九、境内目的地/境内货源地

(一) 含义

"境内目的地"是指已知的进口货物在我国关境内的消费、使用地区或最终运抵的地点。

"境内货源地"是指出口货物在我国关境内的生产地或原始发货地（包括供货地点）。

(二) 填报要求

(1)"境内目的地"栏和"境内货源地"栏应按"国内地区代码表"选择国内地区名称或代码填报，代码含义与收发货人代码前5位的定义相同。

(2)"境内目的地"应填报进口货物在境内的消费、使用地或最终运抵地。其中最终运抵地为最终使用单位所在的地区。最终使用单位难以确定的，填报货物进口时预知的最终消费使用单位所在地。

(3)"境内货源地"应填报出口货物的生产地或原始发货地。出口货物产地难以确定的，填报最早发运该出口货物的单位所在地。

例如，广州A公司（440191××××）委托广州B公司（440131××××）进口一批货物。境内目的地栏要根据消费使用单位来判断，这批货物的消费使用单位应填："广州A公司440191××××"。境内目的栏根据消费使用单位代码的5位来判断，第5位为"9"。进口报关单"境内目的栏"有两种填法，填44019或者广州其他。

二十、许可证号

(一) 含义

"许可证号"是指商务部配额许可证事务局、驻各地特派员办事处以及各省、自治区、直辖市、计划单列市及商务部授权的其他省会城市商务厅（局）、外经贸委（厅、局）签发的进出口许可证编号。

(二) 填报要求

(1) 本栏目填报以下许可证的编号：进（出）口许可证、两用物项和技术进（出）口许可证、两用物项和技术出口许可证（定向）、纺织品临时出口许可证、出口许可证（加工贸易）、出口许可证（边境小额贸易）。

注意：除上述许可证以外的其他的监管证件不填报在"许可证号"栏，而应当在"随附单据"栏填报，如"自动进口许可证"应当在"随附单据"栏填报，而不填于此。

(2) 一份报关单只允许填报一个许可证号。非许可证管理商品本栏为空。

二十一、成交方式

(一) 含义

在进出口贸易中，进出口商品的价格构成和买卖双方各自应承担的责任、费用和风险，以及货物所有权转移的界限。以贸易术语（价格术语）进行约定。这些贸易术语即"成交方式"。

（二）报关单中使用的成交方式

《2000 通则》13 种贸易术语与报关单"成交方式"栏一般对应关系如表 9 - 10 所示。

表 9 - 10　　　　　　　13 种贸易术语与报关单"成交方式"栏一般对应关系

组别	E组	F组			C组				D组				
术语	EXW	FCA	FAS	FOB	CFR	CPT	CIF	CIP	DAF	DES	DEQ	DDU	DDP
成交方式		FOB			CFR				CIF				
成交方式代码		3			2				1				

《2010 通则》11 种贸易术语与报关单"成交方式"栏一般对应关系如表 9 - 11 所示。

表 9 - 11　　　　　　　11 种贸易术语与报关单"成交方式"栏一般对应关系

组别	E组	F组			C组				D组		
术语	EXW	FCA	FAS	FOB	CFR	CPT	CIF	CIP	DAT	DAP	DDP
成交方式		FOB			CFR				CIF		
成交方式代码		3			2				1		

（三）成交方式的表现形式

成交方式一般从发票中"价格"一栏查找，然后找到 13 个贸易术语中的一个，然后再根据上表对应的关系，在报关单中填写对应的贸易术语。

例如，在发票中单价中找到 CIP SHANGHAI，则贸易术语为"CIP"，则报关单"成交方式"栏应填"CIF"或"1"。

（四）填报要求

（1）按海关规定的"成交方式代码表"选择填报相应的成交方式名称或代码。

（2）无实际进出境的货物，进口成交方式为 CIF 或其代码，出口成交方式为 FOB 或其代码。

二十二、运费

（一）含义

"运费"是指除货价以外，进出口货物从始发地至目的地的国际运输所需要的各种费用。

（二）填报要求

（1）本栏应根据具体情况选择运费单价、运费总价或运费率三种方式之一填报，同时注明运费标记，并按海关规定的"货币代码表"选择填报相应的币种代码。运费标记如下："1"表示运费率；"2"表示每吨货物的运费单价；"3"表示运费总价。

具体填制方法如下：

①运费率：直接填报运费率的"数值/运费率标记"。

如：运费率为5%，则"运费"栏填：5/1

②运费单价：填报运费"货币代码/运费单价的数值/运费单价标记"。

如：24美元的运费单价，则"运费"栏填：502/24/2

③运费总价：填报运费"货币代码/运费总价的数值/运费总价标记"。

如：7000美元的运费总价，则"运费"栏填：502/7000/3

（2）运保费合并计算的，运保费填报在"运费"栏中。

二十三、保费

（一）含义

保费是指被保险人允予承保某种损失、风险而支付给保险人的对价或报酬。进出口货物报关单所列的保费专指进出口货物在国际运输过程中，由被保险人付给保险人的保险费用。

（二）填报要求

在填制过程中，要根据成交方式判断运、保险费要不要填。

运费与保险费在进出口时应填报以及不需填报的情况如表9-12所示。

表9-12　　　　　　　　　　运费与保险费填报对应情况

进口/出口	成交方式	运费	保费
进口	CIF	不填	不填
	CFR	不填	填写
	FOB	填写	填写
出口	FOB	不填	不填
	CFR	填写	不填
	CIF	填写	填写

陆运、空运和海运进口货物的保险费，按照实际支付的费用计算。进口货物保险费无法确定或者未实际发生的，按货价加运费的3‰计算保险费，计算公式：保险费＝（货价＋运费）×3‰。

本栏应根据具体情况选择保险费总价或保险费率两种方式之一填报，同时注明保险费标记，并按海关规定的"货币代码表"选择填报相应的币种代码。保险费标记"1"表示保险费率，"3"表示保险费总价。

本栏应根据具体情况选择保险费总价或保险费率两种方式之一填报。"1"表示保险费率；"3"表示保险费总价。

如，保险费率为 5%，则"保险费"栏填：5/1；保险费率为 3‰，则"保险费"栏填：0.3/1；7000 美元的保险费总价，则"运费"栏填：502/7000/3

运保费合并计算的，运保费填报在"运费"栏中，本栏目免予填报。

二十四、杂费

(一) 含义

"杂费"指成交价格以外的，应计入完税价格或应从完税价格中扣除的费用，如手续费、佣金、回扣等。

(二) 填报要求

(1) 本栏应根据具体情况选择杂费总价或杂费率两种方式之一填报，杂费标记："1"表示杂费率，"3"表示杂费总价。

(2) 应计入完税价格的杂费填报为正值或正率，应从完税价格中扣除的杂费填报为负值或负率。

①杂费率：直接填报杂费率的"数值/杂费率标记"。

如：应计入完税价格的 1.5% 的杂费率，则"杂费"栏填：1.5/1；应从完税价格中扣除的 1.5% 的回扣率，则"杂费"栏填：—1.5/1。

②杂费总价：填报杂费"货币代码/杂费总价的数值/杂费总价标记"。

如：应计入完税价格的 500 英镑杂费总价，则"杂费"栏填：303/500/3。

注意：预付款 (prepayment)、订金 (deposit) 不是杂费，是货款的一部分，不填在杂费栏。LESS prepayment 并不是杂费。

运费、保费、杂费填写示例如表 9 - 13 所示。

表 9 - 13   运费、保费、杂费填写示例

项　　目	费率①	单价②	总价③
运费	5%→ 5	USD50→502/50/2	HKD5000→110/5000/3
保费	0.27%→0.27	—	EUR5000→300/5000/3
应计入杂费	1%→1	—	GBP5000→303/5000/3
应扣除杂费	1%→—1	—	JPY5000 →116/5000/3

二十五、合同协议号

(一) 含义

"合同协议号"是指在进出口贸易中，买卖双方或数方当事人根据国际贸易惯例或国家的法律、法规，自愿按照一定的条件买卖某种商品所签署的合同或协议的编号。

(二) 填报要求

本栏目填报进出口货物合同（包括协议或订单）编号。未发生商业性交易的免予填报。

二十六、件数

（一）含义

"件数"是指有外包装的单件进出口货物的实际件数，货物可以单独计数的一个包装称为一件。

（二）填报要求

（1）散装、裸装货物填报为"1"。

（2）舱单件数为集装箱的，填报集装箱个数。

这种情况一般是指装入集装箱内的货物没有其他明显的包装，资料中没有显示有托盘、单件包装数或者裸装。海关将对运输工具申报信息（舱单）与收发货人或其代理人申报的信息（报关单）相核对，如果核对不上就不能放行货物和运输工具。

只要提到舱单件数为集装箱，填集装箱个数，没有提到，填写顺序为：托盘数、单件包装数、集装箱数。

（3）舱单件数为托盘（pallet）的，填报托盘数。因此，这里提示报关单的件数需要和舱单申报的一致，如果文字说明资料中写有"舱单件数同装箱单"，多填托盘数。提单或者装箱单中既有单件包装的件数又有托盘数时要填托盘数。

（4）本栏目不得填报为 0，不能为空。

（5）两种包装种类的，件数要合并计算，包装种类统报为"其他"。

二十七、包装种类

（一）含义

商品的包装是指包裹和捆扎货物用的内部或外部包装和捆扎物的总称。一般情况下，应以装箱单或提运单据所反映的货物处于运输状态时的最外层包装或称运输包装作为"包装种类"向海关申报，并相应计算件数。

（二）填报要求

本栏目应根据进出口货物的实际外包装种类，选择填报相应的包装种类，如木纸箱、铁桶、散装、裸装、托盘、包、捆、袋等。

例1：total 260 cartons，件数填"260"，包装种类填"纸箱"。

例2：20 pallets（80 drums），80 桶装于 20 个托盘，件数应填"20"，包装种类应填"托盘"。

例3：3 Unit & 4 Cartons，表明有 3 个计件单位和 4 个纸箱，件数应合计"7"，包装种类填"其他"。

二十八、毛重

（一）含义

"毛重"是指商品重量加上商品的外包装物料的重量。

(二) 填报要求

"毛重"栏填报进出口货物及其包装材料的重量之和,计量单位为千克,不足一千克的填报为"1",如0.9千克填报为"1"。

应以合同、发票、提(运)单、装箱单等有关单证所显示的重量确定进出口货物的毛重填报。

二十九、净重

(一) 含义

"净重"是指货物的毛重扣除外包装材料后所表示出来的纯商品重量。部分商品的净重还包括直接接触商品的销售包装物料的重量(如罐头装食品等)。

(二) 填报要求

"净重"栏填报进出口货物的毛重减去外包装材料后的重量,即货物本身的实际重量,计量单位为千克,不足1千克的填报为"1"。

进出口货物的净重依据合同、发票、装箱单等有关单证确定填报。

如货物的净重在1千克以上且非整数,其小数点后保留4位,第5位及以后略去。

三十、集装箱号

(一) 含义

集装箱号是在每个集装箱箱体两侧标示的全球唯一的编号。其组成规则是:箱主代号(3位字母)+设备识别号"U"+顺序号(6位数字)+校验码(1位数字)。

(二) 填报要求

(1) 本栏填报装载进出口货物(包括拼箱货)集装箱的箱体信息。分别填报集装箱号、集装箱的规格和集装箱的自重。填报方式为:集装箱号/规格/自重。

例:在原始单据上找到集装箱号 Container No. 所对应的号是:1×20"TEXU360523120 集装箱的重量一般是在中文的补充说明中来找,假如集装箱自重(tare weight)是2376。

应集装箱号栏填制为:TEXU3605231/20/2376。

(2) 多个集装箱的,第一个集装箱号填报在"集装箱号"栏,其余的依次填报在"备注栏"。

(3) 非集装箱货物,填报为"0"。

(4) 非实际进出境货物采用集装箱运输的,本栏目免予填报。

三十一、随附单证

(一) 含义

随附单证是指随进出口货物报关单一并向海关递交的,除商业发票、货运单证及"许可证号"栏填报的进出口许可证以外的监管证件。

（二）填报要求

（1）本栏目填报随附单证代码及编号，格式：监管证件代码：监管证件编号。

如：入境货物通关单的编号是：442100104064457，则"随附单据栏"填："A：442100104064457"。

（2）涉及多个监管证件的，其中一个填在本栏，其他填制在"标记唛码及备注"栏。

例如，A公司进口一批货物，属于法检商品，属于自动进口许可管理，进口后在国内销售，其有2个随附单证，入境货物通关单、自动进口许可证，一张填在"随附单据"栏，另外一张填在"备注"栏。如：入境货物通关单的编号是：442100104064457，则"随附单据栏"填："A：442100104064457"。

（3）监管证件代码（见表9-14）。

与1、2、3、4、G、x、y 7个代码相区分，这7个代码的证件要填在"许可证号"栏，其他填在"随附单证"栏，重点记代码：7、A、B、O、P、Y。

表9-14　　　　　　　　　　　监管证件代码

代码	监管证件名称	代码	监管证件名称
1	进口许可证	O	自动进口许可证（新旧机电产品）
2	两用物项和技术进口许可证	P	固体废物进口许可证
3	两用物项和技术出口许可证	Q	进口药品通关单
4	出口许可证	R	进口兽药通关单
5	纺织品临时出口许可证	S	进出口农药登记证明
6	旧机电产品禁止进口	T	银行调运现钞进出境许可证
7	自动进口许可证	U	合法捞捕产品通关证明
8	禁止出口商品	W	麻醉药品进出口准许证
9	禁止进口商品	X	有毒化学品环境管理放行通知单
A	入境货物通关单	Y	原产地证明
B	出境货物通关单	Z	音像制品进口批准单或节目提取单
D	出/入境货物通关单（毛坯钻石用）	c	内销征税联系单
E	濒危物种允许出口证明书	e	关税配额外优惠税率进口棉花配额证
F	濒危物种允许进口证明书	h	核增核扣表
G	两用物项和技术出口许可证（定向）	q	国别关税配额证明
H	港澳OPA纺织品证明	r	预归类标志
I	精神药物进（出）口准许证	s	适用ITA税率的商品用途认定证明
J	黄金及其制品进出口准许证或批件	t	关税配额证明
K	深加工结转申请表	v	自动进口许可证（加工贸易）
L	药品进出口准许证	x	出口许可证（加工贸易）
M	密码产品和设备进口许可证	y	出口许可证（边境小额贸易）

（4）加工贸易内销征税报关单，随附单证代码栏填写"c"，随附单证编号栏填写海关审核通过的内销征税联系单号。

（5）优惠贸易协定项下原产地证书相关内容填报。

①实行原产地证书联网管理

实行原产地证书联网管理的产地为中国香港、中国澳门的进口货物，要交原产地证书，其编号填在"备案号"栏，然后随附单据栏内填 Y＜03＞或 Y＜04＞。

②未实行原产地证书联网管理

产地是亚太成员国或东盟成员国，需要提交原产地证，其原产地证明填在"随附单据"栏，格式应为"Y〈优惠贸易协定代码：需证商品序号〉"。

如《亚太贸易协定》项下进口报关单中第 1 项到第 3 项和第 5 项为优惠贸易协定项下商品，填 Y＜01：1—3，5＞，表明 1—3，5 商品产地为亚太成员国。

三十二、标记唛码及备注

（一）含义

纸质报关单"标记唛码及备注"栏填报标记唛码、备注说明和集装箱号等与进出口货物有关的文字或数字。

（二）填报要求

（1）标记唛码中除图形以外的文字、数字。

（2）受外商投资企业委托代理其进口投资设备、物品的进出口企业名称。

（3）与本报关单有关联关系的，同时在业务管理规范方面又要求填报的备案号，填报在电子数据报关单中"关联备案"栏。

加工贸易结转货物及凭《征免税证明》转内销货物，其对应的备案号应填报在"关联备案"栏。

减免税货物结转进口（转入），报关单"关联备案"栏应填写本次减免税货物结转所申请的《中华人民共和国海关进口减免税货物结转联系函》的编号。

减免税货物结转出口（转出），报关单"关联备案"栏应填写与其相对应的进口（转入）报关单"备案号"栏中《征免税证明》的编号。

（4）与本报关单有关联关系的，同时在业务管理规范方面又要求填报的报关单号，填报在电子数据报关单中"关联报关单"栏。

加工贸易结转类的报关单，应先办理进口报关，并将进口报关单号填入出口报关单的"关联报关单"栏。

办理进口货物直接退运手续的，除另有规定外，应当先填写出口报关单，再填写进口报关单，并将出口报关单号填入进口报关单的"关联报关单"栏。

减免税货物结转出口（转出），应先办理进口报关，并将进口（转入）报关单号填入出口（转出）报关单的"关联报关单"栏。

（5）办理进口货物直接退运手续的，本栏目填报"＜ZT"＋"海关审核联系单号或者《海关责令进口货物直接退运通知书》编号"＋"＞"。

（6）保税监管场所进出货物，在"保税/监管场所"栏填写本保税监管场所编码（保税物流中心（B型）填报本中心的国内地区代码），其中涉及货物在保税监管场所间流转的，在本栏填写对方保税监管场所代码。

（7）涉及加工贸易货物销毁处置的，填写海关加工贸易货物销毁处置申报表编号。

（8）当监管方式为"暂时进出货物"（2600）和"展览品"（2700）时，如果为复运进出境货物，在进出口货物报关单的本栏内分别填报"复运进境""复运出境"。

（9）跨境电子商务进出口货物，在本栏目内填报"跨境电子商务"。

（10）加工贸易副产品内销，在本栏内填报"加工贸易副产品内销"。

（11）服务外包货物进口，填报"国际服务外包进口货物"。

（12）公式定价进口货物应在报关单备注栏内填写公式定价备案号，格式为："公式定价"＋备案编号＋"@"。对于同一报关单下有多项商品的，如需要指明某项或某几项商品为公式定价备案的，则备注栏内填写应为："公式定价"＋备案编号＋"＃"＋商品序号＋"@"。

（13）获得《预审价决定书》的进出口货物，应在报关单备注栏内填报《预审价决定书》编号，格式为预审价（P＋2位商品项号＋决定书编号），若报关单中有多项商品为预审价，需依次写入括号中。

（14）含预归类商品报关单，应在报关单备注栏内填写预归类R-3-关区代码-年份-顺序编号，其中关区代码、年份、顺序编号均为4位数字，例如R-3-0100-2016-0001。

（15）含归类裁定报关单，应在报关单备注栏内填写归类裁定编号，格式为"c"＋四位数字编号，例如c0001。

（16）申报时其他必须说明的事项填报在本栏目。

三十三、项号

（一）含义

"项号"是指申报货物在报关单中的商品排列序号及该项商品在加工贸易手册、征免税证明等备案单证中的顺序编号。

（二）填报要求

填制报关单需注意的是，对于商品编号不同的，商品名称不同的，原产国（地区）/最终目的国（地区）不同的，征免不同的，都应各自占据表体的一栏。

本栏目分两行填报及打印。第一行填报报关单中的商品顺序编号；第二行专用于加工贸易、减免税等已备案、审批的货物，填报和打印该项货物在《加工贸易手册》或《征免税证明》等备案、审批单证中的顺序编号。

（1）监管方式为一般贸易，项号填报一行，填报货物在报关单中的商品序号。

（2）加工贸易项下进出口货物的报关单，第一行填报报关单中的商品顺序编号，第二行填报该项商品在《加工贸易手册》中的商品项号，用于核销对应项号下的料件或成品数量。

三十四、商品编号

（一）含义

"商品编号"是指由进出口货物的税则号列及符合海关监管要求的附加编号组成的 10 位编号。

（二）填报要求

此栏目分为商品编号和附加编号两栏，其中商品编号栏应填报《进出口税则》8 位税则号列，附加编号栏应填报商品编号附加的第九、十位附加编号。《加工贸易手册》中商品编号与实际商品编号不符的，应按实际商品编号填报。

三十五、商品名称、规格型号

（一）含义

"商品名称"是指国际贸易缔约双方同意买卖的商品的名称。商品名称一般取自主要用途、主要材料、主要成分或者商品的外观、制作工艺等报关单中的商品名称，是指进出口货物规范的中文名称。

"规格型号"是指反映商品性能、品质和规格的一系列指标，如品牌、等级、成分、含量、纯度、大小、长短、粗细等。

（二）填报要求

（1）"商品名称及规格型号"栏分两行填报，第一行填报进出口货物规范的中文名称。如果发票中的商品名称为非中文称，则需翻译成规范的中文名称填报，仅在必要时加注原文。第二行填报规格型号。

（2）商品名称及规格型号应据实填报，并与合同、商业发票等相关单证相符。

（3）商品名称应当规范，规格型号应足够详细，以能满足海关归类、证件的管理要求为准。

（4）同一商品编号、多种规格型号的商品，可归并为一项商品的，按照归并后的商品名称和规格型号填报。

（5）减免税货物、加工贸易等已备案的进出口货物，本栏目填报的内容必须与已在海关备案登记中同项号下货物的名称与规格型号一致。

（6）对需要海关签发"货物进口证明书"的车辆，"商品名称、规格型号"栏应填报"车辆品牌＋排气量（注明 cc）＋车型（如越野车、小轿车等）"。进口汽车底盘可不填报排气量。"商品名称、规格型号"栏可填报"汽油型"等。

三十六、数量及单位

（一）含义

报关单上的"数量及单位"栏指进出口商品的成交数量及计量单位，以及海关法定计量单位和按照海关法定计量单位换算的数量。

（二）填报格式

计量单位分为成交计量单位和海关法定计量单位。成交计量单位是指买卖双方在交易过程中所确定的计量单位。海关法定计量单位是指海关按照《中华人民共和国计量法》的规定所采用的计量单位，我国海关采用的是国际单位制的计量单位。本栏目分三行填报。

（1）法定第一计量单位及数量应填报在本栏目第一行。

（2）凡列明海关第二法定计量单位的，必须填报第一及第二法定计量单位及数量。第二计量单位填在本栏第二行。没有第二计量单位，则第二行空着。

例如：法定计量单位为：米/千克：则法定第一计量单位为"米"，第二法定计量单位为"千克"。

例如：法定计量单位为：米，则法定第一计量单位为"米"，没有第二法定计量单位第二行为空。

（3）以成交计量单位申报的，则成交单位及数量填在本栏第三行。如果成交计量单位与法定计量单位一致，则本栏目第三行为空。

（三）填报要求

（1）加工贸易备案的货物，成交计量单位必须与备案登记中同项号下货物的计量单位一致，不一致时必须变更备案或转换一致后填报。加工贸易边角料和副产品内销、边角料复出口，本栏目填报其报验状态的计量单位。

（2）优惠贸易协定下出口商品的成交计量单位必须与原产地证书上对应商品的计量单位一致。

（3）法定计量单位为"千克"的数量填报，特殊情况下填报要求如下：

①装入可重复使用的包装容器的货物，按货物的净重填报，如罐装同位素、罐装氧气及类似品等，应扣除其包装容器的重量。

②使用不可分割包装材料和包装容器的货物，按货物的净重填报（即包括内层直接包装的净重重量），如采用供零售包装的酒、罐头、化妆品及类似品等。

③按照商业惯例以公量重计价的商品，应按公量重填报，如未脱脂羊毛、羊毛条等。

④采用以毛重作为净重计价的货物，可按毛重填报，如粮食、饲料等价格较低的农副产品。

⑤成套设备、减免税货物入需分批进口，货物实际进口时，应按实际报验状态确定数量。

三十七、原产国（地区）/最终目的国（地区）

（一）含义

"原产国（地区）"指进口货物的生产、开采或加工制造国家（地区）。

"最终目的国（地区）"指已知的出口货物的最终实际消费、使用或进一步加工制造国家（地区）。

（二）填报要求

本栏目应按海关规定的《国别（地区）代码表》选择填报相应的国家（地区）名称或

代码。加工贸易特殊情况填报要求如下：

（1）料件结转货物，原产国（地区）填报为原进口料件生产国（地区），最终目的国（地区）填报"中国"。

（2）深加工结转货物和以产顶进货物，原产国（地区）和最终目的国（地区）都填报"中国"。

（3）料件复运出境货物，填报实际最终目的国（地区）；加工出口成品因故退运境内的，原产国（地区）填报"中国"，复运出境时填报实际最终目的国（地区）。

（4）出口加工区运往区外的货物，原产国（地区）按实际填报，即对于未经加工的进口货物，填报货物原进口时的原产国（地区）；对于经过加工的成品或半成品，按现行原产地规则确定原产国（地区）；区外运入出口加工区的货物，最终目的国为中国。

三十八、单价、总价、币制

（一）含义

"单价"是指进出口货物实际成交的商品单位价格的金额部分。

"总价"是指进出口货物实际成交的商品总价的金额部分。

"币制"是指进出口货物实际成交价格的计价货币的名称。

（二）填报要求

"单价"栏应填报同一项号下进（出）口货物实际成交的商品单位价格。无实际成交价格的，本栏目填报货值。

"总价"栏应填报同一项号下进（出）口货物实际成交的商品总价。无实际成交价格的，本栏目填报货值。

"币制"应根据实际成交情况按海关规定的《货币代码表》选择填报相应的货币名称或代码，如《货币代码表》中无实际成交币种，需将实际成交币种按照申报日外汇折算率折算成《货币代码表》列明的货币填报。

表 9 - 15 为常用货币代码。

表 9 - 15　　　　　　　　　　　常用货币代码

币制代码	币制符号	币制名称	币制代码	币制符号	币制名称	币制代码	币制符号	币制名称
110	HKD	港币	116	JPY	日元	132	SGD	新加坡元
142	CNY	人民币	133	KRW	韩元	300	EUR	欧元
302	DKK	丹麦克朗	303	GBP	英镑	330	SEK	瑞典克朗
331	CHF	瑞士法郎	344	SUR	俄罗斯卢布	501	CAD	加拿大元
502	USD	美元	601	AUD	澳大利亚元	609	NZD	新西兰元

三十九、征免

（一）含义

"征免"是指海关依照《海关法》《关税条例》及其他法律、行政法规，对进出口货物进行征税、减税、免税或特案处理的实际操作方式。

（二）主要征减免税方式

（1）照章征税：指对进出口货物依照法定税率计征各类税、费。

（2）折半征税：指依照主管海关签发的《征免税证明》或海关总署的通知，对进出口货物依照法定税率折半计征关税和增值税，但照章征收消费税。

（3）全免：指依照主管海关签发的《征免税证明》或海关总署的通知，对进出口货物免征关税和增值税，但消费税不予免征。

（4）特案减免：指依照主管海关签发的《征免税证明》或海关总署通知规定的税率计征各类税、费。

（5）随征免性质：指对某些监管方式下进出口货物按照征免性质规定的特殊计税公式或税率计征税、费。

（6）保证金：指经海关批准具保放行的货物，由担保人向海关缴纳现金的一种担保形式。

（7）保函：指担保人根据海关的要求，向海关提交的订有明确权利义务的一种担保文书。

（三）填报要求

（1）根据海关核发的征免性质税证明或有关政策规定，对报关单所列商品按照海关规定的"征减免税方式代码表"中选择填报相应的征免方式名称。

（2）加工贸易手册中备案的征免规定为"保金"或"保函"的，不能按备案的征免规定填报，而应填报"全免"。

表 9 - 16 为征免方式代码。

表 9 - 16　　　　　　　　　　　　征免方式代码

代码	名称	代码	名称
1	照章征税	5	随征免性质
2	折半征税	6	保证金
3	全免	7	保函
4	特案		

四十、特殊关系确认

根据《中华人民共和国海关审定进出口货物完税价格办法》（以下简称《审价办法》）第十六条，填报确认进出口行为中买卖双方是否存在特殊关系，有下列情形之一的，应当认为买卖双方存在特殊关系，在本栏目应填报"是"，反之则填报"否"。

（1）买卖双方为同一家族成员的。

（2）买卖双方互为商业上的高级职员或者董事的。

（3）一方直接或者间接地受另一方控制的。

（4）买卖双方都直接或者间接地受第三方控制的。

（5）买卖双方共同直接或者间接地控制第三方的。

（6）一方直接或者间接地拥有、控制或者持有对方5%以上（含5%）公开发行的有表决权的股票或者股份的。

（7）一方是另一方的雇员、高级职员或者董事的。

（8）买卖双方是同一合伙的成员的。

买卖双方在经营上相互有联系，一方是另一方的独家代理、独家经销或者独家受让人，如果符合前款的规定，也应当视为存在特殊关系。

本栏目出口货物免予填报，加工贸易及保税监管货物（内销保税货物除外）免予填报。

四十一、价格影响确认

根据《审价办法》第十七条，填报确认纳税义务人是否可以证明特殊关系未对进口货物的成交价格产生影响，纳税义务人能证明其成交价格与同时或者大约同时发生的下列任何一款价格相近的，应视为特殊关系未对成交价格产生影响，在本栏目应填报"否"，反之则填报"是"：

（1）向境内无特殊关系的买方出售的相同或者类似进口货物的成交价格。

（2）按照《审价办法》第二十三条的规定所确定的相同或者类似进口货物的完税价格。

（3）按照《审价办法》第二十五条的规定所确定的相同或者类似进口货物的完税价格。

本栏目出口货物免予填报，加工贸易及保税监管货物（内销保税货物除外）免予填报。

四十二、与货物有关的特许权使用费支付确认

本栏目根据《审价办法》第十一条和第十三条，填报确认买方是否存在向卖方或者有关方直接或者间接支付与进口货物有关的特许权使用费，且未包括在进口货物的实付、应付价格中。

买方存在需向卖方或者有关方直接或者间接支付特许权使用费，且未包含在进口货物实付、应付价格中，并且符合《审价办法》第十三条的，在"支付特许权使用费确认"栏目应填报"是"。

买方存在需向卖方或者有关方直接或者间接支付特许权使用费，且未包含在进口货物实付、应付价格中，但纳税义务人无法确认是否符合《审价办法》第十三条的，在本栏目应填报"是"。

买方存在需向卖方或者有关方直接或者间接支付特许权使用费且未包含在实付、应付价格中，纳税义务人根据《审价办法》第十三条，可以确认需支付的特许权使用费与进口货物无关的，填报"否"。

买方不存在向卖方或者有关方直接或者间接支付特许权使用费的，或者特许权使用费

已经包含在进口货物实付、应付价格中的，填报"否"。

本栏目出口货物免予填报，加工贸易及保税监管货物（内销保税货物除外）免予填报。

四十三、版本号

本栏目适用加工贸易货物出口报关单。本栏目应与《加工贸易手册》中备案的成品单耗版本一致，通过《加工贸易手册》备案数据或企业出口报关清单提取。

四十四、货号

本栏目适用加工贸易货物进出口报关单。本栏目应与《加工贸易手册》中备案的料件、成品货号一致，通过《加工贸易手册》备案数据或企业出口报关清单提取。

四十五、录入员及录入单位

录入员栏目用于记录预录入操作人员的姓名并打印。

录入单位栏目用于记录并打印电子数据报关单的录入单位名称。

四十六、海关批注及签章

本栏目供海关作业时签注。

本规范所述尖括号（<>）、逗号（,）、连接符（-）、冒号（:）等标点符号及数字，填报时都必须使用非中文状态下的半角字符。

相关用语的含义：

报关单录入凭单：指申报单位按报关单的格式填写的凭单，用作报关单预录入的依据。该凭单的编号规则由申报单位自行决定。

预录入报关单：指预录入单位按照申报单位填写的报关单凭单录入、打印由申报单位向海关申报，海关尚未接受申报的报关单。

报关单证明联：指海关在核实货物实际进出境后按报关单格式提供的，用作进出口货物收发货人向国税、外汇管理部门办理退税和外汇核销手续的证明文件。

第三节　报关单常见填报内容及对应关系

一、报关单各栏目内容与主要商业、货运单证对应关系

（一）发票

根据发票填制的栏目内容一般有：收发货人、消费使用单位/生产销售单位、成交方式、运费、保险费、杂费、商品名称、规格型号、数量及单位、原产国（地区）/最终目的国（地区）、单价、总价、币制、合同协议号、集装箱号等。

发票无统一格式，由出口企业自行拟制，但基本栏目大致相同。一般标明"发票"

（Invoice）或"商业发票"（Commercial Invoice）字样，用粗体字印刷在单据的明显位置。发票的主要栏目内容如下：

1. 出票人的名称与地址

发票的出票人一般为出口人，其名称和地址相对固定，因此出口人通常将此项内容事先印制在发票的正上方或右上方。该栏目是判断进口货物中转时是否发生买卖关系的指标之一。如果出票人的地址与进口货物起运地一致，说明进口货物中转时没有发生买卖关系；如果出票人的地址与进口货物运输的中转地一致，与起运地不一致，则说明进口货物中转时发生了买卖关系。

2. 起运及目的地

该栏目标明货物运输的实际起止地点。如货物需要转运，则注明转运地。例如，FROM SHANGHAI TO TOKYO VIA HONGKONG（从上海经中国香港到达东京），有的还注明运输方式。

3. 抬头（收货人）

此栏目前通常印有"TO"，"Sold to Messrs"或者"For Account and Risk，of Messrs"等字样，在这些字样后，一般注明买方的名称和地址。注意出口报关单中"运抵国"一栏的填制，根据发票的抬头（收货人）判断是否在中转国（地区）发生了商业性交易。

4. 唛头及编号（Marks & Nos.）

该栏目一般注明包装的运输标记及包装的件数。例如：

MADE IN CHINA（产地）

PORT：TOKYO（指运港）

C/No.：1～120（件数）

5. 品名和货物描述

该栏目一般印有"Description of Goods"或者"Name of Commodity"的字样，其下方一般注明具体装运货物的名称、品质、规格及包装状况等内容。例如：

WOMEN FOOTWEAR（货物名称）

COL：BLACK　SZ：5～10（规格型号）

TOTAL PACKED IN 120 CARTONS ONLY（包装状况）

6. 数量、单价和总价

数量为实际装运的数量。单价包括计价货币、具体价格数、计价单位、贸易术语4个部分。总价一般由大小写组成。如果合同单价含有佣金（Commission）或折扣（Rebate/Discount/Allowance），发票上一般也会注明。有时，发票上还列明运费（Freight/F）、保险费（Insurance/I）及杂费（Extras）等。

（二）装箱单和提运单

根据装箱单和提运单查找的栏目内容一般有：运输方式、运输工具名称、航次、提运单号、起运国（地区）/运抵国（地区）、装货港/指运港、件数、包装种类、毛重、净重、标记唛码及备注（见表9-17、表9-18）。

表 9－17 　　　　　　　　　　发票/装箱单主要内容中英文对照

中英文	英文缩写	中英文	英文缩写
合同 Contract	CONT.	单价 Unit Price	
货物描述 Description of Goods		总额 Amount	AMT
规格、型号 Model		总价 Total Amount	
尺寸 Size		件数 Packages	PKGS
数量 Quantity	Q'TY	毛重 Gross Weight	G. W.
原产国 Made in/Origin		净重 Net Weight	N. W.
装货港 Port of Loading	P. O. L.	保险费 Insurance	
目的国 Destination Country		杂费 Extras	
指运港 Port of Destination	P. O. D.	佣金 Commission	
运费 Freight		折扣 Discount/Rebate/Allowance	
集装箱 Container		唛头及编号 Marks & Nos.	
包装种类 Packing	CTNR	随附单证 Document Attached	DOC. ATT.

表 9－18 　　　　　　　　　　提运单主要内容中英文对照

中英文	英文缩写	中英文	英文缩写
提单 Bill of Lading	B/L	到达港 Port of Arrival	P. A.
提单号 Bill of Lading No.	B/L No.	指运港 Port of Destination	P. O. D.
承运人 Carrier		托运人 Shipper	
收货人 Consignee		被通知人 Notify Party	
空运运单 Air Way Bill	A. W. B.	装货港 Port of Loading	P. O. L.
空运总运单 Master Air Way Bill	M. A. W. B.	卸货港 Port of Discharge	P. O. D.
空运分运单 House Air Way Bill	H. A. W. B.	转运港 Port of Transshipment	
原产国 Made in/Country of Origin		转运到 In transit to	
船名 Ocean vessel		航次 Voyage No.	Voy. No.

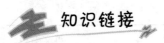 知识链接

中华人民共和国海关出口货物报关单（最新版）

预录入编号：　　　　　　　　　　　　　　　海关编号：

收发货人	出口口岸		出口日期	申报日期
生产销售单位	运输方式	运输工具名称		提运单号
申报单位	监管方式		征免性质	备案号
贸易国（地区）	运抵国（地区）		指运港	境内货源地
许可证号	成交方式	运费	保费	杂费
合同协议号	件数	包装种类	毛重（千克）	净重（千克）
集装箱号	随附单证			

标记唛码及备注

项号	商品编号	商品名称、规格型号	数量及单位	最终目的国（地区）	单价
总价	币制	征免			

特殊关系确认：　　　　价格影响确认：　　　　支付特许权使用费确认：

录入员	录入单位	兹申明对以上内容承担如实申报、依法纳税之法律责任	海关批注及签章
报关人员		申报单位（签章）	

二、加工贸易货物报关单常见填报内容及对应关系

下面主要选择料件、成品的常见处理方式，列表汇总其报关单填制要求及其对应关系，如表 9-19 所示。

表 9-19　　加工贸易货物报关单常见填报内容及对应关系

项目 ／ 栏目	料件进口	料件退换	余料结转		深加工结转		料件内销	料件复出
栏目	进境	先出境后进境	形式进口	形式出口	形式进口	形式出口	形式进口	出境
监管方式	来料加工｜进料对口	来/进料料件退换	来/进料余料结转		来/进料深加工		来/进料料件内销	来/进料料件复出
进口口岸/出口口岸	指定范围内实际进出口岸海关		接受申报的海关					指定范围实际进出口岸海关
征免性质	来料加工｜进料加工	免于填报	免于填报				一般征税	其他法定
备案号	加工贸易手册编号		转入手册编号	转出手册编号	转入手册编号	转出手册编号	加工贸易手册编号	
运输方式	实际进境运输方式	实际出/进境运输方式	其他运输					实际出境运输方式
运输工具名称	实际进境运输工具名称	实际出/进境运输工具名称	免于填报					实际出境运输工具名称
起运国（地区）/运抵国（地区）	实际起运国（地区）	实际运抵国（地区）/起运国（地区）	中国					实际运抵国（地区）
随附单证					K：深加工结转申请表编号		c：内销征税联系单号	
备注		退出：原进口货物报关单号；换进：退出报关单号	转出手册编号	转入进口报关单号；转入手册编号	转出手册编号	转入进口报关单号；转入手册编号	"活期"	原进口货物报关单号
项号（第2行）	手册对应进口料件项号		转入手册对应进口料件项号	转出手册对应进口料件项号	转入手册对应进口料件项号	转出手册对应出口成品项号	手册对应进口料件项号	
原产国（地区）/最终目的国（地区）	料件进口原产国（地区）/成品出口最终目的国（地区）	原进口料件原产国（地区）	原进口料件原产国（地区）	中国			原进口料件原产国（地区）	实际最终目的国（地区）
征免	全免						照章征税	全免

项目 栏目	成品出口		成品内销			成品退换	
			按料件征税	转减免税			
	出境		形式进口	形式进口	形式出口	进境	出境
监管方式	来料加工	进料对口	来/进料 料件内销	根据货物实 际情况选择 填报	来/进料 成品减免	来/进料成品退换	
进口口岸/ 出口口岸	指定范围 进出口岸海关		接受申报的海关			指定范围 进出口岸海关	
征免性质	来料加工	进料加工	一般征税	征免性质税 证明所批征 免性质	免于填报	免于填报	
备案号	加工贸易手册编号			征免性质税 证明编号		加工贸易手册编号	
运输方式	实际出境运输方式		实际出/进境 运输方式	其他运输		实际进境 运输方式	实际出境 运输方式
运输工具 名称	实际出境 运输工具名称		实际出/进境运输 工具名称	免于填报		实际进境运 输工具名称	实际出境运 输工具名称
起运国（地 区）/运抵 国（地区）	实际运抵国（地区）		中国			实际起运国 （地区）	实际运抵国 （地区）
随附单证			c：内销征税 联系单号				
备注	料件费、 工缴费		"活期"	转出手册 编号	转入征免 性质税证 明编号	原出口 报关单号	退运进口 报关单号
项号 （第2行）	手册出口成品项号		手册进口 料件项号	征免性质税 证明对应 项号		手册原出口成品对应项号	
原产国（地 区）/最终目 的国（地区）	实际最终目的国 （地区）		中国			实际最终目的国（地区）	
征免	征免性质：一般为 "全免"，应征出口税 的"照章征税"		照章征税	全免			

三、减免税进口设备报关单各栏目对应关系

减免税进口设备报关单常见填报内容及对应关系如表9-20所示。

表 9-20　　　　减免税进口设备报关单常见填报内容及对应关系

项目\栏目	投资总额内进口			投资总额外进口	减免税设备结转	
	合资合作企业	外商独资企业	国内投资项目			
	进境	进境	进境	进境	形式进口	形式出口
监管方式	合资合作设备	外资设备物品	一般贸易	一般贸易	减免设备结转	
进口口岸/出口口岸	鼓励项目等			自有资金	根据货物实际情况选择填报	免于填报
征免性质	征免性质税证明编号				征免性质税证明编号	结转联系函编号
备案号	该合资合作企业	该外商独资企业	设备进口企业		转入企业	转出企业
运输方式	实际进境运输方式				其他运输	
起运国（地区）/运抵国（地区）	实际起运国（地区）				中国	
用途	企业自用			企业自用	—	
备注	如为委托进口，须注明代理进口的外资企业名称			结转联系函编号	转入进口货物报关单编号；转入方征免性质税证明编号	
原产国（地区）/最终目的国（地区）	设备实际原产国（地区）			设备原生产国（地区）	中国	
征免	特案			全免		

四、加工贸易进口设备报关单各栏目对应关系

加工贸易进口设备报关单常见填报内容及对应关系如表 9-21 所示。

表 9-21　　　　加工贸易进口设备报关单常见填报内容及对应关系

项目\栏目	加工贸易免税进口不作价设备				
	进境	退运出境	内销	结转	
监管方式	不作价设备	加工设备退运	形式进口	形式进口	形式出口
征免性质	加工设备	其他法定	免于填报		
备案号	加工贸易手册编号（首位标记 D）				
收发货人消费使用/生产销售单位	加工贸易经营企业			转入企业	转出企业
运输方式	实际进境运输方式	实际出境运输方式	其他运输		
起运国（地区）/运抵国（地区）	实际起运国（地区）	实际运抵国（地区）	中国		

项目\栏目	加工贸易免税进口不作价设备			
	进境	退运出境	内销	结转
备注		原进口报关单号	转出手册号	转入进口报关单号；转入手册号
原产国（地区）/最终目的国（地区）	设备实际原产国（地区）	实际最终目的国（地区）	设备原生产国（地区）	中国
征免	特案	全免	照章征税	全免

五、暂准进出境货物报关单部分分栏目对应关系

暂准进出境货物涉及的监管方式包括"展览品"与"暂时进出货物"两类。暂准进境及复出境货物的报关单栏目对应关系如表9－22所示，暂准出境及复进境报关单栏目亦参照填报。

表 9－22　　　　暂准进境及复出境货物的报关单栏目对应关系

项目\栏目	进境展览品		其他暂准进境货物	
	进境	复出境	进境	复出境
监管方式	展览品		暂时进出货物	
征免性质	其他法定			
备注		原进口报关单号	"审批决定书"编号、暂时进境货物类别、复出境日期	"暂时进境复出境"、原进口报关单号
原产国（地区）/最终目的国（地区）	设备实际原产国（地区）	实际最终目的国（地区）	设备原生产国（地区）	中国
征免	保证金/保函	全免	保证金/保函	全免

六、无代价抵偿、一般退运、直接退运货物报关单部分栏目一般对应关系

无代价抵偿、一般退运、直接退运货物报关单常见填报内容及对应关系如表9－23所示。

表 9-23　　无代价抵偿、一般退运、直接退运货物报关单常见填报内容及对应关系

项目 栏目	无代价抵偿进口货物		一般退运货物 （品质规格原因）		直接退运货物	
	退运出境	补偿进境	进境	出境	先出口报关	后进口报关
监管方式	其他	无代价补偿	退运货物		直接退运	
征免性质	其他法定				免于填报	
备注	原进口报关单号		原出口报关单号	原进口报关单号	"进口货物直接退运表"或"责令直接退运通知书"编号	出口报关单号；"进口货物直接退运表"或"责令直接退运通知书"编号
征免	全免					

七、一般进出口货物的对应关系

一般进出口货物的对应关系，如表 9-24 所示。

表 9-24　　　　　一般进出口货物的对应关系

备案号	空着，不用填（产地是中国香港、中国澳门要填原产地证书编号）
监管方式	一般贸易
征免性质	一般征税
项号	只填一行，填在报关单的排列序号（产地是中国香港、中国澳门的要填两行）
征免	照章征税

 案例分析 ▶▶

山东首票原产地自主声明货物境外"零关税"通关

2017 年 7 月 21 日，自青岛海关隶属烟台海关申报出口的一票货物在瑞士通关入境，与以往不同的是，进口企业没有向瑞士海关提供国内签证机构签发的原产地证明文件，而是凭企业自行出具的原产地自主声明，就享受到了零关税待遇。这是山东企业首次凭原产地自主声明享受境外"零关税"通关待遇。

原产地自主声明，是指在货物进出口时，由制造商、供货人、进出口商或其他当事人在商业发票或者其他单证上对该货物原产地所作的正式声明。原产地声明制度将原本由机构签发证书的认证模式转为企业信用担保自主声明，减少了企业往返签证机构及办理原产地证明所需的时间和费用，提高了通关效率。

原产地自主声明，是《中国—瑞士自由贸易协定》（以下简称《中瑞自贸协定》）的内容之一，也是我国首次在自贸协定采用企业自主声明模式。中瑞自贸协定是我国与欧洲大陆国家签署的首个全面自贸协定，其货物贸易自由化水平、零关税比例很高，瑞方对中方绝大多数的出口产品实施零关税。

在海关注册登记的生产型高级认证企业可向海关提交书面承诺，申请《中瑞自贸协定》项下"经核准出口商"资格。获得"经核准出口商"资格的企业，可按照《中瑞自贸协定》对其生产并出口至瑞士的中国原产货物自行出具原产地声明，不需向签证机构申领原产地证书。

青岛海关通过宣讲、实地调研等方式加强原产地自主声明相关政策的推介工作，扩大备案企业数量。目前青岛海关已备案中瑞自贸协定经核准出口商157家，均可自行出具中瑞自贸协定原产地声明。原产地声明可打印、加盖或者印刷在发票或者装箱单等商业单证上，相关货物可凭原产地声明在瑞士申报进口时申请享受《中瑞自贸协定》优惠关税待遇。

（资料来源：http://www.customs.gov.cn/customs/302249/302425/716552/index.html）

请结合本章知识，针对进出口通关业务，分析办理原产地自主声明能给通关企业带来的好处。

关键概念

原产地自主声明　自贸协定　零关税　贸易自由化

基础练习

一、判断题

1.《出口货物报关单》的"出口退税证明联"是海关对已办理出口申报的货物所签发的证明文件。（　　）

2. 一批精密仪表在大连机场海关申报出口并转关运输至北京出境，其出口报关单"出口口岸"栏应按实际申报海关所在地填为"大连机场"。（　　）

3. 海关规定，在进出口货物报关单填制中，收发货人编码第6位数为"8"的单位不得作为收发货人填报。（　　）

4. 某旅客乘坐CA981航班携带进口电脑板一块，申报进口，运输方式应填为航空运输。（　　）

二、单选题

1. 北京某单位海运进口日本设备一批，由天津新港转关运输到北京报关，该期间该船舶停靠大连港口，其申报进口口岸应为（　　）。

A. 大连海关　　　　　B. 新港海关

C. 北京海关　　　　　D. 天津海关

2. 根据海关注册编码规则，编码第6位为"6"，表示该企业的经济类型为（　　）。

A. 外商独资企业

B. 有进出口经营权的国有企业

C. 有进出口经营权的私营企业

D. 有进出口经营权的个体工商户

3. 根据海关注册编码规则，编码第6位为"1"的，表示其经济类型属于（　　）。

A. 有进出口经营权的国有企业

B. 外商独资企业

C. 有进出口经营权的私营企业

D. 有报关权而没有进出口经营权的企业

4. 海关注册编码第 6 位数为（　　　）的企业，不得作为报关单"收发货人"填报。

A. 1   B. 7

C. 8   D. 9

5. 某外资企业公司委托某国营外贸公司购买进口投资设备及用作生产原料的钢材一批，货物由某物流公司承接进口运输相关事宜，并委托某报关公司向海关办理进口报关手续。该批钢材报关时报关单收发货人应填报为（　　　）。

A. 该外资企业

B. 某国营外贸公司

C. 某物流公司

D. 某报关公司

三、多选题

1. 同一批进口货物，涉及（　　　）的，应分单填报。

A. 多个商品编号

B. 多份提单

C. 多个合同

D. 多份原产地证书

2. 下述收发货人栏填报正确的是（　　　）。

A. 上海城建局委托上海土产进出口公司（3101915031）进口黄桐木材，应填报：上海土产进出口公司 3101915031

B. 上海协能针织有限公司（3101935039）委托上海机械进出口公司进口针织机 5 台，收发货人应填报：上海协通针织有限公司 3101935039，并在备注栏注明：委托上海机械进出口公司进口

C. 湖北省民政局接受香港赠的御寒物资一批，应填报：湖北省民政局 4201990000

D. 中国化工进出口总公司对外统一签约，而由辽宁省化工进出口公司负责合同的具体执行，则收发货人应为辽宁省化工进出口公司

3. 报关单"征免性质"栏应填写为"其他法定"（　　　）。

A. 因故退还的境外进口货物

B. 起卸后海关放行前，因不可抗力遭受损坏的货物

C. 非按全额货值征税的进口货物

D. 我国参加的国际条约减征、免征关税的货物、物品

4. 某货物为青岛××光学有限公司从美国购买，由洛杉矶起运，途经中国香港转船，最终运抵青岛大港海关申报，提单显示的信息为：

B/L6070035512；CARRIAGE：APL ENGLAND/00127；PORT OF LOADING：LOSANGELES；PORT OF DISCHARGE：HONG KONG；PLACE OF DELIVERY：QING DAO。下列栏目填制错误的是（　　　）。

A. 起运国栏填报：美国

B. 装货港填报：洛杉矶

C. 运输工具名称填报：APL ENGLAND/00127

D. 提运单号填报：6070035512

5. 下列适用监管方式为一般贸易的是（   ）。

A. 外商投资企业进口供加工内销产品的料件

B. 对台间接贸易进出口货物

C. 进出口货样广告品

D. 无进出口经营权的单位经批准临时进出口货物

知识应用

仔细阅读导引案例，结合以下资料，然后根据《中华人民共和国海关报关单的填制规范》的要求，从选项中选出正确的一个答案。

上海万汇贸易公司
SHANGHAIWANHUI TRADING CORPORATION

TO：M/S ELECTRONIC CREATION CO. HONGKONG PAYMENT：L/C VESSEL：HONEYWAY12	INVOICE NO：DHF32218321 DATED：Mar12, 2014 CONTRACT NO：IVAGF3245676 核销单号：2346472
	FROM SHANGHAI TO HONGKONG BY VESSEL

MARKS & NOS	QUANTITIES & DESCRIPTIONS	UNIT PRICE	AMOUNT
INVAC RECTIFIER MADE IN CHINA C/NO. 1 A1 - A12 N1 - N16 TOTAL：USD456,000 PACKED IN 28 CTNS SAY U. S. DOLLARS FOUR HUNDRED FIFTY SIX THOUSAND ONLY	FOB HONGKONG 真空整流器 KBU7K 114,000 个	USD4.00/个	456,000

生产、发货单位与收发货人一致

2014.5.12 出口，2014.5.10 委托上海金辉物流有限公司代理向上海海关申报

企业编码：3109259436

ADDRESS：24TH FLOOR, HUHAI TRADE CENTER

SHANGHAI, P. R. CHINA

TEL：021 - 64328452   FAX：021 - 64328510

上海万汇贸易公司

SHANGHAIWANHUI TRADING CORPORATION

PACKING LIST

B/L No. KJDIF－356

DATED：JUNE 5，2014

INVOICE NO：DHF32218321

CONTRACT NO：IVAGF3245676

FROM：SHANGHAI

TO：HONGKONG

PAYMENT TERM：L/C

DESCRIPTIONS	QUANTITY	PACKAGE	G.W（KGS）	N.W（KGS）	MEASUREMENT
INVAC					
MADE IN CHINA	114,000 个	28 CTN	540	500	
C/NO. 1					
A1－A12					
N1－N16					
HS CODE 85411000					

TOTAL：114,000　　　　　　　　540KG　　　500KG　　　3.388M

登记手册：B220146531

预录入号：528289214　　　　28 CTN

上海万汇贸易公司

ADDRESS：24TH FLOOR，HUHAI TRADE CENTER　　　SHANGHAIWANHUI TRADING CORPORATION

TEL：021－64328452　　FAX：021－64328510　　　　　　　　P.R.CHINA

1. "备案号"栏应填（　　　）。

A. DHF32218321　　　　　　　　　B. B220146531

C. IVAGF3245676　　　　　　　　　D. KJDIF－356

2. "申报日期"栏应填（　　　）。

A. 14.05.10　　　　　　　　　　　B. 14.05.12

C. 2014.05.10　　　　　　　　　　D. 2014.05.12

3. "运输方式"栏应填（　　　）。

A. 航空运输　　　　　　　　　　　B. 江海联运

C. 江海运输　　　　　　　　　　　D. 管道运输

4. "运输工具名称"栏应填（　　　）。

A. HONEYWAY　　　　　　　　　　B. HONEYWAY12

C. KJDIF－356　　　　　　　　　　D. DHF32218321

5. "提运单号"栏应填（　　）。

A. DSDF HU/901　　　　　　　　　　　　B. DHF32218321

C. 528489214　　　　　　　　　　　　　　D. KJDIF－356

6. "监管方式"栏应填（　　）。

A. 来料加工　　　　　　　　　　　　　　B. 进料加工

C. 进料对口　　　　　　　　　　　　　　D. 进料非对口

7. "征免性质"栏应填（　　）。

A. 来料加工　　　　　　　　　　　　　　B. 进料加工

C. 进料对口　　　　　　　　　　　　　　D. 进料非对口

8. "批准文号"栏应填（　　）。

A. 2346472　　　　　　　　　　　　　　　B. DHF32218321

C. 528244237　　　　　　　　　　　　　　D. 3109259436

9. "成交方式"栏应填（　　）。

A. CIF　　　　　　　　　　　　　　　　　B. CFR

C. FOB　　　　　　　　　　　　　　　　　D. FCA

10. "合同协议号"栏应填（　　）。

A. HONEYWAY12　　　　　　　　　　　　B. IVAGF3245676

C. DHF32218321　　　　　　　　　　　　D. KJDIF－356

11. "件数"栏应填（　　）。

A. 12　　　　　　　　　　　　　　　　　　B. 16

C. 28　　　　　　　　　　　　　　　　　　D. 114000

12. "包装种类"栏应填（　　）。

A. 木箱　　　　　　B. 纸箱　　　　　　C. 托盘　　　　　　D. 袋

13. "集装箱号"栏应填（　　）。

A. IVAGF3245676　　　　　　　　　　　B. 3109259436

C. KJDIF－356　　　　　　　　　　　　　D. 0

14. "随附单据"栏应填（　　）。

A. 发票　　　　　　　　　　　　　　　　B. 装箱单

C. 发票、装箱单　　　　　　　　　　　　D. 此栏不填

15. "标记唛码及备注"栏，除了标注唛码，还应填报（　　）。

A. 核销单号：2346472

B. 委托上海金辉物流有限公司报关

C. 委托上海金辉物流有限公司报关，核销单号：2346472

D. 无须再填报其他内容

16. "商品名称，规格型号"栏应填（　　）。

A. 真空整流器　　　　　　　　　　　　　B. 真空整流器

　　　　　　　　　　　　　　　　　　　　　INVAC RECTIFIER

C. 真空整流器

INVAC RECTIFIER

KBU7K

D. 真空整流器

KBU7K

17. "最终目的国"栏应填（　　）。

A. 中国香港

B. 日本

C. 加拿大

D. 此栏不填

18. "币值"栏应填（　　）。

A. RMB

B. USD

C. JPY

D. HKD

答　案

第一章　国际货运基础

【基础练习】

一、判断题

1. ×　2. √

二、单选题

1. B　2. D　3. A

三、多选题

1. ABCE　2. ABCDE　3. ABCDE

四、思考题

1. 简述国际货物运输的特点。

(1) 国际贸易运输是中间环节很多的长途运输。

(2) 国际贸易运输涉及面广、情况复杂多变。

(3) 国际贸易运输的时间性特别强。

(4) 国际贸易运输的风险较大。

(5) 国际贸易运输涉及国际关系问题。

2. 简述国际货运代理的作用。

组织协调；开拓控制；中间人；顾问；提供专业化服务；提供特殊服务；费用及服务具有竞争力。

【知识应用】

(1) 国际航运中心的模式

全球级经济腹地型国际航运中心；洲际级经济腹地型国际航运中心；洲际中转型国际航运中心；地区及经济腹地型国际航运中心。

(2) 国际航运中心的基本条件

具有强大的腹地经济实力，进出口货源充沛。区位条件优越，集疏运畅通。国际经济中心、贸易中心和金融中心的国际大都市。发达健全的航运市场，航线密集，运量巨大。具有现代化的港口设施和高效优质的航运服务。

(3) 上海建设国际航运中心的意义

促进和加速了上海国际大都市的建设。21世纪中国世界航运大国的标志之一，是中国航运业对世界发展的贡献。有利于上海发挥龙头作用，带动长江经济带的经济发展。

第二章　国际海上货物运输

【基础练习】

一、判断题

1. ×　2. ×

二、单选题

1. A　2. D　3. A　4. B

三、多选题

1. ABCDE　2. BDE　3. CDE　4. ABCE

四、思考题

1. 简述班轮运输方式运费计算的过程。

(1) 审查托运人提供货物名称、重量、尺码、装卸港、转船等条件。

(2) 查该货物的计费标准及运价等级。

(3) 查所属航线的等级费率表，找出基本费率 f。

(4) 查出各附加费的费率（S_1，S_2，…，S_n）及计算方法。

(5) 代入公式 $F=(1+S_1+S_2+\cdots+S_n)fQ$（其中 Q 为货运量）中计算。

2. 简述提单的内涵。

(1) 有价证券。

(2) 要式证券。

(3) 文义证券。

(4) 缴还证券。

(5) 设权证券。

【知识应用】

(1) 本案例，第一被告秦皇岛市裕东行船务有限公司作为全程承运人，对全程运输负责。原告的损失与第二被告有关，第二被告应承担连带赔偿责任。因此，依据我国《海商法》和《合同法》的相关规定，两被告连带赔偿原告货物损失、残损检验费用，货物在石岛港产生的堆存费、装卸费，外国专家来秦皇岛检查设备的费用。

(2) 本案例属于航次租船合同中船方应该承担的过失责任。

(3) 承租人的默示义务包括：提供绝对适航的船舶；合理速遣；不得不合理绕航。租船人的主要默示义务是不得装运非法和危险性货物。

第三章 国际航空货物运输

【基础练习】

一、单选题

1. B 2. A 3. B 4. B 5. A 6. A

二、多选题

1. ABC 2. BCD 3. CDE 4. AC 5. ABCDE

三、思考题

1. 在航空运输的开展过程中，为什么会出现空代？它的出现对各方都会带来什么好处？

（1）从航空公司的角度来看，空代的存在使航空公司能更好地致力于自身主业，无须负责处理航运前和航运后繁杂的服务项目。

（2）从货主的角度来看，可使货主不必花费大量的精力去熟悉繁复的空运操作流程。

（3）空代在办理航空托运方面具有无可比拟的优势（将零散货物集中拼装托运，简便手续，降低成本）。

2. 简述包机运输与班机运输的区别。

（1）包机运输可满足大批量货物进出口。

（2）包机运输运费比班机运输低，且随国际市场供需情况的变化而变化。

（3）包机运输可以由承租双方议定航程的起止点和中途停靠点，更具灵活性。

（4）包机运输按往返路程计收运费，存在回程空放风险。

（5）包机时间比班机时间长。

（6）各国政府为保护本国航空公司利益常对从事包机业务的外国航空公司实行各种限制。

3. 简述集中托运的优点。

（1）能够争取到更为低廉的费率。

（2）集中托运人的专业性服务也会使托运人受益，包括完善的地面服务网络，拓宽了的服务项目，以及更高的服务质量。

（3）集中托运形式下托运人结汇的时间提前，资金的周转加快。

【知识应用】

Volume：128cm×42cm×36cm×6＝1161216cm³

Volume weight：1161216cm³÷6000cm³/kgs＝193.536＝194.0kgs（1分）

Gross weight：47.8×6＝286.8kgs

Chargeable weight：287.0kgs（1分）

（1）由于计算重量没有满足指定商品代码0008的最低重量要求300千克，因此先用普货来计算航空运费。

Applicable rate：GCR/Q45 28.13CNY/kg（1分）

Weight charge：287kgs×28.13 ＝ CNY8073.31（1分）

（2）按指定商品运价使用规则计算：

Actual gross weight：286.8kgs

Chargeable weight：300.0kgs

Applicable rate：SCR 0008/Q30018.80CNY/kg（1分）

Weight charge：300.0kgs×18.80 ＝ CNY5640.00（1分）

对比（1）与（2），取运费较低者。

Weight charge：CNY5640.00（1分）

航空货运单运费计算栏填制如下：（3分）

No. of Pieces RCP	Gross Weight	kg lb	Rate Class		Chargeable Weight	Rate/ Charge	Total	Nature and Quantity of Goods (Incl Dimensions or Volume)
			C	Commodity Item NO.				
6	286.8	K		0008	300.0	18.8	5640.00	FRESH ORANGE 128cm×42cm× 36cm×6

第四章　国际陆路货物运输

【基础练习】

一、判断题

1. √　2. √　3. √　4. ×

二、单选题

1. C　2. B　3. A　4. B　5. A　6. B

三、多选题

1. ACDE　2. ABE　3. ABCDE　4. BCD

四、思考题

1. 简述国际铁路货物联运的特点。

(1) 涉及面广：每运送一批货物都要涉及两个或两个以上国家、几个国境站。

(2) 运输条件高。

(3) 办理手续复杂。

(4) 使用一份铁路联运票据完成跨国运输。

(5) 运输责任方面采用统一责任制。

(6) 仅使用铁路一种运输方式。

2. 简述国际货协运单的作用。

(1) 收、发货人与铁路间缔结的运送合同。

(2) 是国际铁路货物联运铁路连带责任的确认。

(3) 是用以银行议付货款、信用证核销的法律文件。

(4) 是发货人支付铁路运费的证明文件。

(5) 是办理货物进出口手续的法律文件。

3. 简述需要按整车运输的货物类型。

(1) 鲜活货物。

(2) 需用专车运输的货物。

(3) 不能与其他货物拼装运输的危险品。

(4) 易于污染其他货物的不洁货物。

(5) 不易于计数的散装货物。

【知识应用】

(1) 蒸汽机车

蒸汽机车是以蒸汽为原动力的机车。其优点是结构比较简单，制造成本低，使用年限长，驾驶与维修技术较易掌握，对燃料的要求不高。但是蒸汽机车的主要缺点是热效率太低，总效率一般只有5%～9%，使机车的功率与速度进一步的提高受到了限制。其次是煤水的消耗量大，沿线需要设置许多供煤以及给水设施；在运输中产生的大量煤烟污染环境；机车乘务员的劳动条件差。

（2）内燃机车

内燃机车是以内燃机为原动力的机车。与蒸汽机车相比，其热效率高，一般可以达到 20%～30%。内燃机车一次加足燃料后，持续工作时间长，机车的利用效率高，特别适合于在缺水或者水质不良地区运行，便于多机牵引，乘务员的劳动条件较好。但是其缺点是机车构造复杂，制造、维修与运营费用都较大，对环境有较大的污染。

（3）电力机车

电力机车是从铁路沿线的接触网获取电能产生牵引动力的机车。它的热效率比蒸汽机车高 1 倍以上。启动快、速度高且善于爬坡；可以制成大功率机车，运输能力大，运营费用低，当利用水力发电时，更经济；电力机车不用水，不污染空气，乘务员的劳动条件好，运行中噪音也小，便于多机牵引。但是电气化铁路需要建设一套完整的供电系统，在基建投资上要比采用蒸汽机车或内燃机车大得多。

第五章　集装箱与国际多式联运

【基础练习】

一、判断题

1. × 2. × 3. √ 4. √

二、单选题

1. D 2. A 3. C 4. B 5. B 6. C

三、多选题

1. AB 2. ABCD

四、思考题

1. 集装箱运输系统的组成要素包括哪些?

（1）适箱货物;（2）集装箱;（3）集装箱船舶;（4）集装箱码头、货运站;（5）集装箱卡车及集装箱铁路专用车。

2. 简述单独责任制、网状责任制、统一责任制、统一修正责任制之间的差异。

（1）单独责任制,指多式联运经营人对货主并不承担全程运输责任,仅对自己完成区段负责。

（2）统一责任制,是指多式联运经营人对货主按统一原则承担全程运输责任。（2分）

（3）网状责任制,是指多式联运经营人对货主按各区段法律承担全程运输责任。（1分）

（4）统一修正责任制,是指在责任基础方面与统一责任制相同,而在赔偿限额方面与网状责任制相同。

【知识应用】

（1）基本运费＝（1850＋100）×2＝3900（USD）（1分）

货币贬值附加费＝3900×10%＝390（USD）（1分）

燃油附加费＝3900×5%＝195（USD）（1分）

海运运费＝基本运费＋货币贬值附加费＋燃油附加费＝3900＋390＋195＝4485（USD）（1分）

（2）对方的要求是合理的。本案中,装运条件为:CY TO CY,提单上表明:"Shipper's Load and Count."。意指整箱装运,整箱交货,即货物由出口方自行装箱、自行封箱后将整箱货物运至集装箱堆场。箱内货物的情况如何,船方概不负责。货物运抵目的港后,在集装箱堆场负责将整箱货物交给收货人,由收货人开箱验货。本案中,经有关船方、海关、保险公司、公证行会同对到货开箱检验,发现其中有20箱包装严重破损,每箱均有短少,共缺成衣512件,各有关方均证明集装箱完好无损,说明货物包装的破损和数量的短少,是由于出口方装箱时疏忽造成的,因而,东华公司不能推卸责任。

第六章　通关管理基础

【基础练习】

一、判断题

1. √　2. √　3. ×

二、单选题

1. D　2. C　3. D　4. D　5. A　6. C

三、多选题

1. ACD　2. ABCD　3. ABCD　4. ABCD　5. BC　6. ABCD

四、思考题

简述报关、报检的区别与联系。

(1) 管理机构不同：报检的管理机构是出入境检验检疫局；报关的管理机构是海关。
(2) 目的不同：报检的目的是确定货物的质量、数量、包装、安全、卫生、病虫害等情况；报关的目的是方便货物进出境。(3) 时间不同：报验先于报关。

报检与报关的联系是：报检获得的商检证书是报关的前提。一般来说，报检手续的办理要先于报关手续。

【知识应用】

1. 解析：根据我国检验检疫法规的规定，进口旧机电产品需事先向检验检疫机构办理备案手续。对于价值较高，涉及人身财产安全、健康、环境保护项目的高风险进口旧机电产品，除应办理备案手续外，还应当按国家有关规定实施装运前检验。该公司夹带的旧工具、旧电焊机均属于旧机电产品，按照规定应当办理备案手续方可入境。

2. (1) B；(2) 对；(3) 错。无须在异地办理报检员注册手续。

3. 解析：不能。因为未取得代理报检企业注册登记的，不得从事代理报检业务。

第七章 一般货物进出境通关

【基础练习】

一、单选题

1. B 2. C 3. C 4. B 5. A

二、多选题

1. BD 2. ABCD

【知识应用】

(1) 滞报了5天。因为起始日是10月1日要顺延到国庆之后的第一个工作日10月8日。

(2) 须有"进口货物证明书"。报关员应当向海关申请签发"进口货物证明书",进口货物收货人凭以向国家交通管理部门办理汽车、摩托车的牌照申领手续。

(3) 海关不负赔偿责任。要海关赔偿须把握两点:一是查验中;二是直接损失。

第八章　保税加工货物进出境通关

【基础练习】

一、单选题

1. A　2. D　3. B　4. C　5. B

二、多选题

1. BD　2. ABC　3. BCD

三、思考题

1. 合同备案的内容包括备案单证、备案商品、保税额度、台账制度。

2. 结转程序分为计划备案、收发货登记、结转报关三个环节。

【知识应用】

（1）全保。

（2）剩余料件加工成品需审批再征税才能内销。具体做法如下：剩余料件生产的制成品应先折算其对应的进口料件价值，如果折算后的料件金额占该加工合同项下实际进口料件总额3%以内（含3%）且总值在人民币1万元以下的（含1万元），商务主管部门免予审批，企业直接报主管海关核准，由主管海关对上述料件按规定计征税款和税款缓税利息后予以核销。如折算后价值超过以上规定比例和金额，由商务主管部门按照有关内销审批规定审批，海关凭商务主管部门批件对合同内销的全部上述料件按规定计征税款和缓税利息，还提交相关的进口许可证件。

（3）最后一批成品出口或者加工贸易手册到期之日起30日内向主管海关申请报核结案。

第九章　进出口货物报关单电子申报

【基础练习】

一、判断题

1. ×　2. ×　3. √　4. √

二、单选题

1. B　2. C　3. A　4. C　5. B

三、多选题

1. BCD　2. ABCD　3. ABCD　4. BCD　5. AB

【知识应用】

1. B　2. C　3. C　4. B　5. D　6. A　7. A　8. A　9. C　10. B　11. C　12. B　13. D
14. D　15. D　16. D　17. A　18. B

参考文献

［1］白世贞，吴绒．国际物流学（第 2 版）［M］．北京：科学出版社，2016.

［2］白世贞，徐玲玲．国际货物与通关（第 3 版）［M］．北京：中国财富出版社，2015.

［3］白世贞，徐玲玲，任宗伟．国际货代实务［M］．北京：中国人民大学出版社，2016.

［4］陈言国．国际货运代理实务［M］．北京：电子工业出版社，2014.

［5］霍红，刘莉．国际运输实务［M］．北京：中国财富出版社，2007.

［6］刘娜，施丽华，韩杨．国际货运代理［M］．北京：清华大学出版社，2014.

［7］孙家庆，姚景芳．国际货运代理实务［M］．北京：中国人民大学出版社，2015.

［8］陶广华，武立波．国际货运代理（第二版）［M］．北京：高等教育出版社，2016.

［9］王晓东．国际运输与物流（第二版）［M］．北京：高等教育出版社，2011.

［10］于晓丽．国际货运代理基础［M］．北京：科学出版社，2017.

［11］杨占林．国际货运代理实务精讲（第二版）［M］．北京：中国海关出版社，2016.

［12］周安宁，戈雪梅．国际货运代理实务［M］．北京：高等教育出版社，2017.

［13］赵加平，张鸿琨．国际货运及代理实务［M］．北京：中国海关出版社，2014.

［14］http：//www.customs.gov.cn/publish/portal0/tab49564/info842631.htm.